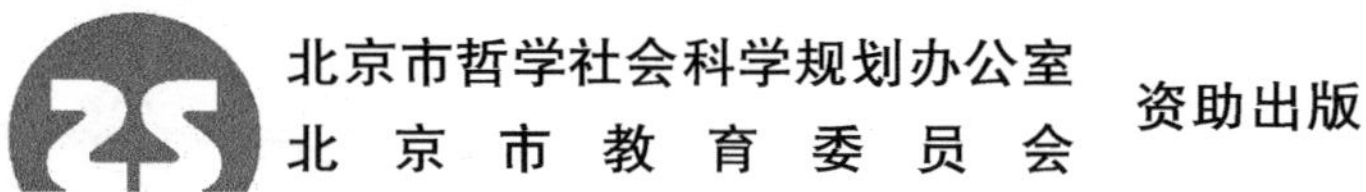

北京现代物流研究基地年度报告（2016）

姜 旭 主编

中国财富出版社

图书在版编目（CIP）数据

北京现代物流研究基地年度报告．2016／姜旭主编．—北京：中国财富出版社，2019.7

ISBN 978－7－5047－6985－5

Ⅰ．①北…　Ⅱ．①姜…　Ⅲ．①区域—物流管理—研究报告—北京—2016

Ⅳ．①F259.271

中国版本图书馆 CIP 数据核字（2019）第 150261 号

策划编辑 黄正丽　**责任编辑** 邢有涛　黄正丽

责任印制 尚立业　**责任校对** 张营营　**责任发行** 敬　东

出版发行 中国财富出版社

社　　址 北京市丰台区南四环西路 188 号 5 区 20 楼　**邮政编码** 100070

电　　话 010－52227588 转 2098（发行部）　010－52227588 转 321（总编室）

010－52227588 转 100（读者服务部）　010－52227588 转 305（质检部）

网　　址 http://www.cfpress.com.cn

经　　销 新华书店

印　　刷 北京九州迅驰传媒文化有限公司

书　　号 ISBN 978－7－5047－6985－5/F·3141

开　　本 787mm×1092mm　1/16　**版　　次** 2020 年 3 月第 1 版

印　　张 16　**印　　次** 2020 年 3 月第 1 次印刷

字　　数 389 千字　**定　　价** 120.00

北京现代物流研究基地年度报告（2016）

编 委 会

前　言

本报告由北京物资学院北京现代物流研究基地组织研究团队撰写，报告从北京总体物流发展环境、现状、问题出发，结合北京市城市配送发展现状与对策，北京市仓储业发展现状与趋势，北京市快递业发展现状与趋势，北京市物流园区发展现状与趋势，北京市农产品物流现状、问题与对策，北京市国际物流发展现状与趋势，北京城市垃圾回收物流发展现状与对策，北京市物流业降本增效面临的形势与对策，北京城市副中心物流产业发展现状与趋势九个专题，系统总结北京物流发展的新情况、新经验，科学展望北京物流发展的新前景、新趋势。

作为物流研究基地的年度报告，在内容上，我们坚持对北京现代物流业进行连续性的研究，突出反映物流发展的新变化、新趋势和新特点；在理论上，我们明确了物流业作为服务业的定位，聚焦国家及北京地区经济与产业政策对物流业的影响以及对物流服务对象（即农业、工业、流通业等行业）的研究。我们力求全书的针对性、前瞻性，为政府和企业的决策提供参考，给物流研究者及从业者以新的视野和启迪。

北京现代物流研究基地作为北京的物流特色研究平台，让政府、协会、企业以及高校院所之间进行思想交流、观点碰撞，凝聚共识、探讨问题，为区域经济社会的发展服务。本报告就是这一平台建设思路的成果结晶。

本报告由综合报告（第一章）以及九个专题分报告（第二章至第十章）组成。其中，第一章、第三章、第九章由北京物资学院物流学院安久意、北京物流与供应链管理协会黄少阳负责撰写；第二章、第六章由北京物资学院物流学院唐秀丽负责撰写；第四章由北京物资学院物流学院陈志新负责撰写；第五章由北京物资学院物流学院温卫娟负责撰写；第七章由北京物资学院物流学院胡贵彦负责撰写；第八章由北京物资学院物流学院周三元负责撰写；第十章由北京物资学院物流学院王成林负责撰写；全书由姜旭、周三元、安久意统纂定稿。

本报告数据主要来自国家统计数据、北京市统计数据、问卷调查数据、商务部采集数据等。报告一定还存在许多的不足，敬请各有关方面的专家、学者提出宝贵意见。

北京现代物流研究基地

2018 年 12 月 15 日

目　录

第一章

北京市物流发展现状与形势

第一节　北京市物流发展环境

2016 年，面对复杂多变的国际环境和国内繁重艰巨的改革发展稳定任务，北京市在党中央、国务院和市委、市政府的坚强领导下，牢固树立创新、协调、绿色、开放、共享的发展理念，围绕首都城市战略定位，大力推动功能疏解、京津冀协同发展，加快建设国际一流的和谐宜居之都，扎实推进供给侧结构性改革，经济社会保持平稳健康发展，实现了“十三五”良好开局。

一、北京市经济稳中有进推动物流市场平稳较快发展

2016 年，北京市政府面对宏观经济下行的压力，采取一系列既利当前又利长远的经济措施，使全年经济运行始终处于合理区间，整体呈现稳中有进、稳中向好的态势。初步核算，全年实现地区生产总值 24899. 3 亿元，比上年增长 6. 7%（见图 1 –1）。

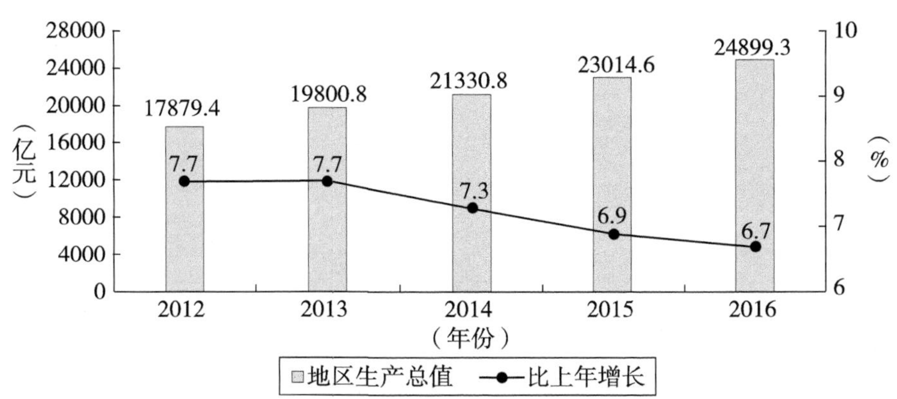

图 1 –1　2012—2016 年北京市生产总值及增长速度

注：本书图中所有增长率均为实际增长率。

同时，全市经济结构优化取得积极进展。产业结构方面，传统制造业发展明显减速，高技术制造业比重进一步提高，新型服务业不断加速。其中，第一产业增加值129.6亿元，下降8.8%；第二产业增加值4774.4亿元，增长5.6%；第三产业增加值19995.3亿元，增长7.1%。三种产业构成由上年的0.6∶19.7∶79.7，调整为0.5∶19.2∶80.3。按常住人口计算，全市人均地区生产总值达到11.5万元。2016年北京市各产业生产总值如表1－1所示。

表1－1　　2016年北京市各产业生产总值

指标	绝对数（亿元）	比上年增长（%）	比重（%）
地区生产总值	24899.3	6.7	100.0
按产业分：第一产业	129.6	－8.8	0.5
第二产业	4774.4	5.6	19.2
第三产业	19995.3	7.1	80.3
按行业分：农、林、牧、渔业	132.0	－8.7	0.5
工业	3884.9	5.0	15.6
建筑业	1023.5	7.7	4.1
批发和零售业	2352.9	2.0	9.4
交通运输、仓储和邮政业	1060.7	6.6	4.3
住宿和餐饮业	411.8	0.9	1.7
信息传输、软件和信息技术服务业	2697.9	11.3	10.8
金融业	4266.8	9.3	17.1
房地产业	1672.7	5.5	6.7
租赁和商务服务业	1835.2	1.6	7.4
科学研究和技术服务业	2077.9	10.2	8.4
水利、环境和公共设施管理业	202.5	8.7	0.8
居民服务、修理和其他服务业	159.7	9.1	0.6
教育	1089.0	9.1	4.4
卫生和社会工作	635.6	7.1	2.6
文化、体育和娱乐业	583.5	7.8	2.3
公共管理、社会保障和社会组织	812.7	7.2	3.3

数据来源：北京市2016年国民经济和社会发展统计公报。下同。

全年文化创意产业实现增加值3570.5亿元，比上年增长12.3%；占地区生产总值的比重为14.3%，比上年提高0.5个百分点。高技术产业实现增加值5646.7亿元，增长9.1%；占地区生产总值的比重为22.7%，比上年提高0.2个百分点。信息产业实现增加值3797.6亿元，增长10.1%；占地区生产总值的比重为15.3%，比上年提高0.3个百分点。

全市农业观光园1258个，比上年减少70个；农业观光园总收入28亿元，比上年增长6.3%。设施农业实现收入54.4亿元，比上年下降2.0%。民俗旅游实际经营户9026户，比上年增加85户；民俗旅游总收入14.4亿元，比上年增长11.7%。种业收入14亿元，比上年增长10.4%。全年实现农、林、牧、渔业总收入338.1亿元，比上年下降8.2%，扣除价格因素实际下降9.9%。

全年实现工业增加值3884.9亿元，比上年增长5.0%（见图1－2）。其中，规模以上工业增加值增长5.1%。在规模以上工业中，国有控股企业增加值增长6.7%；股份合作企业、外商及港澳台企业增加值分别增长9.3%、8.5%；高技术制造业、现代制造业、战略性新兴产业增加值分别增长3.4%、11.9%和3.8%。规模以上工业实现销售产值17447.3亿元，增长2.7%。其中，内销产值16500.4亿元，增长3.7%；出口交货值946.9亿元，下降11.9%（见表1－2）。

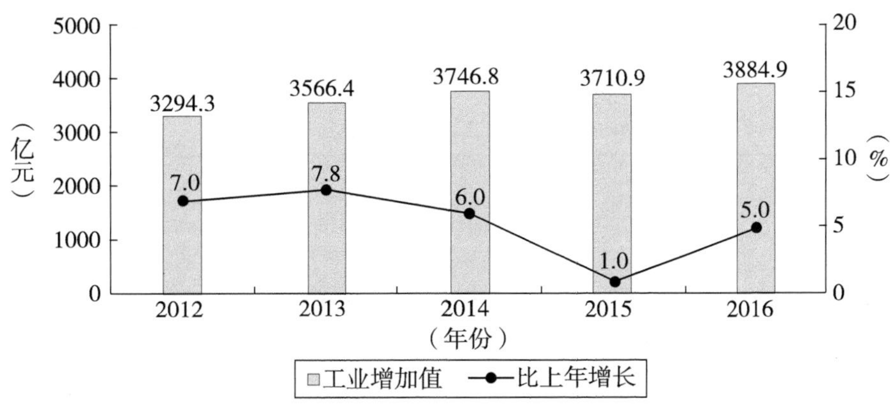

图1－2　2012—2016年工业增加值及增长速度

表1－2　　2016年规模以上工业重点监测行业增加值增长速度　　单位:%

指标	比上年增长	比重
规模以上工业增加值	5.1	100.0
其中：石油加工、炼焦和核燃料加工业	－11.0	2.3
化学原料和化学制品制造业	2.7	2.2
医药制造业	8.5	8.8
非金属矿物制品业	14.9	2.2
通用设备制造业	1.0	3.7
专用设备制造业	－8.8	3.7
汽车制造业	25.6	23.6
铁路、船舶、航空航天和其他运输设备制造业	－7.0	1.5
电气机械和器材制造业	－1.8	4.1

续　表

指标	比上年增长	比重
计算机、通信和其他电子设备制造业	1.0	8.0
仪器仪表制造业	-2.3	2.2
电力、热力生产和供应业	1.0	17.9

注：表中行业未列全。

全年规模以上工业企业经济效益综合指数为323.3，比上年提高11.5个百分点。规模以上工业企业实现利润1549.3亿元，比上年下降0.7%。重点行业中，电力、热力生产和供应业实现利润490.1亿元，下降7.7%；汽车制造业实现利润367.8亿元，增长5.4%；医药制造业实现利润150.7亿元，增长15.3%；计算机、通信和其他电子设备制造业实现利润84.8亿元，增长36.8%；专用设备制造业实现利润73.9亿元，增长70.3%。2016年规模以上工业企业主要产品产量如表1-3所示。

表1-3　　2016年规模以上工业企业主要产品产量

产品名称	单位	产量	比上年增长（%）
发电量	亿千瓦时	433.7	3.2
原油加工量	万吨	844.8	-15.5
乙烯	万吨	69.6	-11.5
金属切削机床	台	13166.0	-5.2
其中：数控金属切削机床	台	12420.0	-0.2
汽车	万辆	260.4	17.4
其中：基本型乘用车（轿车）	万辆	120.7	1.5
运动型多用途乘用车（SUV）	万辆	72.8	73.0
其中：新能源汽车	辆	58784.0	146.5
移动通信手持机（手机）	万台	6923.9	-27.5
微型计算机设备	万台	684.1	-22.2
智能电视	万台	192.7	18.8
显示器	万台	503.5	-3.0
集成电路	亿块	80.5	28.3
饮料酒	万千升	167.5	0.9
其中：啤酒	万千升	135.3	-2.1
乳制品	万吨	62.2	-0.5

伴随着北京市经济的平稳运行和经济结构的优化，2016年北京市经济呈现出平稳向好的发展态势。2016年北京市社会物流总额达6.4万亿元，占全国社会物流总额的

2.8%，同比下降5.6%，实现增加值800.3亿元，同比增加2.7%。全市社会物流总费用与GDP（国内生产总值）的比率为13.2%，低于全国同期15.1%约2个百分点。物流业务收入为2517.3亿元，同比增长4.5%。

二、市场消费保持较快增长态势带动民生物流继续保持较快增长

全年实现市场总消费19926.2亿元，比上年增长8.1%。其中，实现服务性消费8921.1亿元，增长10.1%；实现社会消费品零售总额11005.1亿元，增长6.5%。限额以上批发和零售企业中，汽车类实现零售额1934亿元，增长6.9%；通信器材类实现零售额1208亿元，增长8.8%；文化办公用品类实现零售额559.6亿元，增长4.7%；家用电器和音像器材类实现零售额488.6亿元，增长19.4%；体育、娱乐用品类实现零售额110.2亿元，增长21.1%。2016年社会消费品零售总额及增长速度如图1-3和表1-4所示。

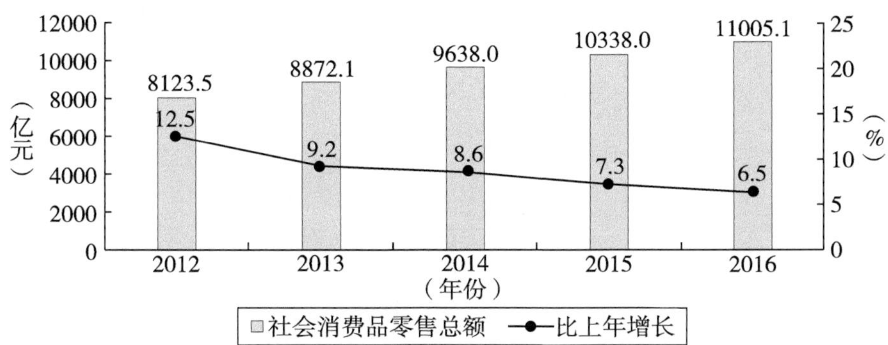

图1-3　2012—2016年社会消费品零售总额及增长速度

表1-4　2016年社会消费品零售总额构成及增长速度

指标	零售额（亿元）	比上年增长（%）
社会消费品零售总额	11005.1	6.5
按商品用途分：吃类商品	2296.7	5.4
穿类商品	781.5	2.1
用类商品	7424.1	7.4
烧类商品	502.8	4.4
按消费形态分：餐饮收入	918.2	4.0
商品零售	10086.9	6.7

全年批发和零售业实现商品购销额118087.1亿元，比上年增长0.6%。其中，实现购进额56349.7亿元，下降0.5%；销售额61737.4亿元，增长1.7%，网上零售等新业态保持快速增长。全年限额以上批发和零售企业实现网上零售额2049亿元，增长20.0%，占社会消费品零售总额的18.6%，比上年提高2.1个百分点。互联网金融中的金融信息服务业、非金融机构支付服务业营业收入分别为43亿元、132.5亿元，分别增

长63.6%、30.6%。

受北京市经济发展特点影响，城市民生物流保持较快增长。例如，受网上零售快速增长带动，2016年全市快递业务快速增长，全年快递服务企业业务量累计完成19.60亿件，同比增长38.59%；业务收入累计完成256.57亿元，同比增长41.24%。食品、医药、家电等与居民消费相关的物流市场均保持了较快增长的态势，社区物流和冷链宅配市场趋于活跃。

三、对外经济增长质量稳步提升推动国际物流配套日益完善

全年北京地区进出口总值18625.2亿元，比上年下降6.1%。其中，出口3418.1亿元，增长0.7%；进口15207.1亿元，下降7.5%（见图1－4）。

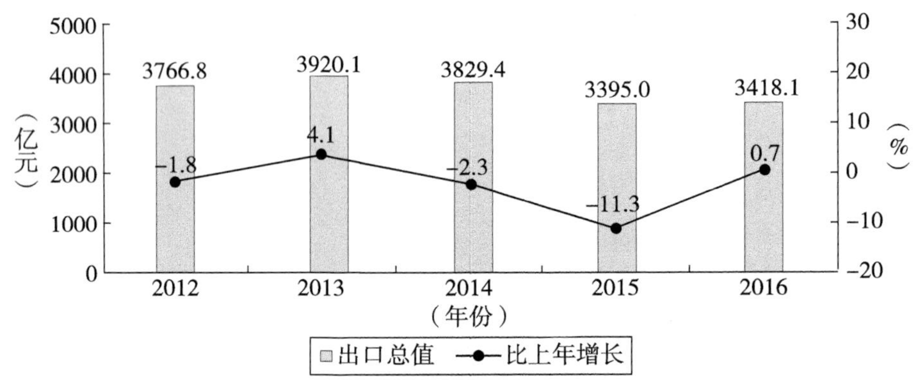

图1－4　2012—2016年出口总值及增长速度

全年合同外资220.7亿美元，比上年下降31.8%。实际利用外资约130.3亿美元，比上年增长0.3%。其中，批发和零售业占44.9%，科学研究、技术服务和地质勘查业占12.1%，租赁和商务服务业占9.2%，信息传输、计算机服务和软件业占8.7%。2016年分行业实际利用外商投资情况如表1－5所示。

表1－5　2016年分行业实际利用外商投资情况

行业名称	实际利用外资（万美元）	比上年增长（%）
总计	1302858	0.3
其中：农、林、牧、渔业	2303	－69.8
制造业	63806	7.4
建筑业	113	－13.7
交通运输、仓储和邮政业	89048	3793.7
信息传输、计算机服务和软件业	113490	133.5
批发和零售业	584292	141.3
住宿和餐饮业	3010	448.3

续 表

行业名称	实际利用外资（万美元）	比上年增长（%）
金融业	90406	-87.7
房地产业	66160	140.2
租赁和商务服务业	120407	69.1
科学研究、技术服务和地质勘查业	157508	59.3
水利、环境和公共设施管理业	1754	-62.8
居民服务和其他服务业	16	-80.7
文化、体育和娱乐业	6198	98.9

注：表中行业未列全。

全年境外投资中方实际投资额155.1亿美元，比上年增长62.3%。对外承包工程完成营业额25亿美元，下降29.7%。对外劳务合作人员实际收入1.1亿美元，下降34.2%。

为适应外贸结构的新变化，北京市不断推进国际物流服务体系，初步形成以首都国际机场空港口岸为核心，以朝阳口岸、丰台铁路货运口岸、平谷国际陆港为重要补充的口岸物流体系以及北有天竺综合保税区、南有亦庄保税物流中心（B型）的政策功能区分布格局，口岸仓储总面积达190万平方米。依托平谷国际陆港和朝阳口岸，与津冀地区沿海口岸合作，形成了本市两大海运通道，目前通州马驹桥口岸功能区正在加快建设，日后将承接朝阳口岸的功能。

四、物流业固定资产投资保持较快增长

全年完成全社会固定资产投资8461.6亿元，比上年增长5.9%。其中，完成基础设施投资2399.5亿元，增长10.3%。从基础设施投资投向上看，交通运输投资973亿元，所占比重为40.6%；公共服务业投资643.8亿元，所占比重为26.8%。完成民间投资2766亿元，下降5.6%。分产业看，第一产业投资99.8亿元，比上年下降10.1%；第二产业投资722.9亿元，比上年增长6.8%；第三产业投资7639亿元，比上年增长6.1%。2016年分行业固定资产投资情况如表1-6所示。

表1-6　2016年分行业固定资产投资情况

行业名称	投资额（亿元）	比上年增长（%）
总计	8461.6	5.9
其中：农、林、牧、渔业	104.8	-5.6
采矿业	2.9	14.2
制造业	384.8	4.4
电力、热力、燃气及水生产和供应业	332.0	10.5

续　表

行业名称	投资额（亿元）	比上年增长（%）
建筑业	6.6	16.3
批发和零售业	30.0	-50.7
交通运输、仓储和邮政业	995.6	17.2
住宿和餐饮业	45.9	12.1
信息传输、软件和信息技术服务业	198.9	-18.1
金融业	50.6	-30.9
房地产业	4856.8	2.1
租赁和商务服务业	129.2	99.9
科学研究和技术服务业	81.0	-18.1
水利、环境和公共设施管理业	774.4	32.1
居民服务、修理和其他服务业	16.3	-24.8
教育	139.9	-1.6
卫生和社会工作	58.2	-12.2
文化、体育和娱乐业	214.4	55.2
公共管理、社会保障和社会组织	39.3	-33.6

2016年，全年完成交通运输、仓储和邮政业固定资产投资995.6亿元，同比增长17.2%，远高于全年完成全社会固定资产投资增长速度，2012—2016年全社会交通运输、仓储和邮政业投资及增长速度如图1-5所示。

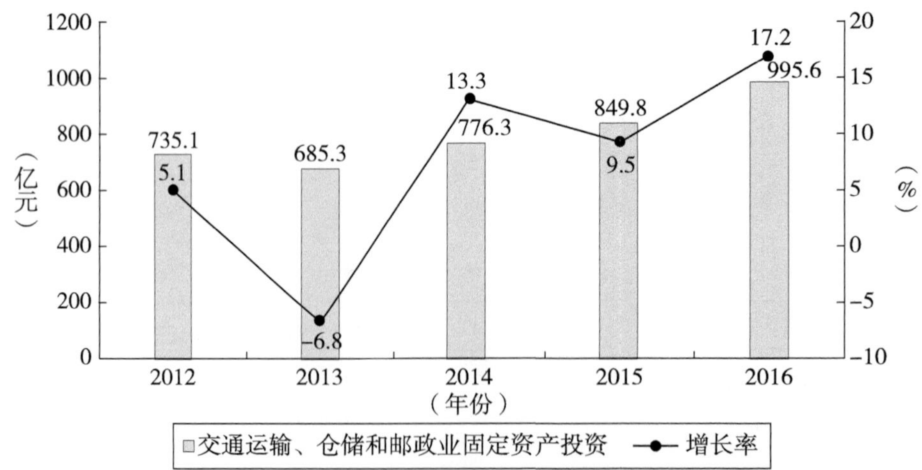

图1-5　2012—2016年全社会交通运输、仓储和邮政业投资及增长速度

数据来源：北京统计年鉴。

2016年年末全市公路里程22026公里，比上年年末增加141公里。其中，高速公路里程1013公里，比上年年末增加31公里；2016年年末城市道路里程6374公里，比上年年末减少50公里。

第二节　北京市物流业运行情况

一、北京市物流业总体运行情况

“十二五”期间，北京市物流业增加值由2011年的562.5亿元增加到2016年的800.3亿元，较2011年增长了42.3%。其中，2015年全市物流业增加值中，交通运输、仓储和邮政业实现增加值607.3亿元，占物流业增加值的78%；流通加工、配送和包装业实现增加值171.7亿元，占物流业增加值的22%（见表1－7）。

表1－7　　2011—2016年北京市物流业增加值及构成情况　　单位：亿元

年份	2011	2012	2013	2014	2015	2016
物流业增加值	562.5	598.5	713.6	790.2	779.0	800.3
其中：交通运输、仓储和邮政业	429.9	452.7	541.1	615.9	607.3	—
流通加工、配送和包装业	132.6	145.8	172.5	174.3	171.7	—

数据来源：北京统计年鉴。下同。

“十二五”期间，北京市物流效率不断提高，社会物流总费用与GDP的比率由2011年的15.1%下降到2015年的13.7%，促进了首都经济结构的转型升级，较高质量地保障了城市运行（见图1－6）。

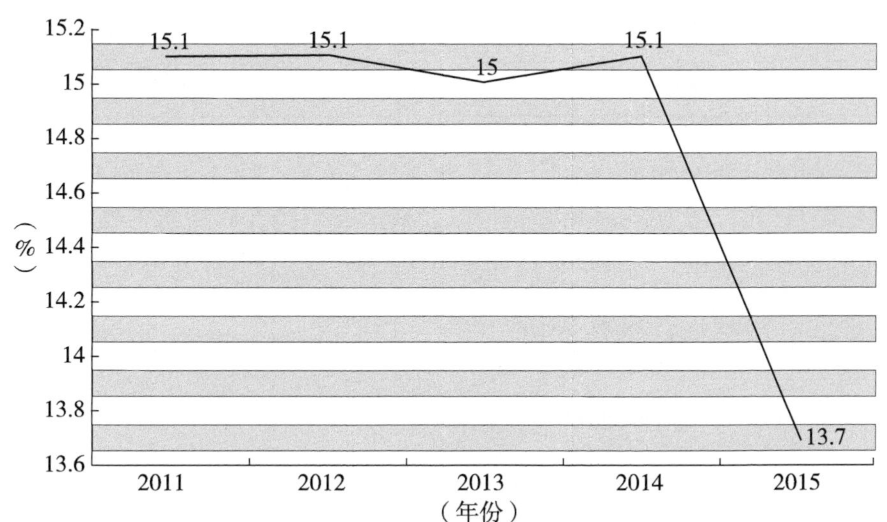

图1－6　2011—2015年北京市社会物流总费用与GDP的比率

北京市社会物流总额和物流业务收入总体呈逐渐平稳上升趋势（见表1－8、表1－9），

2016 年全市社会物流总额达 63877.5 亿元，较 2011 年的 59624.5 万亿元增长 7.1%；2016 年全市物流业务收入达 2517.3 亿元，较 2011 年的 1891.0 亿元增长 33.1%，对推动全市经济发展发挥了重要的支撑作用。

表 1－8　　2011—2016 年北京市社会物流总额及构成情况　　单位：亿元

年份	2011	2012	2013	2014	2015	2016
社会物流总额	59624.5	65851.1	72440.1	75923.6	67648.7	63877.5
其中：农产品	310.2	337.8	360.0	358.2	312.8	286.5
工业品	12327.9	13008.6	13875.4	17911.6	17829.2	14602.6
进口货物	21344.4	21984.3	22656.4	21695.5	16442.6	15207.1
再生资源	105.4	67.0	129.7	201.7	131.5	219.0
外省市流入物品	25387.0	30284.2	35230.3	35508.4	32691.8	33300.3
单位与居民物品	149.6	169.2	188.3	248.2	240.8	262.0

表 1－9　　2011—2016 年北京市物流业务收入及构成情况　　单位：亿元

年份	2011	2012	2013	2014	2015	2016
物流业务收入	1891.0	2104.4	2267.7	2482.4	2409.1	2517.3
其中：运输收入	1467.6	1517.2	1618.8	1757.9	1712.9	1801.4
保管收入	406.3	562.4	596.2	659.2	633.2	649.4
一体化物流业务收入	17.1	24.8	52.7	65.3	63.0	66.5

2016 年，北京市社会物流总额比 2015 年下降 5.6%；物流业务收入比 2015 年增长 4.5%。这主要与当前首都城市战略新定位以及京津冀协同发展战略下的经济结构调整优化所带来的物流需求强度、密度以及业态等转变有关。

二、北京市物流运营现状分析

（一）物流专业化现状分析

1. 快递业发展现状分析

“十二五”期间，北京市快递服务业迅速发展，业务量保持高速增长（见表 1－10），全市快递业务量五年年均增长 51%，快递业务收入五年年均增长 33.1%。在整体经济形势的带动和影响下，经过前几年高速增长后，2015 年增速有所放缓，但随着电子商务的高速发展，需求旺盛，快递业仍然保持了较高的增速。

表 1－10　　2011—2015 年北京市快递业发展情况

年份	快递业务量（亿件）	增速（%）	快递业务收入（亿元）	增速（%）
2011	3.37	86.99	62.55	44.22
2012	4.18	24.04	76.27	21.93
2013	8.18	95.70	93.80	22.98
2014	11.10	35.70	147.61	57.37
2015	14.14	27.39	181.65	23.06

2015 年，全市快递业务量累计完成 14.14 亿件，同比增长 27.39%；国有、民营、外资快递企业业务量市场份额分别为 20.66%、77.96% 和 1.38%。2015 年，快递业务收入累计完成 181.65 亿元，同比增长 23.06%。快递业务收入占北京市 GDP 比重达到 0.79%，同比增长了 0.1 个百分点。快递业务收入占邮政业收入比重达到 76.57%，较 2010 年提高 30.61 个百分点。国有、民营、外资快递企业业务收入市场份额分别为 13.65%、76.61% 和 9.74%。2015 年全市快递业务量月均超过 1 亿件（1.17 亿件），较 2014 年增加了 2500 万件。

截至 2015 年，全市拥有快递服务网点 4600 处，较 2014 年增长了近 12%；共有快递汽车 6714 辆，电动三轮车 2.9 万辆。快递企业拥有计算机 2.86 万台，比上年增长了 3.39%；手持终端 5.7 万台，比上年增长了 47.73%。

2. 冷链物流发展现状分析

（1）供需两旺带动冷链需求规模快速增长。

食品冷链物流需求总量是北京市城乡居民人均食品消费量、人口规模、各类食品的冷链流通率以及冷链环节等变量共同作用的结果，任意一个变量的变化均会带动食品冷链物流需求总量的变化。从需求端看，近十余年来，北京的经济持续高速增长，北京地区人均生产总值从 2001 年的 3260 美元增长到 2015 年的 17064 美元。2015 年全市居民人均可支配收入 48458 元，同比增长 8.9%。其中，城镇居民人均可支配收入 52859 元，同比增长 8.9%；农村居民人均可支配收入 20569 元，同比增长 9%。按照国际经验，人均生产总值达到 4000 美元以上，居民对冷链的需求会不断提高，而且呈现出正相关的关系走势。居民收入水平的提高，直接推动了食品消费升级，在对生鲜食品人均消费需求的增加以及不断扩大的城市人口总规模的共同作用下，冷链物流需求总量持续增加。从供给端看，近十年来，北京市商业服务业快速发展，全市社会消费品零售总额规模连续六年位居国内城市之首，2015 年首次突破万亿元，达到 10338 亿元。商业基础设施以及生鲜食品供应快速增长，2015 年全市连锁超市门店达到 1656 家，连锁餐饮门店达到 4239 家，全市农产品交易量超过 1500 万吨，这些供给端为北京市冷链物流需求提供了载体支撑。

（2）冷链基础设施设备快速增长。

从 2010 年到 2015 年，北京市冷库容量由 70 万吨增长到 135 万吨，增长 92.86%，年均增长 14.03%，冷库保有量位居全国第 5 位；人均冷库容量由 35.69 千克增长到 62.73

千克，增长75.76%，年均增长11.94%。北京市拥有冷藏车数量由2591辆增长到7085辆，增长173.45%，年均增长22.29%，从2010年的平均7414人拥有一辆冷藏车增长到平均3037人拥有一辆冷藏车。2015年北京市人均冷库容量为美国的34.8%，人均冷藏车数量为美国的45.63%，仍有较大增长空间。

（3）冷链服务模式创新方兴未艾。

"十二五"期间，北京市冷链物流行业的发展与创新不断加快，在B2B（Business-to-Business，企业对企业）领域，由批发市场冷链服务模式、生产加工企业冷链物流服务模式、面向商超的城市冷链配送模式、面向餐饮企业的冷链配送服务模式、冷链干线运输服务模式等，发展到"一站式"综合冷链物流服务模式、产融信一体的冷链产业集成服务模式、"共同配送"模式、专注高端客户的"保姆式"管理模式、餐饮业产销一体化冷链服务模式等，尤其是在B2C（Business-to-Customer，商对客）领域，近几年冷链宅配如火如荼，成为物流领域发展与竞争的热点。

根据目前北京市冷链宅配市场发展情况来看，冷链宅配主要有四种服务运作模式，第一是由依托第三方物流企业或快递企业开展冷链宅配，如北京快行线食品有限公司和黑狗物流，原来做传统B2B物流，在完善冷链设备设施以及管理拓展服务链条与价值链后开展冷链宅配业务；还有像顺丰、宅急送等快递企业，依托原有B2C服务经验与能力，再匹配新的服务产品线开展冷链。第二是有机食品生产基地通过自建或搭载其他电商平台，同时自建物流或者借助第三方物流企业开展冷链宅配业务，如北京的沱沱工社、本来生活等。第三是B2C电商平台自建或与第三方物流企业合作建设冷链体系开展宅配业务，如顺丰优选依托顺丰快递，天猫商城、易果生鲜以及苏宁易购依托安鲜达，京东依托自有快递配送。第四是依托O2O（Online-to-Offline，线上到线下）、"互联网+"类企业开展冷链宅配，如京东到家（达达）、云鸟、58速运、爱鲜蜂、每日优鲜等，上游与客户实现信息对接，下游依托区块化的运力资源以及快速的响应能力开展冷链宅配。

（二）城市物流网络分析

1. 城市物流空间布局较为完善

"十二五"期间，北京市"三环、五带、多中心"的物流空间格局不断优化，形成了以物流基地、物流中心为载体，以专业物流为特色的多层次节点布局。

依托公路、铁路、航空互为补充的综合立体交通网络，形成了与交通线网有效衔接的物流网络。完善了城际间干线运输重要物流节点的建设，包括铁路中心站点、公路联运物流中心和公路物流中心，基本构筑了多种运输方式衔接顺畅的"立体化"物流体系。

2. 物流基础设施继续优化发展

加快四大物流基地建设，充分利用各物流基地自身的不同特色及区位条件，形成了差异化的物流企业集聚；加强以航空货运枢纽型为特征的空港物流功能，加快推动马驹桥、马坊物流基地海陆联运体系建设，提升京南物流基地公铁联运的服务功能。2015年，通州物流基地全年完成销售收入237亿元，同比增长15%；上缴税收9.68亿元，同比增长3%。其中：纳税亿元以上企业3家；千万元以上企业6家；百万元以上企业25家。苏宁、百丽两家重点商贸型企业对通州基地发展仍然起到支撑作用，苏宁项目全年完成税收 2. 24 亿元，百丽项目全年完成税收 2. 23 亿元，两家公司上缴税收占全年税收总额的 46%。马坊物流基地一期 1. 3 平方千米已完成产业布局，初步形成口岸功能区、电子商务区、仓储加工区、展示交易区、冷链物流区的功能布局。截至 2015 年年底，马坊物流基地有注册企业 925 家，注册资本累计 41 亿元，其中注册资本 5000 万元以上的企业 22 家，1000 万元以上的企业 47 家；物流基地税收完成 3. 96 亿元，形成区级共享财力约 1. 39 亿元。北京平谷口岸（北京平谷国际陆港）位于马坊物流基地内，是北京市重点建设的内陆口岸。口岸完成外贸集装箱吞吐量 39420 标准箱，其中可直接投放到消费品市场并在地方形成交易的货品 6299 标准箱，商品类别以食品、酒类、化妆品为主。口岸完成进口肉类产品 48 票，货值 0. 05 亿美元。顺义空港物流基地规划占地面积 2. 29 平方千米，已建成总建筑面积 0. 55 平方千米，仓储面积 42. 62 平方米，入驻企业 487 家，累计创造税收超过 170 亿元。大兴京南物流基地规划占地总面积 6. 71 平方千米，园区内有铁路专用线 26 条；入统企业 26 家，产权单位 23 家，承租单位 68 家，其中在外纳税企业 19 家，共有仓储面积 0. 88 平方千米。

3. 物流末端网络逐步健全

以服务城乡建设和市民生活需要为物流发展重点，稳步推进城市共同配送网络建设，积极开展城市物流末端配送试点工程，实现了物流配送服务的“广覆盖”。截至 2015 年，北京市共建成满足“最后一公里”物流需求的末端网点 260 余个，服务 2000 余个社区及校园。各种所有制企业加快布局末端网络：顺丰把原有嘿客门店转型为综合性末端网点；宅急送主动求变，升级部分站点功能为云仓拓展冷链宅配；电商平台京东、易果生鲜等加快布局末端“最后一公里”，提升冷链全程化服务品质，发力冷链宅配；生鲜 O2O 爱鲜蜂加快整合社区商业业态，构建生鲜宅配末端体系；传统商业企业将渠道下沉与末端配送体系搭配，打造“一刻钟式”贴近居民生活消费综合服务体系，如二商集团、金泰集团、新发地等；还有一类就是跨境电商平台企业，大力拓展社区 O2O 跨境体验店，拓展跨境消费蓝海市场，如综保区、亦庄的跨境电商消费平台等。

4. 城市交通与基础条件情况日趋完善

北京市的公路里程持续保持快速增长，公路里程从 1990 年的 9648 千米增长到 2015 年的 21885 千米。其中高速公路增长较快，从 1990 年的 35 千米增加到 2015 年的 982 千米；城市道路从 1990 年的 3276 千米增加到 2015 年的 6423 千米，如表 1 – 11 所示。

表 1 – 11　　1990—2015 年北京市公路里程变化　　单位：千米

年份	公路里程		城市道路里程		
	总里程	高速公路	总里程	快速路	主干路
1990	9648	35	3276	—	—
1995	11811	113	3194	—	—
2000	13600	268	4126	—	—
2001	13891	335	4312	—	—
2002	14359	463	5444	—	—

续 表

年份	公路里程		城市道路里程		
	总里程	高速公路	总里程	快速路	主干路
2003	14453	499	3055	—	—
2004	14630	525	4067	219	834
2005	14696	548	4073	239	922
2006	20503	625	4419	232	955
2007	20754	628	4460	236	960
2008	20340	777	6186	242	755
2009	20755	884	6247	242	805
2010	21114	903	6355	263	874
2011	21347	912	6258	263	861
2012	21492	923	6271	263	865
2013	21673	923	6295	269	953
2014	21849	982	6426	383	965
2015	21885	982	6423	383	969

数据来源：《2016 北京交通发展年度报告》。下同。

2015 年年底全市公路总里程达到 21885 千米，其中高速公路 982 千米，一级公路 1393.2 千米，二级公路 3360.7 千米，三级公路 4020.7 千米，四级公路 12128.4 千米。全市二级以上公路里程比率达到 26.2%。

目前，北京是“单中心加放射线路”，我国铁路网、公路网多以其为中心向外辐射，其中铁路干线有京沪高铁、京广客专、京津城际以及京九、京哈等；高速公路有京哈、京沪、京台、京港澳、京昆、京藏、京新、京开、京承以及近 10 条国道；同时，首都机场还有对外放射的数百条空中航线。在京津冀方面，有津秦客专等干线铁路和荣乌、张石高速公路纵横连通天津、石家庄、保定、唐山等城市。目前，北京正着力打造京津冀“一环六放射二航五港”① 的交通一体化体系，2020 年将形成京津冀 9500 千米的铁路网和主要城市 1 小时城际铁路交通圈，9000 公里的高速公路网和主要城市 3 小时公路交通圈。

2015 年，全市货物运输总量达到 25937.5 万吨，同比减少 16.2%。其中，公路营业性货运量 19044 万吨，同比下降 25.1%；铁路货物到发量 2430.2 万吨，同比下降 25%；航空货邮吞吐量达到 189 万吨，同比增长 2.3%；口岸监管货运量达到 4274.3 万吨，同比增长 103.4%（如图 1 - 7 所示）。

2015 年，公路营业性货运量出现明显下降，为 19044 万吨，同比下降 25.1%；货物周转量 1563562 万吨公里，同比下降 5.3%，但是平均运距出现大幅度增加，平均运距为

① 一环六放射二航五港：“一环”指首都经济圈环京高速走廊；“六放射”指以北京为中心的六个方向的放射运输通道；“二航”指首都国际机场和新建的北京新机场；“五港”指秦皇岛港、京唐港、曹妃甸港、天津港和黄骅港。

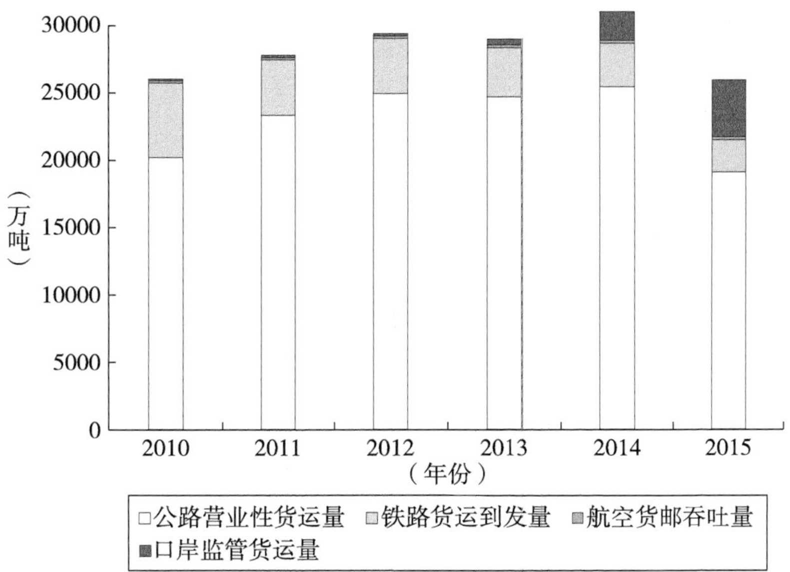

图 1－7　2010—2015 年北京货物运输构成情况

82.1 公里，同比增加 26.3%，如表 1－12 所示。

表 1－12　　2010—2015 年北京道路营业性货运基本情况

年份	货运场站数量（个）	货运量（万吨）	货运周转量（万吨公里）	平均运距（公里）
2010	16	20184	1015944	50.3
2011	8	23276	1323259	56.9
2012	15	24925	1397736	56.1
2013	14	24651	1561929	63.4
2014	14	25416	1651938	65.0
2015	11	19044	1563562	82.1

2015 年，北京市铁路货物到发量为 2430.2 万吨，比上年减少 25.0%。其中，货物发送量为 1003.7 万吨，比上年减少 11.3%；到达量为 1426.5 万吨，比上年减少 32.3%。货运周转量为 784.8 亿吨公里，比上年减少 9.9%。

（三）开放型物流体系及现状分析

1. 口岸体系逐步完善

“十二五”期间，北京市口岸物流体系进一步发展和完善，形成了以首都机场空港口岸为核心，以北京西站铁路口岸、北京朝阳口岸、北京丰台货运口岸、北京平谷国际陆港为重要补充的口岸体系。目前，平谷马坊物流基地一期 1.3 平方千米基本建设完成，平谷国际陆港已投入运营；加快通州马驹桥多功能用地开发建设和朝阳口岸向通州马驹桥外移，使北京东南“出海通道”更加畅通；丰台货运口岸铁路专用线接入全国铁路网，实现运输路网贯通，正式恢复整车货物国际联运到发业务和集装箱国际联运功能。

2015 年北京口岸运行情况良好，通关客货再创新高。海关监管进出口货物量在京津冀通关一体化改革效应拉动下高速增长，达 4274.3 万吨，增长 103.4%；北京口岸海关监管进出口货值持续负增长，为 956.9 亿美元，下降 5.9%；海关征收关税及代征税 467.7 亿元，下降 3.1%；海关监管货物货值为 956.9 亿美元，下降 5.9%；出入境人员为 2147.9 万人次，增长 5.2%。

北京首都国际机场不但是中国首都北京的空中门户和对外交往的窗口，而且是中国民航最重要的航空枢纽之一，是中国民用航空网络的辐射中心。在 2010 年到 2015 年期间，北京首都机场口岸的货邮吞吐量由 155.15 万吨增长到 189 万吨，保持平稳的增长态势，位居全国前列。

2014 年北京市人民政府紧紧围绕京津冀协同发展国家战略的总要求，大力开展口岸合作，协调推进区域通关一体化改革，积极争取内陆口岸地位，进一步完善陆港软硬件设施，不断推进北京陆港口岸健康快速发展。2014 年北京朝阳口岸海关监管货物 114251 标准箱，海关征收关税及代征税 122.9 亿元；2014 年北京平谷口岸海关监管货物 31142 标准箱，海关征收关税及代征税 21.1 亿元，平谷国际陆港服务北京市 14 个县，共 252 家企业在此开展通关业务。

北京丰台货运口岸由查验单位和运营单位等部门组成，2014 年丰台货运口岸累计海关监管进出口货物 1.73 万吨，同比下降 1.7%；海关征收关税及代征税 9699 万元，同比增长 92.7%。2014 年 10 月，北京铁路局丰台货运中心与北京外运陆运公司就北京丰台货运口岸铁路专用线集装箱恢复运营达成共识。百子湾海关监管场所首次办理整列出口，并打通进口欧洲货物铁路运输通道。2014 年 11 月底，百子湾海关监管场所的运营主体中国铁路对外服务北京公司，成功将货物从欧洲启运，经由亚欧大陆桥铁路运输至北京。这为北京发展外向经济、进一步拓展运输服务贸易打下良好基础。

2. 国际物流功能区加快发展

国际物流发展的相关政策功能区建设加快推进，形成北有天竺、南有亦庄的政策功能区分布格局。天竺综合保税区加快国际航空中心综合服务平台建设，与首都机场实现区港一体；开发区检疫局入驻亦庄保税物流中心（B 型），实现了一站式通关服务。

2015 年，北京天竺综合保税区实现货物进出口 62133 吨，同比增长 25.3%；海关征收关税及代征税 748313 万元，同比增长 12.9%。由此可见，北京市服务外向经济的政策功能体系发展良好。

3. 北京货运服务贸易情况

运输服务贸易作为服务贸易的主要构成之一，是衔接、支撑国家之间货物与客运往来的重要部分。作为全国重要的货物贸易地区和航空枢纽，北京有大量的货物贸易进出口需求，运输服务是北京地区服务贸易的重要组成部分，一直呈现出快速增长的态势，是服务贸易中比重最大的项目。货运服务贸易是运输服务贸易的重要组成，反映地区国际物流服务能力。

（1）货运服务贸易总体情况。

2015 年北京市货物运输服务贸易进出口总金额完成了 72.71 亿美元，相比 2014 年的

87.13 亿美元，同比下滑了 16.5%，这主要受货物贸易当前的发展形势影响，如图 1－8 所示。其中，出口同比逆势增长了 16.8%，说明在经济与外贸发展新形势下，出口企业自身在业务服务能力、市场开拓能力以及行业结构调整上出现了一些质的提升。进口出现了 32.6% 的较大幅度的下滑，这与去年外贸进口情况吻合，显示出当前的外贸结构不管是货物贸易还是货运服务贸易都过于依赖进口端。

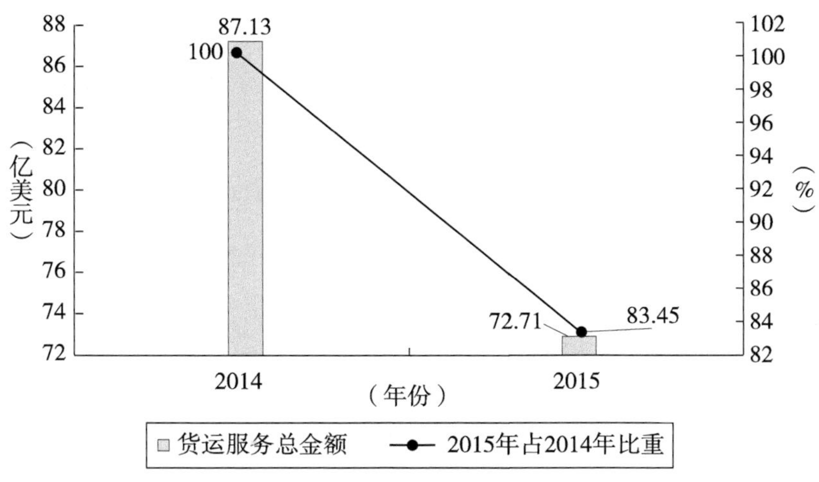

图 1－8　北京货运服务贸易情况

（2）货运服务贸易构成情况。

2015 年完成的货运服务进出口总额中，出口总额为 33.08 亿美元，占比为 45.50%。其中，装卸搬运和运输代理完成 6.30 亿美元，占比 19.04%；海运完成 3.94 亿美元，占比 11.91%；航空运输完成 22.44 亿美元，占比 67.84%；道路运输完成 0.40 亿美元，占比 1.21%。从以上可以看出，空运方式依然占绝对地位，这与服务的客户及货值较高有关系，也显示出北京市在货物贸易商品结构以及运输服务能力上均有所提升。去年进口总额为 39.63 亿美元，占比为 54.50%。其中，装卸搬运和运输代理完成 5.72 亿美元，占比 14.43%；海运完成 3.96 亿美元，占比 9.99%；航空运输完成 29.68 亿美元，占比 74.89%；道路运输完成 0.27 亿美元，占比 0.68%，如图 1－9、图 1－10 所示。以上显示出，空运也是北京市货运服务进口的最主要方式，占据了进出口的主渠道。

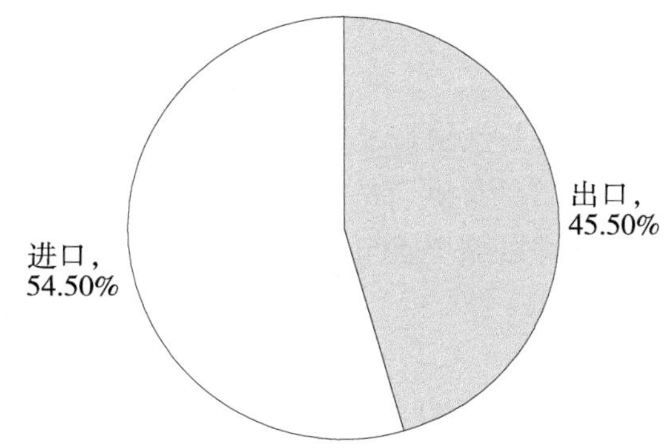

图 1－9　2015 年北京货运服务贸易进出口规模与占比

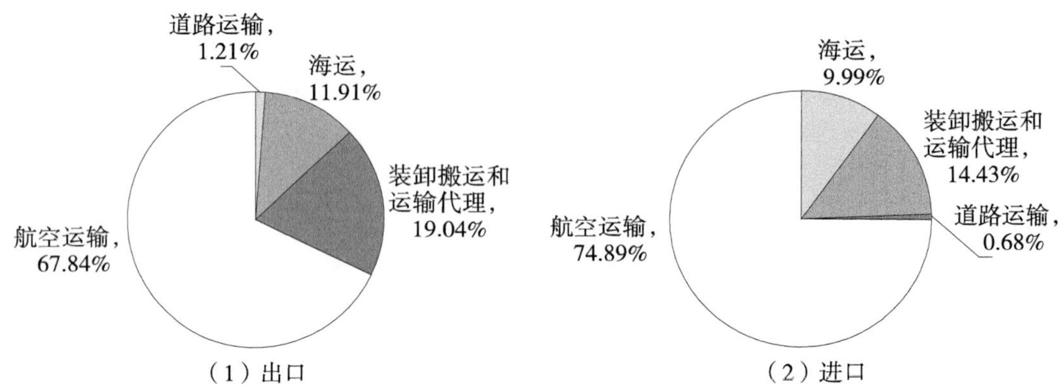

图 1－10　2015 年北京货运服务贸易进出口方式比重

（3）货运服务贸易双向服务情况。

根据统计显示，2015 年，在货运服务贸易中，具备出口与进口服务功能与能力的企业占比为 30.6%（如图 1－11 所示），由此可见，不管内资还是外资货运服务企业，在服务链条上还有较大的欠缺，全供应链服务仍然有待进一步提升，出口货运服务企业应向价值链上游再延伸。

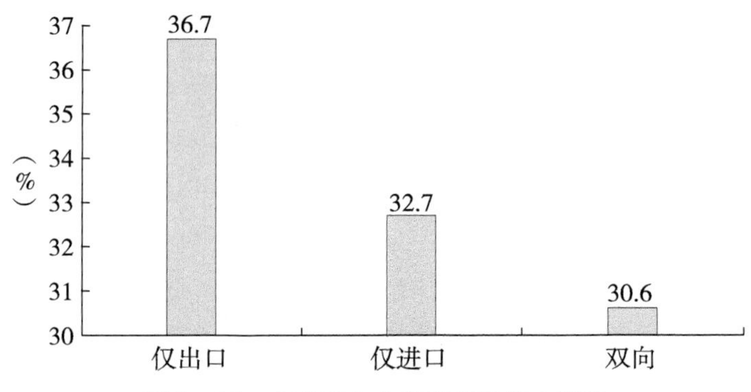

图 1－11　北京市企业货运服务能力情况

（四）北京市物流企业经营情况分析

北京市物流协会对北京市物流行业主要领域物流业态进行抽样针对性调研，共发送了 60 份问卷，共回收了 53 份，去除无效问卷 3 份，有效率达到 83.3%。调研企业服务方式涉及公路、铁路、航空等；服务范围涉及国内物流（城市配送）与国际物流；服务模式涉及运输、配送、仓储、货代以及供应链等。调研分别从企业注册资金、企业员工数量、运输货损率、运输及时率、运输车辆资源、运输车辆利用率、盈利水平以及信息化水平等方面对调研结果进行分析。

1. 注册资金调研分析

调查企业中，企业注册资金在 10000 万元以上的企业占比为 24%；注册资金为 1000 万～10000 万元的企业占比为 20%；注册资金为 500 万～1000 万元的企业占比为 24%；

注册资金在 500 万元以下的企业占比为 18%，其他占比为 14%，如图 1－12 所示。

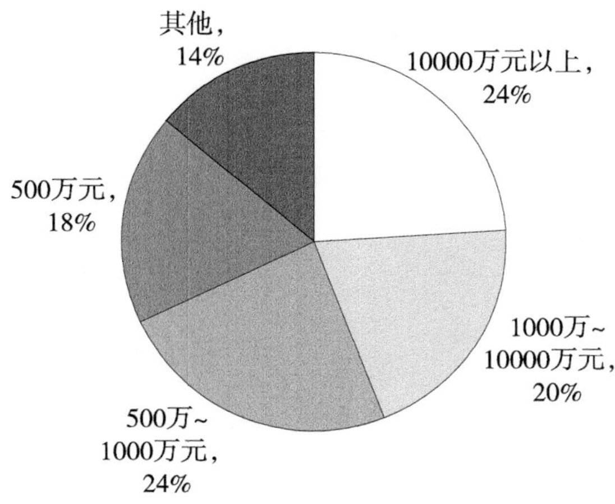

图 1－12　按注册资金调查企业情况

2. 企业员工数量调研分析

企业员工人数 500～1000 人的企业占比为 14%；员工人数 100～500 人的企业占比为 20%；员工人数 50～100 人的企业占比是 34%，50 人以上 1000 人以内的企业占比达到 68%，如图 1－13 所示，超过半数。运输企业运营需要员工人数多，并且是专业的运输从业人员。

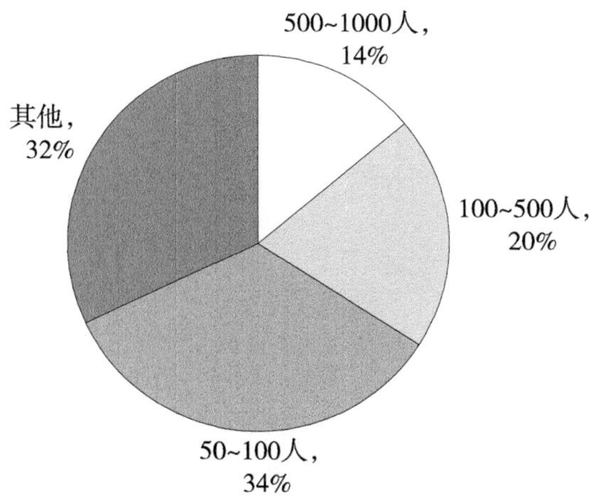

图 1－13　按员工数量调查企业情况

3. 运输货损率调研分析

运输货损率控制在 2% 以下的企业占比为 84%；运输货损率控制在 2%～5% 的企业占比 2%；运输货损率控制在 5%～8% 的企业占比 2%；其他占比 12%，如图 1－14 所示。北京商品流通主要是对初级产品、快消品进行运输，运输货损率控制在 2% 以下的企业占比高达 84%，表明北京货物运输货损率较低。

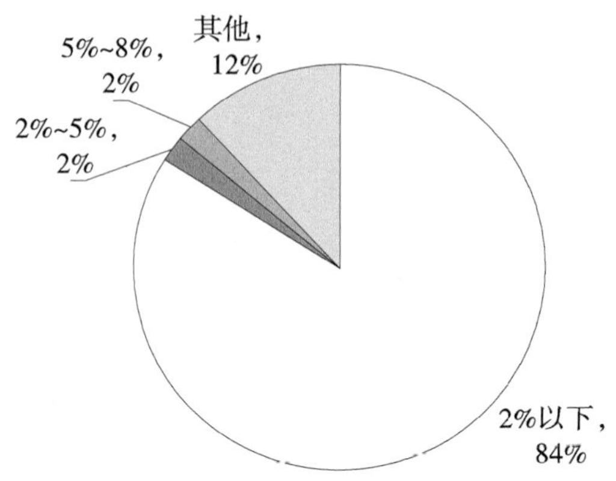

图1－14　按运输货损率调查企业情况

4. 运输及时率调研分析

运输及时率达到90%以上的企业占比为76%；运输及时率达到80%～90%的企业占比为4%；运输及时率达到50%～80%的企业占比为6%；其他占比为14%。企业运输及时率达到90%以上的企业占76%（见图1－15），表明大多数企业能够将货物准时运输到顾客指定的地点，完成情况较好。

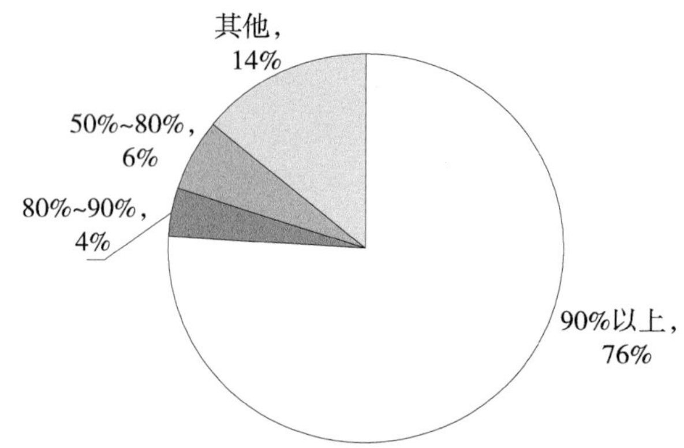

图1－15　按运输及时率调查企业情况

5. 运输车辆资源调研分析

运输车辆在100台以上的企业占比为28%；运输车辆有50～100台的企业占比为10%；运输车辆有10～50台的企业占比为12%；运输车辆有1～10台的企业占比为28%；其他占比为22%。企业运输车辆在50台以上的企业占比为38%（见图1－16）。运输企业资金投入量大，属于资金密集型，但近几年来，轻资产化、重整合、重管理成为运输企业新的发展趋势。

6. 运输车辆利用率调研分析

运输车辆利用率达到90%以上的企业占比为42%；运输车辆利用率在70%～90%的企业占比为18%；运输车辆利用率为50%～70%的企业占比为8%；运输车辆利用率为20%～50%的企业占比为4%；运输车辆利用率在20%以下的企业占比为6%；其他占比

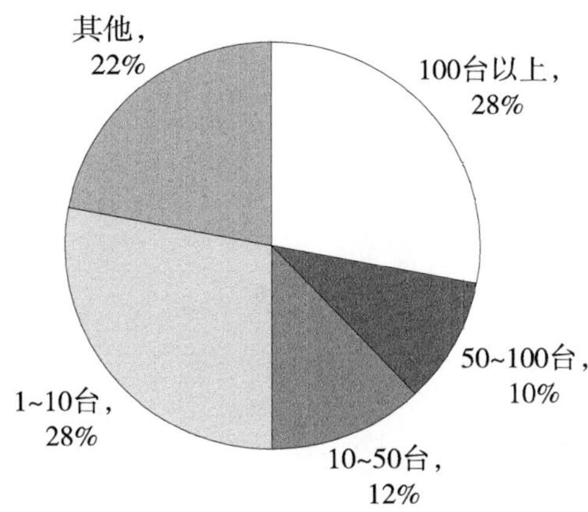

图 1－16　按运输车辆资源调查企业情况

为 22%。运输车辆利用率达到 70% 以上的企业占比达到 60%（见图 1－17），超过半数，表明运输车辆利用情况较好。

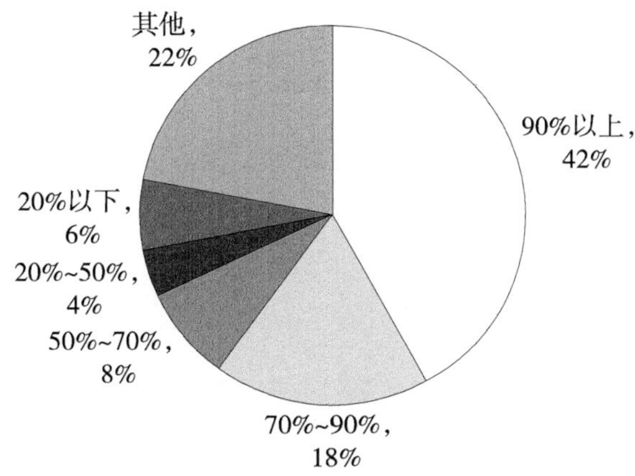

图 1－17　按运输车辆利用率调查企业情况

7. 盈利水平调研分析

2015 年企业盈利水平比 2014 年增长 5% ～10% 的企业占比为 28%；盈利水平增长 1% ～5% 的企业占比为 12%；盈利水平保持基本持平的企业占比为 42%；盈利水平为负增长的企业占比为 6%；其他占比为 12%。2015 年盈利水平与 2014 年保持基本持平甚至有所减少的比重达到 48%（见图 1－18），表明企业盈利水平较差，提高利润空间难度大。

8. 信息化水平调研分析

在信息化时代，企业是否拥有信息系统以及拥有信息系统的数量是衡量企业信息化水平高低的重要标志。在所有调查企业中，有两套以上信息系统的企业占比为 20%；有两套信息系统的企业占比为 30%；有一套信息系统的企业占比为 28%；没有信息系统的企业占比为 12%；其他占比为 10%。有信息系统的企业占到 78%（见图 1－19），表明信息化发展水平良好。

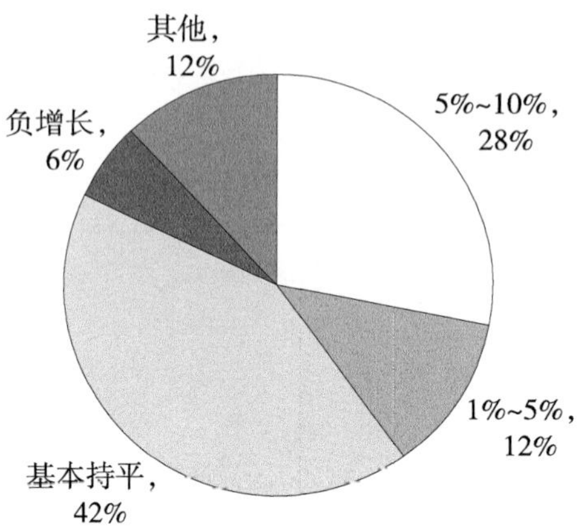

图 1－18　按盈利水平调查企业情况

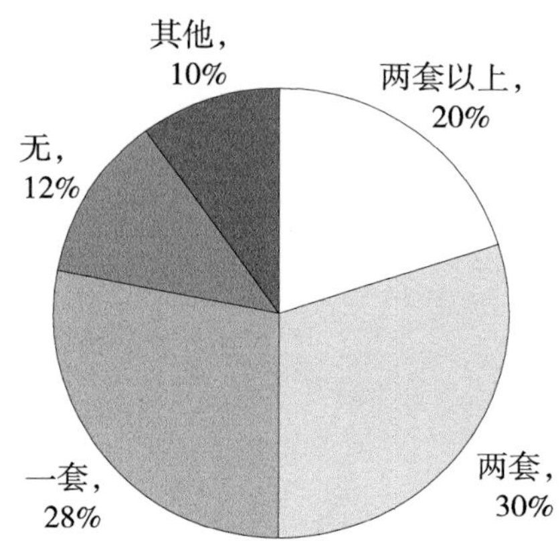

图 1－19　按信息化水平调查企业情况

三、北京市物流业发展特点分析

1. 行业结构调整加快，物流效率较大提升

“十二五”以来，北京市政府以及行业越来越关注物流效率提升与社会物流总成本降低问题，以期支撑城市运行、加快产业结构调整以及更好地服务民生。近几年来，社会物流总额、物流业增加值以及物流业务收入增速减慢，尤其在 2015 年，出现了近年来罕见的同比下降，其中，物流总额下降 12.3%，这主要跟首都当前的战略定位以及落实京津冀协同发展战略、构建“高精尖”体系的总体形势有关，行业的业态、运营模式以及生产要素等发生了较大变化。但是通过近几年的“瘦身健体”，物流运行效率逐年提高，并且在 2015 年有较大提升，社会物流成本与 GDP 比值同比下降 9.3%，城市效率大大提高。另外，有关部门在行业内大力推广新技术、新设备，应用先进组织模式，尤其是试点标准化取得了较好的社会成果：试点企业库内运输设备、人工效率提高超过 50%，装卸人员成本降低 50% 以上，平均免验收货运量占比达到 28%，货物装卸效率、交接效率平均提高了 2 倍以上。

2. 总部型企业集聚，行业发展水平国内领先

作为首都，北京具有枢纽、国际交往、市场吸引等诸多优势，能够吸引各种类型、业态的物流总部企业，并且企业的规模与发展水平处于国内领先地位。根据中国国际货运代理协会统计发布的2015年度中国货代物流企业百强名单，北京市入围企业数量占全国入围企业数量的比重接近20%，位居全国首位。此外，在中国物流与采购联合会评定的中国物流企业50强、评估的5A级企业中，北京企业数量位居国内首位；在专业的冷链领域，龙头企业数量也是国内领先。

3. 快递业快速发展，良好地保障民生需求

“十二五”期间，全市快递业务量五年年均增长51%，快递业务收入五年年均增长33.1%；物流业快递与电商协同发展效果明显，很好地满足了民生物流需求。2015年全市电子商务快件业务量同比增长了80.13%，同城业务量同比增长了37.5%，业务收入同比增长了39.5%，同城业务量和收入占快递业务量和收入比重分别为33.8%、22.6%。尤其是在北京扩大服务业综合试点和国家鼓励发展跨境电商等利好政策的带动下，快递企业积极发展跨境电商寄递，在国内快递业务同比增速放缓的背景下，2015年国际快递业务量和收入同比增速较去年同期提高13.8%和6.5%，国际快递业务发展步伐有所加快。物流业在保障民生方面逐渐发挥着较大作用，快递业尤为明显。2013年全市人均快递使用量约为38.7件，年人均快递支出约为443.5元；2014年人均快递使用量约为52.5件，年人均快递支出约为698元；2015年人均快递使用量约为65件，年人均快递支出约为837元。

4. 铁路转型升级加快，与物流融合发展

在国家经济结构转型升级、市场竞争压力以及内部发展动能的推动下，铁路部门加快业务转型以及资源整合，并且配合京津冀协同发展战略以及公路货运调整，更好地融入现代物流发展领域，比如在散货快运（白货）、新兴冷链、高铁快递以及多式联运等方面发力，积极改造传统货场使其融入城市物流体系。2016年，北京铁路局与中铁特货公司合作，开展商品汽车运输，全年共发送19.8万车，同比增长94.1%；敞开专用线办理限制96条，增加发到品类391个，带动增量417.9万吨；开行9趟点对点快速货物班列；积极参与“双11”电商黄金周运输。中铁快运依托高铁资源，大力拓展高铁快递业务，开展差异化营销，专注高端商务、医药等领域，2015年北京完成了40余万单，实现较大突破。

5. 企业运营能力不断增强，服务链条不断延伸

随着市场竞争日益激烈，在创新、技术、资本以及客户服务等理念的驱动下，行业企业积极向服务链条两端延伸，拓展增值服务，尤其是一些企业正在向供应链一体化方向发展。供应链管理理念以及供应链发展战略已成为新经济时代企业间竞争的焦点。北京借助高端总部聚集优势，依托国际国内两个市场高地，近年来在电商、物流领域大力发展供应链模式，取得良好成果，涌现出如电商领域的京东、医药领域的九州通、汽车领域的长久物流、“互联网+”领域的“物流中国”平台、物流金融的“中国物流金融平台”以及海底捞的餐饮供应链等多种供应链模式，在国内处于领先。传统的铁路货运也在积极往一体化、供应链领域发展。

第三节　北京市物流业面临的形势与问题

一、北京市物流业面临的形势分析

（一）从国家视角看，物流业继续呈现平稳发展态势

“十二五”时期，我国经济进入新常态，经济增速放缓，结构调整加快，发展动能转换。在下行压力不断加大的情况下，物流业保持了中高速增长。“十二五”时期我国社会物流总额年均增长 8.7%；社会物流总费用与 GDP 的比率约为 15%，比 2010 年的 17.8% 有所下降。“十三五”以来，我国物流业发展基本与国民经济发展保持着轨迹相同的发展步伐，总体规模稳步提升，效率继续提高。2016 年，社会物流总额同比增长 6.1%；社会物流总费用与 GDP 的比率为 14.9%，比上年下降 1.1 个百分点。

1. 从物流需求看

在去产能、去库存的大背景下，大宗商品物流需求增长乏力，将直接影响行业发展。随着消费对 GDP 的贡献占比增加，城镇化水平持续提升，电商、冷链、快递、配送等与消费相关的社会物流需求继续保持中高速增长。

随着《中国制造 2025》进入实施阶段，智能制造、服务型制造要求物流业深度融入企业供应链，推动产业转型升级。受汇率调整影响，传统制造业出口竞争力逐步增强，进出口物流需求有望适度复苏，但也会受到国际贸易保护不确定性的制约。

2. 从供给主体看

随着新一轮治超后续工作和黄标车淘汰工作的推进，黄标车、套牌车、非标车辆加快退出市场，甩挂运输、模块化运输有望得到推广普及，公路货运价格逐步合理回归，市场治理将趋于规范，市场主体将趋于集中。铁路货运改革继续深化，公路运量加快向铁路转移，高铁快递有望走强，铁路货运将会出现结构性、阶段性运力短缺。

国家大力推动多式联运，物流园区服务升级和组织联网提升集聚作用，为企业搭建物流枢纽、构建便捷高效的物流服务网络提供了新的选择。共享经济模式、平台型企业将获得更多发展机会，物流集群将会加速发展，以物流服务为支撑的产业生态圈逐步形成，市场格局面临新的调整。

3. 从基础设施看

铁路物流基地加快建设，公路港逐步转型升级，交通物流综合枢纽有序布局，各种运输方式趋于衔接，为多式联运奠定了重要基础，公铁联运、海铁联运占比将会增加。我国对外投资超过吸引外资，已成为世界上最大的对外投资国之一，为物流业“走出去”国际化发展创造了条件。

4. 从资源要素看

物流业进入高成本时代，全社会劳动年龄人口增速持续下降，人口数量红利消失，人工成本上升趋势明显，企业“用工荒”加剧，“以机器替代人工”将成为必然选择。物流机械化、自动化、智能化有望加快发展，这对物流从业人员的职业素质提出了更高

要求。

5. 从发展方式看

随着原有市场增速放缓，兼并重组将迎来新一轮热潮，强化领先企业竞争优势，市场主体将趋向集中。轻资产的联盟、加盟、合作等发展方式潜力较大，新理念、新模式、新业态不断涌现，也在一定程度上推动着市场集约发展。

随着需求升级、供给转型，产业融合、供应链整合渐成趋势。大型企业向供应链转型，产业链分工协作持续优化。环境治理压力加大，企业节能减排约束增加，倒逼绿色物流真正落地。

6. 从增长动力看

新一轮技术革命对行业影响巨大，“互联网 +”引导物流业与互联网深度融合，催生大量新的业态和模式。新兴的互联网平台企业将“虚实结合”，从线上深入线下。传统物流企业将加快拥抱互联网，实现业务在线化，加快产业互联网改造，提升发展内生动力。

随着人工智能时代的临近，智能化硬件将迎来发展机遇期，物联网、云计算、大数据、区块链在物流领域的应用效果逐步显现，智能仓库、仓储机器人、无人驾驶、无人机配送进入实质性探索阶段。

7. 从政策环境看

《物流业发展中长期规划（2014—2020 年）》持续推进，各部门进一步深化贯彻落实。无车承运人试点要求税收、保险制度跟进，车型标准化促进组织优化、技术改造和装备升级。行业标准化工作有序推进，物流安全监管约束将进一步增强。“互联网 + 政务”有望得到推进，“放管服”改革将取得新进展。现代物流工作部际联席会议制度将发挥更大作用，物流业政策环境向着发展稳定、竞争有序、治理规范的方向持续改善。

总体而言，在宏观经济的影响下，我国物流业发展正在进入深刻变革期：技术驱动正在成为行业转型升级的主要动能；行业发展从依赖要素投入的粗放式发展向质量效益型转变；服务生活的物流业态创新与规模在不断扩大，并呈现高效、精细、多元的特点；标准化带动的单元作业方式加快了物流业的降本增效。这是北京市物流业发展面临的外部环境与趋势，两者基本呈正相关关系。

（二）从北京自身视角看，物流业正处于提档升级的关键时期

目前，北京市正处于全面落实首都城市战略新定位、京津冀协同发展战略以及全力打造“四个中心”的历史新时期，经济与社会发展面临新挑战与新机遇。一方面，城市的经济结构正在进一步调整与优化，各领域都在为构建“高精尖”体系而努力。政府有关部门出台了《北京市新增产业的禁止和限制目录》（2014 年版），对相关领域进行严格新增限制，并且有序疏解非首都功能，城市主要的产业在空间布局、功能定位以及服务对象等方面将发生一定的变化。另一方面，城市治理与管理正在朝着精细化方向进一步努力，比如在大气环境与交通等方面，正在进一步加大力度治理与优化，也因此对经济活动提出了更高的要求。基于北京市城市定位调整以及发展维度的变化，物流业将呈现出以下几种变化与趋势。

1. 物流业的定位进一步向生活性、保障性聚焦强化

纵观北京市“十一五”和“十二五”以来的整体发展过程，尤其是在新战略定位的指引下，物流业正逐步从原来的生产性服务业定位向生活性服务业为主定位过渡转变，兼有一小部分的生产性服务业特性，而这一部分主要是围绕着制造业变化形成的供应链物流。在社会物流总额构成中，与城市生活消费密切相关的两项指标是外省市流入物品物流总额以及单位与居民物品物流总额，“十二五”末期两项物流总额比“十一五”末期增加了49.5%，其中单位与居民物品物流总额增加了92%。此外，两项指标之和占社会物流总额的比重由2010年的43%上升到2015年的48.3%，这些显示了在北京经济结构不断转型、经济增长拉动的结构变化转向消费以及消费方式与内涵的变化等的综合情况下，物流发展的功能、作用与定位正在发生着变化：从产业定位（注重增加值、产出、规模等）出发逐步向保障民生与城市运转的基础服务功能与公共性（注重服务效率与质量，管理更加精细化）转变，并且在新战略定位下，围绕着生活性服务业而进一步聚焦需求与服务。

2. 制造业供应链的变化带来物流需求的变化

在城市战略调整因素的影响下，北京原有制造业正在或将不断提升发展能级，一般加工、制造以及业态较为低端的领域逐步转移至京津冀协同的大尺度空间下发展，留下的更多是高端制造、研发、设计等环节与功能。因此，整个制造业的供应链在空间布局上将扩展，原来服务于制造业的物流企业的总部运营、管理、结算等功能将进一步凸显，而发展模式以及发展地域将随着客户调整，加快在河北、天津的布局，形成了以线边物流、VMI（供应商管理库存）、JIT（准时制生产方式）制造物流为主的制造业物流的需求。京津冀区域的制造业作为中国北方的制造业聚集区会起到引领作用，将与世界制造业产生更为紧密的联系，需要快速的、高效的、适应制造业供应链物流需求特点的通关服务。京津冀区域制造业急需跨区域的一体化海关与保税物流服务体系，同时《中国制造2025》的推进也将催生与智能制造相适应的物流服务，形成新的物流需求。随着京津冀协同发展的深入，未来北京的制造业物流企业将基本发展成供应链服务型的综合物流企业，实现对区域内制造企业高效率、低成本、一体化、智慧化的服务。

3. 围绕城市变化的物流需求变化将更加凸显

非首都功能的疏解快速影响着北京乃至京津冀区域的消费物流格局，原来承担着一部分京津冀区域服装批发功能的动物园服装批发市场、大红门服装批发市场等商品批发市场整体或部分搬迁到周边区域，地理位置的调整不可避免地使原来的分销、物流、商流和金融流体系发生重大变化。在这种情况下，原来的批发零售模式将转移到电商上，北京内的区域性商品物流需求量将下降；随之而来的是要求基于电商的中短途跨区域运输配套市内配送的物流服务模式，这就要求物流体系与效率的快速完善与提升。

针对目前产业融合发展现状，结合城市生活消费品质提升需求，未来的商业体系，尤其是末端便民设施将得到快速发展，并且商业设施物流化、物流设备商业化将进一步成为发展趋势。此外，O2O（线上线下）模式将进一步发展，原来的电商与实体之争将逐步回归和谐与融合，物流的需求更加平衡，而且也将带动物流服务多样化、一体化发展，比如服务对象兼顾B2B（商对商）与B2C（商对客）。同时，在城市生活性服务业快速发展的带动下，基于末端服务的跨界模式将进一步提高物流供给。比如送餐众包服务业与快递服务业之间的互相融合，也将为城市物流提供补充。

为适应居民品质需求，高效率、高水平的生鲜冷链物流服务需求将快速增长，不仅仅是到店服务，还有更多的社区服务、到宅服务也将迅速兴起，面对城市社区终端的各种物流服务需求与格局将发生重大变化。另外，在《环首都一小时鲜活农产品流通圈规划》的指引下，围绕着产地预冷、标准化包装、单元化冷藏运输配送至终端需求的净菜（农产品）供应链模式将得到快速发展。

随着电子商务的迅速发展，电子商务在零售中的比重不断提升，物流服务渗入千家万户，精准、海量、快速的物流需求对建立高效率的电子商务物流分拨与配送中心提出了更高的要求。在疏解提升的背景下，北京市电商物流与区域电商聚集区的协同将更加紧密，尤其是与天津武清电商产业聚集区，在区域运输、中转、配送等方面将加强衔接。在服务业扩大开放的背景下，未来北京的跨境电商将得到更好发展，并带动相关物流需求扩大，尤其涉及关检以及保税仓储、加工、配送等供应链一体化的服务模式。

总体来看，“十三五”时期，我国物流业仍然处于可以大有作为的战略机遇期，但也同时处于面临一系列矛盾和问题的严峻挑战期。预计行业增速将继续趋稳放缓，传统的依靠成本价格竞争的粗放式发展模式难以为继，行业进入以转型升级为主线的发展新阶段。物流业将加快从追求规模速度增长向追求质量效益增长转变，从铺摊子、上项目向整合资源、做优存量转变，从成本要素驱动向效率提升、创新驱动转变，推动行业提质增效。“十三五”时期，有序疏解非首都功能是北京市的一项重要任务，其中涉及一般低端物流业态及配套物流设施的疏解转移，相关物流需求会相应收缩和下降。同时，作为特大型城市，由于受到空间资源、交通承载、能源环境的现实制约，客观上要求物流业调整发展战略，优化产业结构，创新商业模式，加强区域联动，实现集约式发展。

二、北京市物流业发展面临的问题与挑战

（一）社会物流整体运行效率与国外发达国家尚存差距

全社会物流总费用占 GDP 的比重是衡量社会物流整体运行效率的重要指标之一，也是物流业降本增效的重要参考指标之一。这个指标的含义是创造单位增加值所投入的物流费用。物流需求作为派生需求的属性，决定了物流成本规模和水平受多种因素影响，既包括物流以外的因素，也包括物流内部因素，物流成本比较时，要考虑各种因素的影响。北京市已进入后工业时代，第三产业占比接近 80%，并且服务业内部结构也趋于高端化，这是北京市社会物流总费用占 GDP 比重低于全国平均水平的主要原因，一定程度上反映了北京市物流活动的产出效率高于全国平均水平。但是，与国外发达国家比较，北京市全社会物流总费用占 GDP 的比重高于平均水平，这种差距一方面是由产业结构和发展阶段差异带来的，另一方面也客观反映出了在物流业运行质量和效率方面与发达国家的差距。“十三五”时期，北京市应全面提升物流业运行质量和效率，将全社会物流总费用占 GDP 的比重保持在合理水平，并实现稳中有降（见表 1－13）。

表 1－13　2006—2015 年北京市、中国、美国社会物流总费用占 GDP 的比重情况

年份	全国社会物流总费用占 GDP 的比重（%）	北京市社会物流总费用占 GDP 的比重（%）	美国社会物流总费用占 GDP 的比重（%）
2006	18. 3	17. 7	9. 8
2007	18. 4	17. 7	9. 9
2008	18. 1	17. 3	9. 4
2009	18. 1	14. 8	7. 9
2010	17. 8	15. 5	8. 3
2011	17. 8	15. 1	8. 5
2012	18. 0	15. 1	—
2013	16. 9	15. 0	—
2014	16. 6	15. 1	—
2015	16. 0	13. 7	—

数据来源：中国现代物流发展报告（2016），北京统计年鉴。

（二）物流企业综合服务能力供给不足

物流企业是物流业的基本活动单元，其综合服务能力是物流业降本增效的基本保障。截至 2015 年，在京津冀地区 5A 级物流企业共计 38 家，北京拥有 25 家，河北拥有 9 家，天津拥有 4 家（见表 1－14）。A 级物流企业是由中国物流与采购联合会依据《物流企业分类与评估指标》国家标准评估认定，以此引领物流行业沿着标准化、现代化、规模化方向发展。一个地区 A 级物流企业数量代表一个地区社会物流发展水平，北京市专业物流企业具有明显比较优势，为地区降本增效奠定了良好的基础。

根据物流需求企业调研，当前北京市在电子商务物流、生鲜冷链物流等生活物流服务领域，高端制造企业供应链一体化物流服务和跨境国际一体化物流服务供给方面尚存在供应主体不足的问题。

表 1－14　2015 年京津冀三地 5A 级物流企业名单

地区	企业名单
北京（25 家）	北京远洋物流有限公司 中国物流储运总公司 中铁快运股份有限公司 中铁现代物流科技股份有限公司 嘉里大通物流有限公司 中国外运长航集团有限公司 五矿物流集团有限公司 北京长久物流股份有限公司 中铁物流集团有限公司 中铁物资集团有限公司 中国兵工物资集团有限公司

续 表

地区	企业名单
北京（25家）	中铁联合物流股份有限公司 中铁集装箱运输有限责任公司 北京医药股份有限公司 北京市邮政速递有限公司 国药集团药业有限公司 北京京铁经贸发展中心 中信信通国际物流有限公司 中国物流有限公司 北京京铁实业开发总公司 北京福田智科物流有限公司 中都物流有限公司 中国通信服务股份有限公司 中铁特货运输有限责任公司 北京铁路局
河北（9家）	开滦集团国际物流有限责任公司 万合集团股份有限公司 唐山海港远大物流有限公司 冀中能源峰峰集团邯郸鼎峰物流有限公司 河北省物流产业集团有限公司 冀中能源国际物流集团有限公司 河北冀铁集团公司 唐山市佳源贸易发展有限公司 唐山港集团股份有限公司
天津（4家）	天津大田集团有限公司 振华物流集团有限公司 天津滨海泰达物流集团股份有限公司 中集现代物流发展有限公司

数据来源：中国现代物流发展报告（2015）。

从业务收入来看，北京市聚集了一批一体化运作、网络化经营能力明显增强、供应链管理服务水平高的综合物流服务提供商，北京市物流企业一体化物流业务收入呈现快速增长趋势（见表1－15）。但是，一体化物流业务收入占物流业务收入比重较低，也印证了物流企业综合服务能力供给不足现实情况。

表1－15　2011—2015年北京市物流企业一体化物流业务收入情况　单位：亿元

年份	2011	2012	2013	2014	2015
物流业务收入	1891.1	2104.4	2267.6	2482.5	2409
一体化物流业务收入	17.1	24.8	52.7	65.3	63.0

数据来源：北京统计年鉴。

北京市物流业正处于提档升级的关键时期，需要技术先进、模式创新、竞争力强的综合物流服务企业为首都社会和经济发展作支撑。培育综合物流企业，扩大地区综合物流服务供给能量，将是物流业降本增效的重要任务之一。

（三）物流网络基础设施有待升级优化

1. 道路交通设施

2015 年年底，全市公路总里程达到 21885 千米。其中高速公路 982 千米，一级公路 1393.2 千米，二级公路 3360.8 千米，三级公路 4020.7 千米，四级公路 12128.4 千米。全市公路二级以上公路里程比率达到 26.2%，远高于全国 14.2% 的水平，支撑了北京市交通运输业的快速发展，促进了货物加快周转。

但是，北京市的道路交通设施还存在着一些问题。例如，重中心城区建设、远郊区建设有待提升；重高等级公路建设、普通公路建设有待进一步提升；重公路枢纽的配套建设、铁路货场（场站）周边衔接道路不完善、首都机场原有陆侧交通压力大等，并且随着京津冀协同发展战略的深入推进，北京的道路交通设施建设更多应加强与津冀在物流大通道的衔接。此外，北京每年的过境货车给北京交通与环境带来较大压力，据市交通委统计数字显示，每天过境和进京的重型柴油车有 7 万辆左右，其中两三万辆是进京送货车辆，还有四五万辆为过境车辆，且 50% 左右为超标车。因此，加快建设首都环线（大外环），完善进京与过境道路设施的衔接与分离迫在眉睫。

2. 物流网络与设施体系

经过两个五年的规划建设，北京市“三环、五带、多中心”的物流空间格局不断优化，形成了以物流基地、物流中心为载体，以专业物流为特色的多层次节点布局。现状物流设施基本保障了首都的生产生活需求和各类政治经济文化活动的需求；物流设施空间分布趋势与城市总体发展要求基本吻合。但是，除了四个物流基地外，成规模的现代化物流设施相对较少；自发形成的物流设施数量与层级较多，“小、散、乱”现象突出，对城市交通及环境造成较大影响；各类新型业态物流设施的发展迅速，空间分布具有趋同性，缺乏合理引导。

随着非首都功能加快疏解，一些区域性、非规划的园区面临着拆迁，在短期内可能会对我市物流保障产生一定的影响（北京市四大基地仓储总面积在 400 万平方米左右，全市各类型仓储面积近 3000 万平方米）。同时，城市物流需求更加趋向本地化、生活化、消费化，对整个物流设施体系运转以及末端设施供给提出更高的要求。因此，着力完善和提升“物流基地 + 物流配送中心 + 末端配送网点”的城市物流节点网络是未来工作的重点。

（四）物流企业经营受到成本和政策双重挤压

1. 物流从业人员

北京市物流从业人员总人数稳中有降，符合北京市非首都功能疏解发展趋势。从结构来看，交通运输、仓储和邮政业从业人员稳中有升（见表 1 – 16），采掘业、制造业、批发业和零售业物流从业人员降速较快。物流业属于劳动密集型行业，尤其是一线员工外来务工人员比例较大，外来务工人员生活成本提高带来的人员流失和人口疏解政策带来的人口挤出效应，对行业用工带来较大压力。

表 1－16　　2010—2015 年北京市物流从业人员人数　　单位：万人

年份	物流业从业人员		合计
	交通运输、仓储和邮政业	采掘业、制造业、批发业和零售业	
2010	31.2	17.4	48.6
2011	33.9	16.7	50.6
2012	35.0	16.8	51.8
2013	35.0	16.0	51.0
2014	35.2	15.6	50.8
2015	35.7	14.6	50.3

数据来源：北京统计年鉴。下同。

2. 物流企业税收

物流业是融合运输业、仓储业、货代业和信息业等的复合型服务产业。国家“十一五”和“十二五”两个五年规划纲要都要求“大力发展现代物流业”。2009 年 3 月，国务院发布《物流业调整和振兴规划》（国发〔2009〕8 号文）。2011 年 8 月，国务院办公厅印发《关于促进物流业健康发展政策措施的意见》（国办发〔2011〕38 号，以下简称“国九条”），明确要求“切实减轻物流企业税收负担”。“营改增”试点工作，也是落实“国九条”的一项具体措施，引起了物流企业的普遍关注。北京市物流企业税收增速较快，减轻物流企业税收负担是一项降本增效的艰巨任务（见表 1－17）。

表 1－17　　2010—2015 年北京市限额以上物流企业税收　　单位：万元

年份	交通运输、仓储和邮政业								合计
	铁路运输业	道路运输业	水上运输业	航空运输业	管道运输业	装卸搬运和运输代理业	仓储业	邮政业	
2010	143493.7	28874.4	—	217554.5	—	56840.2	3221.4	89025.9	539010.1
2011	185225.5	32559.2	647.0	267827.4	—	52215.3	5220.1	67689.0	611383.5
2012	548555.2	186151.8	1888.1	379921.5	148566.1	144074.8	－275191.1	143970.6	1277937.0
2013	624136.5	210653.2	1065.7	182165.4	—	149937.8	－1047405.2	150887.1	271440.5
2014	493959.0	201432.0	1204.0	76125.0	—	195983.0	－282447.0	140679.0	826935.0
2015	431567.0	238305.0	1433.0	229443.0	612726.0	150915.0	1807747.0	130501.0	3602637.0

3. 物流人力成本

从统计数据来看，北京市物流业从业人员工资增速较快，远高出全国平均水平，从侧面反映出当前物流企业人力成本压力加大，因此，有效控制人力成本将是物流业降本增效的一个重要发力点（见表1－18）。

表1－18　　2010—2015年北京市物流业从业人员年平均工资　　单位：元

年份	交通运输、仓储和邮政业								北京市交通运输、仓储和邮政业平均工资	全国交通运输、仓储和邮政业平均工资
	铁路运输业	道路运输业	水上运输业	航空运输业	管道运输业	装卸搬运和运输代理业	仓储业	邮政业		
2010	59154	37398	152899	141921	25251	66208	38641	67048	51443	40466
2011	68472	42241	161209	141379	69328	62974	43264	61921	59113	47078
2012	76960	40830	173990	150654	75117	70308	50298	68570	65321	53391
2013	85481	46319	164317	157434	132319	74728	59622	69943	71958	57993
2014	90381	53038	190409	162649	132199	83113	66190	74983	78294	63416
2015	86614	57364	196721	166514	122080	92982	66436	82963	81608	68822

4. 物流制度环境

经过多年制度建设，北京市税收、土地等政策支持体系逐步完善，乱收费、乱罚款的状况得到根本改变，物流一体化高效运作的体制机制制约基本消除，行业诚信体系进一步健全，有利于物流业创新发展的生态体系基本形成。

（五）货运市场结构有待优化

1990—2015年北京市总的货运量变化基本稳定，从1990年的26649万吨小幅上升到2006年的33547万吨，2007年大幅回落至20770万吨，之后处于总体缓慢上升趋势，到2014年达到29518万吨（见表1－19）。

表1－19　　1990—2015年北京市货运量变化情况　　单位：万吨

年份	铁路	公路	民航	管道	总计
1990	3051	23326	10	262	26649
1995	2974	29087	17	106	32184
2000	2612	28010	35	60	30717
2006	1956	30953	89	549	33547
2007	1925	17872	98	875	20770
2008	1733	18689	93	1369	21884
2009	1635	18753	98	1531	22017
2010	1572	20184	130	1827	23713

续 表

年份	铁路	公路	民航	管道	总计
2011	1380	23276	132	2061	26849
2012	1232	24925	134	2359	28650
2013	1078	24651	136	2429	28294
2014	1132	25416	149	2821	29518
2015	1004	19044	158	3030	28765

各种运输方式所承担的比重变化较大，尤其是铁路运输和管道运输，铁路运输承担的比重从1990年的11.4%下降到2015年的3.5%，而管道运输所承担的比重则从1990年的1.0%上升到2015年的10.53%，超过了铁路的比重。公路的比重最大，基本保持在85%~93%，航空运输的比重近年来维持为0.4%~0.6%（见表1-20）。

表1-20　北京市货运量各种运输方式所占比例　单位:%

年份	铁路	公路	民航	管道
1990	11.4	87.5	0.0	1.0
1995	9.2	90.4	0.1	0.3
2000	8.5	91.2	0.1	0.3
2006	5.8	92.3	0.3	0.2
2007	9.3	86.0	0.5	4.2
2008	7.9	85.4	0.5	1.4
2009	7.4	85.2	0.4	7.0
2010	6.6	85.1	0.4	7.0
2011	5.1	86.7	0.5	7.7
2012	4.3	86.9	0.4	8.2
2013	3.8	87.1	0.4	8.6
2014	3.8	86.1	0.5	9.6
2015	3.5	85.4	0.6	10.5

北京货物运输周转量增长很快，区域辐射作用明显。2015年，铁路、公路、民航、管道四种运输方式的货物运输周转量分别为224.80亿吨公里、156.36亿吨公里、63.70亿吨公里、178.90亿吨公里，总货物运输周转量为623.76亿吨公里，2014年和2015年虽较2013年的680.90亿吨公里有小幅下降，但总体保持在较高水平（见表1-21）。

表 1－21　　1990—2015 年北京市货物运输周转量总量变化　　单位：亿吨公里

年份	铁路	公路	民航	管道	合计
1990	206.74	57.46	4.47	0.15	268.82
1995	239.34	76.20	7.49	0.07	323.10
2000	200.19	82.64	16.77	0.04	299.64
2005	310.81	85.49	28.17	33.26	457.73
2010	257.46	101.59	4.82	106.36	470.23
2011	311.32	132.33	47.49	125.80	616.94
2012	307.61	139.77	48.98	141.93	638.29
2013	323.18	156.19	49.19	152.34	680.90
2014	284.36	165.19	5.54	167.90	622.99
2015	224.80	156.36	63.70	178.90	623.76

同时，从不同运输方式的具体情况看，铁路运输货物周转量比重最大，但总体呈下降趋势；2015 年公路货物运输周转量比重较上年减少了 0.7 个百分点，为 25.8%；管道货物运输周转量比重快速增长（见表 1－22）。

表 1－22　　1990—2015 年北京市货物运输周转量比重变化　　单位:%

年份	铁路	公路	民航	管道
1990	76.8	21.4	1.7	0.1
1995	74.1	23.6	2.3	0
2000	66.8	27.6	5.6	0
2005	67.8	18.7	6.2	7.3
2010	54.8	21.6	1.0	22.6
2011	50.5	21.4	7.7	20.4
2012	48.2	21.9	7.7	22.2
2013	47.5	22.9	7.2	22.4
2014	45.6	26.5	0.9	27.0
2015	35.7	25.8	10.2	28.3

从国外发达国家货运市场发展经验来看，北京市货运市场结构逐步得到优化，但是，各种运输方式之间融合不够，现代物流运作方式没有得到广泛应用，多式联运、甩挂运输、共同配送等先进物流运输组织方式有待进一步推广，物联网、大数据等先进技术要与传统货运方式相结合，急需创新物流业态、模式，信息化、标准化、集装化水平有待进一步提升。

第二章

北京市城市配送发展现状与对策

北京是特大型消费城市，物流以流入为主，城市配送是主要特征。同时，公路货运社会化程度已与日本等国家相当，这表明北京市公路货运的社会化程度已经达到一定水平，企业对物流社会化带来的效率已有所认知。但目前北京实行的一系列政策影响着北京城市配送的效率，经济的发展也给城市配送带来了机遇和挑战，如何提高城市配送效率成为物流领域的重难点之一。

第一节　北京市城市配送发展现状

一、保障性配送需求特征明显

北京市作为特大型消费城市，为保障生产、生活的正常进行，城市配送意义重大。截至2016年年末，北京市常住人口数量为2172.9万人，常住人口的年平均增长率为0.1%。按照人口基数和人口增长率计算，北京市人口年增长量巨大，对生活物资需求增量加大，基础保障性配送需求量迅速增长。每日货物配送量的日益增加、货物配送服务市场需求规模的不断扩大和需求水平的日益提高，要求城市配送提高效率、降低成本，并注重配送的时效性。

二、城市配送需求稳定增长

城市配送是在城市范围内进行的配送业务活动，城市配送已随客户需求从“少品种、大批量、少批次、长周期”向“多品种、小批量、多批次、短周期”转变。北京市四环内的货运量超过全社会道路货运量的50%。另外，从车辆的平均运距来看，87.3%的车辆均以中短途运输为主，这表明北京市物流是以城市配送为主要特征的。

2016年，北京市货物运输总量达28042.4万吨，同比增长8.1%。其中公路营业性货运量19972万吨，同比增长4.9%；铁路货物到发量为2005.3万吨，同比减少17.5%；航空货邮吞吐量达到194.3万吨，同比增长2.8%；口岸监管货运量达到5870.8万吨，同比增长37.4%，如表2－1所示。

表 2－1　　2010—2016 年北京市货物运输综合状况　　单位：万吨

年份	2010	2011	2012	2013	2014	2015	2016
公路营业性货运量	20184	23276	24925	24651	25416	19044	19972
铁路货物到发量	5501	4166	4112	3678	3238.9	2430.2	2005.3
航空货邮吞吐量	155.2	164.0	180.0	184.4	184.8	189.0	194.3
口岸监管货运量	137.8	157.2	154.3	453.9	2101.7	4274.3	5870.8
合计	25978.0	27763.2	29371.3	28967.3	30941.4	25937.5	28042.4

数据来源：北京统计局。下同。

（一）公路货物运输

2016 年，北京市公路营业性货运量略微上升，为 19972 万吨，同比上升 4.9%；货运周转量 161.3 亿吨公里，同比上升 3.2%，平均运距略微降低，为 80.8 公里，同比下降 1.6%（见表 2－2）。

表 2－2　　2010—2016 年北京市公路营业性货运基本情况

年份	货运场站数量（个）	货运量（万吨）	货运周转量（万吨公里）	平均运距（公里）
2010	16	20184	1015944	50.3
2011	8	23276	1323259	56.9
2012	15	24925	1397736	56.1
2013	14	24651	1561929	63.4
2014	14	25416	1651938	65.0
2015	11	19044	1563562	82.1
2016	11	19972	1613192	80.8

（二）铁路货物运输

2016 年，北京市铁路货物到发量为 2005.3 万吨，比上年减少 17.5%。其中，货物发送量为 724.9 万吨，比上年减少 27.8%；到达量为 1280.4 万吨，比上年减少 10.2%。货运周转量为 633.9 亿吨公里，比上年减少 19.2%。具体如图 2－1、图 2－2 所示。

（三）航空货物运输

2016 年，北京航空货邮吞吐量达到 194.3 万吨，同比增长 2.8%。航空承运货运量继续保持增加，反映了高附加值货运需求逐年增加，如图 2－3 所示。

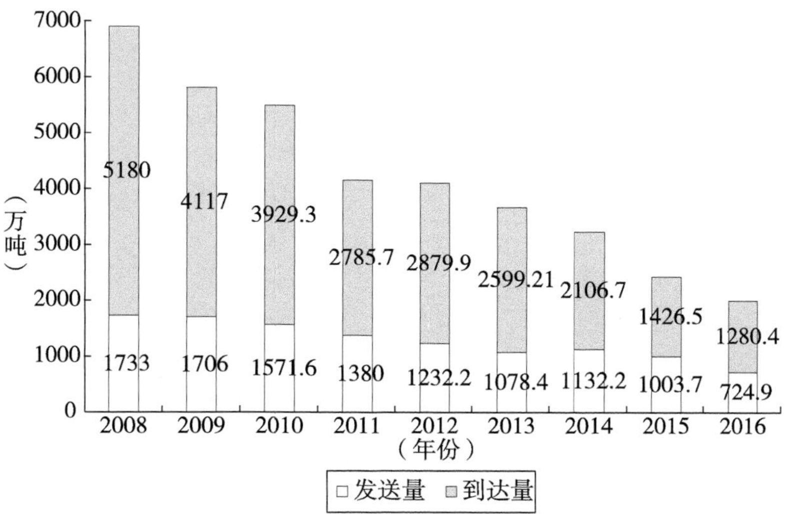

图 2－1　2008—2016 年北京市铁路货物到发量年度变化情况

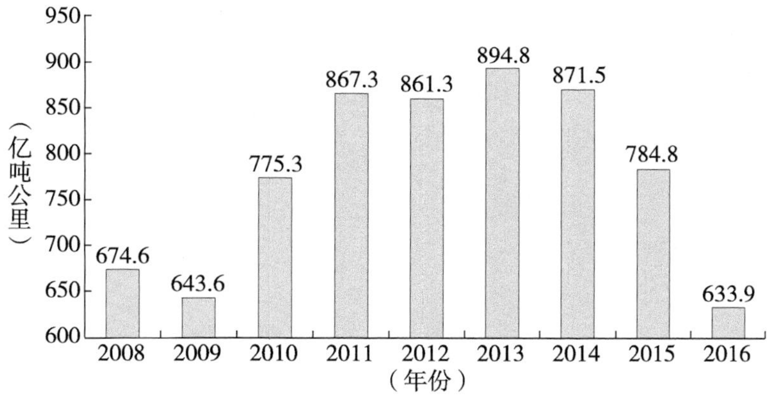

图 2－2　2008—2016 年北京市铁路货运周转量年度变化情况

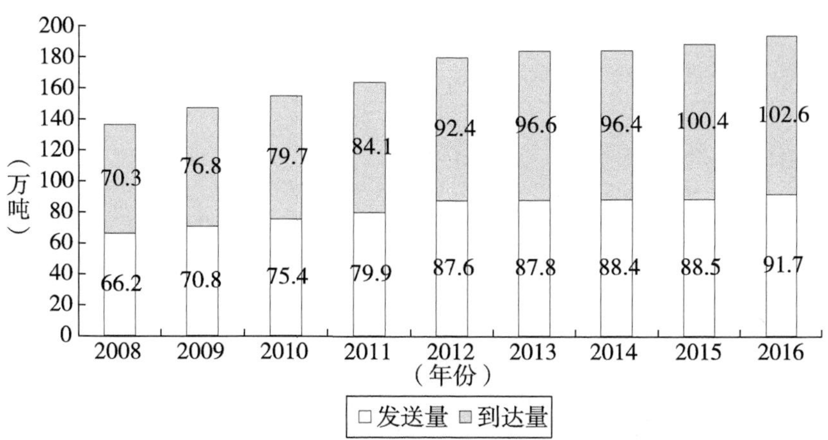

图 2－3　2008—2016 年北京市航空货邮吞吐量年度变化情况

（四）对外贸易运输

2016年北京市口岸的建设和管理工作有了全面的发展，四个口岸各有侧重，承担起不同的职能：北京首都国际机场航空口岸是航空运输口岸；北京朝阳口岸、北京平谷国际陆港是与天津海港实行“口岸直通”的内陆公路口岸；北京丰台货运口岸是铁路运输口岸。

2016年北京口岸海关监管货物总量5870.8万吨，同比增长37.4%，从各口岸分布看：北京首都国际机场航空口岸海关监管货物总量5750.0万吨，同比增长38.2%；北京丰台货运口岸海关监管货物总量1.6万吨，同比下降12.5%；北京朝阳口岸海关监管货物总量100.7万吨，同比增长7.4%；北京平谷国际陆港海关监管货物总量18.5万吨，同比减少2.7%。从进出口角度看：北京市海关进出口货物主要以进口为主，进口货物高达5730.8万吨，同比增长38.6%，海关监管出口货物140.0万吨，同比增长0.2%。北京市各口岸监管货物占比情况如图2-4所示。

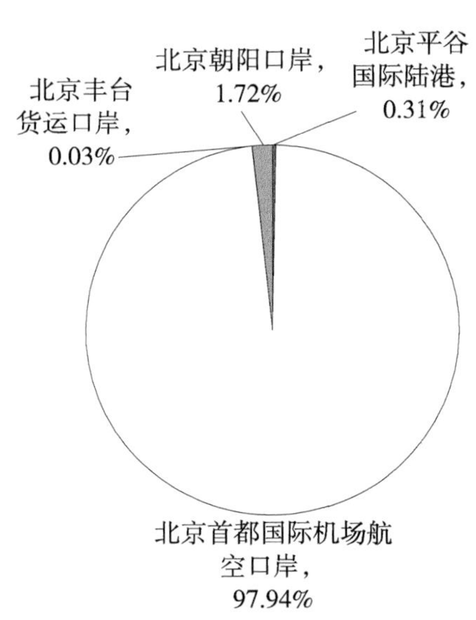

图2-4　北京市各口岸监管货物占比情况

数据来源：北京市人民政府口岸办公室。

三、物流设施外迁加速配送末端化

北京市为落实首都城市战略定位，疏解非首都功能，大力推动京津冀协同发展，明确2300万人口的调控目标，发布了新增产业禁止和限制目录，关停退出了一般制造企业和污染企业，随着《京津冀协同发展规划纲要》的贯彻实施，疏解北京非首都功能成为京津冀协同发展的重中之重，低端功能逐渐外移。由于北京市中心城区土地资源紧张、地价昂贵，随着经济社会的快速发展和人口的持续增长，各类建设用地需求强劲，人地矛盾日益突出。面对北京市土地资源紧张、地价昂贵、交通压力大、费用高的现状，在这样内部资源受限的城市物流系统中，部分无法承担此成本的低端功能性物流服务必然逐渐向周边区域外迁，借助周边区域丰富的物流资源及物流辐射作用服务于北京。

2014 年 1 月至 2015 年 6 月，北京市共疏解了 121 个商品交易市场，合计减少营业面积 115.1 万平方米，占总面积的 8.2%。批发市场的外迁使北京外购的需求量增加。根据北京市统计年鉴数据，2015—2016 年市外商品购进额始终占批发、零售业商品购进总额的 50% 以上，并且占比逐年增加，而市内商品购进额则在逐年减少（见图 2-5）。批发、零售业的产品销售同样表现出外向的特征，2016 年北京市批发、零售业商品销售总额中，市外批发以及出口商品销售额占了 57%。

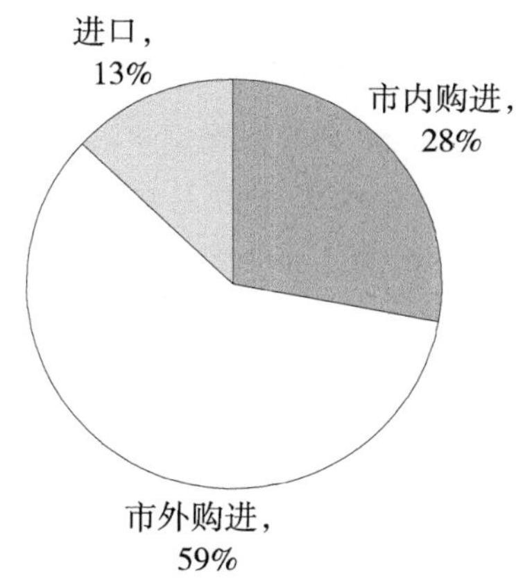

图 2-5　2015—2016 年北京市批发来源构成

数据来源：北京统计局。

按照京津冀协同发展的定位，重要迁出地河北作为全国现代商贸物流重要基地，将成为商品市场新的集聚发展地区。北京城六区的区域批发市场和物流的疏解工作已取得了显著的成效，具体如下。

（1）西城区：动物园批发市场疏解已经基本完成，2016 年全面启动并基本完成世纪天乐国际服装市场和东鼎服装商品批发市场的疏解。

（2）朝阳区：2016 年疏解商品交易市场不低于 53 家、一般性制造企业不低于 851 家、仓储物流园区不低于 3 家、废品回收场站不低于 16 家，特别是对占地面积 5000 平方米以上的区域性市场加大疏解力度。

（3）海淀区：2016 年锦绣大地批发市场疏解外迁。

（4）丰台区：2016 年完成全区 65 家商品交易市场调整疏解，大红门地区计划疏解市场 16 家左右。

为解决人口膨胀和环境恶化问题，北京市提出了疏解首都非核心功能、促进生产要素更多向周边城市流动的措施。根据《北京市新增产业的禁止和限制目录》（2014 年版），全市范围内除对一些污染型、低价值的制造业进行限制和禁止外，也对区域物流中心、超过一万平方米的大型仓储中心进行了限制，在东城和西城两个核心区甚至对批发业都进行了限制。2015 年，北京实施了更加严格的新增产业禁止和限制目录，北京全市层面受禁限行业占全部国民经济行业分类的比例由 32% 提高至 55%，城六区受限比例从 42% 提高到 79%，而一般制造业、商贸批发业和区域物流中心是首先需要转移或限制的产业。随着这些产业的逐渐转移，北京市制造业和批发业的配送需求会越来越少，而面向消费终端的配送物流服务需求将占据绝对主导地位。

四、配送订单碎片化趋势明显

随着经济的发展和人们消费水平的提高，消费者对产品的需求已经由原来的少品种、大批量、少频次的方式变成了多品种、小批量、多频次的方式。与此相对应，要求物流配送也变成多品种、小批量、多频次的服务方式，订单碎片化趋势越来越明显，特别是电子商务 B2C 及 C2C（客对客）模式日益发展。同时，物流时效性的要求，使得企业配送服务的规模效应越来越差，增加了企业的服务负担。

在北京市配送服务系统中，超市、卖场、便利店、批发市场、百货商场等多种业态、多种所有制、多种服务模式并存，由于各企业规模、定位、管理方式、组织模式等差别较大且分布广泛，配送服务较为困难。并且北京市的消费需求主要集中于四环以内，大多数商场都分布于四环、五环内，四环内也是配送的主要需求地。据统计，北京市的货运量超过 50% 发生在四环以内。此外，由于分布广泛的社区居民、写字楼、高校等终端消费者的配送服务需求以及城市配送“最后一公里”瓶颈等因素的制约，配送系统复杂程度高。

五、配送网络已经形成

据《北京市“十三五”期间物流业发展规划》指示，2015 年，北京市社会消费品零售总额达到 10338 亿元，年均增长 10.3%，消费需求快速增长推动了城市物流保障体系不断完善。各类消费品的物流配送体系进一步健全，商业连锁统一配送率持续提高。涉及民生的冷链物流体系和设施建设取得较大进展，全市冷库总容量近 100 万吨，较“十二五”初期增长了 30% 左右。电子商务类快递业务发展迅猛。2015 年，全市快递服务企业业务量累计达到 14.1 亿件，满足“最后一公里”物流需求的快递服务不断完善，建成社区及高校共同配送网点 260 余个。

仓库是城市物流活动中货物中转、暂存的重要场所，是城市物流系统的重要组成部分，也是大多数城市配送活动的出发点。根据相关数据，北京市大部分的仓库资源目前大多位于四环以外，四环以内的仓库数量只占了总数的 1.3%，四环与五环之间占 18.9%，五环与六环之间占 57.9%，六环之外占 21.9%。从分布方向上看，北京市仓库在西南、东南、东北三个方向形成了相对集中区域：西南方向自丰台五里店、沿五环至西红门、再沿京开高速至大兴，形成了块状分布；东南方向在马驹桥形成了一个非常密集的仓储集中区域，自十八里店向东到朝阳区黑庄户、再到双桥形成了一个比较密集的带状分布；东北方向在空港区域则以首都机场为依托，在机场北侧到西侧形成了集中的仓库分布。

北京以服务城乡建设和市民生活需求为物流发展重点，稳步推进城市共同配送网络建设，实现了物流配送服务的“广覆盖”。沿西南、东南、东北、西北方向在五环路附近重点建设物流中心，在五环路、六环路周边新建和改造功能完善、规模化的物流中心，形成多个“组团式”的专业物流设施空间布局。

而主要承担城市配送的 5 个物流中心分别是：九州通、科园信海、马驹桥、顺义、亦庄。大型的物流基地与物流园区大多分布在四环与五环之间，而配送中心则主要分布在三环与四环之间，不过随着城市的不断发展，所有的物流设施都有进一步外移集中发展的趋势，据统计四环以外的仓库已占全市仓库总数的75%以上，大部分物流仓储设施已完成向四环、五环、六环及临近国道和高速公路等交通便利地区的空间调整。

六、配送车辆以厢式货车和电动三轮车为主

北京城市配送，从车型分布来看，快递运输的车型主要有四种，分别是厢式货车、封闭货车、集装箱车和客车，其中厢式货车是快递运输的主力车型，厢式货车完成的货运量和车次数占比分别为95.8%和95.4%；封闭货车完成的货运量和车次数占比分别为1.5%和1.5%；集装箱车完成的货运量和车次数占比分别为0.6%和0.1%；客车运输在快递运输中也占有一定的比重，客车完成的货运量和车次数占比分别为2.1%和3.0%。“最后一公里”则多由电动三轮车完成。干线运输大多是第三方车辆，城市配送大多由自有车辆完成。

（一）厢式货车是主要配送车型

截至2016年，北京市机动车保有量达到了571.1万辆，其中载客汽车超过509万辆，占机动车保有量的89%，载货汽车数量超过33万辆，仅占机动车保有量的5.8%。虽然占比较少，但是自2010年以来，载货汽车的数量增长显著，增速超过载客汽车，达到了10.2%，显示出货运市场具有较强的发展潜力，具体情况如图2－6所示。

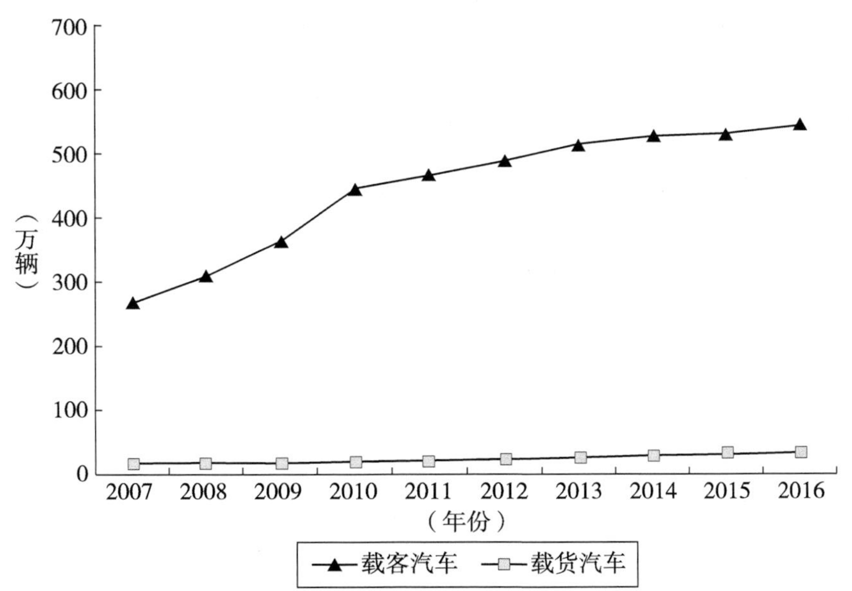

图2－6　2007—2016年北京市各类机动车数量变化

数据来源：北京统计局。

根据北京市最后一次企业物流基础设施统计显示，北京限额以上企业拥有货运汽车42638辆，较2012减少0.6%，占北京市总货车数的17%。其中普通货车31743辆，较

2012 年减少 3%；专业货车 10895 辆，较 2012 年增加 9%。在限额以上物流企业中普通货车与专业货车的比例也由 2012 年的 77%：23%变为 74%：26%，专业货车正在逐步成为城市配送的主要运输工具，如图 2－7 所示。

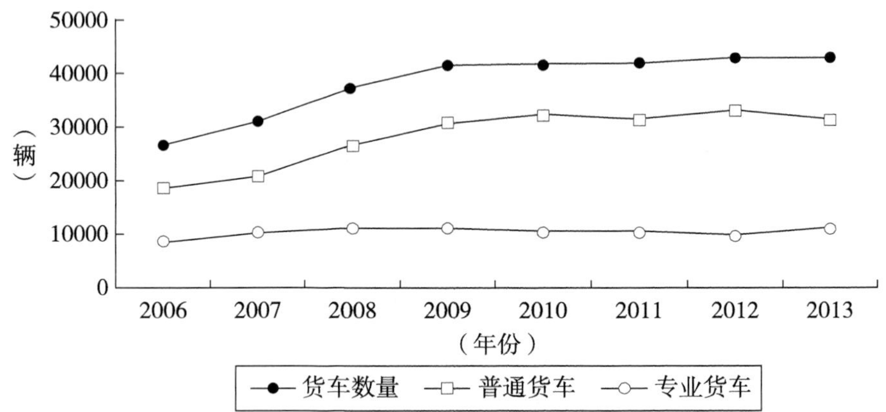

图 2－7　2006—2013 年北京市普通货车与专业货车变化情况

数据来源：北京统计局。

可以看出北京市配送工具目前主要是以普通货车为主，但是以冷藏车与集装箱车为代表的专业货车有较快的增长趋势。

北京市政府近几年为了解决环境以及交通问题，出台了一系列有助于提升车辆环保性的政策与标准，比如组建“绿色车队”、研发新能源车辆等。截至 2012 年 9 月，北京市“绿色车队”拥有的符合标准的货车达到了 31836 辆，占总载货汽车数的 13%，并且增长迅速，如表 2－3 所示。

表 2－3　北京市“绿色车队”规模

时间	企业（户）	车辆（辆）
2008 年 7 月	178	—
2009 年 3 月	约 300	约 8000
2012 年 7 月	1098	31344
2012 年 9 月	1119	31836

数据来源：北京市货运限行政策对物流企业配送的影响分析（硕士论文）。

“2014 年新能源汽车产值 6515974 万元，2015 年新能源汽车产值 10301065 万元，2016 年新能源汽车产值 262.8 亿元，“绿色车队”在减少货车排污的同时也保证了城市物资的正常供应，在北京城市配送体系发展过程中起到了重要的作用。

（二）电动三轮车是快递企业末端配送车型

据北京邮政局统计，截至 2017 年年底，北京市共有取得快递业务经营许可证的快递服务企业 481 户，全市快递站点 4268 个，从业快递员 35538 人，快递使用电动三轮车 34040 辆。全年完成快递业务量总量 22.7 亿件，同比增长 16.0%。

据统计，2015 年北京市查处违法燃油电动三轮车 6.1 万起，扣留车辆 4.89 万辆，拘留 1430 人。燃油电动三轮车违法和乱象反复性很强，尤其是城乡接合部，北京市大概有 15 万辆燃油电动三轮快递车。

七、共同配送试点已初见成效

截至 2016 年，北京市交通运输、仓储及邮政业从业人数达到了 33 万人，从事批发、零售业的人数为 14.6 万人。从事道路运输业的法人单位 482 个，从事邮政业的法人单位 31 个，从事仓储业的法人单位 108 个。北京市目前以自营配送为主，比例超过 60%。不过由第三方配送的模式也已经在商超以及鲜活农产品配送领域得到了快速发展。

2015 年，快递进校园、进社区等项目被纳入《北京市提高生活性服务业品质行动计划》（以下简称“《行动计划》”）。《行动计划》提出要以快递进校园、进社区为重点，加快共同配送服务网点建设，承接电商、快递等企业的末端配送服务。

据调查，北京市海淀区第三方末端配送服务点（包括近邻宝、小麦公社、城市 100、e 邮站、无忧蚂蚁、永嘉易站）以及和便利店、水站、超市等合作的菜鸟驿站（以下简称“代收点”）共有 295 处。海淀区物业项目共 1218 处，可以看出代收点分布已经达到一定密度，平均每 4 处物业就拥有一处收货点，并且收货点分布与物业分布的位置和区域类似，基本集中在东南部。但是据实地调查研究，代收点的利用率目前还很低，代收快递量较少，需要进一步建设和推广。

《行动计划》中提出到 2017 年年底前，要建成 500 个共同配送服务网点；2020 年年底前，要累计建成 800 个共同配送服务网点；鼓励邮政、快递企业加强末端网点建设，为市民提供便利的寄递服务；设立智能快件箱，服务市民网络购物需要。

北京城市一百物流有限公司（以下简称“城市 100”）成立于 2011 年 12 月 20 日，是北京市共同配送企业的典型代表之一。该公司以 C2C 快递和 B2C 配送为基础，以营业门店为载体，整合上下游供应商、服务商，打造面向公众的末端物流配送及社会服务平台。城市 100 现拥有 146 个营业网点（门店），朝阳区分布网点最多，实现了北京区域配送无盲区；现自有员工总数 613 人，加盟人员 425 人，平均日配送量接近 30000 单，可提供北京全境当日递、次日达业务；配送业务产品多样化，包括电视购物、网络购物、高端金融保险业务、医药冷链配送等。其运营模式分为三个组成部分，前端的仓配一体化（高端配送业务的高利润和普通配送市场的规模化相结合）、中端的多频次分拨（提高货物的流转速度）和末端的共同配送加自提（提高末端配送服务质量），实现了共同配送全业务、流程的完美对接。“城市 100 - 共同配送”是北京市政府打造的“15 分钟社区服务商圈”的有机组成部分，其“共同配送”模式实现了物流快递行业人员、网点等末端资源的高效整合，为快递企业解决高校、社区送件难顽疾，降低投诉率。“城市 100 - 共同配送”方案推行后，最后一百米派件频次从 2 频次提高到 5 频次，合作企业末端网点实施取派分离，人力成本下降的同时，也避免了电子商务公司及快递公司不必要的末端建设。

八、北京配送信息平台建设不断加强

目前北京城市配送信息平台的物流信息平台大概分为以下四种。

（1）公共物流信息交换平台。主要为物流企业之间提供信息交换、信息共享服务，如北京首发物流枢纽有限公司正在建设的“北京物流公共信息平台”。

（2）配货（公路、空运、水运）型物流信息平台。主要提供公路、空运及水运方面的货物资源与车辆资源信息，为货物运输的承运方与托运方提供信息资源，代表性平台有：京联网、锦程物流网、北京汇通天下的中国配货网、货运人网、中京网和华人物流网等。

（3）应用服务型物流信息平台。主要面向物流企业，为物流企业提供运输、电子商务等各种服务。

（4）行业垂直门户型物流信息平台。除提供配货服务外，还提供一些行业新闻、企业推广及广告等综合服务，如京联网与中国配货网。

随着北京市物流配送信息平台建设不断加强，各物流配送信息平台服务对象的业务水平也得到了明显提高。

第二节　北京市城市配送存在问题

一、物流设施外迁导致配送成本高

（一）土地成本上涨快速，用地矛盾日益突出

“十三五”时期，有序疏解非首都功能是北京市的一项重要任务，其中涉及一般低端物流业态及配套物流设施的疏解转移。另外，北京市人口的急剧增长和工商业的快速发展，使得交通越来越拥挤，空气污染越来越严重，城市住房也长期紧张，北京市急需解决扩容问题。另外，《北京城市总体规划（2016—2035 年）》中明确北京市的一切工作必须坚持全国政治中心、文化中心、国际交往中心、科技创新中心的战略定位，履行四个服务的基本职责。而物流园区、仓储用地由于占地面积大，且不符合北京战略定位，因此从三环陆续被迫搬迁到六环外，有些甚至外迁至河北境内。据中国物资储运协会调查，大约有 40% 的企业已经或将在今后几年中遭遇搬迁问题；而外迁后又会因没有足够的仓储用地供给，或因地价连年攀升而无力重建。

（二）人力成本持续上升，物流服务压力增大

物流是劳动密集型产业，特别是电子商务物流企业、快递企业、末端配送企业更是如此。一方面，物流服务劳动密集型特征明显，劳动力成本上升对其成本影响较大。据中国物流与采购联合会调研显示，我国物流企业平均工资成本已经连续两年上升 20% 以上。另一方面，北京市人均生活成本在全国名列前茅，而物流企业并未因为北京高生活成本给予相对其他城市较高的工资。因此，快递企业招工难、人员流动性大已经成为行

业发展瓶颈，物流市场“用工荒”问题非常严重。

二、共同配送设施缺乏

北京市物流企业繁多，但是公共接货平台不足，共同配送体系缺失。城市末端共同配送设施由集货平台、临时中转、末端接货三部分构成，具体设施类型包括小件物品共同集货及分拨设施（临时中转类）、商业区末端卸货及揽收设施。商业区、写字楼、住宅区、高校等地区人口密集，物资收发量大，物流配送服务需求迫切。然而，由于北京物流区域规划不够完善，商业区及其他区域物流配送配套设施不足，使得配送车辆、送货人员缺乏停车及卸货空间，只能停靠在周边马路等待卸货、派件或取货，导致配送成本增加，交通拥堵现象严重，矛盾突出。

另外，城市部分路段和设施限制配送车辆的通行与停靠；土地、商贸、规划部门在规划道路、商业网点的过程中，没有充分考虑配送需求，没有为城市配送预留配送站点与通行通道，加大了配送过程中的交通拥挤问题。

北京市作为首都，经济、教育等各领域发展迅速，小件商品物流需求量大且密集，共同配送需求迫切。然而共同配送设施的缺乏会导致无法实现多供应商向同一目的地的集货功能，企业各自配送进一步增加了交通拥堵，降低了效率，增加了成本。

三、配送信息平台之间信息孤岛问题突出

北京有公共物流信息交换平台、配货（公路，空运、水运）型物流信息平台、应用服务型物流信息平台、行业垂直门户型物流信息平台等，但平台之间信息共享还没有形成。

快速发展的北京市对物流信息化的要求越来越高，随着互联网、物联网、云计算、大数据、数据挖掘等先进技术不断发展革新，北京市不但要求基础信息的采集更加精确、真实、完整，而且北京市物流信息化程度应该能够服务于北京市电子、汽车、石化、装备、都市、医药六大支柱产业，完成从制造、运输、装卸、包装、仓储、加工、拆并、配送等各个环节的各种信息处理，能够使物流信息精准快速地在现代物流供应链上所有的相关企业、物流公司、政府部门等环节实现共享和交换。

造成这种现象的主要原因有两个：一是观念陈旧，难以接受新鲜事物；二是企业信息化升级改造投入巨大，短期内难以见到明显成效，且回收周期长，出于对成本效率的考虑，企业不会选择投入大量资金改造现有设施设备。此外，企业掌握的信息往往被视为商业机密，尽管企业内部采用先进技术手段实现全程作业信息化，但各企业之间由于缺乏信任，难以做到信息共享，造成信息孤岛。

四、城市配送标准不统一

（一）车型标准不统一

目前，北京市配送车辆较多，但是专业化、标准化水平不高，非法改装、客车载货、“大吨小标”等问题突出，城市配送车辆标准不高、标识不统一；多数城市配送车辆不符

合《道路货物运输及站场管理规定》的相关要求和《城市物流配送汽车选型技术要求》的具体规定。配送运输车辆无封闭装置，商品经常裸露在外。许多从事冷藏保鲜运输的车辆不是专用车辆，不能满足相关技术要求。

（二）物流企业缺少标准化物流设备

运输企业是物流配送的市场主体，是提升配送效率和服务水平的重要载体。在北京市，城市配送运输企业与生产企业、商贸流通企业的合作还没有形成无缝对接。另外，由于北京市近年来的各项物流园外迁、动批外迁、农批外迁等政策的陆续发布，运输企业考虑到成本问题，不敢引进先进技术和装备，运输组织方式较为落后，配送运输服务质量不高，安全生产管理水平较低。

物流相关标准的实施程度与企业发展密切相关，采用标准化物流设备，执行相应标准化服务可以大幅提升企业效率，节约企业成本。由于物流行业标准化的推进远落后于物流实践活动，实现物流配送标准化需要投入大量资金添置、改造原有物流设施设备，且回收周期较长，许多物流企业没有实力建设物流标准化或对物流标准化建设兴趣不高。北京城市物流配送企业同样面临这一问题，仅少部分大型物流企业在系统内部使用标准化设备，大部分中小型物流企业仍是各行其道，运输工具以及装载工具形态各异，标准不一。因此，基于行业发展现状及未来增长空间，制定出相应的北京城市物流配送标准来规范北京物流业发展刻不容缓。

五、通行证和限行影响了企业配送时效和成本

北京市人口密集程度远高于大多数城市，城市内部交通压力增大。北京市政府根据《中华人民共和国大气污染防治法》《中华人民共和国道路交通安全法》《北京市大气污染防治条例》的有关规定和《北京市 2013—2017 年清洁空气行动计划》的有关安排，为改善首都空气环境质量，有效降低机动车污染物排放，提出了与城市配送紧密相关的通行证制度和限行、限停政策。其目的是对配送车辆实行分区域限行和分时段限行等管制措施，控制进出城市中心区的配送车辆总量，以缓解城市通勤交通与配送作业之间的矛盾，并降低城市配送活动对城市造成的环境污染。任何事情都有两面性，这些政策虽然能缓解交通压力、提高空气质量，但是对城市配送的整体效率和成本都产生了负面的影响。

（一）通行证政策的问题

北京市作为大型一线城市，物流公司的配送对城市运行至关重要。从生活用品到生产资料，都离不开城市配送。但是由于通行证限量的问题，很多货车都无法进京。2014 年 4 月 11 日以前，按照北京市关于货车的禁限行规定，四环及四环以内道路，早 6 点到晚 23 点载货汽车禁止通行。从 2014 年 4 月 11 日起，北京市对载货汽车的禁行范围由四环路扩至五环路，这就意味着北京几乎所有城区都对载货汽车进行了限制。而且自 2012 年 9 月 10 日后，北京对货车“闯禁行”不仅罚款还会增加记 3 分的处罚。因此，对于很多的物流企业来说，通行证显得极其重要。

通行证政策的问题日益凸显，配送车辆和货运车辆分类管理和夜间配送政策尚未实施，政策对于城市配送产生何种影响的研究亟待进行。如何确保这些区域的物流配送有效实施，保证配送效率、降低配送成本，并最大程度降低城市配送对交通系统和城市环境的干扰，是制定、评估相关政策时需要考虑的问题。

（二）限行政策的问题

货车限行政策从车辆、线路与时间三个方面进行了限制，对城市配送企业影响较大。通过调研发现，货车限行对配送企业配送所需车辆的数量、车辆类型、配送路线以及配送时间四个方面有直接影响。货运限行通过对这个四个方面的作用对配送人数、人力成本、燃油成本等方面产生了间接影响，主要影响如下。

第一，以客带货，增加了配送车辆数量。一方面，由于缺乏通行证导致物流企业的货车可能无法在白天客户指定的时间段正常上路行驶，为了完成配送任务，企业采取“以客带货”的方式进行配送，导致目前北京市“以客带货”的现象盛行。另一方面，由于客户时间窗与限行时间窗的双重限制，企业必须在首先满足客户要求的情况下不违反货车限行规定，这就要求配送企业在尽可能短的时间内完成对客户的配送。这会促使企业使用更多的小容量的货车完成配送任务，因为小容量的货车针对的客户比大容量的货车少，需要行驶的路程也较少，所需花费的时间较短，既能满足时间窗的限制，又能保证装载率。据调查，一辆载重量 1.5 吨的货车大约需要两辆 7 座客车代替，而一辆 4 吨的货车大约需要 5 辆 7 座客车代替。由此可见，会导致城市在途车辆增加，从而可能导致拥堵等问题。

第二，增加了配送车辆行驶路程。北京市配送需求大部分发生在限行区域内。因此，很多企业在安排配送线路时不仅要考虑到成本，同时还要兼顾限行情况，导致物流企业往往只能选择次优的配送线路，增加了额外的绕行成本。对于缺乏通行证而违规上路的车辆，在配送时会选择检查力度较弱的路线，也会增加绕行成本。

第三，货车限行政策影响了配送时效。货运限行政策严格限制了货车在市区行驶的时间，无论是对有充足通行证还是对缺乏通行证的企业都有较大影响。某些企业在限行政策下选择夜间运输。

第四，增加了配送人数、燃油成本、人力成本。配送车辆数的增加必然导致配送人员的增加。绕行导致配送车辆行驶距离增加，进而增加了完成配送任务的耗油量，抬高了配送的燃油成本。相比较白天而言，司机在夜间工作的工资较高，企业需要给司机支付额外的工资。

第三节　推动北京市城市配送发展的措施建议

一、推行共同配送模式降低成本

配送设施分为内部设施和外部设施。内部设施一般是由信息中心与仓库构成，仓库根据各部分不同的功能又可分为不同的作业区；外部设施主要有停车场和配送中心内道路等。由于北京市有序疏解非首都功能的重要任务，配送设施外迁导致配送成本高。因此，推行配送设施共同化、降低配送成本刻不容缓。配送设施共同化是指对运输车辆、装卸机械、搬运设备、托盘及场地各设施共同化建设、管理、使用，提高了资源利用率，在符合北京市战略的基础上，为北京市提供优质后勤服务。

北京市作为科技创新中心应通过科技创新降低简易劳动的人工使用率。如增加语音客服机器人，减少回答配送相关问题的人工客服；增强物流手持终端机功能，增加扫码签收、身份证号录入、发票打印等功能，从而降低人工劳动量；扩大智能快递柜覆盖面，免除配送员等待时间等。

二、加强末端共同配送设施建设

（一）增加公共接货平台

城市物流配送的顺畅需要多方参与主体的共同努力，作为配送参与主体之一的城市管理者，应该在城市建设中充分考虑配送设施的建设。由于北京市物流园、仓储用地外迁，配送量随着外卖量、电子商务订单量、闪送量等的增多，城市配送的难度与数量都不可避免地大幅提高。因此，建议适当建设公共接货平台，满足配送需求，降低城市交通拥挤。

（二）铺设末端共同配送网点

商业活动和市民生活都离不开城市配送，加强现有物流服务设施的整合利用，建设集零售、配送和便民服务等多功能于一体的末端配送网点。在城市社区和村镇布局建设共同配送网点，支持商贸企业在末端配送领域开展横向合作。

（三）建设共同配送中心

发挥物流配送中心在物流系统集约高效运转中的关键作用，合理优化物流配送中心布局。将现有的多个物流配送中心整合形成共同配送中心，不但达到了保障生活必需品配送的目的，升级完善了服务功能，提高了规范化和集约化水平，而且大量节省了北京市用地。以此为基础，建设公路、铁路货运场站，提升物流配送服务功能，并在航空、铁路、公路等环京交通干线枢纽建设功能完善的新型综合化共同配送中心。

同时，北京作为特大型商贸城市，来自商业、住宅、高校的商品配送物流需求密集。北京市对于新建的商圈商业设施，应考虑到配套物流配送的便利性，配套预留装卸货平台和空间，末端配送平台具有揽货集货、分拨中转、配送卸货的作用，是城市末端物流中非常重要的物流设施；对于原有未配套装卸货平台的商圈商业设施，可借鉴日本和摩纳哥的商圈区域共同配送经验，由政府出面进行共同配送场地及平台的协调建设与公共使用，并对车辆车型及配送时间进行严格规定，同时鼓励共同配送组织的发展。通过设立末端配套设施平台，发展共同配送组织，促进共同配送体系发展，进一步提升货物资源管理能力和货运集疏能力，努力构建有机衔接、优势互补、立体高效的末端物流网络系统，为北京现代物流业的发展提供重要的物质基础条件。

三、促进配送信息平台共享

“十二五”以来，通过北京市实施信息惠民工程等一系列举措和市场经济体制的不断完善，北京市各配送信息平台的建设已取得了积极成效，但还存在“各自发展、信息不全面、信息孤岛”的问题有待解决。

按照政府统一监管、统一备案等原则，有效推进配送信息平台整合共享，避免各自发展、重复投资、重复信息录入等资源浪费。将物流信息平台与北京市信息化建设以及物流园区信息平台建设结合，进行衔接开发、建设和运营管理，建立具有仓储设施、车辆、人员、信息技术等资源信息发布、审查、交易等基本功能的信息调度系统，提升资源信息的透明度，促进物流行业信息大共享局面的形成，推动北京市物流产业的创新升级和高效精准化、透明化目标的实现。

四、统一配送标准

（一）政府编制出台配送车型、物流设备等标准化文件

对于北京物流配送标准化，政府应建立城市配送的标准体系，作为该项工作的顶层设计，全面而系统地对北京物流配送标准化工作做出规划，避免标准之间交叉重复等问题的出现。在标准体系的框架下，各主管部门各司其职，共同推进城市配送标准化工作的开展。标准的制定应重点关注配送设施设备的标准化、配送信息平台对接的标准化等。

（二）增强配送企业之间的合作

配送企业之间的合作是降低配送成本的重要办法，政府应促进企业间合作协商，改变固有观念，加强各方有序协调的合作，缓解、消除联盟内的冲突，有效地降低管理的复杂性。这种具有合作性质的协调方式，贯穿于联盟的整个生命周期，具有很大的优势。

增加配送企业资源信息共享程度。在城市配送的实施中需要发挥政府的管理作用，积极推广配送信息共享模式，各个企业内部构建信息沟通系统与外部企业的信息系统进行有效衔接，完整网络信息系统，使配送业务顺利进行。

企业需要合理的成本分摊和利益分配机制。共同配送是解决配送难题的重要方法之一，在配送联盟中，政府应帮助共同配送企业联盟建立统一、客观、公平、标准的成本分摊和利益分配准则，让各方皆可达成共识并严格遵守，以此达成资源设备的高度合作与共享。

五、提高企业配送时效

配送时效性是配送服务质量的重要指标，配送时间过长将导致消费者满意度、忠诚度下降，基于时间竞争的配送服务运营，完善顾客服务体验，成为当今配送服务竞争的关键。

（一）提高配送车辆和设备利用率

目前在北京物流配送中，配送车辆和配送设备利用率不是很高，包括托盘、周转箱

等。提高配送设备利用率，应标准化托盘和周转箱尺寸，周转箱尺寸与托盘尺寸相匹配才能提高周转箱和托盘的利用率。除此之外，还应考虑与托盘相配套的车辆、货架、库位的标准化，以求空间能够更有效地利用，提高装载率，进而提高配送车辆和设备的利用率。

（二）合理选择配送设施

目前，北京市的城市配送资源有限，尤其在非首都功能疏解的政策下，北京城市用来配送的资源越来越紧缺，因此要求物流企业更加合理地选择配送设施，并且提高现有配送资源的利用率，进而提高配送时效性。物流企业应运用科学技术，分析并制订出正确的配送方案，包括配送路线、物流节点等。

（三）预约配送

“最后一公里”是北京物流配送的一大难题，经常出现二次配送和等待时间过长等浪费资源的情况，所以预约配送是解决这一难题的方法之一，配送工作人员提前通过企业物流配送平台或电话短信向收货人预约配送时间，可以减少二次配送的概率，同时避免等待时间过长，提高企业的配送时效。

第三章

北京市仓储业发展现状与趋势

2016年是“十三五”开局之年，北京市仓储业总体发展平稳，各专业领域在改革创新中取得了积极进展。物流业在总体运行放缓趋稳的同时，不断加快结构调整步伐，需求结构、供给结构、区域结构、城乡结构均发生深刻变化。物流业作为支撑国民经济发展的基础性、战略性产业，有关部门也从自身职能定位出发，密集出台支持仓储物流业发展的政策措施。在北京市经济总体形势影响下，电子商务仓库设施与物流体系建设、低温仓储与冷链物流系统建设、仓储配送与包装绿色化发展、商贸物流标准化建设等持续规范发展成为行业关注焦点，也对北京市仓储业发展提出了新任务、新要求、新期待。

第一节　北京市仓储业总体发展状况

一、北京市仓储业总体规模

2016年，全市物流仓储用地约52平方千米，主要集中在西南、东南、东北三个方向，形成三个组团。五环外物流仓储用地占比近80%。全市仓储设施总建筑规模接近3000万平方米。

全市市场供给相对比较集中，主要集聚在大兴区、朝阳区和通州区，其次是顺义区和丰台区，上述五大区域仓储设施供给规模约占市场总供给的94%（见图3－1）。

二、北京市仓储设施空间分布变迁

在2002年，北京市统计局、北京市商务委员会联合对现有仓库进行过一次调查，调查范围集中于四环周边。统计的数据表明：二环路以内的仓库数量占据了北京仓库数量的15%，城八区内仓库的数量占据了68%。被调查企业共有仓库13418个，仓储面积1355.1万平方米，仓储容量4340.2万立方米；主营物流企业拥有仓库2229个，仓储面积260.4万平方米，装卸设备1853台，货运车辆7033辆。其中，工业企业拥有仓库9685个，仓储面积732.9万平方米，货运车辆11570辆；批发业企业拥有仓库1504个，仓储面积361.8万平方米，货运车辆1833辆。物流资源主要分布在四环路以外和东南部地区。

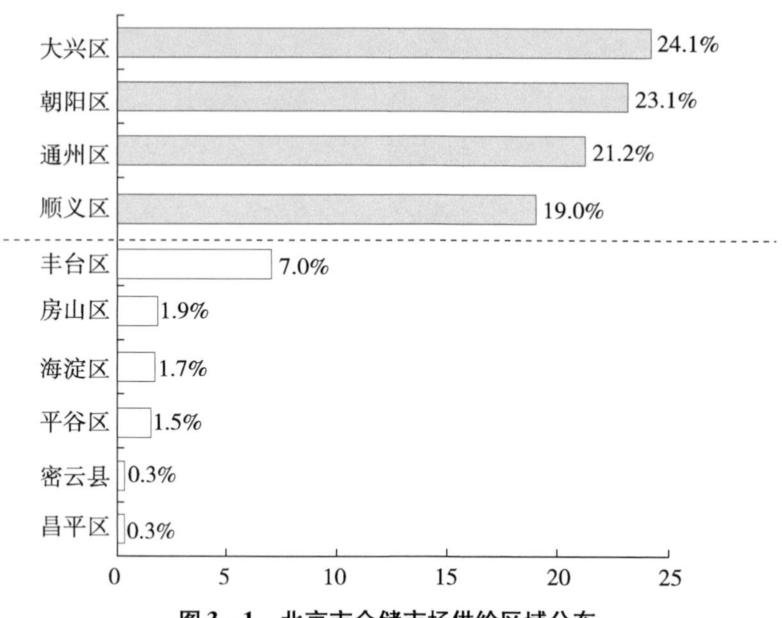

图3－1　北京市仓储市场供给区域分布

数据来源：普洛斯北京市仓储市场研究报告。

从仓储面积看，分布在二环路以内的占5.8%；二环路与三环路之间的占16%；三环路与四环路之间占6.9%；四环路以外占71.3%。位于朝阳、丰台、房山、通州、顺义、大兴区域的仓储面积占总面积的55%。

2012年，北京物资学院现代物流研究基地对北京市仓储设施进行了一次调研。本次调研采用了GIS（地理信息系统）技术，使用卫星地图对北京市仓库进行了普查，共调研595个企业仓库聚集区，2611座仓库，仓库总投影面积约1024万平方米。根据这次调研，北京市二环路内已经没有成规模仓库存在，二环路和三环路之间仓库分布仅占北京市仓库分布面积的0.3%，三环路至四环路之间占1.0%，四环路至五环路之间占20.3%，五环路至六环路之间占56.1%，六环路之外占22.4%。显而易见，如今仓库的布局已经发生了很大的变化，北京目前的三大物流园区均分布在北京的郊区：通州、顺义、大兴。半数以上在五环路之外，并逐渐向市外扩延。

1. 首都机场为中心的空港区域

该区域是北京市规划的四大物流基地之一，区域物流主要依托首都机场。机场西侧有天竺工业园区、北侧有北京空港物流基地，仓库分布都比较集中。尤其在北侧的北京空港物流基地，集中了奥运物流中心、TNT（总部位于荷兰的快递集团）、顺丰、宝供物流、国航货运等知名的大企业。

2. 通州马驹桥—十八里店—黑庄户乡—双桥沿线区域

通州马驹桥物流基地为北京市规划的四大物流基地之一，自2000年开始建设，仓库密度高，设施条件良好，入驻企业包括苏宁物流、招商局物流、普洛斯等大型企业；十八里店地区是朝阳口岸所在地，也是北京市传统的仓库集中地，但最近几年仓库在逐渐地外迁；黑庄户为近年来自发的物流聚集地，已经有大量企业入驻，如京东、国美的配送中心；自黑庄户向北至双桥铁路货运场，也有大量仓储设施存在，如京客隆、宅急送的配送中心等。

3. 大兴京南—丰台新发地—五里店区域

大兴京南区域是北京市传统的仓库基地，拥有完善的铁路货运站和大型仓储设施，最近几年发展良好，被列入北京四大物流基地——京南物流基地，该区域有包括百利威、普洛斯等在内的大型仓库；新发地区域依托新发地农产品交易中心、汉龙货运等企业形成的聚集效应，吸引一大批物流企业在此集中；丰台五里店地区也是北京市传统的仓储基地，是北京陆运口岸所在地，主要有北京外运等企业在此入驻。另外，沿芦求路新建设了一批仓库，形成了比较明显的带状分布。

2016 年，北京物流协会对全市仓储设施进行了一次全面调研，全市物流园区大部分分布在城市南部、东南部和东部地区。仓储设施分布明显表现出对高速公路、机场等交通设施便利的追随性。在高速公路及城市五环路和六环路之间，聚集了大约 70% 的仓储设施。南部地区聚集度相对更高，南五环路周边，京开高速、京津唐高速、京津高速第二通道、京通高速周边集中了全市 50% 的仓储设施。北部仓储设施主要位于首都机场周边。按照仓储设施等级划分，区域分布也呈现出一定特征，顺义和通州以高端库为主，丰台和海淀以低端仓储设施为主，大兴和朝阳低端仓储设施较多。

据《北京市新增产业的禁止和限制目录（2015 年版）》，低端仓储物流是重点疏解项目之一。2016 年，北京共疏解清退市场 117 个，疏解区域性物流中心 32 个。截至 2016 年年底，仓储设施空间分布将发生较大变化，有向四大物流基地聚集趋势，向六环路以外外延，甚至外溢到天津、河北等环京地区。

三、北京市专业仓储设施现状

1. 冷库设施现状

全市冷链物流需求持续增加，冷链物流基础设施设备供给量增加，服务水平和服务能力不断提高。冷链物流涉及果蔬、肉类、水产品、医疗器械等行业。2016 年，全市冷库容量为 140 万吨，冷库容积 350 万立方米。冷库主要分布在丰台、大兴、朝阳、顺义等地区。

2. 电商仓储设施

2016 年，全市网上零售额实现 2049 亿元，同比增长 20%，占社会零售点额的比重达 18.6%，高于全国 10.2 个百分点；拉动社会零售点额增长 3.3 个百分点，贡献率超过 50%。截至 2016 年年底，全市开展网上零售的限额以上批发零售企业共有 381 家。B2C（商对客）市场前 9 名中本市企业占据 5 席，交易规模占全国 35.5%。根据北京市物流协会调查，电商物流在本市的仓储布局主要集中在通州、顺义、大兴、朝阳等地区，总面积超过 110 万平方米，主要用于满足北京地区消费需求。

3. 口岸仓储设施

北京市已初步形成以首都机场空港口岸为核心，以朝阳口岸、丰台铁路货运口岸、平谷国际陆港为重要补充的口岸物流体系，以及北有天竺综合保税区、南有亦庄保税物流中心（B 型）的政策功能区分布格局，口岸仓储总面积达 190 万平方米。依托平谷国际陆港和朝阳口岸，与津冀地区沿海口岸合作，形成了北京市两大海运通道，目前通州马驹桥口岸功能区正在加快建设，将承接朝阳口岸的功能。

四、北京市仓储业运营状况

（一）北京市仓储业整体运营情况

“仓库租金”和“仓库空置率”是国际上反映仓储业运行情况和物流业投资趋向的两项重要指标。我们对中国仓储与配送协会对2016年全国38个物流节点城市的仓库租金和仓库空置情况的相关数据进行了采集分析，测算出北京市“仓库租金”和“仓库空置率”两项运行指标。2016年受稳中向好的经济指标支撑，北京市仓库租赁需求持续增长，整体空置率稳中又降，租金保持平稳上升态势（见表3-1、表3-2）。

表3-1　　2016年北京市通用仓库租金及空置情况　　单位：元/平方米·天

立体库		平房库		楼库	
租金	空置率（%）	租金	空置率（%）	租金	空置率（%）
1.1	2	0.65	2	0.8	6

表3-2　　2016年北京市冷库租金及空置情况　　单位：元/平方米·天

冷藏库		冷冻库	
租金	空置率（%）	租金	空置率（%）
3	10	3.5	10

（二）北京市四大物流基地仓储设施运营情况

1. 四大物流基地仓储设施供应情况

根据世邦魏理仕和高力国际发布的物流物业统计数据，2016年第一季度，位于空港物流基地子市场的安博空港物流中心二期完工入市，为物流物业市场新增约99200平方米。第二季度，位于通州物流基地的金路物流港竣工交付使用，为北京物流仓储市场带来近74000平方米的新增供应。第三季度，位于空港物流基地子市场的新华联合物流中心完工入市。该项目由中国出版集团公司自持并为市场总存量增加约11万平方米的面积。第四季度，继三个新项目于前三季度完工入市后，无新项目进入北京优质物流物业市场。根据高力国际研究显示，第一季度总存量继续均匀分配于京南物流基地（占总存量的34%）、通州物流基地（33%）及空港物流基地（29%），如图3-2所示。

截至第四季度末，四大物流基地中通州物流基地为最大的存量市场，占总存量的34%，空港物流基地及京南物流基地子市场紧随其后。2016年四季度四大物流基地仓储设施存量占比如图3-3所示。

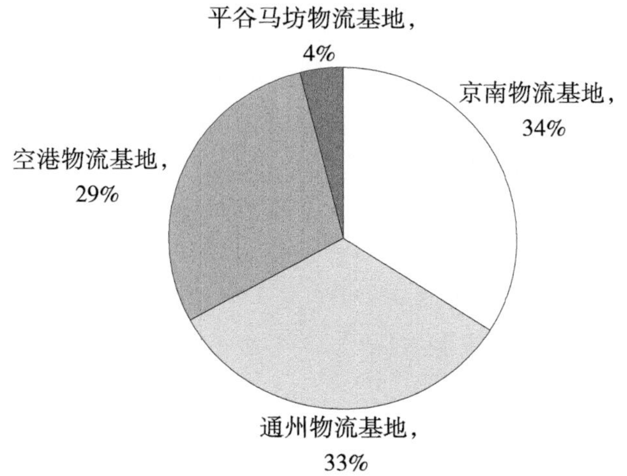

图 3－2　2016 年第一季度四大物流基地仓储设施存量占比

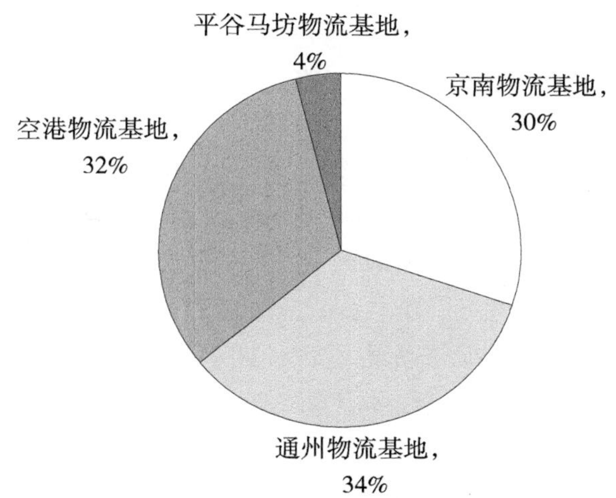

图 3－3　2016 年四季度四大物流基地仓储设施存量占比

2. 四大物流基地仓储设施租金情况

根据世邦魏理仕和高力国际发布的季度报告显示，各大物流基地受新增项目影响，个别季度租金有小幅波动，全年租金整体呈现上升趋势。

2016 年第一季度，强劲的需求及年度租金调整致使平均租金环比上升 0.9% 至 38.7 元/平方米・月。空港物流基地仍为租金最贵的仓储市场，平均租金为 42.6 元/平方米・月，通州物流基地紧随其后为 40.0 元/平方米・月。鉴于部分项目的出租率显著提升，京南物流基地租金涨幅仍为最快，环比上升 0.9%，平谷马坊物流基地的平均租金维持大致稳定。

第二季度，整体而言，受新增供应影响，通州物流基地空置率环比微涨，其他三大物流基地空置率小幅下降。需求维持强劲，整体租金环比平稳上涨至 39 元/平方米・月，

第三季度，新增供应低于市场平均水平的租金致使平均租金环比小幅下降 0.8% 至人

民币 38.7 元/平方米・月。尽管新增供应致使其租金环比下降 4.3%，空港物流基地仍为租金最高的市场，平均租金为人民币 40.8 元/平方米・月。季内平谷马坊物流基地租金增长最快，为环比 0.9%，因该区域部分项目上调租金所致。

第四季度末，持续的需求和紧张的供应推动北京优质物流物业的平均租金环比上升 0.2% 或同比上升 1.1% 至人民币 38.8 元/平方米・月。本季，所有子市场租金皆上涨。空港物流基地仍为最贵的市场，平均租金为人民币 40.8 元/平方米・月，环比小幅上涨 0.1%。通州物流基地因某新近入市的项目在达到满意入驻率后提高租金，获得本季最大涨幅，环比上涨 0.3% 至人民币 40.5 元/平方米・月。尽管京南物流基地的可租面积增加，其平均租金仍环比上升 0.2% 至人民币 35.4 元每月每平方米，显示出业主对市场的信心。

3. 四大物流基地仓储设施空置情况

2016 年第一季度，对于优质物流设施的需求维持强劲，净吸纳量超过新增供应水平，约有 105190 平方米，新增供应入市伊始即被全部租用。有鉴于此，已处于低位的平均空置率进一步环比下降 0.6 个百分点至 2.9%。根据高力国际对四大物流基地的数据监测，受益于毗邻机场的地理位置，空港物流基地仓库继续维持满租。与此同时，通州物流基地与京南物流基地的空置率环比分别有所下降。由于租户搬迁，平谷马坊物流基地的空置率有所上升。

第二季度，需求方面，除电商外，快消品亦为本季仓储设施需求主力。整体而言，受新增供应影响，通州物流基地空置率环比微涨，其他三大物流基地空置率小幅下降。平均空置率环比上涨 0.5 个百分点至 3.4%。

第三季度，租赁需求保持强劲，第三方物流及电子商务零售商仍为主要需求驱动力。尽管如此，由于北京大多数高品质仓库由签订长期租约的租户所租用，空置率较低，致使租赁交易有限。受新增供应影响，整体空置率环比上升 3.1 个百分点至 6.5%。就四大物流基地而言，新增供应及某现存项目的租户调整致使空港物流基地的空置率暂时环比上升 12.9 个百分点至 14.1%。京南物流基地空置率为 1%，为最大物流基地最低空置率。通州物流基地中，部分项目的空置率因租约到期的租户未续约而短暂波动，但空置率保持在 1.1% 的较低水平。

第四季度，鉴于缺乏新增供应，整体空置率环比下降 0.2 个百分点至 6.2%。就四大基地而言，通州物流基地因大部分租约到期而临时空置的小面积于本季快速被租用，取得最低空置率，为 0.9%，且环比下降 0.2 个百分点。京南物流基地某现有项目的租户调整致使空置率环比上升 0.4 个百分点，但该市场的空置率仍维持在 1.4% 的较低水平。

综上所述，2016 年，受快速增长的网上零售额影响，来自电子商务零售商及第三方物流服务供应商的需求保持强劲，致使大部分新近入市项目被迅速吸纳。全年四大物流基地共有三个优质物流物业完工入市，市场总存量扩大 20 万平方米左右。大多数高品质仓库保持满租或低空置率状态，整体空置率维持在低位，推动平均租金同比逐步上升（见图 3－4）。

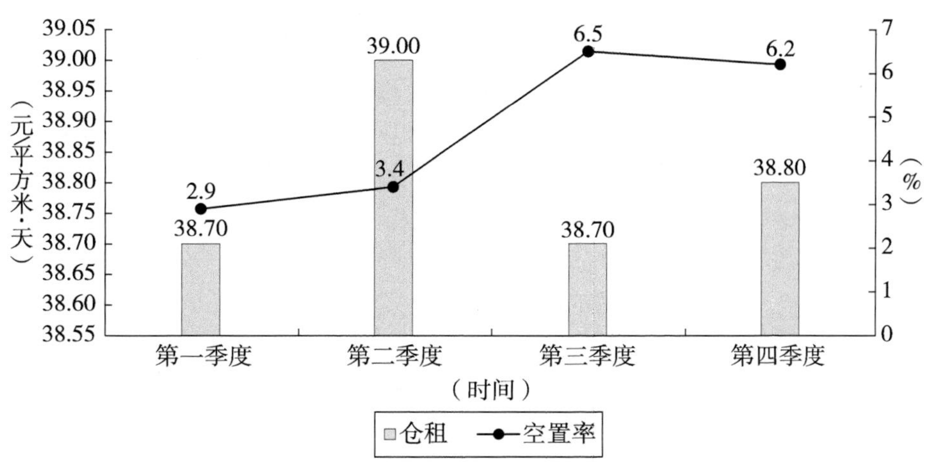

图 3－4　2016 年北京市优质仓储设施仓租及空置率

数据来源：高力国际研究报告整理。

第二节　北京市仓储业发展特点及存在问题

一、北京市仓储业发展特点

1. 市域仓储设施供需矛盾突出

2016 年，北京市仓储业固定资产投资达 177523 万元，新增投资 127401 万元，新增投资达到近七年的新高水平（见图 3－5）。根据世邦魏理仕研究报告显示，2016 年新增仓储供应量达 166374 平方米，而净吸纳量为 174489 平方米，更是高于新增供应量，市场空置率 0.9%，同比下降 0.5 个百分点。

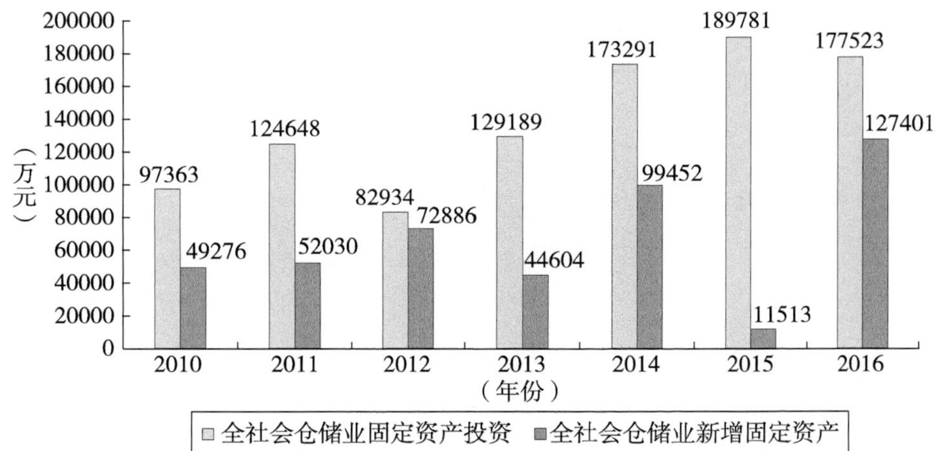

图 3－5　北京市 2010—2016 年全社会仓储业固定资产投资及新增固定资产

数据来源：根据《北京市统计年鉴》整理。

2. 智能仓储持续快速发展

当前，智能仓储在“互联网+”战略的带动下快速发展，与大数据、云计算等新一代互联网技术深度融合，整个行业向着运行高效、流通快速的方向迈进。

在电商、快递仓储方面，电商企业将竞争力放在提高用户体验、提升配送效率上，仓储领域的技术和服务水平得到快速提高，智慧化仓储得到了较快发展，尤其是仓储业信息化与电商仓储在“互联网+”战略推动下取得了重大进展，如京东位于大兴区的亚洲一号仓建设、苏宁马驹桥物流中心云仓建设等。北京市部分行业仓储业的信息化正在向深度（智能仓储）与广度（互联网平台）发展，条码、智能标签、无线射频识别等自动识别标识技术、可视化及货物跟踪系统、自动和快速分拣技术，在一些大型企业与医药、烟草、电子、电商等专业仓储企业的应用比例有显著提高。

3. 仓储设施外溢效应逐步显现

北京市作为特大型城市，自身发展以及京津冀协调发展带来的物流需求依然旺盛。从中长期看，北京市规划的集中式物流基地基本饱和，受制于北京市加强土地集约制、优化土地使用模式、严格控制建设用地的发展方针，仓储设施土地供应缺口依然突出。由于北京市经济结构升级的需要和对物流设施开发的限制，中长期新增供应量将日趋紧缺，大部分新仓储设施项目将向北京市六环以外和环北京地区的交通便利的新兴区域外溢。

另外，政策不确定性是仓储物流板块最大的风险，将抑制开发商和投资者在北京该领域的扩张，部分需求有望外溢至天津、廊坊等城市邻近北京的物流园区。

4. 第三方物流和电商租户需求旺盛

2016年，三个优质物流物业完工入市，市场总存量同比扩大较快。受快速增长的网上零售额所影响，来自电子商务零售商及第三方物流服务供应商的需求保持强劲，致使大部分新近入市项目被迅速吸纳。其中第三方物流、电商、传统零售及消费品业和汽车制造业分列全年吸纳量前四名，是推动仓储物流需求增长的重要引擎。尤其是第三方物流和电商，对物流效率和质量有较高要求，将继续在北京寻找可租空间，以更好地服务于本土市场。2016年分行业仓储设施租户成交占比如图3-6所示。

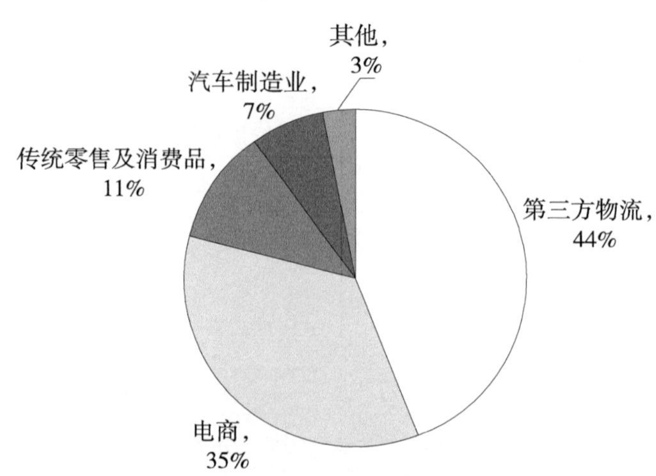

图3-6　2016年分行业仓储设施租户成交占比

数据来源：世邦魏理仕研究报告。

二、北京市仓储业发展存在的主要问题

1. 土地政策成仓储业发展瓶颈

仓储设施规划是在考虑一定区域现状及未来产业发展、居民生活和城市功能空间、城市在区域中的物流组织地位等因素的基础上，进行综合布局的结果。而实际情况中，用地政策制定与执行者和仓储设施规划的制定与执行者，两者之间往往缺乏有效沟通和协调，加之仓储设施建设中涉及市级、区县、乡镇、行业和企业等多方利益，因此，在仓储用地政策上协调难度大，政策导向无法达成一致。此外，因仓储业税收贡献有限，再加上仓储设施聚集的车流量带来的环保问题，各区政府普遍不欢迎仓储设施在本区落地，物流设施存在“拿地难”等问题。

调查显示，由于政策的不确定性，仓储设施承建方建库没有长远规划，低投入建设土地利用效能低的非标库，承租方也因为政策不确定性，对非标库仓储配套设施和设备投入也顾虑重重，正是因为这些短视效应导致土地的低效利用和仓库的低效运行。

2. 仓储设施用地短缺，增加城市运行保障仓储设施

仓储设施是物流中心、配送中心、货物中转站等城市物流功能主体的重要载体，是提供物流综合服务的重要节点，也是重要的城市基础设施。截至 2016 年，北京市累计疏解区域性物流中心仓储设施面积接近 200 万平方米。随着非首都功能疏解工作的持续推进，大量分散在集体用地上的不符合规划的低效仓储设施将逐步被疏解，势必带来仓储设施供给紧张和仓储设施租赁价格上升。

部分低附加值生活必需品类仓储设施租金价格承担能力本来有限，仓储租金上涨对城市保障物流带来潜在的不确定性。此外，电商、第三方物流旺盛的仓储设施需求和较高的仓储设施租金承受能力，势必对城市运行保障仓储设施产生挤出效应，一定程度上削弱了保障仓储设施能力。

3. 高标仓和低效仓储设施结构失衡

北京市高标仓主要集中在通州马驹桥、顺义空港、平谷马坊、大兴京南四大物流基地内。顺义空港定位发展航空—公路货运枢纽型物流基地；通州马驹桥定位公路—海运—口岸型物流基地，积极发展城市配送；平谷马坊依托平谷国际陆港，定位海陆联运，积极发展口岸型物流；大兴京南依托铁路专用线重点发展公路—铁路联运。但是，从市场供给来看，物流基地仓储设施总规模不到北京市全市仓储设施供给量的 50%。

现存大量的仓储设施是自发形成的物流集散地，主要位于城乡接合部集体用地上，占全市存量仓储设备的 50% 以上。由于建设投入少，这些仓储设施租金价格相对较低，吸纳了大量的仓储租赁需求。

从统计数据来看，全市高标仓基本处于满租状态，空置率极低。而分散的非标仓由于设施不配套、手续不全和政策风险较高等诸多原因，空置率相对较高。

4. 仓储设施空间布局不合理

北京市存量仓储设施主要包括通州马驹桥、顺义空港、平谷马坊、大兴京南四大物流基地以及沿东部和南部高速交通通道形成的仓储设施聚集带。这种布局表现出的显著特征是自发性地在经济聚集地区和交通便利地区成片分布，造成了部分地区仓储设施供

给过度和部分地区仓储设施供给不足的两极分化格局。这种格局不利于网络化运作，也不利于城市运行的保障。

第三节　北京市仓储业发展趋势

一、未来强劲需求将维持整体空置率低位运行

根据高力国际研究数据，总建筑面积为22.5万平方米的四个优质物流物业计划于2017年入市，包括分别位于北京空港物流园、北京通州物流园及北京京南物流港的三个新物流中心以及位于平谷的一个现有物业的二期。由于电子商务零售商和第三方物流服务供应商将继续在北京寻找空间以维持和扩展业务，我们预计这些新项目将被市场迅速吸纳。有鉴于此，空置率将维持在较低水平，支撑平均租金的持续增长。

二、有限的仓储用地供应将使周边城市受益

根据北京市公布的“十三五”国土资源规划，严禁为在未规划的物流园区的进行新建或扩建物流中心供应土地，政府也将收回一些现有区域性物流基地用于其他用途。有鉴于此，购买北京物流用地将愈发困难，未来供应将在中期内受限。这也将驱使物流地产发展商加快在北京周边城市的扩张。

北京与廊坊、固安和涿州之间的交通条件的逐渐完善，将提高北京市与这些城市间的交通效率。鉴于北京已处高位的租金水平，随着天津和河北基础设施的进一步发展，更多对成本敏感的企业或将迁至这些区域或在这些区域内建立新仓库。

三、仓储设施空间布局将不断优化

随着非首都功能疏解工作的持续推进，北京市存量低效仓储设施将不断疏解外迁。但是从保障城市运行的视角考虑，存量仓储设施面临整合升级，对供应不足地区将合理新增仓储设施，通过优化仓储设施布局结构，达到降量提效的目的，促进有限土地资源的高效利用。

未来四大物流基地仓储设施将得到强化和升级，仓储需求也将向合规区域聚集。同时，分布在高速交通通道周边的自发分散仓储设施将面临疏解外迁，并通过规划引导向集约化方向发展。

四、以托盘循环共用的物流标准化将推动仓储业转型升级

托盘是单元化立体储存的基础工具，托盘的标准化及其循环共用是商贸物流标准化的核心内容，也是减少物流成本、提高物流效率的根本措施，是发达国家的通行做法。自中国仓储协会（以下简称“中仓协”）2013年向商务部提出托盘循环共用体系建设建议方案以来，商务部于2014年正式开展托盘循环共用试点，与国家标准委印发了《关于加快推进商贸物流标准化工作的意见》，并印发了中仓协等单位参与编制的《托盘循环共用系统建设发展指引》。在“北上广”等地选取30家企业，重点推进以托盘循环共用为

核心的商贸物流标准化试点工作，取得显著成效，具体包括：试点企业装卸货效率提高50%以上、车辆周转效率提高1倍以上、库存周转成本降低29%、供应链协同作业效率提高10%以上。

2016年，商务部在北京市选取第二批重点推进企业及协会，继续以托盘标准化及其循环共用为切入点，促进相关配套设施设备标准化的升级改造和普及推广，以点带面，辐射带动京津冀物流标准化水平的提升，推动仓储设施向规范、高效方向发展，带动整个仓储业转型升级。

五、仓储业仍将成为资本市场投资热点

2016年，全市连锁企业零售额2779.7亿元，占全市社会零售总额25.3%。2016年，全市网上零售额实现2049亿元，同比增长20%，占社会零售总额的比重达18.6%，高于全国10.2个百分点。2016年，北京口岸办理进出口货物5870.8万吨，增长37.4%。强劲需求及有限可租面积支撑仓储设施平均租金进一步上涨，高端仓库设施市场需求旺盛，仓储地产持续稳定回报，在这些因素的共同驱使下，电商、快递、仓储等物流企业加大了对仓储的投入。

第四章

北京市快递业发展现状与趋势

2016 年是全面建成小康社会决胜阶段的开局之年，也是推进结构性改革的攻坚之年。认真贯彻落实党的十八大和十八届三中、四中、五中、六中全会以及中央经济工作会议精神，牢固树立新理念，按照稳中求进工作总基调，以推进供给侧结构性改革为主线，坚持创新引领，坚持服务民生，主动适应经济发展新常态，行业实现了持续快速发展。

北京市快递业是首都经济的重要组成部分，在保障城市正常运转、促进产业结构调整、转变经济发展方式和增强产业竞争力等方面发挥着重要作用，影响着北京社会和经济的发展。北京作为我国的首都，作为政治文化经济中心和超大型城市，人口迅速增长，土地资源稀缺，交通压力巨大，虽然北京物流业目前已拥有了一定的仓储、运输等物流基础设施，并形成以高速公路为基础，铁路、航空为远程辐射，海运为重要补充的交通运输网络，但物流发展的滞后性与城市经济发展的高速度之间的矛盾仍然很突出。提升北京市物流总体水平，推动北京市现代物流业的发展对促进北京市经济发展具有非常重要的意义。

随着社会的发展、时代的变迁，快递行业经过了从无到有、从小到大、从弱到强的过程。自我国加入世界贸易组织以来，国外的一些快递业纷纷进入中国市场，它们凭着强大的经济实力和在国际快递市场的垄断地位，逐渐占据了国际邮件运输市场的大部分市场份额，而我国一些民营的快递公司也如雨后春笋般地发展了起来，它们凭借着灵活的机制和对快递市场迅速的反应能力，逐渐在国内同城快递市场、国内异地快递市场上发展壮大。

第一节　北京市电商快递业发展现状

一、北京市电商发展现状

（一）网民渗透率位列前茅

2016 年年底北京市网民人数达 1690 万人，网民渗透率高达 77.8%，普及率居全国第一。在 2016 年 8 月 8 日全国支付活动周中，北京市也是“无现金支付”最活跃的城市，其次是深圳市、上海市、广州市、重庆市、青岛市、苏州市、东莞市、佛山市和南京市。

（二）电子商务交易规模大，网络零售位居前列

北京网上零售起步较早，近几年发展迅猛，成为推动北京消费增长的主要动力，目前逐步进入稳定成熟阶段。“十二五”期间，北京市社会消费品零售总额由 7222.2 亿元增加到 10338 亿元，全市五年年均增长 9.4%，限额以上批发零售企业网上零售额由 256.4 亿元增加到 2016.9 亿元，全市五年年均增长 70.8%。限额以上批发零售企业网上零售额占社会消费品零售总额的百分比由 2011 年的 3.55% 增加到 2016 年的 18.62%，超过全国平均水平 6 个百分点，规模和比重均位列全国首位。2011—2016 年北京市限额以上批发零售企业网上零售额情况如表 4－1 所示。据《2016 年中国电子商务报告》数据显示，2016 年北京市限额以上批发零售企业网上零售额达到 2049 亿元，同比增长 20%，对社会消费品零售总额的贡献率为 51.2%，拉动社会消费品零销总额增长 3.3%。

截至 2015 年年底，北京市开展网络零售的限额以上批发零售企业共有 355 家，比 2011 年增加 127 家。限额以上批发零售企业网上零售额亿元以上共 61 家，比 2015 年度增加 12 家（其中百亿元以上 4 家、10 亿～100 亿元 12 家、1 亿～10 亿元 45 家）。开展网上销售的传统企业达到 288 家，零售额同比增长 14.3%，比全市社会消费品零售额增速高 7 个百分点。

表 4－1　2011—2016 年北京市限额以上批发零售企业网上零售额情况

年份	社会消费品零售总额（亿元）	同比增长（%）	限额以上批发零售企业网上零售额（亿元）	同比增长（%）	限额以上批发零售企业网上零售额占社会消费品零售总额的百分比（%）
2011	7222.2	10.80	256.4	100.00	3.55
2012	8123.5	11.60	596.8	99.80	7.35
2013	8872.1	8.70	926.8	44.30	10.45
2014	9638	8.60	1456.9	69.70	15.12
2015	10338	7.30	2016.9	40.20	19.51
2016	11005	6.50	2049.0	20.00	18.62

数据来源：北京统计年鉴。

2015 年北京市电子商务交易规模（北京市卖方企业在全国所有电商平台上实现的交易额）达到 1.8 万亿元，同比增长 20.6%，占全国的 8.4%，位居第四。2016 年 11 月，北京市网络零售交易额为 1064 亿元，同比增长 0.3%，从平台分布看，B2C（企业对消费者）交易额高于 C2C（消费者对消费者），占比为 86.8%，C2C 交易额占比为 13.2%。从行政区划角度来看，海淀区的网络零售交易额最高，占比为 31.4%，其次为朝阳区和丰台区，2016 年北京市 B2C 网络销售不同行政区交易额排名如图 4－1 所示。2016 年全国自营 B2C 企业前 10 名中，北京市占 4 名（京东、国美在线、亚马逊中国、聚美优品），交易规模占全国的 30.6%。2016 年北京市 B2B（企业对企业）平台在全国 B2B 百强中有慧聪网、惠民网、美菜网 3 家。北京市各类电商模式如表 4－2 所示。

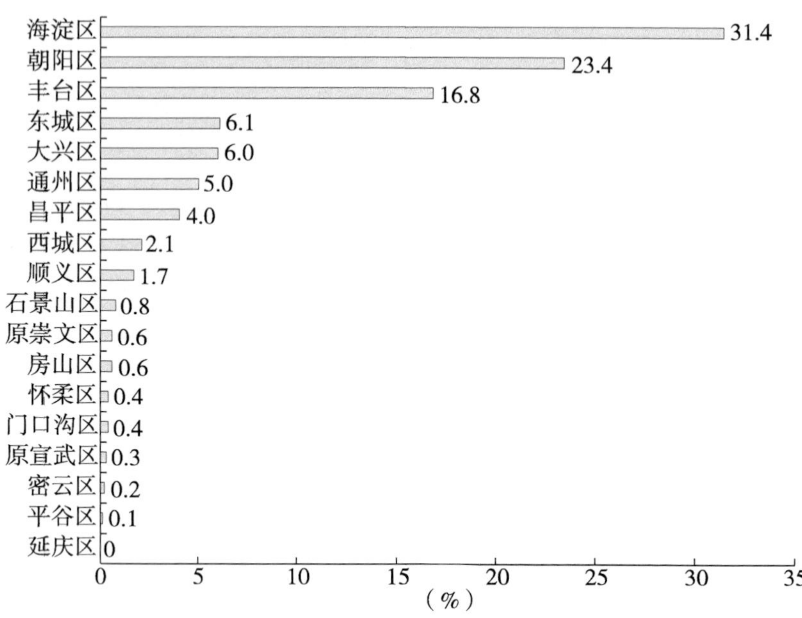

图4－1　2016年北京市B2C网络销售不同行政区交易额排名

数据来源：中商情报网。

表4－2　北京市各类电商模式

类型	案例	类型	案例
网上购物	京东、国美在线、当当、聚美优品、凡客	共享单车	ofo小黄车、摩拜单车、小蓝单车、永安行单车
B2B	慧聪网、惠民网、美菜网、敦煌网、一亩田	生鲜电商	我买网、U掌柜、每日优选、盒马鲜生、717安全食品商城
网上餐饮	饿了么（含百度外卖）、众美联商城	O2O	E代洗、多洗洗、易家修、一指遥、贝贝网、瓜子二手车
在线旅游	携程网、艺龙网	网络金融	汇商融通（小笨鸟）、易家支付、蚂蚁短租
网约车	首汽约车、神州专车、滴滴打车、滴滴代驾	团购	美团

数据来源：论文数据库，《2012—2017年超大型城市北京电子商务发展分析》。

（三）居民消费结构快速转变升级

2016年，北京市电商交易额中，商品交易额为1.6万亿元，占88.1%，增长19.4%；服务交易额为2179.4亿元，增长30.0%，比商品交易额增速快10.6个百分点，比重为11.9%，比2015年提高0.9个百分点。说明在整体经济保持稳定增长、服务型经济主导地位日益显现的大背景下，居民消费结构进一步升级，正在从商品性消费向服务性消费快速转变。

其中，在商品交易行业中，据《2016 年 11 月北京网络零售发展概况》数据显示，家用电器行业是北京市的主要网络零售行业，其交易额占比为 20.8%；其次为手机数码行业和电脑办公行业。2016 年 11 月北京网络零售不同行业的交易额如图 4－2 所示。

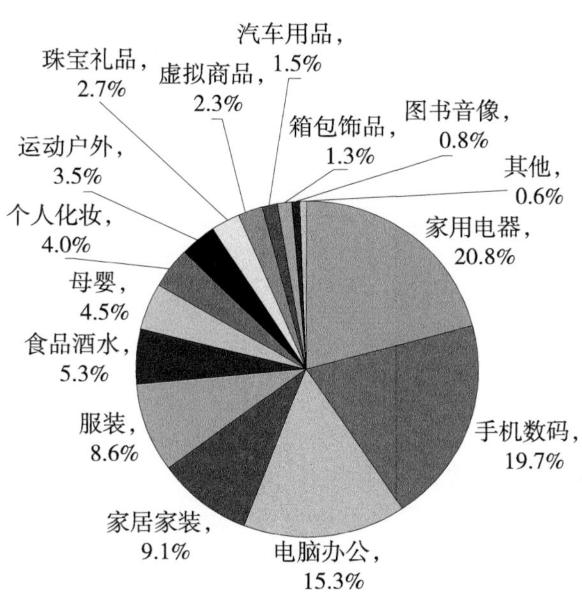

图 4－2　2016 年 11 月北京网络零售不同行业的交易额

数据来源：中商情报网。

（四）大宗商品交易市场得到发展

北京市有大宗商品交易市场（交易所、中心）30 家，其中权益类交易市场 10 家、现货商品类交易市场 11 家、邮币卡交易所 9 家。近几年来，交易场所处在清理整顿回头看的过程中，全国棉花交易市场、北京农副产品交易所、北京华商储备商品交易所、北京铁矿石交易中心、北京电力交易中心都各自完善了交易系统及结算系统。

二、北京市电商快递物流体系现状

（一）电商快递物流服务支撑体系日益完善

1. 互联网网络覆盖范围广

互联网网络覆盖范围更加广阔，“十二五”期末，北京市互联网固定宽带用户超过 640 万户，光纤宽带网络基本实现全面覆盖，互联网普及和农村物流网络完善，制约农村物流信息不畅、物流基础设施薄弱等瓶颈问题在一定程度上得到缓解；4G（第四代通信技术）基站规模超过 4.09 万个，4G 网络实现了主城区、郊区县城及部分乡镇和行政村的覆盖。

2. 电商物流电子信息化建设情况

北京市拥有 8 家电子认证服务机构，53 家第三方支付机构，居全国前列。“智慧城市”建设初具规模，信息化基础设施完善。物流公共信息平台建设不断加强，信息化服务平台服务能力逐步提高，2016年“北京物流金融平台”“跨境物流电子商务平台”正在加快建设，“京津冀区域物流公共平台”服务近5万名企业会员，日均信息发布量达100万条，日均交易信息量近30万单，线下日均货运量近200万吨。

3. 电商冷链物流基础服务建设情况

北京市涉及民生的冷链物流体系和设施建设取得了较大进展，北京冷库容量1251778吨，较“十二五”初期增长了30%左右，冷库保有量位居全国第9位。每万人人均冷库保有量581.68吨。全市共有冷藏车4901辆，冷藏车拥有量在全国排名第4位。

4. 交通网络基础设施建设情况

北京市一体化交通网络加快构建，城际铁路和新机场建设顺利推进，物流交通基础设施逐步完善，疏解了北京交通堵塞的现状，加快了商品在途运输效率。2016年中心城交通指数控制在5.6，同比下降1.8%，全年完成交通行业投资286亿元，较预期目标超额24.5%。新增高速公路32千米，总里程达1014千米；实现5条高速同时开工，在建里程348.6千米，为近年最高。城市副中心与中心城快速通道广渠路二期建成通车，城市道路里程达6374千米。

5. 物流服务网点设施设备配置情况

邮政快递企业物流运输车辆及其基础服务设施设备的投入量增加。2016年北京邮政快递服务营业网点6395处，比上年末增长23.86%，平均每一营业网点服务面积为2.58平方千米；平均每一营业网点服务人口为2.77万人，营业网点服务范围扩大。邮政快递企业物流运输车辆以及基础服务设备投入量增加，快递服务汽车10626辆，比上年年末增长58.27%，快递服务企业拥有计算机33866台，比上年年末增长18.25%；手持终端62302台，比上年年末增长8.71%。

（二）电商物流政策密集发布

北京市相关政策规划密集发布，电商物流政策环境持续向好，“十二五”时期以来，北京市各部委积极推进北京电商物流发展，自北京市商务委员会、北京市发展和改革委员会发布《北京市“十二五”时期物流业发展规划》后，北京市各地区政府和北京市商务委员会接连发布了电子商务以及物流发展的支持政策。这些政策为“十二五”时期北京市电子商务发展指明了方向，支持农产品流通领域以及传统商贸企业发展网络零售业务，大力推行、推进跨境电子商务与城市物流体系协同发展，构建信息化、智能化、便捷化的电商物流体系，加快推进电商物流支撑服务体系建设。2011—2016年北京市出台的有关电商物流发展的政策如表4－3所示。

表4－3　2011—2016年北京市出台的有关电商物流发展的政策

序号	年份	发文部门	政策文件名称	主要观点
1	2011年11月	北京市商务委员会、北京市发展和改革委员会	北京市“十二五”时期物流业发展规划	加快电子商务物流发展，支持电子商务企业加强物流配送网络建设，优化“最后一公里”快递配送服务网络，提高居民生活便利度

续 表

序号	年份	发文部门	政策文件名称	主要观点
2	2013 年 6 月	北京市人民政府办公厅	北京市人民政府关于促进电子商务健康发展的意见	支持农产品流通领域电子商务平台的建设和应用，鼓励支持传统企业应用信息技术开展线上线下互动经营
3	2013 年 11 月	北京市大兴区人民政府办公室	北京经济技术开发区促进电子商务发展实施细则	支持重点农产品批发市场等传统专业市场发展“实体市场 + 网上交易平台”的综合电子商务平台建设；对电子商务企业的贷款融资、信用担保等给予扶持
4	2014 年 3 月	北京市商务委员会	关于推进本市跨境电子商务发展的实施方案	针对跨境电子商务，建设北京跨境电子商务公共信息平台，实现电子商务企业和物流配送、第三方支付机构等服务企业与政府管理部门间的互联互通和数据信息资源共享
5	2014 年 10 月	北京市朝阳区人民政府办公室	朝阳区促进电子商务发展的若干意见	围绕重点龙头电商企业和细分市场重点成长型企业，进行引入和培育，支持传统商贸企业发展网络零售业务。鼓励传统百货、连锁超市等企业，依托原有实体网点、货源、配送等商业资源开展网络零售业务
6	2015 年 12 月	北京市大兴区人民政府办公室	北京关于促进新区电子商务发展的若干意见	推进电子商务与先进制造业相结合；推动电子商务与传统商贸对接；支持发展社区电子商务，建立家政服务信息平台，加强社区服务网点建设
7	2016 年 6 月	北京市商务委员会、北京市发展和改革委员会	北京市“十三五”时期物流业发展规划	积极推进跨境电子商务与城市物流体系协同发展
8	2016 年 7 月	北京市商务委员会	关于 2016 年度支持北京地区跨境电子商务发展的通知	支持海外仓、智能口岸仓、出口集货仓、跨境电商专用冷链库建设；支持与北京跨境电子商务公共信息平台（以下简称“公共信息平台”）对接的信息系统建设

三、北京市电商快递配送服务发展现状

1. 同城电商快递发展迅猛

北京同城电商快递发展迅猛，自 2014 年以来，北京快递同城业务量呈高速增长的趋势，2014—2016 年北京市同城快递业务量变化情况如表 4 – 4 所示，其中 2016 年北京快

递同城业务量增速较快，同比增长 83.71%。北京同城业务量占北京快递服务企业业务量的比重逐年增加。

表 4-4　　2014—2016 年北京市同城快递业务量变化情况

年份	北京快递服务企业业务量（亿件）	北京快递同城业务量（亿件）	北京同城业务量占北京快递服务企业业务量的比重（%）
2014	11.10	3.40	30.63
2015	14.14	4.68	33.10
2016	19.60	8.59	43.83

数据来源：北京市邮政管理局，北京市邮政行业发展统计公报。

2. 快递企业继续加码同城业务

2016 年 7 月，全峰快递推出“O2O 闪送”品牌；青旅物流 2016 年 8 月正式上线了同城“即时送”快递，打造全新快递品牌“立马到”；8 月 12 日宅急送启动“即时配”业务；顺丰在同城配送方面再布局，8 月 14 日推出新产品“即刻送”及商家系统；8 月中旬滴滴宣布接受中国邮政投资，双方表示今后将在同城配送领域紧密合作，有业内人士表示：同城物流市场很大，快递企业在之前也都有涉及，现在各家企业继续加码，都是补充原有业务，不断完善新业务。

3. 快递电商物流配送服务模式创新

在配送服务时限上，“次日达”“限时达”等多种时限性的物流服务在北京地区大范围普及，2016 年 7 月，北京邮政在时效上推出北京地区“半日递、次晨达、次日递”三大产品，客户可以在指定的时间段收货，北京市邮政在追求物流快速的同时，也更专注个性化客户的物流需求。京东在推出了“一日四送”“极速达”业务后，还陆续推出“夜间配”“定时达”等新业务；1 号店继续完善“当日达”和“准时达”的“双达”服务；国美在线针对 VIP（贵宾）用户推出“定时送”并承诺送晚就赔的特色物流服务。

4. 京东物流开放

2016 年 11 月 23 日，京东集团正式推出了“京东物流”全新标识，并正式宣布京东物流将以品牌化运营方式面向社会开放。同时，京东物流还公布了全面迈向“开放化、智能化”战略。此次启动品牌化运营，面向社会开放，主要涵盖三大服务体系和七大物流产品。包括开放中小件、大件、生鲜冷链三张物流网络，向商家、消费者和行业提供仓配一体服务、冷链物流服务、大件物流以及快递服务，同时提供供应链物流解决方案、物流云、供应链金融、国际供应链等增值服务。汉森供应链总裁黄刚表示，京东物流开放，会倒逼着传统电商物流单一云仓企业、单一配送企业、单一物流系统服务商转型升级。未来的京东，作为一家综合供应链运营服务商，会链接用户和商家，提供一体化的供应链服务。

第二节　北京市邮政快递业发展现状

目前，中国邮政集团公司北京市分公司下辖 19 个区县分公司、9 个专业局（公司）、

4 个支撑单位、3 个直属单位，现有员工 22845 人，邮政局所 754 个，报刊亭 1966 个，村邮站 3729 个，投递网点 236 个，市内邮路总长 40788 千米，乡村邮路 3253 千米，干线邮路 43392 千米，邮运专用车 2261 辆，服务面积 1.64 万平方千米，服务人口 2151.6 万，与 138 个国家和地区的 244 个城市以及全国 2000 个市、县通邮。

一、邮政业总体发展成绩可观

2016 年，北京市邮政企业和快递服务企业业务收入（不包括邮储银行直接营业收入）累计完成 304.42 亿元，同比增长 28.32%；业务总量累计完成 386 亿元，同比增长 49.31%。2011—2016 年北京市邮政行业的业务总量及业务收入情况如图 4 -3、图 4 -4 所示。

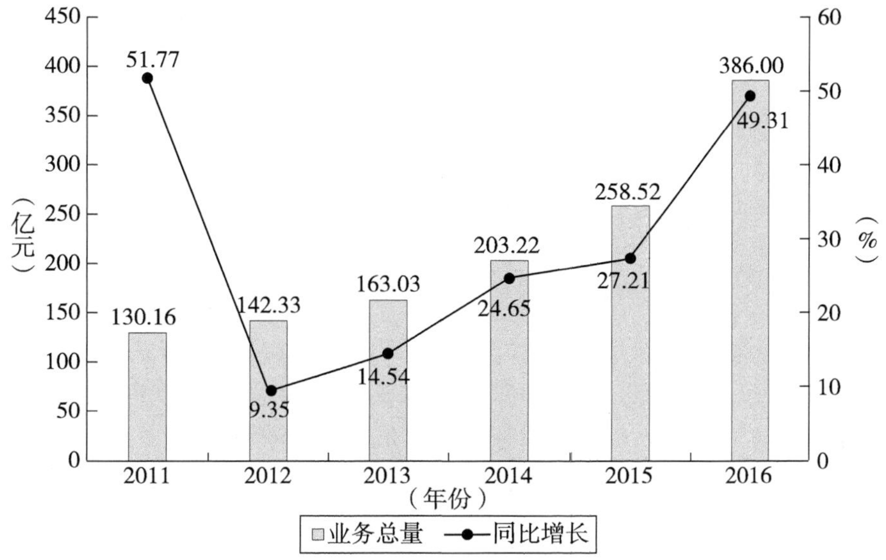

图 4 -3　2011—2016 年北京市邮政行业业务总量情况

数据来源：北京市邮政管理局。

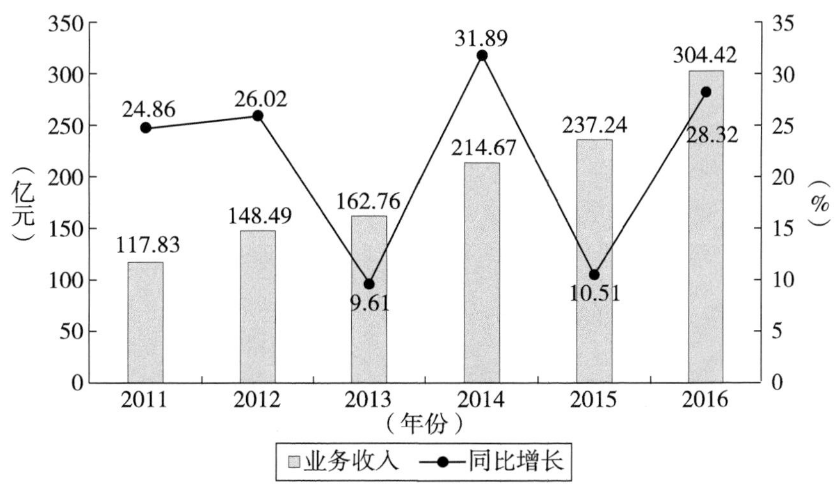

图 4 -4　2011—2016 年北京市邮政行业业务收入情况

数据来源：北京市邮政管理局。

邮政行业业务收入和业务总量缓步增长，2016 年北京市邮政行业的每月业务收入与业务总量详情如表 4 - 5 所示。

表 4 - 5　　2016 年北京市邮政行业业务发展情况汇总　　单位：亿元

指标名称	1月	2月	3月	4月	5月	6月	7月	8月	9月	10月	11月	12月
邮政行业业务收入	25.28	16.90	28.11	24.95	24.62	27.23	23.92	24.07	26.70	25.32	28.78	28.54
邮政行业业务总量	27.51	21.05	33.93	32.19	32.65	37.48	29.44	30.57	32.35	31.88	38.73	38.22

数据来源：北京市邮政管理局。

二、邮政普遍服务业务整体下降

2016 年北京市普遍服务业务整体下降，其中函件业务累计完成 44083.71 万件，同比下降 28.02%；包裹业务累计完成 257.32 万件，同比下降 32.92%；报纸业务累计完成 67818.66 万份，同比下降 4.35%；杂志业务累计完成 2848.99 万份，同比下降 19.22%；汇兑业务累计完成 226.49 万笔，同比下降 33.36%。

三、北京市快递业务量持续增长

根据国家邮政局最新统计数据显示，2016 年 1—12 月，北京市快递服务企业业务量累计完成 19.6 亿件，同比增长 38.59%；日均快递业务量超过 536.99 万件，是去年同期（387.53 万件）的 1.4 倍。其中同城业务量累计完成 85899.34 万件，较 2015 年同城快递量（46759.23 万件）增长 83.71%；异地业务量累计完成 106868.59 万件，同比增长 14.81%；国际及港澳台业务量累计完成 3261.09 万件，同比增长 103.06%。更多的用户选择近距离交易，加快了快递的流通速度，北京市同城快运也逐渐发展起来。2016 年北京市各季度快递数量如图 4 - 5 所示，2015 年和 2016 年北京市快递业务量占比比较如图 4 - 6所示。

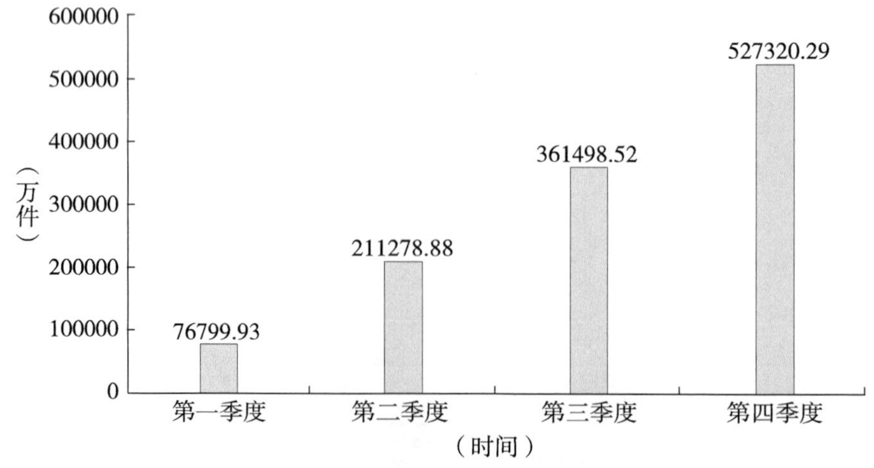

图 4 - 5　2016 年北京市各季度快递数量

数据来源：北京市邮政管理局，2016 年快递业务统计量。

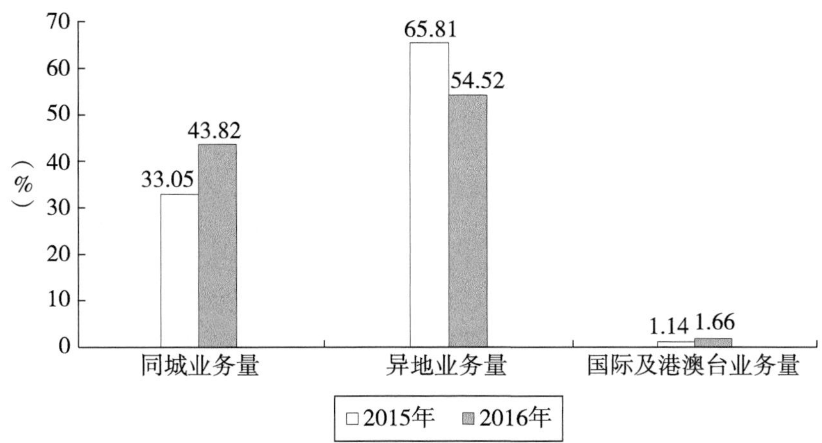

图 4-6 2015 年和 2016 年北京市快递业务量占比比较

数据来源：北京市邮政管理局，2016 年和 2015 年 1—12 月全市邮政行业运行情况。

四、北京市快递业务总收入持续提升

2016 年，北京市快递业务收入占邮政行业收入比重达 84.28%，较上年提升 7.7 个百分点。同城快递业务增势强劲，同城业务量累计完成 8.59 亿件，同比增长 83.71%；实现同城业务收入累计完成 85.74 亿元，同比增长 108.63%。异地快递业务仍占主导地位，全年异地业务量累计完成 10.69 亿件，同比增长 14.81%；实现业务收入 115.1 亿元，同比增长 25.77%。国际及港澳台快递业务稳定增长，全年国际及港澳台快递业务量完成 0.33 亿件，同比增长 103.06%；实现业务收入 26.98 亿元，同比增长 0.57%。

同城、异地、国际及港澳台快递业务收入分别占全部快递收入的 33.42%、44.87% 和 10.52%（见图 4-7）。与上年同期相比，同城快递业务收入的比重上升了 10.79 个百分点，异地快递业务收入的比重下降了 5.52 个百分点，国际及港澳台快递业务收入的比重下降了 4.25 个百分点。

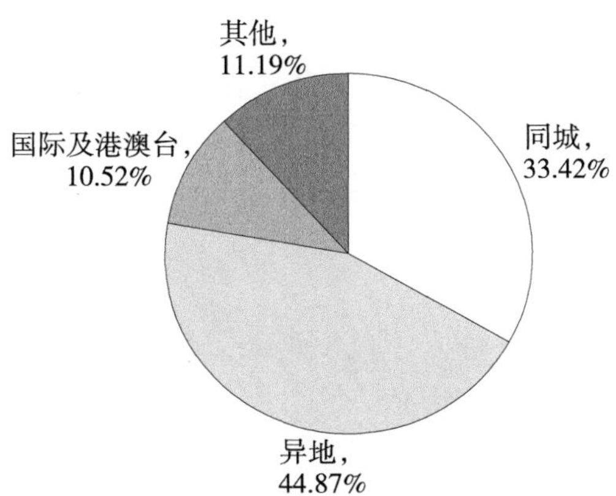

图 4-7 2016 年北京市快递业务收入占比

数据来源：北京市邮政管理局。

2016 年北京市快递业务收入情况如表 4-6 所示。

表 4－6　　2016 年北京市快递业务收入情况　　单位：亿元

月份	1 月	2 月	3 月	4 月	5 月	6 月	7 月	8 月	9 月	10 月	11 月	12 月
快递业务收入	20.30	13.31	21.47	19.86	20.68	23.42	21.16	21.08	22.60	22.64	25.28	24.75
同城	6.17	4.39	7.71	6.49	6.77	8.24	7.06	7.69	7.90	8.02	8.00	7.30
异地	9.18	5.79	9.49	9.01	9.32	10.16	9.09	9.26	10.14	10.00	11.91	11.75
国际及港澳台	2.20	1.73	2.50	2.27	2.51	2.71	2.60	1.80	2.02	2.01	2.14	2.49
其他	2.75	1.40	1.77	2.09	2.08	2.31	2.41	2.33	2.54	2.61	3.23	3.21

数据来源：北京市邮政管理局。

五、北京市快递企业发展现状

1. 民营快递企业持续快速发展

2016 年全年国有快递企业业务量完成 1.08 亿件，实现业务收入 26.58 亿元；民营快递企业业务量完成 18.40 亿件，实现业务收入 215.53 亿元；外资快递企业业务量完成 0.13 亿件，实现业务收入 14.46 亿元。国有、民营、外资快递企业业务量市场份额分别为 5.49%、93.86% 和 0.65%，业务收入市场份额分别为 10.36%、84.01% 和 5.63%，与上年相比，民营快递企业市场份额持续提升。

2. 五大民营快递公司相继上市

2016 年是快递公司的上市元年，10 月 20 日圆通在上海证券交易所敲钟，正式登录 A 股，成为国内民营快递第一股；10 月 27 日，中通在纽交所上市，成为中国民营快递海外上市第一股；进入 12 月，申通、顺丰、韵达借壳方案相继获得证监会批准，中国五大民营快递相继上市。企业在发展到一定规模以后，必然会接受资本市场洗礼，可以为企业发展带来更大发展空间，但是上市并不能掩盖快递市场的诸多问题，企业发展风险更大了，任何一个小细节都可能会带来一系列连锁反应。

六、北京市快递绿色包装发展现状

近几年来，北京市快递量持续走高。在广大用户“买买买”的背后，数量庞大的快递包装物的处理也变得“火烧眉毛”，2016 年全国快递包装物回收量不足 20%，而中粮我买网早在 2013 年就已制定相关的回收政策，2016 年当年纸箱回收率在 60% 左右。下面介绍一下北京市 2016 年绿色物流包装耗用情况。

（一）物流包装箱消耗数量庞大

电商平台以及众多电商卖家是使用包装箱的大户，根据我们的调查，快递包裹包装箱使用量占比超过 60%，根据电商物流快件占比 76% 推算，2016 年北京市电商快递包装箱使用量为 14.9 亿个。电商快递包装箱常常被消费者丢弃，是最大的电商包装垃圾源之一，其回收利用面临着很多问题。随着电商快速发展，电商快递包装箱回收越来越得到重视，部分电商公司已经开始尝试建立包装箱回收体系，通过积分奖励组织回收，取得了巨大成效。此外，也有部分消费者利用电商快递包装箱进行家庭收纳，或者通过废品回收系统实现回收再利用，2016 年北京市各季度消耗包装箱数量如图 4－8 所示。

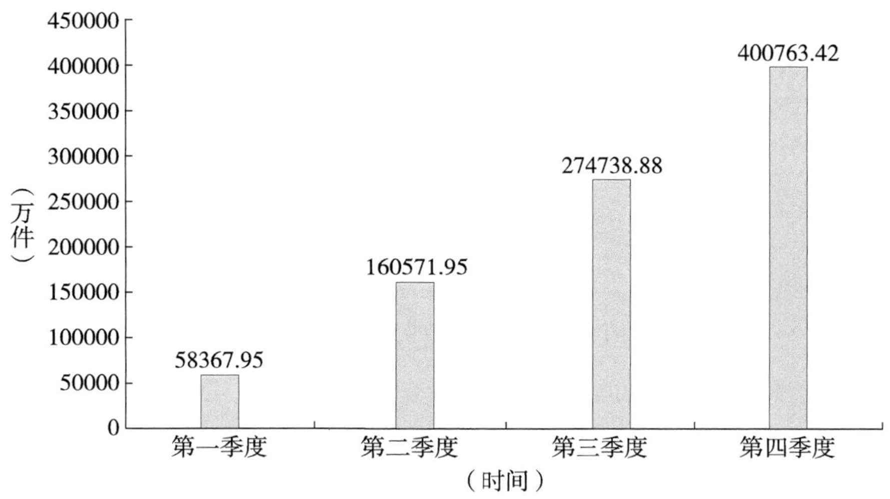

图 4－8　2016 年北京市各季度消耗包装箱数量

数据来源：北京市邮政管理局，2016 年快递业务统计量。下同。

2016 年中国两大电商平台在电商物流绿色包装方面都做了很多工作。阿里集团联合快递企业成立了绿色物流联盟，正在制定“绿色物流”标准，尝试推出可重复使用的安全塑料材质的环保箱，逐步替代快递纸箱，买家签收取货后，快递员把箱子收回，按链路流程回到发货仓库；京东在绿色物流方面的设备和研发投入一年就过亿元，不仅成立了专业的包装团队，而且还联合各大高校及包装协会等组织进行研究开发，最终从建仓、库内设备系统到运输、包装各大环节都力争实现节能环保，尤其在纸箱方面，积极推进减量包装和循环使用，在 2016 年中国绿色仓储与配送大会上京东被该协会评为“中国绿色仓储与配送标杆企业”。

（二）包装废弃物的回收再利用问题严峻

根据调查，电商快件中有 50% 的快件会使用塑料袋，以此推算，2016 年北京市快递塑料袋的使用量约为 9.8 亿个。电商物流中的塑料袋常常是一次性使用，根据实际调研分析，很多其他包装件中也常常使用塑料袋，甚至一件包裹中有好几个塑料袋，据此分析，塑料袋的使用量还可能更高。塑料袋与编织袋不同，对于消费者而言一般为一次性使用，增加了回收利用的难度，因此塑料袋的环保问题极为严重。据悉，国外有企业开发出了可循环使用的塑料袋，并正在借助于传统的邮箱系统建立塑料袋回收体系，开展塑料袋的回收和循环使用的探索。

（三）快递运单用量持续增长

一般情况下快递单数量与包裹数量相同，2016 年北京市快递业务量达到 19.6 亿件，根据统计调研，电商物流占 76% 左右，据此推算 2016 年北京市电商物流消耗快递运单达到 14.9 亿张，考虑到使用过程中的失误及损耗，预计消耗快递运单 15 亿张左右。

（四）快递物流编织袋消耗量庞大

在电子商务物流中，编织袋的使用场合较多，使用量较大，根据调查，快递企业电商物流编织袋使用量占业务量的45%，不考虑循环使用因素应消耗8.82亿条。但是目前为推进绿色包装发展，减少包装垃圾，很多快递公司开始推广编织袋的循环使用，也有一些电子商务物流公司利用周转箱循环共用的方式替代编织袋，或者利用帆布袋替代编织袋。

不能继续使用的编织袋一般是通过废品回收或者编织袋供应商回收等方式实现循环再利用。如果要大力推进绿色化包装，则需要生产厂家加大研发和推广力度，生产出便于自然降解的编织袋，也可以大力推进帆布袋代替编织袋。在电商物流中，通过标准物流周转箱的循环利用，既可以大幅度提升物流效率，也可以实现包装箱循环共用，所以值得探索创新技术与模式以推动标准物流箱的使用。

（五）快递物流胶带使用量大

根据统计分析，在电商物流包裹包装的耗材中，胶带的使用量快件远远超过了非电商快件，胶带使用率达到了87.10%，且每个电商包裹基本上都被胶带层层包裹。根据调查平均每件电商快递使用胶带大约为1米，据此计算，2016年北京市19.6亿件电商包裹中，胶带使用的总长度超过17亿米。

与其他包裹材料不同，胶带作为产品包装的辅助用品，在产品包装中作为一次性使用产品，一部分被消费者直接当成废品抛弃，此外还有一部分胶带与纸箱、产品等相混合，加大了纸箱的回收利用难度。使用量大、回收难，是胶带回收利用的现实写照。

（六）物流包装缓冲物用量持续上升

数据显示，30%以上的包装箱都会添加不同材质的缓冲物，考虑到包装箱添加缓冲物超过了1件，2016年北京市共有14.9亿件电商快递包装箱，据此估计内部缓冲物为4.47亿件。目前市面上，还没有成功的内部缓冲物回收案例，卖家出于对产品的保护和服务水平的考虑，对产品进行“过度包装”的现象也极其严重，缓冲物的使用量也早已超越“保护产品”的作用。2016年北京市各季度包装箱内部缓冲物使用量如图4－9所示。

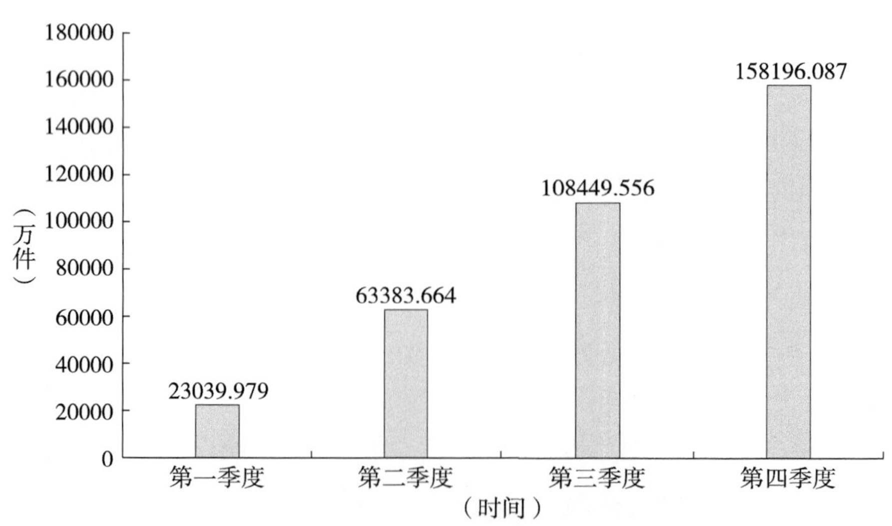

图4－9　2016年北京市各季度包装箱内部缓冲物使用量

第三节　北京市快递业存在问题与对策

一、北京市快递业存在问题

（一）电商节订单爆仓考验快递末端配送能力

据中国电子商务研究中心监测数据显示，2015 年，北京电子商务交易规模，即北京市卖方企业在全国所有电商平台上实现的交易额，达到 1.8 万亿元，同比增长 20.6%，占全国的 8.4%，位居第四。在北京电子商务的快速发展下，北京市快递包裹量也呈现突破性增长的趋势，据中商产业研究院数据统计，2016 年北京快递包裹量全年达到 196029 万件，同比增长 38.6%，快递量突破性的增长对电商物流中心运营管理提出了更高的要求。

电商促销日激增的快递单量也对物流中心作业能力提出了巨大的挑战，2016 年京东“6・18”下单量超过 2015 年“6・18”全天下单量 1500 万单，来自移动端的订单占比超过 85%，北京地域下单排名第一位。2016 年“双十一”期间，北京邮政行业邮、快件处理量达到 1.41 亿件，同比增长 35%，日均 2035 万件，最高峰值达到 2500 万件，是日常处理量的 4 倍多。“电商节”庞大的快递包裹数量给快递末端配送带来了诸多挑战，包裹量大、派送难以及快递丢失、延误、被投诉等现象时常发生。

（二）快递从业人员素质有待提高

在劳动分工背景下，快递行业员工仅需完成单环节或为数不多的几项操作，技术含量较低。企业为了节约人力成本，往往招聘知识层次普遍较低的农民工和下岗职工。多数企业没有建立规范的用人制度，也缺乏业务和职业技能培训制度，没有具有竞争力的薪资待遇，因此员工流动性极大，严重影响了服务质量和企业形象，削弱了客户对企业的忠诚度，降低了与外资同行竞争的能力。虽然经常面对业务量大、人手少的问题，但是快递人员仍必须完成当天公司分配的任务，然而一旦收货人的电话或地址等送货信息不全这种信息不对称的状况发生，那么将极大地降低快递人员的工作效率，并影响其心情。此时，多数快递工作人员都会产生厌烦情绪，尤其是当得不到快件收取人理解的时候，往往会发生和收取人在电话中争吵，甚至辱骂等行为。

据《全国社会化电商物流从业人员研究报告》数据显示，全国社会化电商从业人员总数为 203.3 万人，其中一线人员 163.6 万人（主要包括站点快递员、站点仓库操作员、基层管理员），快递员受教育程度多为中专、高中、技校，以 20 ~ 30 岁男性为主，近八成是农村人口。据《北京晚报》数据显示，截至 2015 年 12 月北京兼职快递的注册人数近 7 万人，主要由学生、白领及社会自由职业者组成，也不乏一些退休人员参与抢单配送。据调查，民营物流企业，如申通等，大多数从业人员都是初中学历，快递企业在招聘员工时基本上不设门槛，也不进行系统性的培训，造成员工业务能力低下，影响了快递企业的物流服务质量。一线快递人员的知识层次、职业素质、法律意识普遍不高，导致暴力拆拣、损坏/遗失/私吞快递件、买卖/泄露收发人面单信息等乱象屡禁不止，不利于快递业服务水平的提高。

（三）市场秩序混乱

前几年国家对快递业准入门槛设置过低，大量企业或小作坊式的家庭企业进入快递市场，导致快递市场上小型企业遍地开花。这些小规模快递企业主要从事同城快递或者区域快递业务，竞争方式以价格战为主，给出的价格往往比同行业平均水平低很多。当企业无法获利时便将其关闭，再成立新的公司，严重扰乱快递市场秩序。同时，各个快递企业在规模、社会关系、营销网络等方面也存在着差异性。

（四）“最后一公里”落地难

“最后一公里”是物流配送的最后一个环节，按时、按需送货上门。从接收终端来说，社区与农村在配送模式、配送难度、配送规模等方面存在着很大的不同。

从当前农村快递的派送模式来说，主要有以下六种模式：镇上代理点自取；快递派送到村口取件；每个村或几个村设置暂放合作点；在村委会等公共场所设置快递柜；快递企业合作建立区域派送点；村淘快递模式。以上六种模式，基本上不提供送货上门服务，制约了农村物流的发展，因此急需一种新的模式，推动农村物流资源的整合，降低综合成本，提高效率。对于城市内部社区来说，北京市大部分物流货运车辆受进城限制影响，有北京市物流通行证的货运车辆也只能在城市规定的时间段内行驶，不仅没有物流车辆通道，还很难找到物流车辆停车位。

从分拣中心到客户手中“最后一公里”需要根据城市道路交通环境做出临时商品配送决策，作业难以实现统一化、规模化管理。城市物流运输成本也相对较高，据物流资讯显示，从山东寿光运输到北京的蔬菜，在480千米的干线内运输费用平均不足0.06元/斤，而在北京市内“最后一公里”发生的城市配送运输费用为0.1元/斤，占物流成本的比例高达29.6%，是干线运输费用的1.8倍。由此可以看出，过高的“最后一公里”配送费用已成为抬高快递业物流成本、制约快递业物流发展的重要因素。

二、北京市快递业发展对策

（一）利用先进的技术和设备提高运作效率

在充分利用互联网、物联网、大数据等技术的基础上构建物流信息管理平台，实现物流企业与电商平台企业信息共享，利用数据挖掘技术分析某地区某时间段内消费者消费行为信息，如消费者浏览记录、购买商品特征、购物次数等，预测某地区某时间段内消费者购物量。电商平台可实行商品先行的策略，电商平台根据数据分析的结果将某地区某时间段内消费者购买次数、收藏次数较多的商品运往距离消费者就近的仓储中心，提高电商平台和物流运输的反应能力。物流企业根据数据分析结果，重新配置资源，优化物流网络，形成以用户需求为中心的布局，提高快递物流业的服务能力。

为进一步提高分拣效率，解决物流订单量大的难题，提高资源利用率，物流企业需协同电商平台研发自动分拣系统，减少人工分拣数量，提高分拣的准确率。物流企业可以尝试与京东合作，应用无人机、无人车等先进的配送设备进行短距离配送中、小件商品，加快商品的流通速度。物流企业间需要建立物流信息的社会化平台，形成物流合作联盟，物流企业在订单量较大、运输车辆不足的情况下，可以通过物流信息平台在其他物流企业允许的情况下调配其他物流企业的车辆资源，提高物流企业的反应能力。

（二）培养专业化高素质物流人才

通过校企合作的方式，弥补企业在专业培训方面的不足，提高快递员素质。物流企业协同地方高校为企业员工开展物流教育培训，规范员工快递分拣、快递搬运等流程的操作行为，建立快递分拣、快递搬运等流程行为规范制度和奖惩制度。同时，普通高校与职业技术院校协同物流企业加强物流人才的培养，积极开展物流实践活动，提高院校学生的实践能力，加大物流人才供给数量，物流企业要同时提高快递业从业人员准入门槛。

快递员的配送效率受消费者收取快递效率、城市交通拥堵情况、天气环境变化等因素的影响，物流企业需要考虑诸多影响因素，建立完善的激励考核制度，如提供夏季高温补贴，开通员工的职业发展通道，提高快递员工作的积极性；物流企业可以与地图公司合作建立城市快递配送系统，根据快递员配送线路的交通拥堵情况、天气情况等监测快递员的配送行为，实现配送过程的可视化；物流企业整合区域内的订单信息，规划合理的配送线路供快递员进行选择，提高快递物流配送的时效性，提高快递员配送效率。

（三）发挥政府监管和引导作用

在快递企业的发展中，政府的作用是不可忽视的。第一，进一步推进邮政体制改革和快递市场准入退出机制，建立和完善独立的监管机构，确保邮政普遍服务同时强化政府监管力度，促进快递业有序发展；第二，扶持具有竞争力的民营快递企业，加大对快递企业的税收支持力度，消除市场主体政策待遇不平等现象，为民营快递企业创造更为宽松的经营环境；第三，加强法制建设，营造公平竞争的市场环境，引导快递企业健康发展；第四，重视信息安全建设，保障客户的信息安全。

（四）整合末端配送资源进行共同配送

建立社区物流共同配送站。这是在同一区域合理选址，由其他快递物流企业共同设立的配送站，并由共同配送中心统一计划、统一协调，统一调配，实现社区“最后 100 米”配送的信息标准化、配送区域化和服务集中化。北京“城市 100”就是这方面的典范。以北五环科荟路的“城市 100”共配店为例，该店主要服务于周边 1 千米范围内的 15 个社区，24 小时营业，快件由快递员配送或者客户自取，往配送成本较高的偏远农村进行配送时，则交给专门在某一线路上进行农村配送的车辆完成配送，或者根据同线路客户资源进行配送。

协同构建农村共同配送模式。农村共同配送是指为了提高物流效率，在一定范围内，许多企业使用统一系统，实现订单的共同分拨、共同运输、共同配送，其主要目标是使配送合理化。通过共同配送系统推广使用，对现有企业及社会零散运力进行统计和量化，实现资源优化；通过系统与实际场景应用的不断结合，实现各企业与共配平台系统信息交互，打通信息壁垒；优化资源组织，通过上述资源量化和网络联通，对分拣、运输、末端进行系统整合，提供基础路由、配送服务；推进运营协同，制定统一运营规则，实现不同维度的规则匹配，形成固定标准，满足不同阶段的运营需求。

为了打破物流各企业之间的壁垒，形成一种自上而下的统一命令组织，创建一个共享共生的业务平台，急需一个平台系统给予支持，而目前市场中虽然此类给予物流运营的平台型公司不少，但受资源、规模、技术等方面的制约，可实际投入稳定运营的企业并不多。

针对北京市大部分物流货运车辆受进城限制影响的问题，政府需要结合北京市物流发展的实际情况，给予快递车辆更多的路权，可以出台相关政策加强对物流运输车辆的规范和管理，尽快出台北京市物流货运车辆和末端配送车辆用车标准。

第四节　北京市快递业发展趋势

一、北京市邮政业发展趋势

（一）邮政专营范围逐步缩小，竞争性业务市场日趋开放

随着市场化、私有化改革的推进，邮政服务市场全面开放。目前，尽管大多数国家仍然保留邮政专营业务，但区分普遍服务业务和竞争性业务，开放竞争性业务市场，缩小邮政专营范围，已成为全球邮政业发展的主流趋势。如瑞典、芬兰、阿根廷、新西兰、巴拉圭、秘鲁等国家已经取消了信函垄断。2006 年英国皇家邮政结束了在国内邮递行业长达 350 年的垄断，邮政服务市场全面开放。因此，北京市邮政行业为了行业竞争力也应该逐步缩小邮政专营范围。

（二）跨行业合作趋势不断增强，邮政企业转型步伐加快

邮政近几年来的市场化改革不尽如人意，邮政业正经历空前的发展机遇和全新的模式变化，电子商务及新技术主导着行业的发展与变革，云计算、智能运输及物联网等前沿技术正加速这一过程。“鼠标 + 包裹”是网络购物的标准模式，一直以来，电商和快递都是这样以上下游合作的关系出现，二者是互利共存的。但最近几年，双方都已经不满足仅立足于自己的行业，开始觊觎对方的“领地”，打起了“跨界战役”。由此可见，邮政业开展跨行业合作、加快企业转型迫在眉睫。

（三）邮政业产品多样化，经营方式灵活

邮政业除了要对传统的邮政业务展开更细致、更深化的经营外，还应积极参与其他业务的经营，积极发展新业务。要优先把市场前景好、竞争实力强、业务已具规模的现有邮政业务做大做强；要大力发展市场前景好、附加值高、符合邮政业生产特点的“朝

阳产业”。首先，应集中优质的生产要素，优先发展速递业务和商函业务。对于速递业务应不断扩大国内市场份额并使之占据主导地位，大力开拓国际市场；而商函业务的重点是服务于大的商业、企业客户，重点发展账单、企业明信片和邮送广告类业务，集中力量发展中、小型企业和事业单位客户，争取大型企业客户。其次，应整合邮政业资源，利用自己的网络优势和集约化程度较高的组织管理优势，积极主动参与物流竞争，大力发展物流业务，重点为大型企业提供第三方物流以及为电子商务提供配送服务；大力发展城市中间业务，以绿卡为载体，大力推广综合的电子化服务，拓展邮政业储蓄账户的综合服务功能，尽快开发具有较好收益并能促进其他业务发展的开放式基金业务，全面整合国际特快汇款、国际普通汇款以及国际电子汇兑业务，争取实现邮政业国际汇款业务的较大发展。最后，要充分利用传输技术和邮政业传递网络，致力于开发以信息化为支持的新业务，如混合邮件业务，以培育邮政业新的增长点。

（四）积极开展联合、并购

联合、并购是现代经济发展的必然趋势，邮政业也要顺应这一发展潮流，实行强强联合。在横向联合方面，邮政业可以利用自己良好的品牌优势和网络优势，与民航、铁路、联通等公司进行联合。在纵向联合方面，可以与国外的邮政企业、私营运递企业、物流公司及包裹公司进行联合，变堵为疏，以退为进，弃小得大。在技术方面，除了搞好原有的技术合作以外，还要加强与一些网络公司的合作，利用综合网为它们提供服务，利用它们的技术来提高技术层次和技术含量。

（五）积极推进内部技术创新，实现三流交汇

邮政技术建设应兼顾信息技术的实用性、超前性以及国际标准化，软件开发考虑应用的长期性，为未来市场开拓和应用、更新留存接口；突出信息作业的营利性，发挥信息技术在物流管理与控制、一体化经营、信息统计与反馈中的特殊作用，通过信息系统为邮政业创造直接经济效益和社会效益；善于借鉴先进经验和技术，使之运用到邮政业发展中去，不是全盘拿来应用而是灵活选择，并加以二次开发；对技术投入成本核算应预含未来更新成本，从而通过内部技术创新，实现三流（资金流、信息流、物流）在物流中交汇。

邮政企业拥有较好的信息网络基础平台，可以很快地在第三方物流服务中确立自己的竞争优势。这样不仅能够为邮政企业管理层提供新的管理方法和手段，使整个服务的流程处于可监控状态，而且能让客户及时了解自己产品的服务质量情况。

（六）与竞争企业建立联盟

在我国，邮政物流的真正优势在于 B2C 服务，但与现代物流的要求相差甚远，因此，在未来的发展中，邮政物流要想成为现代物流队伍中的一支“强力军”，就必须考虑资本与联盟战略。首先，中国邮政经过百年运作积累了丰富的 B2C 服务经验，但在 B2B 服务方面以及国际物流服务方面依然缺少经验。邮政行业必须通过资本运作与国外物流企业结成联盟，或通过资本运作实施并购、联合的战略，提高航空运输、陆路运输能力，开

拓国际市场，才能真正达到为高端客户服务的目的。其次，通过资本运作与其他物流企业进行合作，对于那些将自己产品交给第三方物流服务商的大公司来说，他们很希望能够有机会参与物流服务网络的管理，从而确保自己的利益。因此，我们可以给这些大公司提供资本合作的机会，可以与他们建立可靠的市场联盟关系，同时可以稳定客户群，解决资金匮乏问题，但前提是必须有合理可靠的企业机制作为保障。

二、北京市快递企业发展趋势

（一）快递行业未来存在较大的增长空间

据德勤和国家邮政局发展研究中心发布的《中国快递行业发展报告 2014》预测，未来中国快递市场受宏观经济增长、中西部开发、电子商务持续发展等因素推动，还将保持高速增长。在国家扩大跨境电子商务试点的背景下，快递企业将有强大的动力开拓国际快递业务，扩大海外市场，国际快递服务的产品附加值更高、品牌效应更强。此外，随着农村和中西部地区互联网和电子商务的普及，向下、向西的寄递服务需求呈现井喷式的增长，这类需求成为目前快递行业中的蓝海。陆续出台的改进城市配送、末端投递等政策也在很大程度上为企业加快农村和西部地区网络布局和基础设施建设提供了保障。

（二）企业参与市场竞争的方式会不断转变

当前，国内快递企业主要采用价格战的竞争方式。然而，随着物流平台的运用、行业运营成本的降低、服务价格的整体下降，整个行业的利润水平大大缩水。因此，以利润最大化为目标的企业就会想尽办法在其他环节降低成本，如人员培训少投入、服务质量打折扣等。这种不明智之举短期内会为企业争得一定的利润，但其带来的恶劣影响使整个行业陷入了一种恶性循环，削弱了行业的核心竞争力。然而，随着快递行业集中度的加聚，具有雄厚资金、先进管理理念、高信息化水平的大规模企业会将中小企业剔出快递行业，进而占有大部分市场份额。届时，单纯依靠价格战的竞争方式将毫无用处。换言之，打价格战的竞争方式将被综合实力雄厚的竞争方式所替代。这也将标志着我国快递行业真正进入高水平行列。

（三）政府监管趋于完善

我国快递业发展三十年来，其规模有了明显的增加，但是到目前为止，我国对于快递业的监管还是不够完善，相关的法律法规仍然滞后。我国在 2007 年 9 月正式公布了《快递服务》邮政行业标准，但我国快递业仍存在着服务质量参差不齐、竞争无序等现象。完善法律法规，使快递业有法可依，按照指定的法律法规对快递市场进行管理，保护快递市场的规范、有序，将是我国政府下一步的举措。

（四）行业集中度保持高位，上下游渗透经营

2015 年我国快递服务品牌集中度指数 CR8 为 77.3%，2016 年上半年为 76.9%，行业集中度已处于较高水平。根据欧美国家快递业的发展经验，未来我国快递行业将逐渐

形成以少数大型快递企业为主导、众多中小快递企业为区域性补充的竞争格局。快递行业资本密集的特征，将导致大型快递企业的资本优势更为突出，可调配的资源更加充足，可覆盖的范围更加广泛，可提供的服务更加多元，可依赖的技术和经验更加先进，从而对市场具备更多的话语权，在市场竞争中占据主导地位，未来快递行业将以少数大型快递企业为主导，并保持较高的市场集中度。

此外，快递行业上下游企业将渗透到快递服务，航空、铁路、公路等运输企业，通过与快递企业合资、合作或兼并重组，拓展服务网络，提升核心能力。电子商务企业、制造企业和物流企业通过与快递企业联合或兼并重组，促进产业链、供应链和服务链的一体化整合，实现产业协同发展。

（五）信息化、智能化

中国网络零售市场规模位居全球第一，导致电商物流发展迅速。电商行业代表——阿里、京东，在 2016 年纷纷公布了自己的智慧物流实验室，阿里的物流大数据，加上京东的一号仓、无人机、无人驾驶货车、物流机器人，使大数据、人工智能再次成为风口，尤其是在物流领域的应用方面。智慧物流正在改变传统物流，在潜移默化之中，我们已经接受了智慧物流带来的便捷服务，比如电子面单、智能信息存储等。无人机、无人仓、机器人在物流领域的不断应用，在提高效率的同时，也解决了部分人口红利大幅下降问题。中国物流业正在由劳动密集型行业向技术密集型行业升级、转型。在“增规模、降成本、提效率”的目标下，智慧物流已成为国家力推、行业共同努力探索实施的大方向。

电子商务的发展是我国快递行业发展的强劲助力，电子商务的发展使网上购物的用户激增，快递行业信息化管理的加强也大大改善了消费体验，提高了快递效率。而在未来快递业的发展中，信息化必定是其发展的亮点。智能化是为了克服快递行业派送延误、信息泄露等问题而产生的发展趋势，由于快递行业是劳动密集型产业，机器人是快递企业取代人工作业的理想工具。

（六）提高软硬件投入，提升信息化水平

软硬件投入是快递企业实现经营目标的技术保障和物质基础，是衡量物流技术水平高低的主要依据。快递企业要通过机械化、自动化、信息化来转型，也就是要“创新驱动、转型发展”。由于物流基础设施投资巨大，单靠企业自身力量往往力不从心。因此，政府应对物流基础设施平台建设给予政策支持。国家投资参与基础设施建设，租赁给快递企业经营，能够减轻企业一次性投资的压力。各快递公司应建立更多分拨中心与配套网点，并健全传送带等基础配套设施，提高工作效率。有条件的公司可配备自动分拣系统、货物追踪查询系统、速递资料收集器（DIAD）、与海关对接的 EDI（电子数据交换）系统等，提升信息化水平。

充分利用大数据和物联网技术。快递行业和网络通信技术的有机结合，是快递行业划时代的变化，互联网技术不仅可以提升快递服务的速度和质量，还可以减少运营成本，增强企业的竞争优势。相较于国外的快递公司，北京快递企业需要在原有基础上，加大对信息技术的投资和核心技术的研究，保证快递流程操作的程序化、标准化，减少错误

率，提高自身竞争力。

三、北京市快递绿色包装发展趋势

全面解决商贸物流绿色包装问题必须标准先行、综合治理，其中标准化是综合治理的基础。通过宣贯和实施物流包装规格的系列标准，对杂乱无章的物流包装，尤其是对电子商务包裹包装进行规范化整治，为提升物流效率和推进绿色物流包装打下基础。在此基础上，通过推动可循环包装、减量包装和可降解包装等绿色包装解决方案，促进物流包装绿色化发展。

（一）大力推行可循环包装的使用

根据电子商务物流配送的实际需要和产品特点，在电子商务物流配送中广泛使用可循环使用的编织袋、标准纸箱、标准塑料箱，采取现场回收或定点回收模式实现循环使用。鼓励电子商务平台结合会员奖励积分和优惠促销等相关策略，全面推行电子商务物流包裹的可循环包装。以北京市中粮我买网站点为例，其公司在 2013 年 4 月初就发起了“绿色我买，‘箱’约环保，中粮我买邀您共享美丽中国”的主题活动，2016 年该站点纸箱回收率达到 60%。纸箱运作模式如图 4－10 所示。

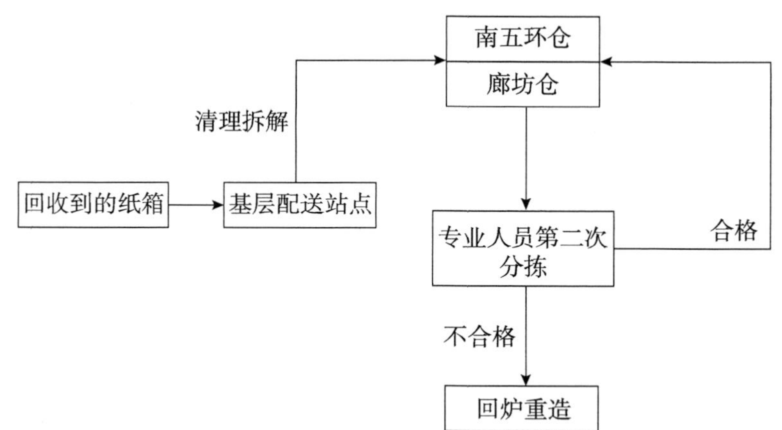

图 4－10　北京市中粮我买网纸箱回收模式

另一种实现包装物循环再用的方式，主要是通过使用新材料包装箱来实现。在电子商务物流系统上游，标准物流周转箱循环共用模式已经获得了一定的推广应用，产品包装纸箱的可循环使用和再利用得到了一定的推广。依旧是中粮我买网，在 2016 年中期尝试用环保塑料箱代替纸箱，用扎带代替胶带，其合作的第三方物流上也将泡沫箱逐渐换成了可回收的保温箱。

（二）积极支持可降解材料的研发

大力推进电子商务物流企业使用可降解的包装材料。从生产厂商的原材料入手，减少 PE（聚乙烯）、LDPE（高压聚乙烯）等的投入使用，提高可重复使用以及废弃后可迅速降解的原材料的投入使用。如可降解的包装填充物、运单、编织袋、塑料袋、封套、内部填充物等。据菜鸟网络 CEO 童文红表示，一个不可降解的塑料袋的价格为 8 分钱，一个可降解的塑料袋价格至少是它的 4～5 倍。应当鼓励企业、行业协会积极制定相关标准，禁止有毒胶带、塑料袋、编织袋的使用。电子商务物流包装问题是一个新问题，需要发动社会力量，一方面是全面推进技术创新和管理模式创新，加强对绿色包装技术创新的引导和奖励支持；另一方面是鼓励正规企业对可重复使用的包装材料进行回收处理，提高民众的环保意识，杜绝使用不环保、难降解的物流包装材料，积极推进物流包装的标准化和绿色化发展。

（三）推进包装减量化的实施

鼓励电子商务企业与产品供应商合作，从生产厂的产品包装开始，就考虑电子商务物流配送的包装问题，在电子商务物流配送时，充分利用产品原包装，减少二次包装的浪费；支持智能包装技术创新，根据产品的尺寸与配送数量，智能选取最适合的标准包装箱，减少填充物和包装箱尺寸，实现减量包装；鼓励电子商务企业借助智慧物流技术手段，合并客户订单，对客户同一批次不同产品订单实行一起打包配送，减少包裹数量和配送次数；大力推广电子运单，减少电子商务物流包裹运单的浪费等。

电子商务物流中一直存在过度包装问题。为了防止物流配送过程中的暴力分拣，电子商务包裹往往使用大量的胶带层层缠绕，既浪费材料，又难以拆箱，同时也带来了纸箱回收困难等问题。包装薄壁化技术是指在保证实现包装功能所需各项机械力学性能的前提下，通过减少壁厚来减轻包装材料用量。纸板、瓦楞纸箱、塑料薄膜、金属材料的包装使用均在研发采用这类技术，从而节约了大量包装原材料，例如，北京奥瑞金制罐有限公司通过改进工艺，将三片番茄罐罐身的马口铁薄板厚度从 0.2 毫米减少到 0.15 毫米，1 亿个罐能节约马口铁薄板 278 吨；将番茄罐上下底盖的马口铁薄板厚度从 0.18 毫米减少到 0.16 毫米，1 亿个罐能节约马口铁薄板 134 吨；两项合计共节约马口铁薄板 412 吨，经济效益显著。如果快递包装物行业也采用此技术，在保证完成其基本作业的情况下，对包装物实现减量化，在庞大的用量支撑下，其经济效益也是极其可观的。

（四）物流包装标准化

可以通过使用大数据分析等先进技术的方法，精简化、合理化选用包装规格；选用粘箱方式进行封口，不用胶带和其他固定产品，既便捷又方便回收；根据所包装的产品特性，选择合适的包装材料和包装箱，在保证产品安全到达的前提下，实现减量化运作。在政策法规制定方面，包装标准要有统一的体系与规范，规定包装原材料，从根源上降低污染物投入市场。北京一撕得物流技术公司研发的绿色拉链式包装箱一年卖了 6 亿个，纸箱价格从 3.0 元/个降到 0.9～1.1 元/个，低于同行价格 10%。纸箱自带双面胶拉链，包装时省去了传统纸箱的胶带封箱环节，实操显示一撕得纸箱的包装效率高于传统纸箱至少 30%，提高了仓库的作业效率，降低了人工成本和作业成本。

（五）电子面单技术的推广

电子面单的出现，旨在提升包裹的配送效率。2015 年 12 月 14 日国家邮政局发布了邮政行业标准《快递电子运单》（YZ/T 0148—2015），标准规定了国内电子运单的类别、组装及规格、区域划分及信息内容、技术要求、环保、试验方法、运输和贮藏等要求。

传统面单需要在订单生成之后，由电商卖家逐一录入快递单然后交由快递公司发货，而电子面单可以在订单生成的同时自动生成物流面单信息，整体效率比普通纸质面单提升 60% ~90% 不等。在打印速度上可提升 4 ~6 倍，发货速度可提升 30% 以上，分拣效率可提高 50% 以上，且电子面单的成本只有传统纸质面单的 1/5。以北京市 2016 年的 19.6 亿件快递量为例，当前市场上使用较多的传统面单售价为 0.19 元/张，电子面单的价格约为 0.09 元/张，北京市当年仅快递面单的使用量即可减少约 1.49 亿元，减少原材料即纸浆投入量至少 75% 。

快递绿色包装不是割裂的存在，而是一项复杂的、多变量的系统工程。在这条庞大而烦琐的产业链上，既涵盖了包装物料供应商、快递企业、电商平台与商家等多个从业主体，也关系着成千上万的消费者。同时，主管部门的引导与监管、相关单位的参与和支持是至关重要的、不可或缺的。因此，在快递业推行绿色包装绝不仅仅是某一个主体单元的责任，而是一项长期的、需要多方共同参与的工程。

第五章

北京市物流园区发展现状与趋势

第一节　北京市物流园区发展现状

物流园区是指为了实现物流设施集约化和物流运作共同化，或者出于城市物流设施空间布局合理化的目的而在城市周边等各区域，集中建设的物流设施群与众多物流业者在地域上的物理集结地。物流园区是物流业发展到一定阶段的客观要求和必然产物，具有布局集中、用地节约、设施共享、功能集成的优势，在促进产业结构调整和区域经济发展，提升物流服务水平，提高土地集约化使用，减轻道路、环境和能源的压力，加强物流市场管理，增加就业机会等方面发挥着重要作用。

按服务类型划分，物流园区可以分为货运服务型物流园区、生产服务型物流园区、商贸服务型物流园区、口岸服务型物流园区以及综合服务型物流园区。按规模划分，物流园区可以分为物流基地、物流中心和物流配送中心。物流基地：主要功能包括内陆口岸、交通换载和货物集散、流通加工以及信息服务和货物配送等，一般是政府主导，占地面积从几平方千米到几十平方千米不等；物流中心（综合物流园区）：主要功能是货物集散、公铁联运与换装、中转、仓储、流通加工、信息服务、配送等，一般占地面积几百亩，主要吸引其他物流企业入驻；物流配送中心（专业物流园区）：主要功能包括储存、分拣、流通加工、配送等，一般占地面积几万平方米，主要以大型物流企业自用为主。

一、北京市物流园区三级节点体系发展分析

物流园区作为促进北京城市经济发展、物流资源集约、物流活动有序以及缓解环境交通压力的一种有效降本增效的物流组织形式，受到了北京市政府的关注和重视。从“十五”时期北京市政府就着手进行了北京市物流园区的规划，并在“十一五”时期、“十二五”时期、“十三五”时期对物流业发展规划进行不断地优化和调整。本部分主要基于“十五”时期到“十三五”时期四个阶段的规划进行北京市物流园区的梳理分析。

（一）“十五”时期，北京市形成“3413”格局

根据《北京市商业物流发展规划（2002—2010）》，北京市物流园区节点规划提出了以大型现代化物流基地为核心，由物流基地与综合性物流配送区及专业性物流配送区共同构成三级的物流体系。计划到2010年建成3个大型物流基地、17个物流配送区。

1. 物流基地——三大物流基地初现

规划在房山闫村—丰台王佐、通州马驹桥和顺义天竺3处各规划建设一个大型物流基地。

（1）闫村—王佐物流基地：为铁路—公路货运枢纽型物流园区，主要依托京广铁路、京石高速公路、107国道和城市六环路。规划占地3平方千米左右。

（2）马驹桥物流基地：为公路—海运国际货运枢纽型物流园区，主要依托天津港、京津塘高速公路和城市六环路。规划占地3平方千米左右。

（3）天竺物流基地：为航空—公路国际货运枢纽型物流园区，主要依托首都机场、101国道和城市六环路。规划占地3平方千米左右。

物流基地定位是首都城市功能性基础设施，并成为辐射全国乃至亚太地区的重要物流枢纽，为北京市进出货物的集散和大型厂商在全国及亚太地区的采购和分销提供物流平台。

物流基地主要功能包括内陆口岸功能、货物集散功能、配送功能、流通加工功能、商品检验以及物流信息服务功能等。

根据《北京市商业物流发展规划（2002—2010）》，在“十五”期间，要按照国际先进水平和现代化物流园区标准，重点进行闫村—王佐物流基地、马驹桥物流基地、天竺物流基地和十八里店物流配送区（北京物流港）的开发建设和运营，形成北京“三地一港”物流格局。

2. 综合性物流配送区——四大综合中心

规划在朝阳十八里店、半截塔、大兴大庄、海淀杏石口4处各建设一个综合性物流配送区。每个综合性物流配送区占地20万～50万平方米。

综合性物流配送区定位是为北京市进出货物的集散和厂商在北京及周边地区进行采购和分销提供物流平台，是城市基础设施，是覆盖北京市及周边地区的物流枢纽。

综合性物流配送区主要功能包括货物集散、配送、流通加工、商品检验、物流信息服务等。个别进出口业务量较大的物流配送区还具有口岸功能。

3. 专业性物流配送区——十三大专业中心

在海淀四道口、丰台玉泉营、丰台大红门3处结合现有冷库设施，各规划建设一个专业冷链（食品）物流配送区；在朝阳洼里、来广营、楼梓庄、管庄、青年路、百子湾、海淀清河、丰台五里店、久敬庄、昌平马池口10处结合现有仓库改造各规划建设一个满足不同行业或不同业态要求的专业性物流配送区。每个专业性物流配送区占地1万～10万平方米。

专业性物流配送区定位是为进行末端配送服务提供专业化的物流设施，是城市基础设施，是覆盖北京市及周边地区的物流枢纽。

专业性物流配送区主要功能包括货物集散、配送、流通加工、商品检验、物流信息服务等。

(二)“十一五”时期，北京市形成“4915”格局

根据《北京市“十一五”时期物流业发展规划》，立足于北京市物流空间布局的现实基础，结合多中心、组团式发展的城市空间定位，北京市提出了构建物流基地、物流中心（综合性物流园区）和物流配送中心（专业性物流园区）三个层次的物流节点，并力争到“十一五”期末，基本形成基于点、线、面相互协调的“三环、五带、多中心”物流空间格局。

1. 物流基地——老四大物流基地格局形成

“十一五”期间，在优先发展顺义空港、通州马驹桥和房山良乡三个物流基地的基础上，加快培育平谷马坊物流基地。此外，要积极培育已具有一定物流规模的大兴京南和延庆京西北等大型综合物流区，使其加快向物流基地方向发展。

（1）空港物流基地。位于顺义区天竺镇，首都机场以北，顺平路北侧，临近101国道和北六环路，属于公路—航空—口岸国际货运枢纽型物流基地。主要承担北京及环渤海地区的国际、国内航空物流功能，并服务于天竺工业开发区，是北京市唯一的以航空货运集成其他货运方式的综合型物流基地。

（2）马驹桥物流基地。位于通州区马驹桥镇，京津塘高速公路以东、南六环路以北，是海运—公路—口岸国际货运枢纽型物流基地。主要承担北京和环渤海地区经海路的国际、国内海运物流功能，重点服务于北京东南方向京津塘经济发展带，服务于亦庄经济技术开发区，是北京市大宗货物进出境的主要枢纽。

（3）良乡物流基地。位于房山区闫村镇，京广铁路、京石高速公路、107国道和六环路交界处，属于铁路—公路货运枢纽型物流基地，承担大宗货物进出的中转集散功能，是北京市西南方向的重要公路货运枢纽与铁路集装箱节点站。

（4）马坊物流基地。位于平谷区马坊镇，首都机场东面，北临京津高速，南靠京哈高速，西接六环路，属于海运—公路枢纽型物流基地。主要服务顺义、怀柔、平谷、密云等京东四区，是北京东部发展带的重要物流节点和京津发展走廊上的重要通道。

2. 物流中心（综合性物流配送区）——九大综合中心

“十一五”期间，结合二级货运枢纽布局，在五环路及五大物流方向的交会处附近重点规划建设综合物流中心，占地规模控制在0.5～1平方千米。

（1）西南方向（京石高速公路、107国道）规划建设王佐、五里店、首钢建材物流三个物流中心。

（2）东南方向（京津塘高速公路、京沈高速公路）规划建设十八里店物流中心。

（3）正东方向（京通快速路）规划建设宋庄物流中心。

（4）东北方向（京密路、机场高速、京承高速公路）规划建设怀柔新城物流中心、顺义李桥物流中心。

（5）西北方向（京藏高速公路、110国道）规划建设清河物流中心和马池口物流中心。

3. 配送中心（专业性物流配送区）——十五大专业中心

“十一五”期间，重点在四环路周边和顺义、通州、亦庄等新城以及远郊区人口密集区附近规划建设专业物流配送中心，每个占地规模控制在0.1～0.2平方千米。

（1）西南方向：房山石楼，丰台榆树庄、白盆窑。

（2）正南方向：丰台南苑、大红门、玉泉营。

（3）东南方向：朝阳双桥、百子湾、三台山。

（4）东北方向：朝阳楼梓庄、豆各庄，顺义仁和镇。

（5）西北方向：海淀田村、四道口，昌平福田汽车配送中心。

（三）“十二五”时期，北京市形成“4104”格局

根据《北京市“十二五”时期物流业发展规划》布局思路，继续完善“三环、五带、多中心”物流节点空间布局，并在此基础上形成“广覆盖、多组团、立体化”的网络结构格局。

1. 物流基地——新四大物流基地格局形成

（1）顺义空港物流基地。发挥临空经济区、核心区的区位优势，在拓展一期范围内设施建设的同时，加快重点项目落地，优先发展体现首都产业优势和特色的航空物流、金融物流，加快推进空港物流基地东区建设，拓展发展空间，吸引高端物流企业入驻。主要建设内容为空港物流基地东区62.6万平方米土地开发及市政基础设施建设，一期A、B地块17.5万平方米土地开发，二期市政建设以及建筑面积为5万平方米的现代物流总部中心。

（2）通州马驹桥物流基地。继续推进各项设施建设，不断完善硬件投资环境，加快形成服务首都及周边区域的物流集聚区，重点推进朝阳口岸平移，提升国际物流服务功能。主要建设任务是完成多功能用地开发64.3万平方米，口岸功能区用地56.4万平方米以及配套市政基础设施建设。

（3）平谷马坊物流基地。完善口岸基础设施，开展平谷国际陆港二期建设，在实现京津海陆联运的基础上，推进与京唐港的口岸对接与物流合作。主要建设任务是继续完善一期1.3平方千米的开发建设，主要建设内容包括道路管线及市政配套工程、电子商务园建设工程、物流总部大厦建设工程等；开展物流基地二期1600亩（1亩≈666.67平方米）土地征地拆迁、市政建设等土地一级开发工程。

（4）大兴京南物流基地。依托铁路专用线及主要进京公路货运通道承担北京南部货运集散功能，在推进基础设施建设的同时，加快物流资源整合和提升，重点发展以展示和交易为特征的商贸物流；配合北京新机场建设，研究规划南部临空物流园区。

2. 专业物流中心——十大专业中心

服务本市装备制造业、电子信息、生物医药、音像图书等优势产业和新能源、新材料等新兴产业发展，大力推进专业化物流体系建设，提高对区域和全国市场的辐射能力。

（1）北京九州通医药仓储中心：位于大兴经济开发区，建筑面积2.8万平方米，建设内容为自动化立体仓库及配套设施设备。

（2）科园信海医药物流中心：位于空港物流基地，顺于路北侧，规划面积4.3万平

方米，建设周期为两年（2011—2012 年），建设 3.5 万平方米医药产品仓储物流及配送设施。

（3）怀柔汽车配件物流园区：位于怀柔区庙城镇，占地 200 亩，建筑面积 7 万平方米，服务怀柔及周边地区汽车零部件集货运输、仓储配送。

（4）北京海纳川汽车和零部件销售中心：位于顺义区赵全营镇工业区，规划面积 3 万平方米，建设周期为三年（2011—2013 年）。

（5）顺义航空产业园航空物流中心：位于顺义区仁和镇，建设内容为航空物流中心综合库房 2 万平方米。

（6）顺义国际钢铁物流基地：位于顺义区李桥镇，占地 26 万平方米，包括仓储物流区和综合服务区，提供钢材仓储和运输、金融、税务等服务。

（7）中建一局钢材交易物流中心：位于大兴京南物流基地内，占地 31.5 万平方米，规划建筑面积 20 万平方米，建成以钢材为主、包括重型建筑材料在内的交易中心。

（8）北京京西南钢材交易物流中心：位于房山区闫村镇，占地面积 200 亩，总建筑面积 13 万平方米，包括经营区 8 万平方米、物流仓储区 5 万平方米。

（9）金泰集团市级煤炭储备基地：位于房山区坨里镇，占地面积 336 亩，规划建筑面积 22 万平方米，设计煤炭储存量约 30 万吨，建设 3 个全封闭钢结构煤棚及配套设施。

（10）燕山四联石化物流中心：位于房山区燕山东流水工业区内，规划占地 90 亩，建设总面积 2 万平方米、仓储规模达到 6 万吨的现代化固体石化产品物流中心。

3. 城市保障物流中心——四大中心

完善物流配送重点设施及配送网络，推广现代物流信息技术和管理技术，构建面向商贸流通企业和消费者的城市物流配送体系，全面推进流通领域国家现代物流示范城市建设，提高城市运行服务保障能力。

（1）首农（北京）安全食品仓储、物流中心群：北京首都农业集团有限公司环城区周边（多方位）五、六环间区域自用规划产业土地约 12 宗，总建筑面积 148 万平方米。

（2）超市发生鲜配送中心：位于海淀区后八间榆庄子，占地面积约为 45 亩。

（3）华冠大型连锁配送中心：位于房山区良乡镇小营村，占地面积 206 亩，总建筑面积 14 万平方米，主要分三期建成常温库 6.5 万平方米、低温库 2.7 万平方米及物流中心 4.2 万平方米。

（4）银汇鑫丰低温仓储中心：位于顺义区北小营镇牛富屯村东，规划建筑面积 6.5 万平方米，分三期建成牛羊肉等产品低温冷冻仓储设施。

（四）“十三五”时期，北京市形成“4611”格局

根据《北京市“十三五”时期物流业发展规划》，立足京津冀协同发展的大视角，围绕服务首都城市战略定位，引导物流设施优化布局调整，着力打造“物流基地 + 物流配送中心 + 末端配送网点”的城市物流节点网络，形成功能完备、分工明确、布局合理的多层次物流网络体系。

1. 物流基地——四大物流基地

继续发挥物流基地对城市物流系统的重大基础性作用，强化物流基地对城市运行的

服务保障功能。完善和提升四大物流基地配套设施建设，依托空港、内陆港、铁路枢纽、公路枢纽以及保税政策功能区等不同区位的交通优势和定位，差别化提升完善物流基地功能。重点发展基于铁路和公路的生活必需品物资供应物流、基于航空的快递物流、基于内陆口岸及空港口岸的跨境物流等服务功能，对接和保障首都城市运行发展需要。

2. 专业物流中心——六大专业中心

鼓励公路、铁路货运场站提升物流配送服务功能，并在航空、铁路、公路等环京交通干线枢纽建设功能完善的新型综合性城市物流配送中心，具体如表 5 - 1 所示。

表 5 - 1　　“十三五”时期专业物流配送中心规划情况

名称	所在区域	建设规模	功能作用
智慧物流港	通州区	40 万平方米	主要用于冷链物流、电商物流配送和食品流通
平谷口岸功能区二期	平谷区	15 万平方米	建设 2 万平方米常温仓库、8 万平方米冷库、5 万平方米保税监管展示中心
金隅国际物流园	大兴区	30 万平方米	主要用于电子商务、生物医药
庙城货场改造	怀柔区	0. 66 万平方米	集铁路运输发送到达、仓储服务为一体的汽车配件仓储基地
京南昌达物流园西区	大兴区	13. 34 万平方米	主要用于电商物资集疏和仓储服务
石景山医药物流产业基地	石景山区	3. 188 万平方米	主要用于建设医疗检验监测与研发以及配套的园区医药物流中心等

数据来源：《北京市“十三五”时期物流业发展规划》。

3. 城市保障物流中心——十一大中心

发挥物流中心在物流系统集约高效运转中的关键环节作用，合理优化物流配送中心布局。现有的城市保障物流中心，属于生活必需品配送保障的，升级完善服务功能，提高规范化和集约化水平，具体如表 5 - 2 所示。

表 5 - 2　　“十三五”时期城市保障物流中心规划情况

名称	所在区域	建设规模/规划用地面积	功能作用
黑庄户农产品物流配送中心	朝阳区	18. 35 公顷	主要用于农产品冷链物流配送服务
南口农产品物流配送中心	昌平区	26 公顷	主要用于承接内蒙古等西部地区牛羊肉进京冷链配送业务
东郊农产品物流配送中心	朝阳区	14. 6 公顷	主要用于常温配送中心、生鲜配送中心、低温冷链物流中心
西毓顺农产品物流配送中心	大兴区	57 万平方米	主要用于食品会展、商务贸易、信息服务、农产品冷链物流配送及综合配套服务

续 表

名称	所在区域	建设规模/规划用地面积	功能作用
华冠小营物流配送中心项目二期、三期	房山区	10.8 万平方米	冷链商品生产加工、农副产品分拣包装、果蔬食品加工等农副产品深加工、储存、配送基地，主要用于城市保障
双桥货场改造	朝阳区	2 万平方米	使用铁路保温车实现冷链干线运输，保障蔬菜市场供给
怀柔货场改造	怀柔区	1.08 万平方米	为怀柔开发区内饮料企业提供铁路运输、中转为一体的服务
石景山货场改造	石景山区	1.69 万平方米	主要以铁路方式运输、中转到达的米、面、粮油、矿泉水等生活物资
三家店货场改造	门头沟区	1.4 万平方米	主要以铁路方式运输、中转到达的米、面、粮油、矿泉水等生活物资
大红门货场改造	丰台区	2.5 万平方米	主要以运输日用品等民生物资为主，同时，服务广西百色蔬菜进京
北京超市发物流配送中心	海淀区	7.5 万平方米	主要用于常温、生鲜、低温冷链物流配送

注：建设规模单位为万平方米，规划用地面积单位为公顷，1 公顷 = 10000 平方米。

数据来源：《北京市“十三五”时期物流业发展规划》。

（五）特点总结：三级节点体系不断向城市配送倾斜

从“十五”时期开始，北京市就构建了三级物流节点体系，根据《北京市商业物流发展规划（2002—2010）》，北京市物流园区节点规划提出了以大型现代化物流基地为核心，由物流基地与综合性物流配送区及专业性物流配送区共同构成三级的物流体系。

“十一五”时期，根据《北京市“十一五”时期物流业发展规划》，物流园区节点体系保持了“十五”时期同样的格局，也是包含了物流基地、物流中心（综合性物流配送区）和配送中心（专业性物流配送区）三个层次，但对于物流中心和配送中心的说法更加明确，并且大幅增加了物流基地、物流中心和配送中心的数量，分别从原来的 3 个、4 个和 11 个，增加到了 4 个、9 个和 15 个，北京市物流园区体系正逐渐完善。

“十二五”时期，根据《北京市“十二五”时期物流业发展规划》，除了对原有的四大物流基地进行了部分调换（良乡物流基地替换为大兴京南物流基地）以外，综合性物流中心的概念弱化消失，增加对城市保障物流中心的提法，并规划了四大城市保障物流中心，物流园区节点体系向城市配送不断倾斜。

“十三五”时期，《北京市“十三五”时期物流业发展规划》中明确构建“物流基地 + 物流配送中心 + 末端配送网点”三级配送节点的要求，且城市保障物流中心由“十二五”时期的 4 个提升到了 11 个，物流节点功能向城市配送、数量向末端网点倾斜的特征更加明显。标志着在未来，北京“首都非核心功能”——区域性物流服务功能将逐步弱化乃至消失，而为北京居民提供日常生活服务的商贸物流供给服务将不断增强，北京物流园区节点体系功能作用将立足于城市配送服务上。

二、北京四大物流基地发展现状及特点分析

（一）顺义空港物流基地

1. 顺义空港物流基地现状及优势分析

北京顺义空港物流基地位于北京市高端产业功能区——临空经济区的核心区，与首都机场“无缝对接”，地理位置优越，交通条件发达，距市中心 20 千米，距天津港 160 千米。空港物流基地毗邻六环路，周边已有和在建的包括机场高速 1 号线和 2 号线、机场高速北线、京承高速等在内的高速公路 7 条，以及 101 国道、顺平路、顺通路、机场辅路在内的快速公路 4 条。

空港物流基地位于顺平路以北，发展国内航空物流以及分拨、配送等类型企业。二期顺平路以南为基地核心区，与首都机场实现“无缝对接”，大力发展国际航空物流，建设航空货运大通关基地。

截至目前，空港物流基地入区企业总数已逾 200 家，范围内园区占地主要企业如表 5－3所示。

表 5－3　空港物流基地部分入驻企业名录

序号	企业名称	行业类别
1	北京鸿讯物流有限公司	手机物流
2	宅急送股份有限公司	物流、快递
3	北京顺丰速运有限公司	物流、快递
4	天地国际运输代理有限公司（TNT）	物流、快递
5	华辉国际运输服务有限公司	珍品物流
6	泛骏华国际物流（北京）有限公司	珍品物流
7	北大星光	文化创意
8	宝峰印刷	文化创意
9	普洛斯物流公司	仓储物流
10	北京康力国际仓储有限公司	仓储物流
11	德梦澜实业发展有限公司	仓储物流
12	北京宝供仓储有限公司	仓储物流
13	上海日通浦菱物流有限公司北京分公司	物流
14	北京泰吉尔物流有限公司	仓储物流
15	安博京顺空港（北京）仓储有限公司	仓储物流
16	北京近铁运通运输有限公司	物流
17	北京索尼物流有限公司	物流

资料来源：北京顺义空港物流基地管理委员会企业入驻名录。

2. 顺义空港物流基地现存问题分析

（1）土地资源供小于求。

顺义空港物流基地虽然在四个物流基地中拥有无可比拟的航空交通优势及地理交通优势，紧邻首都机场，周边有机场高速、京承高速、六环路等多条线路，交通便利、地理优越，但也是四大物流基地中规模面积相对较小的一个，园区已经饱和。虽然远远无法满足市场的需要，但受限于土地规划，无法再进行拓展。

（2）配套设施不足。

在顺义空港物流基地中，多是企业办公大楼、仓库、出口加工等作业区域，而对于配套服务设施，如食堂、商店等配套不足，特别是在天竺综合保税区内，由于海关总署191号令规定，区内不得建立商业性生活消费以及开展零售业务配套服务，使得相应活动的开展不是很便利。

（二）通州马驹桥物流基地

1. 通州马驹桥物流基地现状及优势分析

通州马驹桥物流基地位于北京东南的通州区马驹桥镇，规划面积5.04平方千米，是北京市物流发展规划确定的四大物流基地之一，集现代物流功能、内陆口岸功能、流通加工功能于一体，是适应首都现代化国际大都市的功能性基础设施，是辐射环渤海地区及全国的重要物流枢纽，为北京市进出货物的集散和大型厂商在环渤海地区、全国的采购和分销提供物流平台，定位于公路—海运国际货运枢纽型物流基地。入园企业有苏宁公司、招商局物流集团有限公司、华润物流（北京）有限公司、普洛斯物流公司、北京颢世中鸿科技发展有限公司等。

2010—2015年，基地经济指标年均增长达到15%，保持了平稳、快速的良好发展态势。2015年，基地实现总收入237亿元，同比增长15%；完成税收9.68亿元，增幅达到3%。

《北京市城市总体规划（2004—2020）》确立了“两轴”“两带”“多中心”的北京城市发展空间新格局，从战略性的长远发展着眼，可以明确城市和产业发展的方向是向东和向南，重点发展的是“东部发展带”。基地所在的通州区是东部发展带上的未来重点发展的新城，与之紧邻的亦庄也是东部发展带上未来重点发展的新城。基地是北京东部发展带上的两大新城的配套区，基地的建设能够进一步增强北京作为京津冀地区核心城市的综合辐射带动能力，是环渤海地区的经济合作与协调发展的战略选择。

2. 通州马驹桥物流基地现存问题分析

（1）土地资源不足，发展壮大受限。

物流是指为了满足客户的需要，以最低的成本，通过运输、保管、配送等方式，实现原材料、半成品、成品及相关信息由商品的产地到商品的消费地所进行的计划、实施和管理的全过程，包含了商品的运输、仓储、包装、搬运装卸、流通加工，以及相关的物流信息等环节。物流服务的提供对土地要素资源有着天然的依赖。从规划布局来讲，基地总用地面积504公顷，其中建设用地面积365公顷。然而基地自2003年建设以来，已完成开发的建设用地面积320公顷，占基地建设用地面积的87.67%，目前仅剩余

F－02、F－07、F－08、F－10 共 4 个地块共计 45 公顷（675 亩，1 公顷＝15 亩）建设用地尚未征用开发。短期内可供项目入驻的成熟地块已经没有。同时，受土地资源减少的制约，基地招商工作也受到影响，出现"洽谈项目多，落地项目少"的尴尬局面，土地不足而导致的后续支撑项目的缺失，限制了基地及产业的进一步发展。

（2）用地机制单一，内部挖潜不易。

物流基地的土地开发主要采取出售和租赁两种形式。基地采取以土地一级开发出让和工业用地为主的园区开发经营模式，在基地用地资源总量日益不足的情况下，这种模式不利于产城融合发展，不利于用地效率的提升。同时，由于此种机制下，基地管委会主要充当的是物业管理的角色，所以无法轻易进行"腾笼换鸟"以及基地企业业务调整等活动，现有土地利用开发机制和空间功能不足以满足未来基地的可持续发展需要。

（3）服务功能不足，管理有待完善。

基地作为 500 多万平方米的综合性物流园区，聚集了大量的企业和人口。基地管委会并不是仅仅负责土地平整、招商引资、政务管理就可以的，还需要根据入驻企业和员工的诉求，完善配套设施，提升功能服务，以满足入驻企业和员工的需要。目前，根据问卷调查，企业对基地的建议和意见主要集中在简化手续和流程、便利金融服务、税收减免、组织企业交流学习、完善生活配套、完善公共交通以及增加员工文化活动等几个方面，具体情况如图 5－1 所示。

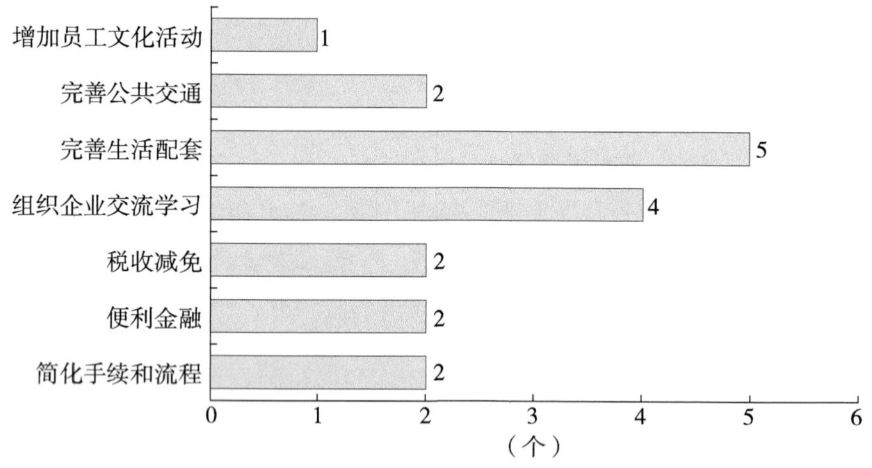

图 5－1　问卷企业对基地的意见和建议汇总

针对基地不同类型重点企业进行问卷发放，共收回 12 份问卷，去除 2 份无效问卷，其余 10 家企业或多或少都对基地提出了完善功能的建议和意见，表明基地在未来运营管理中，还有很多发展空间。

（三）平谷马坊物流基地

1. 平谷马坊物流基地现状及优势分析

平谷马坊物流基地位于平谷区马坊镇，距北京城市副中心 30 千米，西接顺义区，南连三河市，地处京津冀协同发展城市群的核心位置。基地距首都国际机场 35 千米，距平谷地方铁路2千米，在周边天津新港、京唐港、曹妃甸港、秦皇岛港海陆空铁口岸网状结构中处于核心位置。

2016年，基地实现营业收入69024万元，完成税收5314万元，形成区级共享2159万元，新增注册企业22家，注册资金55900万元。马坊口岸完成外贸集装箱吞吐量26425标准箱，货值9.5亿美元；进口肉285票，共计5601.96吨，货值1940.07万美元。完成固定资产投资104195万元，超额完成89.31%。

基地一期1.3平方千米，业已具备或正在完善通关、保税、冷链、检测、展示、交易、结算等功能。其中口岸服务区总用地面积8.1万平方米（基地WL-33、WL-34、WL-35地块），冷链物流、流通加工总用地面积8.51万平方米（基地WL-29、WL-30地块），展示交易区总用地面积2.11万平方米（基地WL-28地块），电子商务区总用地面积21.69万平方米（基地WL-09、WL-10、WL-11、WL-12、WL-16、WL-18地块），总部集聚区总用地面积3.73万平方米（基地WL-26地块），生活性服务总用地面积37.47万平方米（基地WL-14、WL-24地块，基地WL-07、WL-08、WL-15地块，其中，WL-07、WL-08、WL-15地块用地面积23.72万平方米，土地已经由区政府土地储备中心收回，计划将土地性质由商业用地调整为物流用地，可承接约35万平方米的仓储设施），市政设施配套区总用地面积1.01万平方米（基地WL-05、WL-06地块），平谷马坊物流基地总用地面积13万平方米［位于基地WL-26、WL-27（绿地）、WL-28地块］，其他为道路和绿化用地。具体如图5-2所示。

图5-2 平谷马坊物流基地用地编号

资料来源：北京市平谷马坊物流基地内部资料。

2. 平谷马坊物流基地现存问题分析

（1）产权复杂，监管难度大。

由于历史原因，平谷马坊物流基地目前产权关系非常复杂，大致可以分为五类：政府拿地政府建设、企业拿地政府建设、企业拿地政企共建、企业拿地政企共建（第三方企业）、企业拿地企业建设。复杂的产权形式存在很多产权纠纷隐患，造成政府监管难度增大，给基地的建设和发展带来了很多意想不到的困难。

（2）功能布局不完善。

虽然目前基地已经基本完成了一期1.3平方千米的规划与建设，并且在规划中已经明确显示东区一期具有口岸服务、冷链物流、流通加工、展示交易、电子商务、总部集聚、生活性服务七大功能，但在实际的布局建设中，流通加工功能并未实现，对于以农产品和食品为主的口岸来说，缺少了必备的功能支撑。

（3）铁路资源未充分发挥。

在北京市四大物流基地中，平谷马坊物流基地是唯一拥有地方铁路资源的基地，非常适合多式联运。然而铁路资源并未被重视及利用，主要还是依靠一期1.3平方千米的公路方式进行服务，没有充分发挥基地的最大价值。

（四）大兴京南物流基地

1. 大兴京南物流基地现状及优势分析

大兴京南物流基地是北京市政府统一规划的综合性物流园区项目，是大兴区重点建设的十大基地之一。基地成立于2009年，规划占地总面积为6.71平方千米。2014年基地货运吞吐量约为7000万吨，占北京地区货运总量的23%。

结合“两个依托，一个平台，一个基地”的发展战略，基地形成了“一个中心和三大功能板块”格局，具体如下。

（1）以现代化物流信息平台为中心。中心规划占地约为45亩，总建筑面积为3.3万平方米，实现物流在线交易平台、物流公共信息服务平台、物流公共服务支撑平台、物流政府监管服务平台、物流咨询及人才服务平台和大兴区中小物流企业作业管理平台六项基本功能。

（2）现代化交易型物流板块。板块规划占地约为1500亩，建筑面积约为58万平方米，建立在基地西侧面临京开高速路的规划区域内。将建立交易大楼、会展和展示大厅、交易型现代仓库、加工配送中心和货物分拨中心等。实现分片展示和交易、会展拓展服务、交易商户办公、集中结算、金融服务、质量监测、物流支持服务和其他交易配套功能。

（3）现代化物流仓储板块。板块规划占地约为2500亩，建筑面积约为100万平方米，将建有现代化普通仓库、多级温控冷库、恒温恒湿仓库和大型分拨配送中心。实现常温仓储、冷藏冷冻仓储、恒温恒湿仓储、分拣分拨、加工包装、干线运输支持、市内配送、全国快递支持、多式联运和保税监管等功能。

（4）现代化铁路和公路多式联运板块。板块规划占地约为1800亩，建筑面积约为50万平方米，以中铁吉盛快运物流为核心，建成全国性的行包和邮包中心、铁路快递中心、大型现代分拣和配送中心。

在基地中的物流基础仓库建设以及配送中心入驻企业，具体如表5-4所示。

表 5-4　　大兴区物流仓储设施（仓库）及分布

编号	名称	地址
1	北京众城达物流有限公司大兴区库房	北京市大兴区
2	大广发物流（北京）仓库	北兴路附近
3	迅杰物流北京仓库	大兴区西磁场产业小区 45 号
4	营俊物流北京仓库	大兴区旧宫镇西毓顺顺新
5	中远物流（西毓顺）仓储中心	北兴路附近
6	环球快乐物流仓储中心	大兴区后辛庄村芦求路西
7	电子工业出版社仓储物流中心	黄村埝坛开发区天河西路
8	运兴腾达仓储	大兴区厂前路

主要入驻企业的配送中心集中在地铁大兴线周边，以及京开高速公路和五环路的交汇之处，包括新世纪青年物流配送中心、北京同仁堂科技公司物流配送中心以及京津物流基地等，具体如表 5-5 所示。

表 5-5　　大兴区配送中心（配送物流企业）及其分布

编号	名称	地址
1	新世纪青年物流配送中心	同华北大街 20-12
2	北京同仁堂科技公司物流配送中心	三东路附近
3	广州安泰达物流有限公司物流配送中心	芦花路 12 号附近
4	山西百缘物流配送有限公司	大兴区兴华大街辅路
5	京津物流基地	大兴新城南部
6	西门红物流大院	南五环内京开高速两侧
7	京良路物流大院	五环外京良路与芦求路交叉口

大兴京南物流基地的主要优势有以下几点。

（1）良好的区位优势。

京南物流基地可直接辐射整个北京市，具有良好的区位优势。根据物流基地的功能定位，从物流基地提供服务的角度分析，物流基地服务范围将以北京市市区为中心，以所辖主要区县为支撑，辐射华北，并逐步扩展到华南部分地区。基本服务半径约为 500 千米，主要方向的服务距离可超过 1000 千米。

（2）优良的交通条件。

京南物流基地位于大兴新城南部，处在京开高速公路、北京六环路、京九铁路交会点位置，与京开高速公路东侧的国家级科技园区生物制药产业基地相呼应，毗邻京哈、京九、京沪、京广等干线铁路。园区内拥有 26 条铁路专用线、行包专列处理场，整车零担亦可直达。规划区域内规划道路共计 21 条，东西向 9 条，南北向 12 条，是北京唯一具有公路运输转铁路运输条件的综合性物流基地，交通条件得天独厚。

（3）面积优势。

从2002年起北京陆续规划了四大物流基地。顺义空港物流基地成立于2002年，面积2.4平方千米；通州马驹桥物流基地成立于2003年，面积5.04平方千米；大兴京南物流基地成立于2009年，面积6.71平方千米；平谷马坊物流基地成立于2010年，规划面积3平方千米。大兴京南物流基地占地面积为四大基地之首。

2. 大兴京南物流基地现存问题分析

（1）各企业对自有用地有很强自主性。

基地内土地性质主要分为两种：一为划拨土地，二为政府出让产权。拥有政府出让产权的企业是在基地未建设时就在此设厂。而拥有划拨土地的是在建设初期，基地为了吸引商家入驻，进而将基地内土地进行划拨。拥有以上两种性质土地的企业对于自有用地的自主性很强，可以根据企业需求进行土地规划。例如：百利威公司拥有13万平方米的仓库的产权，现在既使用自有的仓库部分，又向小型公司租售部分仓库，并且根据企业需求对自有土地进行分区。由于企业对于自有用地拥有很强的自主性，就使得基地内部管委会无法更好地对园区内部土地进行统筹安排，基地内部也就没有具体的功能分区等措施，这为管委会管理带来了不小的麻烦。

（2）基地内外交通问题。

因为基地内大部分企业对于企业用地拥有自主产权，所以管委会无法对基地整体进行功能分区，而拥有产权的商家可以根据自己的需求将自有土地进行功能分区。也就是说，基地内外没有明确的道路方向以及固定出入的大门，造成了基地内外经常有小范围的堵车现象发生。这不仅给基地内企业带来了配送车辆时常延时等问题，也给附近居民日常出行带来了不小的麻烦。基地内部的路面宽度不够，使得大型车辆无法依次进入，也是造成园区内堵车的原因之一。

（3）基地信息平台缺乏日常维护及革新。

基地建设初期，管委会就建立了网页式信息平台，主要用来进行基地消息公示、招商引资等。但是近几年来管委会缺少对于信息平台的日常维护，基地内部消息也没有及时更新，导致了外界对于基地内部的了解停滞于建设初期。由于基地并没有使信息平台发挥应有的作用，所以内部消息的传达主要还是依靠对企业进行约谈的方式。这不仅费时费力，还使基地内部企业不能及时获取消息，信息延时传达等问题时有发生。管委会也因此不能更有效地对基地内部企业进行管理，不能更好地收集企业传递上来的信息。

（4）物流基地转型障碍。

基地的转型属于大势所趋，但是如何推进转型计划就成了大问题。基地内部土地性质主要分为划拨土地和政府出让产权。对于拥有这两种土地的企业，管委会先期政策是对企业进行约谈，以促进企业进行转型。但是由于企业的战略规划与基地内部发展方向不一致，并且企业对于自有土地有很大的自主性，这就造成了基地转型难以推进。所以管委会只能采用罚款累加政策，对不转型的企业先期进行约谈，若约谈无效就进行罚款。

同时，由于转型计划与企业发展战略大多不一致，而企业无法在短时间内更改战略计划。再加上管委会单方面罚款政策，企业只能等待公司内部做出决议后再与管委会进行商谈。所以截至目前，基地内的转型还是迟迟没有进度。

（五）四大物流基地差异化对比

“十五”时期，北京市首次提出了构建三大物流基地的发展任务，即天竺物流基地、通州马驹桥物流基地和闫村—王佐物流基地；“十一五”时期，北京市增加了平谷马坊物流基地，初步形成了四大物流基地的格局，即顺义空港物流基地、通州马驹桥物流基地、良乡物流基地和平谷马坊物流基地四大基地；然而在“十二五”时期，虽然北京市政府仍旧规划有四大物流基地，但良乡物流基地没有出现在规划中，而改成了顺义空港物流基地、通州马驹桥物流基地、平谷马坊物流基地和大兴京南物流基地四大基地；“十三五”时期，四大物流基地提法没有变化，但提出了差别化发展四大物流基地的战略。四大物流基地差异对比如表 5 –6 所示。

表 5 –6　　四大物流基地差异对比

基地名称	规模	特色	定位
顺义空港物流基地	2.46 平方千米	辐射能力强，集海、陆、空三种运输方式于一体，能够实现多式联运交易，提供了一个供中外客商进行采购、销售及货物集散的综合物流平台	“公路—航口—口岸”国际货运枢纽型物流园区，唯一的以航空货运集成其他货运方式的综合性物流园区
通州马驹桥物流基地	5.04 平方千米	依靠高速及天津港，具备相应的货物集散、流通加工、商品配送以及内陆口岸等功能，是北京市大宗货物进出境的主要枢纽。	“公路—海运—口岸”型的物流园区，发展成为功能齐全、设施完善的大型综合性现代物流枢纽
平谷马坊物流基地	3 平方千米	能够实现京津冀地区的海、陆、空、铁立体多式联运，兼具国际陆港口岸、物流总部及中心、电子商务等功能	北京市东部发展带的重要货物流通基地，京津冀地区发展的重要通道和物流节点
大兴京南物流基地	6.71 平方千米	将规划建成“一个中心和三大功能板块”的布局模式，最终成为现代化物流信息中心，实现多项相关功能	整合公、铁等多种运输方式，提供多种物流服务，使其发展成为现代化、综合性、多功能的大型综合物流园区

三、北京市物流园区现存问题分析

（一）四大物流基地未发挥首都最大物流平台作用，属地服务功能不足

北京市物流节点在“广覆盖”“组团式”的物流空间发展格局基础上不断发展，形成了以四大物流基地为一级物流节点、普通物流仓储设施为二级物流节点的双层级物流节点网络结构。其中物流基地作为一级物流节点，是构成北京物流总体空间布局发展框架的核心主体，主要承担首都城市物流的组织服务功能。然而截至 2016 年年底，北京四大

物流基地（顺义空港物流基地、通州马驹桥物流基地、平谷马坊物流基地和大兴京南物流基地）货运吞吐量占北京市全年货运总量（2.9亿吨）的比例不到40%，超过六成货量需要依靠其他物流仓储设施进行分拨服务，四大物流基地并未发挥其首都最大物流平台的作用。随着首都非核心功能的疏解，大量仓储设施的疏解外迁，物流基地需要重新定位，强化属地服务。

（二）对物流园区更看重其经济性而非公共性，物流服务功能相对弱化

北京市政府规划的物流园区的重要功能就是利用其公共性提高运输效率、减少城市交通拥堵、降低汽车尾气对环境的破坏等。然而政府规划的物流园区，对园区的经济性往往非常看重，因此对GDP和地方税收的贡献成了物流园区的主要指标。这导致了北京市物流园区为了提高经济收入，更多地将物流基地定位为总部型、商贸型物流园基地，重点引入的是总部型企业和商贸流通型企业而非物流服务型企业，园区内专门从事物流服务的企业成了点缀，服务功能相对弱化，没有真正起到物流园区聚集物流资源、提供物流服务的作用。

（三）自发性物流园区是北京货运服务主力，但因缺乏统一规划而较为散乱

对于北京市而言，除了政府规划的物流园区之外，更多的是由于市场因素而形成的自发性物流园区。这些物流园区多围绕在交通要道周边，其中有一半集中于北京市南部以及东南五环之间，基于市场需求，由企业自建构成。虽然非常切实地满足了北京物流的实际需求，但由于没有统一的规划，这些物流园区规模不等，服务水平不一，分布较为散乱，环境较为不好，对北京市城市交通及市容市貌也产生了一些不良影响。

（四）物流园区以货运服务型为主，高附加值不足

根据物流园区的功能划分，物流园区可以分为货运服务型、商贸服务型、生产服务型以及综合服务型四种。根据实际调研，目前北京市物流园区大多数以配载市场存在，主要以货运服务型为主，主要完成的是货物的集散、中转、配装配载、储存、配送、信息服务等基础物流服务功能，欠缺信息、研发、展示、设计等高附加值功能，发展潜力不足。

第二节　北京市物流园区发展形势与对策

一、北京市物流园区发展形势及要求分析

（一）首都城市定位要求物流园区强化城市保障功能

2015年7月22日，习近平总书记在视察北京重要讲话中明确北京的城市战略定位是全国的政治中心、文化中心、国际交往中心、科技创新中心。对应的发展目标与管控要求是要围绕首都功能，提高发展水平，具体是加强与中心城区联动发展，积极承

接发展与首都定位相适应的文化、科技、国际交往等功能，提升服务保障首都功能的能力。

因此，物流园区作为既能承接区域辐射又能保障城市运行的服务枢纽，随着北京市城市定位的调整，其区域服务功能将逐步弱化，而城市内部的服务保障功能则需加强，只有这样才能符合北京市的发展定位，实现更高水平、可持续发展。

（二）首都非核心功能疏解要求物流园区加强属地融合

在京津冀协同发展中，核心就是疏解北京市非首都功能。2014 年，北京市提出了《北京市新增产业的禁止和限制目录（2014 年版）》，对不属于首都核心功能的产业，如一般制造业和批发业等，进行对外疏解，打破了过去通过产业要素增加积累经济的增长方式，首次提出了通过调整经济结构和空间结构，增强资源能源保障能力，促进创新发展，走出一条内涵集约发展的新路子，形成新的增长极。

2015 年 2 月 10 日，中央财经领导小组第九次会议上第一次提出，要疏解北京市“非首都功能”，指出“作为一个有 13 亿人口大国的首都，不应承担也没有足够的能力承担过多的功能”。区域性批发市场和物流作为“非首都”功能之一，未来将逐渐外迁到北京市周边。据《北京市新增产业的禁止和限制目录（2015 年版）》可知，低端仓储物流是重点疏解项目之一。2016 年，北京共疏解清退市场 117 个，疏解区域性物流中心 32 个。

北京市土地资源紧张、地价昂贵，交通压力大、费用高，人地矛盾突出，在城市内部资源受限的情况下可以预见，未来的首都会将部分无法承担此成本服务的低端功能性物流服务外移。而物流园区作为北京市物流服务系统中的重要资源，应紧密结合北京市城市功能和产业定位的变化调整自己的战略定位，强化属地服务，使之成为与北京市城市需求相匹配的城市物流中心，为北京市城市需求保障做出应有贡献。

（三）北京智慧城市建设要求物流园区提升智慧管理能力

在全球新一轮科技革命和产业变革中，科学技术与各领域的融合发展具有广阔前景和无限潜力，已成为不可阻挡的时代潮流，正对各国经济社会发展产生着战略性和全局性的影响。将科技创新成果与经济社会各领域深度融合，有利于推动技术进步、效率提升和组织变革，有利于全面引领经济产业的转型升级，形成更广泛的以科技创新为核心的经济社会发展新形态。

2014 年，国家发展和改革委员会、工业和信息化部等八部委起草的《关于促进智慧城市健康发展的指导意见》提出，到 2020 年，要通过信息化与城市化的高度融合，建成一批特色鲜明的智慧城市，促进城市新型生产方式和生活方式的变革与提升，促进民生保障服务改善、社会管理创新与城市综合实力提升。北京作为中国的首都和特大型城市，在第一批智慧城市建设目录之中，应起到应有的标杆带头作用，逐渐辐射到周边，助力实现京津冀区域的智慧化打造。

2016 年 9 月 18 日，国务院发布了《国务院关于印发北京加强全国科技创新中心建设总体方案的通知》，统筹部署科技创新中心建设的“顶层设计图”，科技创新中心建设上升为国家战略。

北京市作为全国的科技创新引领中心，2016年科技创新对经济增长的贡献率超过了60%。可以预见，随着国家和北京市对科技创新的扶持和推动，北京全国科技创新中心地位会不断被强化，科技在首都产业中的引领示范和核心支撑作用将不断加强。因此，物流园区应抓住当前重大机遇，利用好首都科技创新优势，加快新技术、新业态和新模式的形成，促进发展方式转变和结构优化升级。

物流作为连接生产、流通、消费三大环节的重要一环，涉及领域众多，对象复杂，货物量巨大，需要将众多物流资源以及物流服务主体和对象进行有效连接及信息共享，以更好地进行车货匹配、供需匹配，更好地实现物流资源的充分利用以及物流服务的高效化。物流园区作为北京市重要物流服务保障物流园区和中关村国家自主创新区中的一个重要部分，也应提升自身的信息与通信技术水平，提高智能事务处理能力和服务提供能力，并积极鼓励企业加强物流技术研发和物流科技创新，打造精细、动态、科学的智慧物流服务，在提高园区产业集聚能力、企业经济竞争力的同时促进北京智慧城市建设的发展。

（四）首都宜居城市打造要求物流园区推进绿色生态化发展

北京是中国的首都，也是全国的政治、文化、国际交往、科技创新中心和建成区面积最大的城市，面临着人口众多、环境污染、交通堵塞等一系列“大城市”病。2005年，国务院批复的《北京城市总体规划（2004—2020年）》对北京市的定位：国家首都、国际城市和文化名城，并首次提出了“打造北京宜居城市”的目标，在城区功能疏解、城市安全、环境保护等方面突出了服务诉求。

因此，物流园区作为首都东南城市保障中心，在北京人口众多、服务需求巨大的情况下，要能够减少环境污染、有效利用资源，促进绿色生态共生型园区发展。

（五）京津冀协同发展要求物流园区加强区域资源融合联动

2014年2月26日，习近平总书记视察北京并发表重要讲话，强调京津冀协同发展是一个重大国家战略，并全面系统阐述了其重大意义、推进思路和重点任务。2015年2月和4月，习近平总书记先后主持召开中央财经领导小组会议、中央政治局常委会会议和中央政治局会议，研究审议《京津冀协同发展规划纲要》（以下简称《规划纲要》），根据京津冀协同三地城市定位：北京市主打高新科技、文化产业、第三产业等知识型区域，天津市主打工业最终产品与高技术产品的加工型区域，河北省主打资源、初级产品和农副产品的资源型区域，三者通过合理的分工，进行协同发展。京津冀区域城市发展定位如图5－3所示。

可以预见，随着首都非核心功能疏解和京津冀协同发展的逐步深入，一些物流资源和企业会逐步疏解外迁，北京市的物流体系必将重塑，物流园区将由原来的一般性产业服务型园区向科技管理型转化，北京物流业将呈现出“京内（管理、财务、科技研发、信息以及战略决策中心）＋外埠（运营）”协同的作业特点。物流园区作为北京市的一级物流枢纽，在物流疏解的大环境下，只有加强与周边的资源协同和产业融合，才能创造出新的生机。

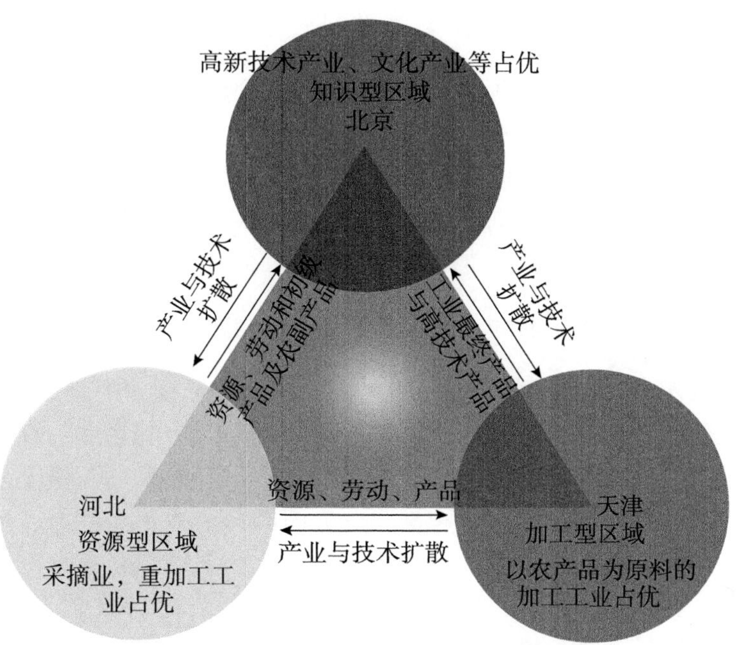

图 5－3　京津冀区域城市发展定位

资料来源：《京津冀协同发展交通规划一体化》。

二、北京市物流园区发展对策及建议

（一）严把方向，对不符合定位的园区（企业）进行腾退转换

根据《北京城市总体规划（2016—2035 年）》《〈中国制造 2025〉北京行动纲要》等对北京市战略定位以及产业定位的要求，以保障首都城市运行和民生服务为目标，加强对物流园区情况的摸底调查，从土地资源供给侧入手，对于不符合北京城市定位的物流园区或产业项目予以坚决清退，支持通过土地回购、置换等形式盘活做优土地资源，促进物流园区企业“腾笼换鸟”，为下一步引入、引进符合首都城市功能的产业形态做好准备。

（二）搭好平台，促进园区企业对外融合对接、协同发展

目前，在北京市虽然有一部分物流园区属于政府规划，但还有很多物流园区是因市场自发或企业行为而形成的，园区之间以空间弱联系和一般联系为主，较强联系和强联系数量较少。各区域政府或园区管委会应发挥自己的平台管理及纽带作用，搭建沟通交流与学习平台，针对园区的需求定期召开企业交流会，以资本联动、信息联动、服务联动、人才联动为重点，让园区企业在交流中互相寻找商机、互相交流学习，推动园区间信息共享与资源协调，促进园区间的有效对接和合作，促进园区与外部资源的微循环网络物流体系的创新升级，促进园区内外资源的充分利用。

（三）积极扶持，鼓励园区企业通过科技创新进行转型升级

紧抓北京全球影响力科技创新中心建设的发展机遇，依托中关村国家创新示范区的平台，促进物流园区与中关村科学园的深度对接，积极帮助园区企业拓展智力资源和资金资源，鼓励园区企业进行科技创新与技术提升，并积极帮助园区企业拓展渠道获得更多支持，由过去的资源驱动转成创新驱动，在优化物流园区入驻企业结构的基础上，开展丰富多样的产业科技提升专项行动，促进物流园区企业转型升级。

（四）强化能力，全面推进园区“智慧园和生态园”两园建设

借助我国物联网、移动互联网、云计算等新一轮信息技术的迅速发展和深入应用，鼓励园区通过融合新一代信息与通信技术，积极建立与政府和企业的双向平台衔接，在园区管理服务平台上通过建立健全企业数据采集、展示业务成果等手段，加快“智慧园区”的打造，实现园区内信息的共享和推广，提高园区产业集聚能力、企业经济竞争力和园区影响力。同时，鼓励园区提升绿色化、生态化、集约化服务意识，从服务硬件和软件两方面入手，积极实现绿色车队和绿色仓储打造等“生态园区”建设，构建一体化的生态服务体系，满足北京一流、和谐、宜居城市打造和人们对环保越来越重视的情势要求。

（五）区别对待，强化园区公共服务性并弱化经济性要求

物流园区的重要功能就是利用其物流服务公共性从而提高运输效率、减少城市交通拥堵、降低汽车尾气对环境的破坏等。因此，从国外的发展经验看，这种类型的园区与港口、码头以及机场的基础服务设施具有同样的公共性。但我国政府往往仅看重经济要求，对物流园区的考核和工业园区、商贸园区一样，将对 GDP 和地方税收的贡献当成园区的主要指标。然而，物流毕竟是服务性行业，不可能像工业与商贸一样产生那样大的经济价值，因此，应考虑到物流对城市企业和民生保障的重要作用，综合看待和考核物流园区，而不是单纯看经济价值。

第六章

北京市农产品物流现状、问题与对策

北京市是农产品消费的巨大市场。对于北京市居民来说，能够每日品尝到新鲜、价格低廉的蔬果肉蛋不仅是保障生活需要，也是一种享受生活的方式。随着生活水平的提高和饮食结构的完善，北京市对蔬果肉蛋等农产品的需求越来越多，并且需求量还在高速地增加。北京市作为我国首都所在地，经济与科技发展位居我国前列，因此农产品物流运作模式丰富，新业态拓展迅速，与此同时，各种特有的问题也亟待解决。

第一节　北京市农产品物流发展现状

一、北京市农产品物流需求量大，以流入为主

2016 年年末北京市常住人口 2172. 9 万人，比上年年末增加 2. 4 万人。其中，常住外来人口 807. 5 万人，占常住人口的比重为 37. 2%。常住人口中，城镇人口 1879. 6 万人，占常住人口的比重为 86. 5%。常住人口密度为每平方千米 1324 人，比上年年末增加 1 人。持续增长的北京市人口促进了北京市消费水平的发展，2016 年北京市各类农产品人均消费水平如表 6 - 1 所示。

表 6 - 1　　2016 年北京市各类农产品人均消费水平

项目	全市平均消费（千克）	项目	全市平均消费（千克）
粮食	102. 1	蛋类及其制品	11. 8
豆类	7. 7	奶及奶制品	13. 3
蔬菜及菜制品	92. 7	水产品	5. 7
植物油	9. 7	食糖	1. 3
猪肉	14. 9	酒类	16. 9
牛羊肉	4. 7	茶叶	0. 5
禽类	4. 4	干鲜瓜果类	51. 5

数据来源：北京市统计局。

2016 年，北京市继续推进农业转型升级，传统农业规模进一步收缩，都市型农业稳步增长。粮食作物播种面积、蔬菜种植面积继续减少，全年粮食产量、蔬菜产量比上年分别下降 14.3% 和 10.5%。在京津冀协同发展和加快生态环境建设的背景下，养殖业被列为限制发展的产业，养殖业规模继续缩减，生猪出栏数、牛奶产量以及禽蛋产量比上年分别下降 3.2%、20.1% 和 6.4%。目前，北京市大多数蔬菜都来源于外埠，而且温室种植的比重正在增加。随着农民生活方式的逐渐转变，播种面积呈现自给率下降的趋势。2016 年北京市农产品生产情况如表 6－2 所示，2008—2016 年北京市农作物播种面积趋势如图 6－1所示。

表 6－2　　2016 年北京市农产品生产情况

项目	播种面积（万平方米）	总产量（吨）
粮食	87328.7	536917.2
按季节分：		
夏粮	15952.7	85607.1
秋粮	71376.0	451310.1
按品种分：		
稻谷	172.3	1157.8
冬小麦	15889.3	85433.0
玉米	65236.8	431903.5
薯类	1378.4	8748.7
大豆	2310.4	4377.9
其他	2341.5	5296.3
棉花	53.4	58.2
油料	2207.8	5570.4
花生	1490.0	4442.9
中草药材	2520.3	3262.5
蔬菜及食用菌	38688.4	1835771.2
瓜类及草莓	39524.6	167920.3

数据来源：北京市统计局。

二、民生保障型物流特征明显

截至 2016 年，北京市初步建成了以农产品生产基地和产地批发市场为源头，以销地批发市场为枢纽，以城市物流为链条，以社区菜市场、菜店、超市等为终端的多渠道、多层次、多样化的农产品流通体系。生活必需品政府储备和应急投放体系建设进一步加强，蔬菜储备应急供应天数达到 5 天，建立了城六区 12 个集散地、236 个网点的应急投

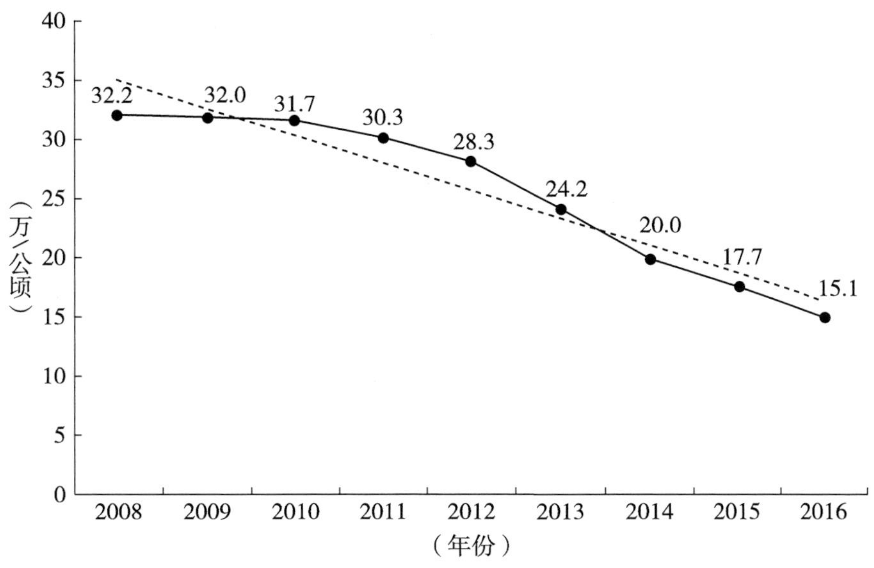

图 6－1　2008—2016 年北京市农作物播种面积趋势

数据来源：北京市统计局。

放网络。启动了肉菜流通追溯体系试点建设，猪肉追溯体系试点覆盖 11 家生猪定点屠宰企业、7 家肉类批发市场、22 家连锁超市、319 个门店、99 家规范化菜市场、106 家肉品专卖店和 4 家连锁餐饮企业；蔬菜追溯体系试点在 1 家批发市场、2 家连锁超市以及石景山区 50 家蔬菜零售市场进行。

三、以农批市场为主导多种物流模式共存

北京市是农产品消费的大城市，经过农产品流通模式的不断创新，形成了以批发市场为主导的多种流通模式并存的物流运作模式，如图 6－2 所示。

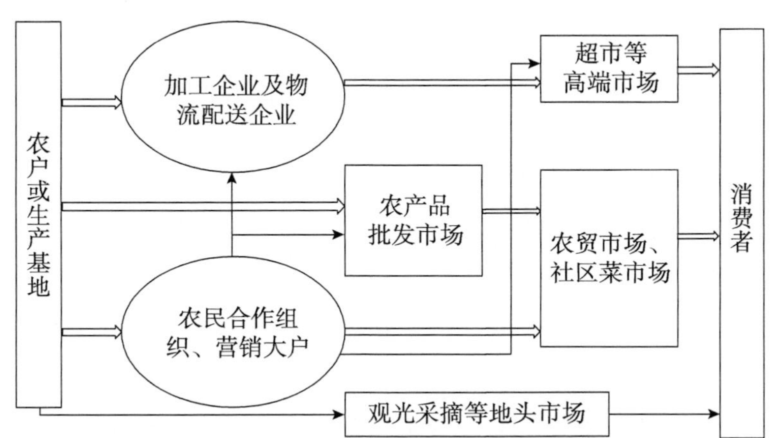

图 6－2　北京市农产品多种流通模式并存的物流运作模式

大型传统农产品批发市场开始向“集散批发＋物流配送＋电子商务”转型；大型连

锁超市、餐饮企业加强农超、农餐对接，建立农产品直采直供体系；专业化生鲜农产品电商和专业化生鲜农产品超市开始出现并快速发展；网络平台与实体店铺线上线下相融合的新型生鲜农产品销售模式起步发展；蔬菜经营企业积极开通社区直通车服务，填补社区蔬菜零售网点空白。

（一）以批发市场为主导的农产品物流运作模式

以批发市场为主导的果蔬农产品流通模式是现阶段北京市的主要流通模式。批发市场具有强大的集散功能，但它没有能力直接面对数量庞大的果蔬农产品生产者和购买者，这就意味着，在该模式下，果蔬农产品在流通过程中不可能只存在批发市场这一个环节，其他形式的流通主体必会参与进来。据相关资料显示，北京市约有7/10的果蔬农产品是经由批发市场销售到各个集团团体的。该物流运作模式如图6－3所示。

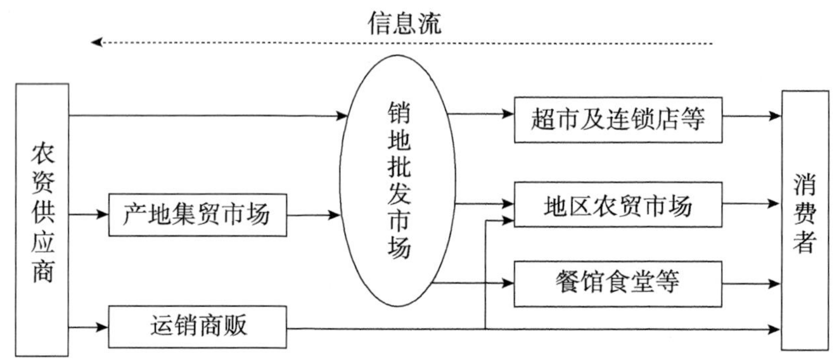

图6－3　以批发市场为主导的农产品物流运作模式

北京市新发地农产品批发市场蔬菜供应量占全市总需求量的70%以上，水果占80%以上，进口水果占90%以上。目前，北京市政府正在加快新发地农产品批发市场转型升级，高水平建设运营北京鲜活农产品流通中心，共同构成本市农产品流通“双核”保障格局。在农产品批发集散功能基础上强化公共物流配送功能，发展形成“批发集散＋电子商务＋物流配送”的现代化农产品流通枢纽。

四环内的农产品综合批发市场和专业批发市场正向农产品零售市场或农产品配送中心转型。中心城区以外的各区，原则上保留一个符合规划要求的区级农产品综合批发市场，鼓励承接中心城区农产品专业批发市场疏解转移，鼓励结合农产品产销需求发展产地农产品批发市场；通州八里桥农产品中心批发市场搬迁至通州区漷县镇；在昌平区南口地区（南口农场）新规划建设一个农产品综合批发市场。

（二）以物流中心为主体的农产品物流运作模式

随着科技的不断发展和市场进程的加快，农产品的种类、生产加工和消费的目的也日趋多样化。一些商业意识敏感的运输商通过资源整合发展为物流公司，通过构建一体化的物流中心来实现农产品的快速高效配送，于是这种物流运作模式就应运而生了。该模式连接的是生产者和终端零售者，减少了批发环节，提高了果蔬农产品的流通效率，既保证了其新鲜度，又减少了物流成本。该物流运作模式如图6－4所示。

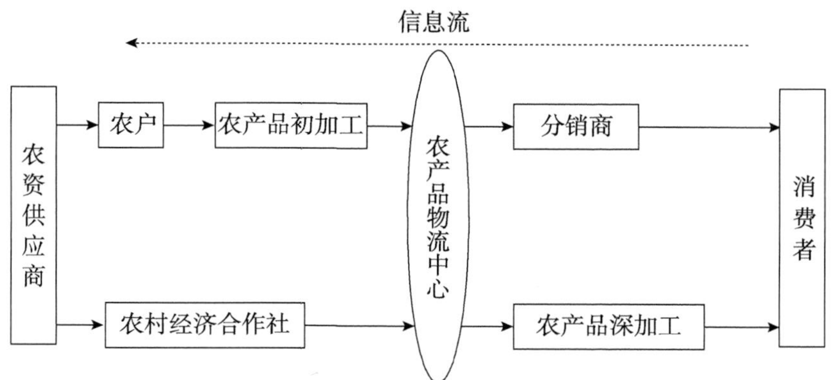

图 6 –4　以物流中心为主体的农产品物流运作模式

（三）以龙头企业为主导的农产品物流运作模式

农产品龙头企业包括农产品加工型龙头企业、农产品流通型龙头企业和农产品综合型龙头企业。其中，加工型龙头企业通过对生鲜果蔬进行加工，销往市场；流通型龙头企业通过对生鲜果蔬进行包装和配送，销往市场；综合型龙头企业是以上两类企业的结合，但这种类型数量较少。

2015 年，北京市农产品流通产业发展基金有限公司在丰台区登记。公司致力于大力支持培育发展农产品流通龙头企业，打造具有较强影响力的农产品流通品牌，优化整合农产品供应链条，推动农产品流通企业集约化、规模化、品牌化发展。

在这种模式下，农产品生产者与龙头企业签订合同，龙头企业会以略高于市场的价格按照订单收购农产品，形成“订单农业”。此外，龙头企业会为农户提供生产资料和一定的技术指导，然后农户按照龙头企业所制订的标准进行生产、收获。在这种模式下，龙头企业有一定的规模，承担风险能力较强，对信息的掌控能力也比较好。因为农户与龙头企业订立了合同，所以农户也在一定程度上将风险转嫁出去了。但由于此时龙头企业处于买方优势，所以虽然农户与之订立了合同，效益也不能完全得到保证。该物流运作模式如图 6 –5 所示。

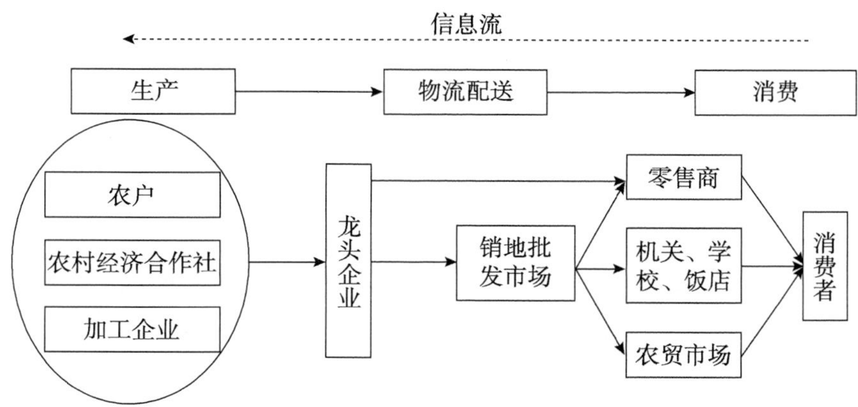

图 6 –5　以龙头企业为主导的农产品物流运作模式

（四）农超对接的农产品物流运作模式

该模式主要是指实力强大的超市与果蔬农产品生产者通过合同建立的直采模式，即超市拥有自己的直采基地。这种直采直销模式从根本上减少了流通环节，提高了物流效率。此外，超市作为大型综合性服务中心，除了果蔬农产品，还销售其他各种商品，在购物环境和方便快捷等方面都是其他流通主体所无法比拟的。在该模式下，大型超市处于绝对领导地位，拥有定价权。该物流运作模式如图 6 –6 所示。

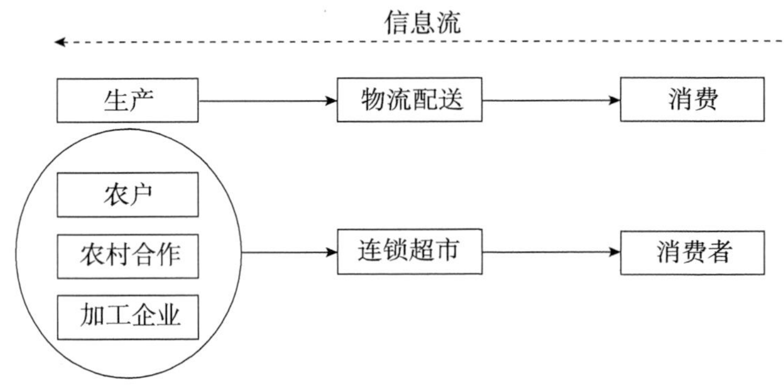

图 6 –6　农超对接的农产品物流运作模式

大型连锁超市、餐饮企业加强农超、农餐对接，建立农产品直采直供体系也是目前北京市政府大力支持推动的一种农产品物流运作模式。但是，这种模式实现起来也存在困难：第一，散、小的生产方式导致直采困难；第二，缺乏技术指导，农作物规格、质量等无法保证；第三，传统资金结算方式影响对接效率。

（五）以农民专业合作社为核心的农产品物流运作模式

农民专业合作社一般由普通运销户和运销大户联合发展起来，成员多数为亲戚或者老乡，依靠诚信维持合作，规模较大。这种物流运作模式与农超对接的物流运作模式类似，所不同的是，农民专业合作社是非营利机构，更会为农民着想，农民的利益更有保障。但是，我国的农民专业合作社还很不成熟，它们往往业务能力差，组织松散，缺乏资金支持和理论指导。该物流运作模式如图 6 –7 所示。

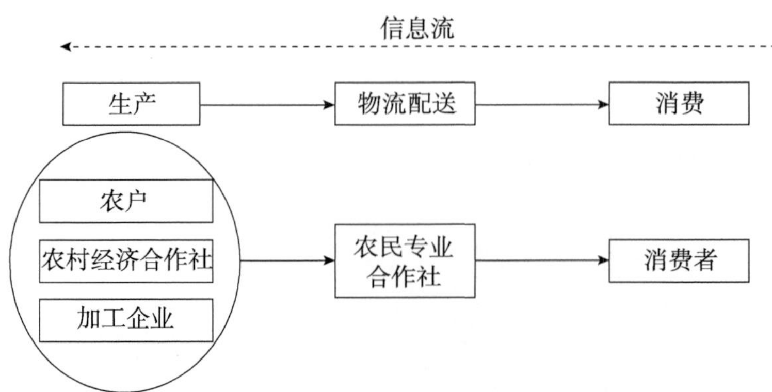

图 6 –7　以农民专业合作社为核心的农产品物流运作模式

以农民专业合作社为核心的农产品物流运作模式是传统散小个体生产模式下农产品物流运作模式的一种优化升级。传统散小个体生产模式下农产品物流运作模式在消费者手中要经过多次物流中转（如图 6 -8 所示），而以农民专业合作社为核心的农产品物流运作模式（如图 6 -9 所示）大大减少了物流时间，不仅更加保证了农产品的新鲜度，还降低了农产品流通成本。

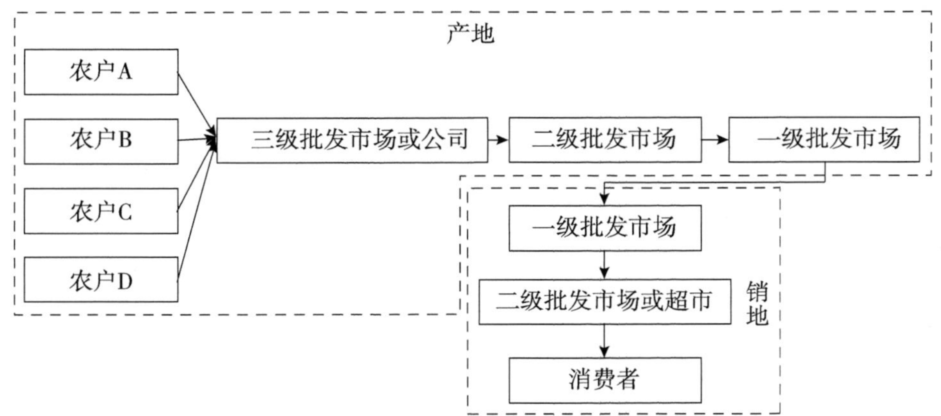

图 6 -8　传统散小个体生产模式下农产品物流运作模式（优化前）

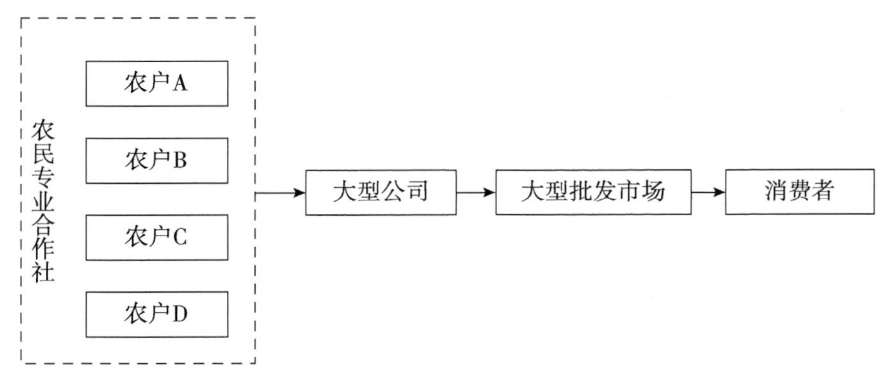

图 6 -9　以农民专业合作社为核心的农产品物流运作模式（优化后）

（六）基于“互联网 +”的农产品物流运作模式

这种模式是伴随着互联网的快速发展产生的。该模式的优势是不受时间限制、不受地域限制。同时该模式也具有一定的劣势：第一，互联网购物不能满足消费者直观体验农产品的需求；第二，普通快递运输易造成鲜活农产品高损失率。

目前，专业化生鲜农产品电商和专业化生鲜农产品超市随着市场需求应运而生并迅速扩张。传统的单一线下农产品物流运作模式逐渐向网络平台与实体店铺线上线下相融合的新型生鲜农产品物流运作模式演进。基于“互联网 +”的农产品物流运作模式如图 6 -10所示。

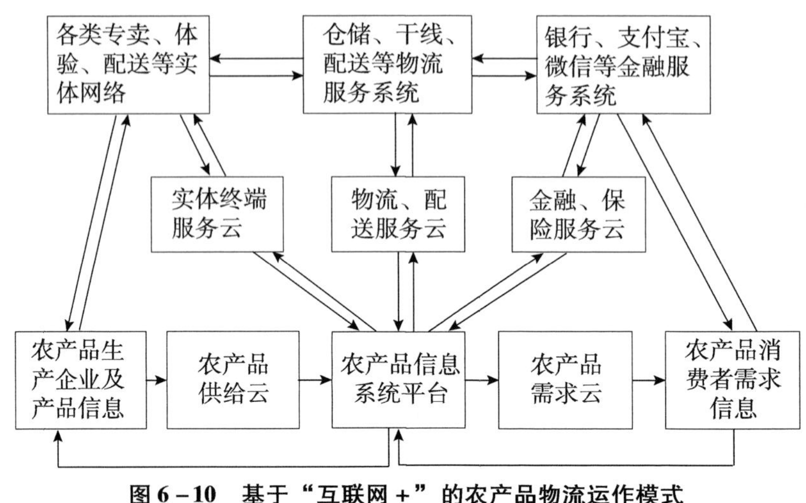

图6－10　基于“互联网＋”的农产品物流运作模式

四、农产品仓储资源缺乏并亟待转型升级

（一）农产品疏解市场亟待升级

商贸流通业是推动区域产业升级改造的核心因素，也是推动区域协同发展的关键纽带。农产品批发市场作为农产品商贸流通产业链的上游环节，曾经在城市发展和产业升级中扮演了重要角色，但是却长期处于粗放式发展状态，缺乏合理规划。

随着经济的快速发展，市场环境和居民消费习惯渐渐改变。同时，日益发展的农超对接、产销直挂和电子商务，对批发市场的经营造成了很大的冲击，使得最近几年北京市农产品批发市场数量和摊位数都在减少，出现这种情况也同经济发展新阶段以及商贸流通业发展自身规律相关。传统流通体系正逐步重构，形成以线上店铺为价格标杆、线下店铺为体验展示、在线支付为媒介、配送体系为支撑的新型流通架构，传统的线下一体化的体验、交易和物流功能将逐步分离。

推动以农产品批发市场为代表的传统流通产业形态的升级改造是北京适应京津冀协同发展的必然要求。客观上讲，实现城市功能和空间的重构，特别是推动首都批发市场的调整和疏解是城市空间集约利用、城市功能优化调整、商贸流通产业自身升级的必然选择。农产品批发市场不仅占地多、纳税少，而且交通流量大、人流车流混杂，给北京市带来很大的压力。在这种情况下，有序疏解升级现有农产品批发市场，引导城市功能进一步优化，是城市发展的必然要求。

总之，要适应新常态的经济运行态势，北京市需要适度保持、合理规划农产品批发市场的规模，加快经营模式的创新，以缓解不断增加的人口及交通压力。基于此，推动北京市农产品批发市场的空间和功能重构，既是顺应产业发展趋势的必然选择，又是京津冀协同发展、首都功能重构的必要选择。

（二）冷库资源缺乏

北京市作为我国政治、文化、教育、交通中心，拥有完善的交通设施网络、充足的资金以及高技术人才。农产品需求规模大、品质高，为冷链物流的发展打下了坚实的基础。2017 年，北京市拥有百强冷链物流企业 7 家，冷库容量 1574718 吨，冷库容量持续增长，但增长幅度与其他省市存在差距。受“疏解非首都功能”政策方向的影响，2017 年北京市共拆除 14 家冷库企业的冷库，共 25.5 万吨库容。因此，北京跌出了全国冷库容量排名前十的行列，位列全国第 11 位。北京市冷藏车数量为 5752 辆，其中，自有冷藏车 2670 辆，社会冷藏车 3082 辆，北京市冷藏车数量在全国居于第四位。产业疏解使大量物流仓储设施资源外迁，导致其农产品仓储资源，尤其是冷库资源缺乏。

五、电商、新零售等新业态对农产品物流提出更高要求

近年来，在一系列深化商业转型升级和促进消费等政策的叠加推动下，北京市消费市场逐步转型，消费增长由依靠商品消费向商品和服务消费双轮驱动转变，商品消费向高端化迈进，服务消费向新兴领域扩张。

2016 年，北京市商品性消费低位开局、稳步回升，服务性消费则保持稳定较快增长，共同带动北京市实现市场总消费 19926.2 亿元。其中，商品性消费，即社会消费品零售总额实现 11005.1 亿元，占市场总消费的比重为 55.2%，同比增长 6.5%；服务性消费实现 8921.1 亿元，占比 44.8%，同比增长 10.1%，增速比商品性消费高 3.6 个百分点。虽然总量占比未过半，但从增量指标看，服务性消费对市场总消费额增长的贡献率达到 55.1%。

对应到消费端，不断增加总消费额和服务消费比重则意味着，消费者越来越倾向于为新兴消费、品质消费埋单。北京市 2016 年居民人均消费支出 35416 元，消费水平高，得益于收入水平高。数据显示，北京市 2016 年居民人均可支配收入达到 52530 元。如此高水平的消费促进了新业态的出现和发展。

（一）农产品电子商务物流需求增长迅速

2016 年，北京市农业电子商务快速发展。从平台端看，淘宝、天猫、京东等是农业电商的大型支撑平台，而中粮我买网、沱沱工社、本来生活等垂直电商经营水平不断提高，上述电商在北京市农产品交易额和客户订单量方面都占据了绝大多数份额。与此同时，北京市场也涌现了每日优鲜、爱鲜蜂、许鲜等农产品电商新锐；新发地、美菜网等 B2B 电商也不断快速发展。

从生产端看，初步统计显示，2016 年北京市郊区县农产品电商销售额超过 7.5 亿元，有一定电商销售规模的农业生产经营主体超过 43 家。截至 2015 年 10 月底，经过对北京市近 200 家农场及合作社的销售情况汇总，80% 以上的农场已经通过不同的渠道“触网”。一批以生产和经营北京市本地特色农产品的本土化农业电商企业迅速发展，如北菜园、绿富隆、鑫桃源、栗山翁、利民恒华、康顺达等。以京郊安全种养小农场为主的社区支持农业电商模式日益成熟，而密农人家、三三老栗树等本地特色农产品微电商发展也十分迅速。此外，消费端农业电商也发展良好。

农产品电商快速发展对农产品冷链运输、存储、配送及时性提出了更高要求。如何降低农产品物流成本也是农产品电商和物流企业面临的最大问题。农产品物流企业亟待

升级，农产品物流社会化趋势越来越明显。

（二）新零售业态萌芽发展对农产品即时配送要求提升

党的十九大报告提出，我国经济正处在转变发展方式、优化经济结构、转换增长动力的攻关期，建设现代化经济体系是跨越关口的迫切要求和我国发展的战略目标。在此背景下，新零售概念应时而生，并成为当前商业领域的热词。

2016 年，北京市农产品市场上出现盒马鲜生、7FRESH（京东线下生鲜超市）、苏鲜生、超级物种、掌鱼生鲜、地球港等多种新零售业态。作为首都，这里聚集了最活跃的创新商业力量，也因此成为新零售模式爆发的主要阵地。通过大数据、人工智能等技术手段，新零售对商品生产、流通、销售的过程进行升级改造，线上线下的结合更为融洽，不管在门店还是在家，消费体验都得到了质的提升。

根据北京商报社、北商研究院联合发布的调查问卷显示，51.72%的受访者有过在新零售门店购物的体验，65.52%的受访者体验过门店商品“30 分钟送达”的上门配送服务。调查结果显示，受访者到新零售门店经常购买的三类商品分别为水果蔬菜、进口海鲜、零食饮料，这也意味着新零售门店无论从选址还是选品上都满足了社区居民的消费需求。

新零售业态以半小时送达的自我要求将消费便捷度提升到一个新的水平。不同于传统的只能依靠线下实体网点进行覆盖的服务周边消费的方式，新零售业态在服务半径上通过物流延伸至周边三五公里内，有效解决了单个实体门店服务范围窄和服务效率低的问题。对于消费者来说，使用互联网便可送货到家，而且送货时间已经从“当日达”提速到“1 小时达”甚至加速到“半小时达”，便捷程度不断刷新纪录。这对农产品的即时配送能力提出了更高的要求。

六、农产品物流政策不断完善

为保障北京市农产品市场供应，提升农产品流通效率和水平，更好地满足人民群众对提高生活品质的需求，“十二五”期间，北京市确立了“市管批发、区管零售”农产品流通管理体制，出台了《北京市蔬菜零售网点建设管理办法》，依法推动本市蔬菜零售网点建设和管理等各项工作，创新政府资金支持方式，设立了北京市农产品流通产业发展基金，股权投资大型公益性农产品批发市场及其他农产品流通领域项目。之后《北京市“十三五”时期农产品流通体系发展规划》确定了全市农产品流通的发展目标和各项保障措施，对北京市农产品流通的发展前景以及相关发展措施作了详细的阐述，为北京市农产品流通发展提出了指导性意见。《北京市物流业调整和振兴实施方案》提出充分发挥本市现代物流工作联席会议的作用，对物流业发展的推进和协调力度明显加大。

七、京津冀农产品物流标准化试点开始推进

2016 年 11 月 24 日，由京津冀联合发起的京津冀物流标准化联盟成立。在京津冀物流标准化改造升级过程中，试点打造了农产品物流一贯化模式，逐步实现从地头儿到零售终端的农产品物流标准化。农产品物流一贯化模式只是该联盟建立过程中打造的模式

之一。该联盟旨在助力物流标准化在京津冀区域内协同实施，加强京津冀区域供应链上下游企业对接合作。目前，北京市已有29家企业配合联盟进行了物流标准化改造升级。通过实现物流标准化改造，试点企业库内运输设备、人工效率提高超过50%，货物周转效率、盘点准确率、仓库空间利用率均大幅提高，货物破损率明显降低。且由于搬运次数减少，装卸人员成本也降低了50%多。同时，通过托盘租赁，企业减少了物流器具积压，也降低了物流成本。此外，物流标准化还可以有效缓解商业设施周边交通压力。目前，北京市新增了免验收（延迟验收）企业（门店）400余个，货物装卸效率、交接效率平均提高了2倍以上，可以有效缓解货运车辆排队导致的周边交通拥堵的压力。

北京市商务委员会发布了《关于确定北京市2016年物流标准化试点企业的公示》，共有36家企业成为2016年的试点企业，华润、玛氏、苏宁物流、路凯物流、蓝波绿农科技等企业成为行业的代表。物流标准化试点工作是在加快推动首都物流业转型升级和结构调整，充分发挥标准化工作对促进物流业健康发展重要作用的背景下展开的。根据2016年财政部经济建设司、商务部流通发展司和国家标准委服务业标准部《关于组织申报物流标准化试点城市的通知》精神要求，北京市启动了物流标准化试点工作。其中以快消品、农副产品、药品、电商等领域为重点，以物联网应用、信息平台为主线，带动物流信息化水平提升，促进构建标准化的智慧物流配送体系。

第二节　北京市农产品物流存在问题与分析

一、流通环节多且组织规模小导致成本高

北京市农产品市场目前存在着“重生产、轻流通”问题。农产品流通企业普遍存在“小、散、乱”现象。北京市农产品销售方面，42%的农民自产自销，45%的农民将农产品卖给个体商贩，缺少大规模流通组织，导致农产品上行困难，组织化和标准化程度较低，难以形成规模经济效益。除此之外，北京市农产品流通龙头企业较少且规模偏小，经营方式落后，专业化水平低。其中初加工企业占比最高，带动能力有限，特色资源基本停留在出售原料和初级加工状态，农产品加工率为20%~30%，相比之下，发达国家各城市农产品加工率均在80%以上。北京市农产品附加值明显偏低，大部分农民只能获得农产品生产环节的利润。

北京市年交易量近80%的农产品经过批发市场渠道流通。当前主要的流通渠道是“农户——级批发商—二级批发商—农贸市场零售商—超市零售商—市民”。由于该流通渠道环节多、周期长，装卸、仓储、运输次数多，导致农产品物流成本大幅增加且农产品损失严重。如水果蔬菜等农副产品在采摘、运输、储存等流通环节上的损失率高达25%~30%，而发达国家各城市果蔬损失率则控制在5%以内，美国仅为1% ~2%，差距较为明显。

以批发市场为主导的农产品流通模式除了流通环节繁多造成农产品损失率高以外，还因为批发商主要以小型个体为主，交易信息不共享，降低了统一规模化组织物流配送的可能性，造成单位运输成本高。同时，大量外埠进京的农产品在批发市场内缺乏完善

的储存条件，交易过程中的保管措施不完善，提高了鲜活农产品损耗率。据统计，北京市一般产品物流成本占总成本的30%~40%，而鲜活产品物流成本则高达60%以上。因此，流通环节多且企业规模小导致的农产品物流成本高等问题亟须解决。

二、“最前一公里”和“最后一公里”是导致货损率高的关键环节

（一）北京市农产品物流“最前一公里”问题与分析

据统计，北京市果蔬在农产品物流“最前一公里”过程中的腐损率高达10%以上，而此阶段的温控和包装等因素对农产品的后续影响还将导致干线运输、配送过程损耗率高达20%以上，而发达国家则控制在5%以内。北京市农产品物流成本过高、损耗严重，重要原因就是“最前一公里”问题没有解决。

1. 对“最前一公里”环节的地位认识不足

目前社会对农产品物流“最前一公里”的关注度不高，导致对“最前一公里”认知度不足，政府政策引导不够，企业和农户资金投入少，不能满足生鲜农产品的物流需求。

2. 基础投入不足

产地市场已成为农产品物流基础设施最薄弱的环节，交易场所设施简陋，预冷设备、冷库和冷藏车辆严重不足。有些产地市场只在收获季节临时设立，没有任何配套设施。国家在这方面缺乏相应的扶持政策，高成本的基建投入也限制了其发展。

3. 系统缺乏标准化

农产品分散生产的特点导致各农户、合作社所使用的包装、运载工具不能配套，致使农产品在干线运输、配送到终端消费过程中不断装卸、换载。各物流环节衔接不足，重复装卸、迂回运输，机械化程度低，分选、装卸等人工作业效率低下，货损严重。

4. 信息服务功能薄弱

产地市场信息服务缺乏，信息收集不全面、不准确，数据分析处理能力缺乏，信息发布渠道少、不及时，有针对性的信息服务缺位，供需双方信息沟通不足，信息不对称，导致优质农产品在产地滞销，而消费市场却质次价高。

5. 主体经营能力差

农民专业合作社、家庭农场等经营主体规模小、缺乏管理知识与专业技能，抗市场风险的能力差。交易形式简单，主要采用现货、现金交易，网上交易还处于起步阶段，效率低、风险大。

（二）北京市农产品物流“最后一公里”问题与分析

生鲜农产品物流成本高、环节多、损耗大，“卖难买贵”是一个长期困扰城乡居民的现实问题。“最后一公里”问题也得到了较多关注。近年来，北京市实施了“产销对接”“农超对接”“直营直销”“直供直配”等一系列措施以畅通农产品“最后一公里”，但成效并不明显。居民长期以来的消费习惯使得传统农贸市场依然是生鲜农产品终端销售的主力，而传统农贸市场环节存在的问题恰恰是解决生鲜农产品“最后一公里”问题的难点所在。

“最后一公里”配送主要包括直接配送和间接配送（见图6－11）。直接配送是指在“最后一公里”的运输过程中由配送员将生鲜农产品从物流站取出，随后“点对点”直接配送到消费者手中，具有及时性、精准性等特点；间接配送是电子商务物流服务提供商通过与便利店、小区物业、超市等机构合作或自己新建提货点，为一定距离内的顾客提供到货自提的一种服务。目前北京市的“最后一公里”存在的问题主要有冷链程度低、运输成本高、信息化程度低等。

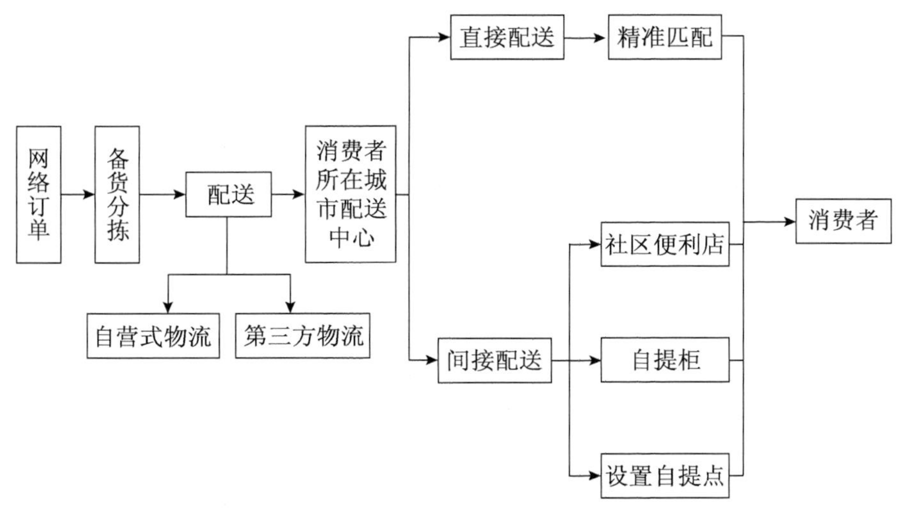

图6－11 “最后一公里”配送流程

1. 配送时效性差

一般情况下，客户在网上购买商品后都希望卖家尽早发货，所以卖家和物流企业都迫切需要快速提高配送时效。有些物流企业或卖家为了尽量满足客户的要求，设计了很多速配服务产品，例如当日达、次日达、周末配送、晚间配送等。目前，北京市快递服务类型中仍以标准配送服务为主。

2. 配送服务质量不高

目前，物流企业大多使用冰袋为生鲜产品保鲜。在炎热天气配送时，温度变化容易导致冰块融化，影响生鲜产品质量；在寒冷天气配送时，无法保证生鲜产品保持适宜温度。目前生鲜产品的配送方式还不能满足客户对高水平服务的要求。

3. 投递失败

物流“最后一公里”配送需要配送员将货物送到客户手中。因为快递员的工作时间也正是多数客户的工作时间，客户无法在工作时间安排合理的收货时间，因此，货物在客户工作时间内由于无人签收、无法联系收货人等造成的投递失败现象普遍发生。而因投递失败导致的二次配送，甚至多次配送已经成为快递员必须面对的问题，物流“最后一公里”的配送成本也随之增加，服务效率降低。

4. 退货问题

目前电子商务平台几乎均为客户提供7天无理由退货的服务。虽然部分电子商务平台的卖家承担退货的费用和风险，但是生鲜等产品无质量问题是不能退货的。因此，即使发生生鲜产品有损坏、品质下降的情况，客户也无法申请退货，争议较多。退货行为增加了配送成本，包括货物的退回运输费用、管理退货的费用等。随着网络购物规模的快速增长，退货规模也随之扩大，累积成一个重要的售后服务问题。

5. “最后一公里”配送造成的交通问题

电子商务不仅影响着零售行业，同时对人们的消费习惯也产生了深远影响，更多的人选择在电子商务平台购买商品。快递业务量的快速增加，使“最后一公里”送货的中小型汽车数量快速增加。另外，消费者对于配送效率的高要求也迫使快递企业采取少量多批次的配送方式，从而增加了总的配送成本和车辆的配送次数。尤其是在电子商务平台购物狂欢节的营销时，需要配送的货物数量急剧增长，常常出现爆仓现象，道路交通拥堵和不当停车也成了更加严峻的问题。

三、冷链物流系统和监管体系不健全

2016 年 2 月，国家发展和改革委员会等十个部门联合发布《关于加强物流短板建设促进有效投资和居民消费的若干意见》，提出“完善农产品冷链物流体系”“各种运输方式之间衔接更加顺畅”“运载工具、装载单元等关键标准有效衔接”“加强公益性农产品批发市场建设”“支持集预冷、加工、冷藏、配送等功能于一体的农产品产地集配中心建设”等意见和要求。

1. 生鲜农产品封闭冷链体系不健全

北京市目前产地冷库数量不足以支持北京市农产品的预冷。农产品批发市场的基础设施陈旧，电子信息、冷藏等设备设施不完善，服务功能单一，大部分批发市场缺乏信息服务、质量检测、交易结算、安全监控、垃圾处理等配套服务设施。在储藏方面，通用仓库较多，专用仓库、特种仓库，如低温库、冷藏库、立体仓库极为短缺，导致简易仓库储藏和混藏、农民分散储藏、露天堆放问题比较突出。并且很多企业对冷链物流的温度控制不到位，不能满足消费需求。另外，冷链物流与其他物流相比具有自身的特性，运输储存的全过程都需要有低温环境作为保障，且物流系统十分复杂，其中任意一个环节出现问题都会造成损失。因此，在运用这套系统时，需要各方人员高度协调，并对其进行统一管理。北京市农产品还未呈产业化的发展形势，一体化水平不足。虽然总体销量可观，但易腐商品的管理却缺乏专业化的人才队伍，并且在物流系统的上下游规划上也存在较大的漏洞，导致出现一些发展不平衡的情况。

2. 冷链物流监管体系不完善

就目前来看，在北京市农产品冷链物流发展中，对于其中涉及的各流程都还未形成标准的操作技术及规范。虽然政府在其中也投入了大量资金，但资金使用仍然集中在基础建设上，还包括农产品在市场上的创新等。即使已经提出要建设多样化丰富的冷链物流体系，但是还未开展大规模农产品冷链物流体制建设。另外，冷链物流监督机制还不完善。农产品属于特殊类型的运输产品，在供应链中对时间及品质有着较高的要求，一旦运输条件达不到要求，就会导致农产品出现腐坏变质等。而消费者本身对农产品却有着很高的质量要求。这就要求从加工生产及运输销售等环节入手，构建完善的食品安全质量监管体系，构建有效的监管平台。

四、农产品物流的社会化和专业化程度低

北京市农产品物流的社会化和专业化程度不高，自营物流仍占相当大的比重，缺少大型农产品第三方物流企业。名副其实的农产品第三方物流企业屈指可数，且企业规模小，服务功能单一，经营理念和管理方法陈旧，技术装备落后，很少能提供综合性的物流服务。

物流的标准化程度较低，各种运输方式之间装备标准不统一，包装标准与运输标准不配套，使操作过程变得更加复杂，提高了成本。北京市欠缺农产品物流发展的技术标准和工作标准体系，许多的农产品物流非标准化装备、设施、行为仍相当普遍。不少特色农产品的分类、分级、分等大多凭人工感觉，误差过大。这给农产品的储存、运输和加工造成了一定困难，严重影响了农产品物流活动的质量、效率和效益的提高以及物流活动的通畅。北京市农产品标准化生产基地有上百家，但是这些生产基地的农产品生产和管理还依然采用传统农业生产和管理的运作方式，很难实现对农产品物流的精确跟踪和管理。北京市农产品出口，每年都有因为农产品质量检测超标被退货甚至赔偿的案例。

第三节　北京市农产品物流发展对策

一、提升流通组织规模化，鼓励共同配送

为解决农产品流通过程中出现的流通不顺畅、流通成本较高等问题，应积极发展多元化流通模式。“农超对接”“农餐对接”“社区直送”“直采直供联盟”等新型模式绕过批发市场，减少中间环节，对于保障供应和稳定价格具有积极作用，应大力提倡和推广，逐步形成多元化农产品流通格局。

积极推行农产品共同配送。由于北京市农产品生产前端和零售末端的组织化、规模化水平较低，且城市规模发展迅速，导致农产品物流共同配送比例较低。因此，应整合农产品配送企业组成联盟，鼓励发展共同配送，实现配送企业与超市、餐饮企业、社区便民店直接对接，减少二级批发流通环节，提高农产品物流配送的组织化、规模化程度。

二、建设农产品产地集配中心，推行产地预冷

借鉴日、韩等国的农产品产地物流体系，建设农产品产地集配中心。日本农产品集货中心由基层农协组建，主要进行农产品产地商品化处理，负责分选、包装、冷藏和销售，并将市场信息反馈给农户。韩国农产品加工中心（APC）是农产品上市前商品化处理的场所，由农协或永农组织投资建设，其中农协 APC 占多数。农协 APC 受农户委托进行农产品商品化处理和销售的服务，向农户收取不超过销售价格 7% 的服务费。永农组织则直接从农户手中收购农产品进行处理、销售。

贴近农产品生产基地建设农产品产地集配中心，开展预冷、包装、储存等商品化处理及商品交易活动，辐射周边市场。政府在政策上给予支持，经济上给予一定补贴或税费减免，采取合作社的形式，把流通企业、物流企业和农户联系起来，建设成公益性流

通基础设施，提高农户市场能力。农产品产地集配中心应首先布局在生产集中度高、已初步具有一定市场基础、经营主体组织化程度较高的区域。

农产品物流“最前一公里”是农产品物流的关键阶段，逐步加强产地基础设施建设，在农产品采集阶段开展甩挂运输，推行系统的标准化、集装化，实现机械化、自动化作业，便于中转衔接，提高载体运载率，减少迂回重复搬运，降低包装成本，提高作业效率。建设产地冷库，通过及时预冷和冷链运输保证农产品质量，减少货品损耗，实现延期销售、错峰销售，提高议价能力，避免市场风险。建设公益性农产品产地集配中心，对接农户和市场资源，增强经营能力，提高农产品“最前一公里”的物流效率，降低流通成本。

三、提供快递自提服务，缓解配送压力

目前，纯电商的困境在于配送的“最后一公里”。由于购买批量少、种类多且运输困难，很难达到统一配送，那么我们可以结合小区商超或店铺形成一体化的配送网络，如京东与达达合作，通过京东到家平台为消费者提供商品和服务极速上门。为用户提供3千米以内的1小时上门送货服务。而且，未来原本承担批发中转作用的农产品批发市场的功能将会转变，农产品批发市场不再批发和零售，而是发挥物流配送和加工中心的作用，依托大数据平台，成为农产品仓储和配送或者二次加工的场所。

四、推行冷链物流新技术，建立城市配送公共信息服务平台

北京市加大对冷链物流各环节基础设施的资金投入力度，使冷链物流所涉及的加工、贮藏、运输及配送、销售等各个环节均配备上相应的冷冻、冷藏设施，尤其是对目前发展比较薄弱的终端销售配送环节，如社区便民菜店，并依据产品分类，对社区便民菜店以及配送点配备相应的冷冻保鲜柜，确保产品自始至终都处在低温环境中，保障产品质量安全。《北京市物流业调整和振兴实施方案》提出，建立并逐步完善涉及产前行业与产后的加工、销售、储运等多部门、多功能、多环节的产供销一体化冷链物流体系，有效衔接冷链物流上游生产基地与冷藏仓库、中游物流配送中心以及下游零售终端，使生产、加工、贮藏、运输、配送及销售各个环节均衡发展，缩短冷链链条的长度和作业环节，提高物流链的整体效率。

尽快加大科技的投入，推进先进冷冻技术，运用温湿度记录对设备进行实时监控，防止人为关闭制冷系统。形成农产品从采收、入库到销售环环相扣的冷链（见图6－12），保证冷链的完整性，从而使农产品质量得到有效的保证。尽可能采用集装化的运输方式，首先要对果蔬进行模数化包装，将包装箱码放在托盘上作为运输单元，便于机械装卸，提高装卸效率，缩短果蔬暴露于常温下的时间，还能减少冷藏车开门时间，降低冷损失，保证全程冷链。

建立城市配送公共信息服务平台。传统配送资源的配置很大程度上依赖城市货运场站内部的信息平台，虽然目前这些配货站的信息化程度不断提升，但随着配送市场规模不断扩展，依然不能满足城市居民生活日益增长的货物配送需求。随着智慧城市的推进，充分利用互联网、大数据技术，完全有条件加快建设覆盖城市“最后一公里”的更加完

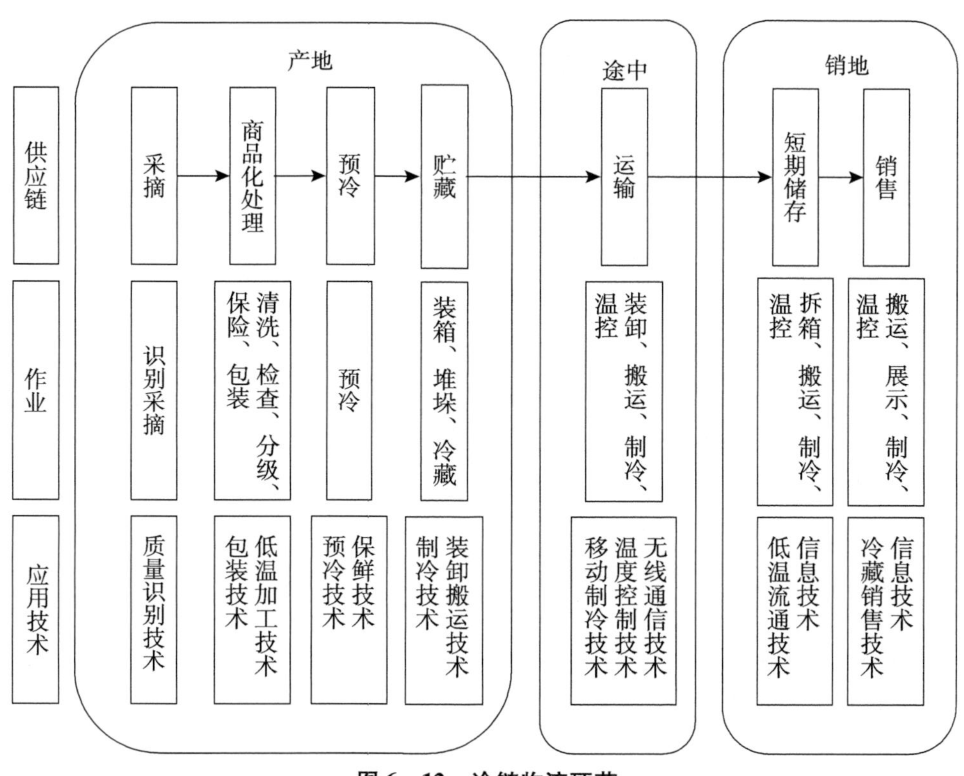

图 6－12　冷链物流环节

善的物流配送网络体系，也更有必要建立面向全市的物流配送公共服务平台，以有利于积极引导配送企业、商贸企业，甚至是社会团体或个人，利用平台共享配送需求和供给资源信息，从而使城市物流配送的效率更高、成本更低、物流配送信息服务更全面。

五、鼓励社会化物流企业发展，提升农产品物流专业化程度

北京市要尽快培育和发展一批专门为农业产前、产中、产后提供物流服务的社会化、专业化的第三方企业和组织，使之成为我国农业物流发展的示范者和中、小物流企业资源的整合者。鼓励农业产业的龙头企业之间，以及龙头企业与商业、运输、仓储企业之间的联合，着力打造一批优秀的农业物流企业。推进传统储运企业、粮食系统企业、供销系统企业、农业系统及农资经销单位向第三方农业物流转变，大力扶持营销大户、农业经纪人、农村经济合作组织、专业协会，积极吸引国内外优秀的物流企业。

吸纳专业人才，优化物流业从业人员结构。鼓励支持物流企业提高物流标准化和信息化管理水平、推进物流业适用技术应用和模式创新等，开展人才培养，吸引专业人才，提高物流业的创新能力和物流服务水平。加快形成高校、科研院所与部门、行业企业联合培养人才的机制，大力培养物流行业高端人才，积极开展职业教育与培训，提高从业人员素质和能力。

六、制定推行农产品物流行业标准，提高质量监管水平

农产品物流行业标准是发展农产品物流通用和完善基础标准的一个重要参考标准，

它不仅要体现出物流的一般特点，也要反映农产品物流的特殊性质，如冷链运输、包装，还有仓储、安全、卫生、形状不统一等。2009 年以来，北京市对食品实施的监控系统为农产品物流业引入了新的要求。因此，应加快制定农产品物流标准，建立政府对农产品物流标准化的组织协调机制，鼓励农产品物流企业积极参与国家和行业标准的研究和制定。一方面，加强硬件的标准，应尽量简单统一，选择最有效的方法，即在农产品采摘、储存、加工、运输、消费等各个环节，标准要求需要尽可能统一简捷；另一方面，物流软件标准要与其他法规标准相互协调，如物流信息系统的文件格式等。在物流服务标准化方面，建立一个企业对客户的响应速度、交货速度和服务质量的标准。在产品质量安全方面，实现流通环节标准化和规范化，从进入、交易、退出三个环节开始，建立农产品流通中的质量安全监督体系，严格控制市场，确保所出售的农产品质量符合标准。

新《食品安全法》的出台实施，进一步提高了上下游环节的食品安全要求，使冷链物流得到进一步重视和发展。此外，《国务院关于积极推进“互联网+”行动的指导意见》中指出，要鼓励发展社区自提柜、冷链储藏柜等新型社区化配送模式，完善冷链仓储建设。此外，地方政府也相继出台冷链专项规划。一系列冷链政策红利的释放，给冷链物流发展创造了有利环境。

2015 年，从国家标准委、国家发展改革委等标准主管负责部门，到以中物联冷链委、冷标委为代表的行业标准制定协会，再到冷链行业龙头企业和科研院校专家，都在加快进行冷链空白领域的标准制定和整个冷链物流标准体系的完善。从冷链物流的基本分类与要求，到水产、肉类、餐饮、乳制品、海产品、药品，再到冷藏车、冷库、冷藏箱，冷链物流的标准门槛已初步建立。

2015 年依据《物流企业冷链服务要求与能力评估指标》，中物联冷链委在全国范围内展开星级冷链物流企业评估工作，取得了很好成效。冷链行业正在变得有标准可依、有标杆可选。农产品冷链行业标准体系将更加完善，冷链物流运行管理也将更加规范，保障生产流通各环节的产品品质和安全。

政府加大农产品质量监管力度，贯彻落实北京市重要产品追溯体系建设实施方案，加快推进农产品追溯体系建设。采用大数据、物联网等先进技术，进一步完善农产品流通追溯体系，扩大追溯覆盖范围，提高肉类可追溯比重和覆盖率。建立集分拣、加工、包装、销售于一体的物流配送中心，并探索“净菜进城”模式，以净菜包装企业、连锁超市、直供直销企业为重点，逐步扩大蔬菜追溯覆盖范围，建立从产地到餐桌的农产品质量全程可追溯体系。推广应用“北京 E 追溯”手机 App 和微信公众号，为消费者提供便利的追溯查询服务。

第四节　小结

北京市的农产品物流正处在高速的发展中，但是由于其特殊的地理位置，不适宜在农业增产方面进行大规模投入，因此周边省市的农产品便成了主要的供应源。但在发展建设中，北京市也取得了一定的成效，如在怀柔区整合全区区域信息资源的基础上，建立了北京首家农村物流信息服务中心；在大兴区建立了第一家由政府牵头、企业运作的农产品流通协会，等等。但是这些成效仅仅是发展过程中的一部分，还存在一些问题也应该引起我们的关注，如物流成本高、市场结构不完善、缺乏高级人才、缺乏物流行业标准等，都限制着北京市农产品物流的发展。面对北京市不断增长的交通需求和越来越严峻的交通状况，北京市的相关部门对于城市交通管理的措施也更加严格，北京市农产品的运输及配送也受到了很大的限制，不利于农产品物流的发展。为此，大力发展农产品现代物流，降低农产品物流成本，势在必行。

第七章

北京市国际物流发展现状与趋势

随着国际间经济往来密切以及国际贸易的增长，一些企业，特别是在高科技产业基地落户的跨国企业，将会对进出口报关、货运代理、原料采购等相关的物流服务产生旺盛的需求。由于现代物流业对各国各地区经济发展、国民生活提高和竞争实力增强有着重要的影响，因此，世界各国各地区都十分重视物流业的现代化和国际化，从而使国际物流发展呈现出一系列新的趋势和特点，如随着现代科学技术的迅猛发展和经济全球化趋势的加强，现代物流作为一种先进的组织方式和管理理念，被广泛地认为是企业降低物耗、提高劳动生产率以外的第三利润源泉。国际物流是开展国际贸易的必要条件。

北京市第十三届人大三次会议政府工作报告将建设“世界城市”确定为北京市未来发展方向，而建设“国际商贸中心城市”是建设世界城市一个非常重要的方面。因此，全面服务于建设“世界城市”和“国际商贸中心”的战略目标将成为未来很长一段时间内现代物流业发展的主线。

国际物流是现代物流的重要组成部分，是国际货物跨越国与国、地区与地区之间的一种物流运作方式。在经济全球化的条件下，当前国际物流的发展正面临着前所未有的机遇。

第一节　北京市国际物流发展现状

国际物流需求增长迅速。国内外物流发展的经验表明，物流的发展水平与一个国家或一个地区的经济总量和经济发展水平成正比。20 世纪 90 年代以来，我国 GDP 年均增长迅速，北京地区的 GDP 年均增长也同样迅速，经济持续快速发展。与此同时，国际物流也处于快速增长期。社会物流总值是在一定时期内通过物流服务送达最终用户的全部商品的物流价值总量，反映了物流服务的总需求与总供给；物流增加值则是一定时期内以货币表现的物流服务成果，反映了物流的需求水平。由大量统计数据可以看出，强大的物流需求市场极大地影响着社会物流总值与物流增加值的增长。2012—2016 年北京市进出口总值如图 7 – 1 所示。

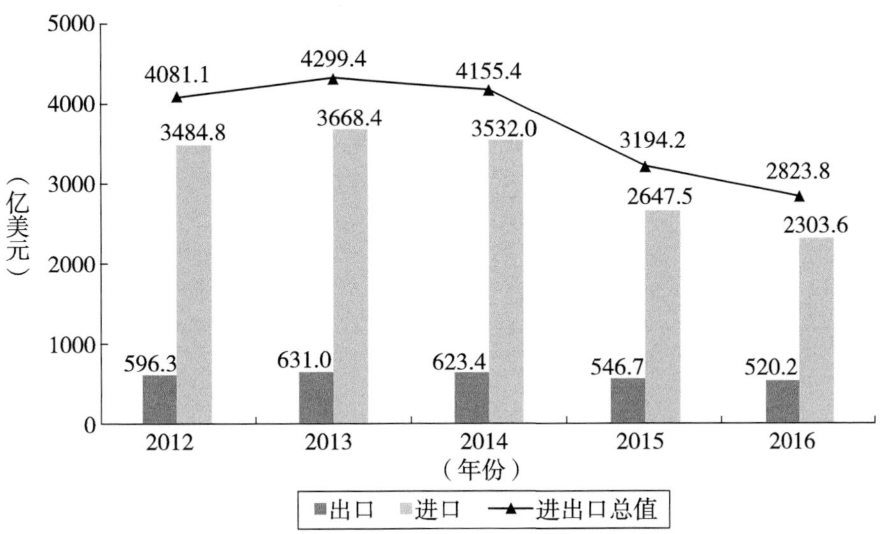

图 7－1　2012—2016 年北京市进出口总值

资料来源：中华人民共和国北京海关。

2016 年北京地区海关主要商品进口量、出口量及金额如表 7－1 和表 7－2 所示。

表 7－1　　2016 年北京地区海关主要商品进口量及金额

项目	进口量		进口金额（万美元）
	数值	单位	
粮食	15818	吨	557198
食用植物油	926	吨	72321
食糖	1054	吨	42017
酒类	67	万升	62862
合成橡胶（包括乳胶）	54	吨	8254
纸浆	1025	吨	55569
羊毛	36	吨	23253
棉花	131	吨	21260
纺织用合成纤维	16	吨	2784
铁矿砂及其精矿	136439	吨	755925
原油	242590	吨	7369392
成品油	9257	吨	342988
医药品	17	吨	479553
肥料	3426	吨	88459
非泡沫塑料的板、片、膜、箔	14	吨	9391
纸及纸板（未切成形的）	164	吨	25548
纺织纱线、织物及制品	236540	—	62269
服装及衣着附件	20298	—	35464
钢材	283	吨	63473

续　表

项目	进口量		进口金额（万美元）
	数值	单位	
建筑及采矿用机械及零件	2123	—	14705
印刷、装订机械及零件	6410	—	77769
自动数据处理设备及其部件	1	吨	22007
电动机及发电机	9782	台	31929
变压、整流、电感器及零件	7003062	—	73575
电视摄像机、数字照相机及视频摄录一体机	2443	台	117826
印刷电路	152	万块	6880
集成电路	999	万个	248404
电线和电缆	7	吨	19192
汽车	618	—	2348965
汽车零件	229564	—	433783
飞机及其他航空器	—	—	153883
船舶	—	—	26855
医疗仪器及器具	207765	—	204380
计量检测分析自控仪器及器具	83448	—	500093

资料来源：中华人民共和国北京海关。

表 7－2　　　　2016 年北京地区海关主要商品出口量及金额

项目	出口量		出口金额（万美元）
	数值	单位	
粮食	395	吨	26738
果蔬汁	104	吨	10808
肥料	2591	吨	61254
煤及褐煤	3533	吨	26378
焦炭、半焦炭	1399	吨	19235
成品油	26072	吨	1120797
医药品	22	吨	38437
纺织纱线、织物及制品	294172	—	64660
铁合金	8	吨	6417
钢材	4994	吨	260781
未锻造的铝及铝材	91	吨	29575
纺织机械及零件	4689	—	13190
金属加工机床	16	台	8995
自动数据处理设备及其部件	3188	—	34495
液晶显示板	14538	个	49203
电动机及发电机	2277	台	11928
变压器	862	个	21118

续 表

项目	出口量		出口金额（万美元）
	数值	单位	
蓄电池	3421	个	3526
电话机	15618	台	265664
二极管及类似半导体器件	121	万个	19781
集成电器	725	万个	192713
电线和电缆	38	吨	37143
汽车（包括整套散件）	54	辆	104216
汽车零件	248205	—	176160
船舶	—	—	83460
医疗仪器及器械	373167	—	55220
家具及其零件	8131	—	24163
服装及衣着附件	367995	—	179563
鞋类	18	吨	26229
塑料制品	64	吨	35948

资料来源：中华人民共和国北京海关。

此外，物流基础设施初具规模。改革开放以来，国家对物流基础设施做了大量投入，使其有了很大的发展，并初具规模。据中国物流信息中心统计，从 1991 年至今，我国的国有物流行业固定资产投资额、铁路营业里程、公路里程、内河航道、民用航空线、输油（气）管道里程、民用货用汽车拥有量、铁路货车拥有量都有了飞速的发展和提高。

北京市及周边地区，北有北京首都国际机场，南有北京南苑国际机场，位于大兴区的北京新机场也正在建设中，铁路有丰台铁路货运中心，临近天津及河北还有海运港口，如天津港港口、秦皇岛港港口、京唐港港口、曹妃甸港港口、黄骅港港口。这些运输枢纽拥有强大的物流运载能力，成为地区外运的主力，并可跨国开展货运经营。经过这些年的发展，北京市及周边地区通过在物流基础设施和装备方面的建设，为国际物流的发展奠定了必要的物质基础。

一、北京市口岸运营现状

（一）北京市口岸简介

北京市现有国务院批准的国家一类口岸 2 个——北京首都国际机场航空口岸和北京西站铁路口岸，临时开放口岸 1 个——北京平谷口岸（平谷国际陆港）。北京市人民政府批准开放的“二类口岸”（具有口岸功能的后续监管点）2 个——北京丰台货运口岸和北京朝阳口岸（将外移至通州马驹桥）。

北京市已形成以北京首都国际机场航空口岸为核心，以北京西站铁路口岸、北京朝阳口岸、北京丰台货运口岸、北京平谷口岸为重要补充，空间布局均衡，航空、铁路、公路口岸互补，客、货口岸功能配套，口岸与保税等功能区对接的口岸体系。“十二五”

时期，首都口岸体系进一步丰富完善，在类型、布局和功能三个维度上都有所发展。

北京首都国际机场3号航站楼于2008年投入使用，极大提升了机场口岸的吞吐能力。北京首都国际机场航空口岸货运监管场所整合进入天竺综合保税区口岸操作区，在功能上实现了口岸与保税区的区港联动。2010年，北京平谷口岸建成并启动运行，2014年年底获批成为临时对外开放口岸和进口肉类指定口岸，在北京朝阳口岸动迁平移至通州马驹桥前开辟了北京东北方向第二条“出海通道”。2012年，通州口岸建设正式启动，基础设施建设于2016年下半年开工。丰台货运口岸铁路专用线2015年年底接入石景山南站，实现路网贯通。北京新机场口岸开放的《北京航空口岸扩大开放可行性研究报告》已报国务院待批。

北京海关下设隶属机构有5个，分别是首都机场海关、中关村海关、北京经济技术开发区海关、天竺海关、西站海关（筹）；派驻机构7个，分别是驻邮局办事处、驻朝阳办事处、驻车站办事处、驻平谷办事处、现场业务一处、现场业务二处和驻顺义办事处。

北京海关将在2017年年初，向所有在京进出口企业免费提供“易速”平台的电子报关等辅助通关综合服务。“易速”平台由北京海关自主开发完成，可与企业物流管理系统整体对接，通过互联网技术帮助企业实现电子化报关，并可连接企业上下游通关环节的辅助通关信息服务体系，已覆盖北京口岸进出口通关全过程。该平台首创的“植入式联网传输申报方式”得到口岸及企业的广泛认可，形成了一批可复制、可推广的经验和做法。“易速”平台使北京进出口货物报关清关流程更加便捷，有利于国际物流货物的进出口，能够加快国际物流货物的通关速度。

（二）北京市口岸运营情况

随着国际经济联系增多，与国际物流相关的设施在近几年快速发展，北京丰台货运口岸、北京朝阳口岸以及北京首都国际机场航空口岸和北京空港物流基地、马驹桥物流基地已经有了较快的发展，特别是北京天竺综合保税区的设立，使北京市逐步具备了国际分拨中心的基本条件，国际物流服务能力逐渐提升。

北京口岸运营情况的统计范围是北京首都国际机场航空口岸、北京丰台货运口岸、北京朝阳口岸、北京西站铁路口岸、北京平谷国际陆港、北京天竺综合保税区。主要内容包括旅客吞吐量、货邮吞吐量、海关监管货物的数量、征收关税等，具体数据如表7-3所示。

表7-3　2016年北京市口岸运营情况

口岸	项目	单位	2016年	2015年	2016年与2015年百分比（%）
北京首都国际机场航空口岸	旅客吞吐量	万人次	9439	8994	104.9
	进出境人员	万人次	2425	2323	104.4
	其中：外籍人员进出境	万人次	700	712	98.3
	货邮吞吐量	万吨	194	189	102.6
	飞机起降	架次	606086	590169	102.7
	其中：进出境飞机起降	架次	139973	132613	105.5
	海关监管货物	万吨	5750	4160	138.2

续　表

口岸	项目	单位	2016 年	2015 年	2016 年与 2015 年百分比（%）
北京丰台货运口岸	海关监管货物	吨	15547	17767	87.5
北京朝阳口岸	海关监管货物	吨	1007374	937912	107.4
北京西站铁路口岸	进出境人员	人次	53787	66548	80.8
	其中：外籍人员进出境	人次	3388	4196	80.7
北京平谷国际陆港	海关监管货物	吨	184904	189997	97.3
北京天竺综合保税区	实际进出货物	吨	55404	62133	89.2
海关片收税款净入库税额		亿元	610	—	—

注：取消指标“海关监管货物（标准箱）”和“海关征收关税及代征税”，新增指标“海关征收税款净入库税额”。
资料来源：北京市人民政府口岸办公室。

2016 年，北京口岸通关客货稳步增长，办理进出口货物仍以北京首都国际机场航空口岸为主，办理进出口的货物在京津冀通关一体化改革效应拉动下大幅增长。全年办理进出口货物 5870.8 万吨，增长 37.4%。其中，办理进口货物 5730.8 万吨，增长 38.65%；办理出口货物 140 万吨，增长 0.2%。同期北京海关征收税款净入库税额 610 亿元。

其中航空口岸（北京首都国际机场航空口岸）出入境飞机起降近 14 万架次，增长 5.5%；国际货邮 90.9 万吨，增长 7.8%；海关办理进出口货物量为 5750 万吨，增长 38.2%，占北京办理进出口货物总量的 97.94%；跨关区通关货物量达 5592 万吨，增长 39.5%。

铁路口岸（北京丰台货运口岸）办理进出口货物 1.6 万吨，减少 12.5%，占北京口岸办理进出口总量的 0.03%。其中办理进口货物 1.2 万吨，增长 110.4%，出口货物 0.4 万吨，下降 68.6%。

公路口岸（北京朝阳口岸、北京平谷国际陆港）共办理进出口货物 119.2 万吨，增长 4.7%，占北京口岸办理进出口总量的 2.03%。北京朝阳口岸，全年办理进出口货物 100.7 万吨，增长 7.4%；其中办理进口货物 98.4 万吨，增长 6.1%；出口货物 2.3 万吨，增长 134%。北京平谷国际陆港，全年办理进出口货物 18.5 万吨，下降 2.7%；其中办理进口货物 18.1 万吨，下降 3%；出口货物 0.4 万吨，增长 12.4%。其中平谷国际陆港肉类进口指定口岸功能凸显，2016 年累积进口肉类 285 票，共计 5602 吨，是去年的 8 倍；货值 1940.1 万美元，是去年的 4 倍。

二、北京市国际航空物流发展现状

（一）北京航空口岸

北京航空口岸，即北京首都国际机场，位于北京市东北部，距离市中心天安门广场 25.35 千米。首都国际机场于 1958 年 3 月 2 日投入使用，是我国首个投入使用的民用机场，也是中国地理位置最重要、规模最大、设备最齐全、运输生产最繁忙的大型国际航空港，为全球旅客吞吐量第二大机场。

首都国际机场是中国首都北京的空中门户和对外交往的窗口，也是中国民航最重要的航空枢纽，是中国民用航空网络的辐射中心。首都机场现拥有3座航站楼，远近机位322个，2条4E级跑道、1条4F级跑道。截至2016年年底，首都国际机场拥有覆盖最广的国内航线网络和日益强大的国际及地区航线网络，总计103家航空公司运营，其中28家国内航空公司，75家国外航空公司。首都国际机场大力推进与星空联盟、天合联盟和寰宇一家的战略协同与合作，2016年首都国际机场出入境旅客达2425万人次，充分体现着“中国第一国门”的地位，在发挥大型国际航空枢纽作用的同时，为北京建设国际交往中心建设起到重要保障作用。

（二）北京各机场简介

北京市目前一共有5处机场，分别为首都国际机场、南苑机场、西郊机场、沙河机场、良乡机场。其中西郊机场、沙河机场、良乡机场为军用机场，承担军用飞行试验训练、机场俯瞰演习与物资运输等任务，一般不对外开放；南苑机场为军民合用机场，只对中国联合航空有限公司独家开放，故没有国际航线；首都国际机场，位于北京市区东北方向，是中国民航最重要的航空枢纽，是中国民用航空网络的辐射中心，并且是当前我国最繁忙的民用机场。

1. 首都国际机场

位于北京市区偏东北部的首都国际机场，为4F级民用机场，是中国三大门户复合枢纽之一、环渤海地区国际航空货运枢纽群成员之一，是世界超大型机场。截至2016年，有国内通航点147个，国际通航点132个；共开通国内航线132条，国际航线120条。2016年，首都国际机场旅客吞吐量9439万人次，同比增长5%，位居国内第一；货邮吞吐量194万吨，同比增长2.8%，位居国内第二；起降约60.6万架次，同比增长2.7%，位居国内第一。首都国际机场货运航点如表7－4所示。

表7－4　首都国际机场货运航点

航空公司	航点
联邦快递	首尔仁川
顺丰航空	广州、深圳、上海浦东、哈尔滨、杭州、无锡
中国邮政航空	南京、广州、上海浦东、杭州
香港华民航空	中国香港
俄罗斯空桥货运航空	郑州、莫斯科
扬子江航空快运	广州、杭州、深圳、上海浦东
杭州圆通货运航空	杭州
中国国际航空	南京、上海浦东

资料来源：北京首都国际机场官网。

2. 北京新机场

北京新机场，又称北京大兴国际机场，位于北京市大兴区与河北省廊坊市广阳区之间，目前正在建设中，建成后将成为超大型国际航空综合交通枢纽。

根据规划，北京新机场将建设4条跑道、150个机位的客机坪、24个机位的货机坪、14个机位的维修机坪。一期工程按2025年旅客吞吐量7200万人次、货邮吞吐量200万吨、飞机起降62万架次的目标设计，规划建设70万平方米航站楼及相应的货运、空管、航油、市政配套、综合交通枢纽等设施。

北京新机场是京津冀“黄金三角”快递园区的地理中心，直线距天安门约46千米、距首都国际机场约67千米、距廊坊市中心约26千米。在一体化方面，新机场将有助于推进京津冀地区的机场在通关、物流等方面协同发展，形成集航空、高铁、城际、地铁、公路等多种交通方式于一体的“环首都一小时”综合交通运输体系。

从现代化机场的建设经验来看，随着机场容量的提升，物流服务能力、水平、成本等将得到改善。快递企业应抓住这次物流资源升级的契机，发挥航空物流的优势，利用新的物流通道拓展服务范围，比如生鲜等特色业务。

三、北京市国际铁路物流发展现状

北京的铁路口岸，即北京丰台货运口岸，是对外开放的内陆铁路货运口岸，地处京城西南丰台区内，东距广安门9千米，西离卢沟桥2千米，南傍京广铁路线，北邻京石高速公路，距北京西站5千米，口岸内建有4.5千米铁路专用线，原与全国七大零担中转货场之一的丰台火车站联通，2010年丰台站进行改造，现与石景山南站联通。

北京丰台货运口岸总占地面积36.6公顷，基础设施比较完备，拥有包括海关监管库在内的各类库房40栋，其中35栋平库、3栋站台库、2栋楼仓，总面积达13万平方米，年均储存量5600万吨。

口岸内驻有市政府口岸办、西站铁路口岸处、北京海关驻车站办事处、丰台国检局等口岸管理和查验机构，口岸同时具有陆运和海运进出口货物通关资质。口岸可一站式完成进出口货物的报关报检，以及同空运、海运、非贸、边境口岸之间的转关手续，可实现各类货物的存放与报关前的集货，还可使进出口货物及国内发运、到达货物直接完成装车发运和卸车拆箱。口岸货物可经满洲里、阿拉山口、二连浩特、深圳北、绥芬河、丹东、凭祥等口岸，出口至俄罗斯、中亚、蒙古、朝鲜、中国香港等地，也可经以上口岸进口抵达北京，进口货物可分拨至我国大部分地区。口岸可根据客户需要开行北京至中亚、欧洲及国内指定站点的往返班列。

口岸经营主体是北京外运陆运公司，隶属于中国外运长航集团，成立于1972年，是从事陆运、仓储业务的专业化外贸储运企业，是国家部委批准的一级国际货运代理企业。公司拥有一支素质优良的业务员工队伍和先进的管理手段，在北京外贸运输业中占有重要地位。

目前，北京丰台货运口岸货运量占北京地区铁路运输进出口货物的90%以上。因为铁路运输有天然的低成本、低效率属性，因而丰台口岸历来以低价值货物为主，2014年之前每年进口货值基本都在2000万美元左右。在我国提出“一带一路”倡议后，2014年、2015年丰台口岸进口货值开始加速增长，均在6000万美元左右，2016年，丰台口岸进口货值达到1.89亿美元，创下历史新高。

目前，在北京地区定期开行的货运列车主要有从阿拉山口入境的“郑新欧”班列及经“德国—波兰—白俄罗斯—俄罗斯—满洲里”从满洲里入境的班列，两趟班列分别经郑州火车转关和满洲里入境转关至北京百子湾车站及丰台口岸。

目前，依托新亚欧大陆桥和西伯利亚大陆桥，已形成西、中、东三条中欧铁路运输通道。中欧班列是指按固定车次、线路、班期和全程运行时刻开行，往来于中国与欧洲及“一带一路”沿线各国的集装箱国际铁路联运班列。如今，中欧班列运输货物已由初期的手机、电脑等IT（信息技术）产品逐步扩大到衣服鞋帽、汽车及配件、葡萄酒、咖啡豆、木材等品类。中欧班列运输时间是海运时间的1/3、运输价格是空运价格的1/5，快捷的时效和低廉的价格使得中欧班列铁路运输在国际物流市场中越来越受到青睐。

四、北京市国际内陆无水港物流发展现状

北京市位于华北平原北部，属于内陆城市，背靠燕山，毗邻天津市和河北省。由于北京市地处内陆，没有港口，故所有进京的海运货物需经过其他港口城市通过多式联运方式来进行运输。临近北京市的港口有天津港、秦皇岛港、京唐港、曹妃甸港、黄骅港。

（一）朝阳口岸

朝阳口岸，位于北京市东南东四环路与京津塘高速公路交会处，毗邻北京经济技术开发区，通过京津塘高速公路与天津港相连。朝阳口岸占地782000平方米，其中包括进出口监管仓库16936平方米，公共保税库3060平方米，冷藏库960平方米，监管装卸平台3600平方米，集装箱堆场32000平方米。口岸设有海关H986集装箱检测系统、检验检疫隔离区及熏蒸处理系统、海关电子闸口等。

1994年10月，朝阳口岸经北京市政府批准正式开放，专门服务于北京地区企业的海运进出口贸易，主要承担北京市海运集装箱货物进出口通关查验及相关业务，是海关和国家市场监督管理总局批准的北京地区海运进出口货物监管通道，同时也是交通运输部批准的海运集装箱中转站。

目前，朝阳口岸功能不断提升，物流业务日益丰富，已初步具备了口岸功能、物流仓储功能、管理信息应用功能、生产生活服务功能等。海关、检验检疫、口岸办、陆港国际物流等口岸相关支持单位本着“监管与服务相结合，运营与保障相匹配”的理念，为企业提供全方位的服务。

（二）平谷口岸

平谷口岸，即平谷国际陆港，是京、津两地市政府共同建设的海陆联运口岸，于2010年3月12日正式启动运行，以海陆联运方式与天津港联通，进一步畅通了海运货物入京通道。

平谷国际陆港位于北京市东北部，地处京津冀交界处，是首都面向环渤海经济圈的前沿地带。陆港毗邻京平高速公路，距天津港135千米，距京唐港140千米，距秦皇岛港230千米，距首都国际机场35千米，距马坊铁路货运站2千米，距马坊工业区4千米，地理位置优越，海陆空铁交通运输条件便利，北京东部地区进出口企业通过六环借道物

流园区中转进出口货物将比现有运输距离缩短10%~25%，且不受尾号限行等交通管制的影响。

平谷口岸一期规划面积1.3平方千米，已建成2万平方米联检业务楼、1.8万平方米监管仓库和查验平台、2000平方米现场查验楼、5.1万平方米监管堆场、1.8万吨全自动立体冷库、海关H986大型查验设施、检疫无害化处理中心等通关、通检设施。在产业设施建设方面，建成1.2万平方米电子商务大厦、9000平方米物流总部大厦、8.8万平方米标准化仓库。经过一系列的基础设施建设和通关模式优化，2014年11月17日，国家口岸管理办公室正式批复北京平谷国际陆港为临时对外开放口岸。

平谷口岸既是京津冀协同发展的桥头堡，又是首都城市安全运行的保障通道。在口岸通关模式上先后开展了由“集中转关、集中转检”到“属地报关、口岸验放”“属地报关、属地验放”“京津冀通关、通检一体化”的通关模式探索。不断完善冷库、综合仓储库和交易中心设施建设，获得“国家级电子商务示范单位”“国家公路甩挂运输试点单位”等荣誉称号，不断拓展特色口岸功能，成为国家市场监督管理总局批准的进口肉类指定口岸。

未来，平谷口岸将继续加快配套产业设施建设，提高服务质量，加快转型升级，充分发挥口岸的核心功能，打造特色口岸，利用首都的人才和科技优势，最终实现“互联网+口岸+交易平台+食品安全”体系的发展目标。

（三）天津港

天津港位于京津城市和环渤海经济圈的交会点上，是中国北方对外开放的门户，是中国北方最大的综合性港口与重要的对外贸易口岸，是世界等级最高的人工深水大港，服务辐射占中国面积52%的14个省、市、自治区，是连接东北亚和辐射中西亚的纽带。

2016年天津港完成货物吞吐量37583万吨，较上年同期增加1715万吨，增长4.78%，其中，散杂货吞吐量30334万吨，比上年同期增长5.86%；集装箱吞吐量717.8万TEU（国际标准箱单位），比上年同期增长2.09%。船舶代理18280艘次，较上年同期增长1.94%；货物代理量11071万吨，较上年同期增长19.62%；理货量11184万吨，较上年同期下降4.61%；船舶拖带艘次50122艘次，较上年同期下降1.75%。

（四）河北三大港口

5年来，河北省三大港口以发展集装箱运输为突破口，加速实现由集疏大港向综合贸易大港的转变。截至2016年年底，三大港口通过能力和货物吞吐量分别突破10亿吨和9亿吨。港口大开发、大建设，使临港产业结构悄然发生变化（见表7-5）。

表7-5　2016年秦皇岛、唐山、黄骅三大港口货物吞吐量　单位：亿吨

港口	货物吞吐量	通过能力
天津港	3.7	—
秦皇岛、唐山、黄骅三大港口	9	10

资料来源：北方网。

五、北京市国际物流企业发展现状

（一）北京市国际物流企业总体概况

在2016年中国物流企业50强中，有9家注册地为北京的物流企业在列，并且这9家企业均有国际物流业务。这9家企业分别是中国远洋运输（集团）总公司、中国外运长航集团有限公司、中铁物资集团有限公司、中国物资储运总公司、中国石油天然气运输公司、嘉里物流（中国）投资有限公司、北京长久物流股份有限公司、中铁现代物流科技股份有限公司、五矿物流集团有限公司。

另外，京津冀地区中，河北省占据7家，分别是河北省物流产业集团有限公司、冀中能源峰峰集团邯郸鼎峰物流有限公司、秦皇岛港股份有限公司、冀中能源国际物流集团有限公司、河北万合物流股份有限公司、河北省粮食产业集团有限公司、唐山港集团股份有限公司；天津市占据2家，分别是天津港（集团）有限公司、天津大田运输服务有限公司。2016年，进入中国物流企业50强的京津冀地区企业信息如表7－6所示。

表7－6　2016年中国物流企业50强之京津冀地区企业

排名	企业名称	物流业务收入（万元）
1	中国远洋运输（集团）总公司	12471555
3	中国外运长航集团有限公司	7531999
5	河北省物流产业集团有限公司	5501006
7	中铁物资集团有限公司	3596298
8	天津港（集团）有限公司	3503500
11	中国物资储运总公司	1985395
12	中国石油天然气运输公司	1807000
16	冀中能源峰峰集团邯郸鼎峰物流有限公司	1275631
22	嘉里物流（中国）投资有限公司	825784
32	秦皇岛港股份有限公司	582974
34	冀中能源国际物流集团有限公司	508933
37	河北万合物流股份有限公司	374143
39	北京长久物股份有限公司	339481
40	河北省粮食产业集团有限公司	329198
44	唐山港集团股份有限公司	282719
48	中铁现代物流科技股份有限公司	238614
49	五矿物流集团有限公司	237392
50	天津大田运输服务有限公司	225150

数据来源：中国物流与采购网。

从物流企业50强的主业结构来看，50强企业仍以传统的商贸、水运、港口等物流公司为主，而涉及消费的快递、快运等上门服务的物流公司偏少，折射出了中国物流市场的现状，这跟长期以来中国外向型经济发展紧密相关。

在2016年进入中国物流企业50强的京津冀地区的物流企业中，主营业务为商贸物流的有8家：中国远洋运输（集团）总公司、河北省物流产业集团有限公司、中铁物资集团有限公司、天津港（集团）有限公司、冀中能源峰峰集团邯郸鼎峰物流有限公司、秦皇岛港股份有限公司、冀中能源国际物流集团有限公司、五矿物流集团有限公司。

主营业务为综合物流的有5家：中国外运长航集团有限公司、河北省物流产业集团有限公司、中铁物资集团有限公司、中国物资储运总公司、中铁现代物流科技股份有限公司。

主营业务为水运物流的有2家：中国外运长航集团有限公司、中国远洋运输（集团）总公司。

主营业务为港口物流的有3家：天津港（集团）有限公司、秦皇岛港股份有限公司、唐山港集团股份有限公司。

主营业务为公路货运的有1家：天津大田运输服务有限公司。

主营业务为铁路货运的有1家：中铁现代物流科技股份有限公司。

2015年50强物流企业物流业务收入共达8400亿元，比上年增长5.9%，收入规模总体有所增加；物流企业50强门槛达到22.5亿元，比上年增加2.1亿元。

2016年50强物流企业物流业务收入共达8299亿元，按可比口径计算，比上年增长6.9%；与此同时，物流企业50强门槛达到28.5亿元，比上年增加6亿元；汽车、医药等重点领域企业收入规模快速增长。

（二）北京市各国际物流企业简介

在中国物流企业50强中，北京市入选的9家物流企业基本以国际物流、国际货运代理等业务为主。因此，介绍以上企业详情可以为分析北京市国际物流企业起到指导作用。

1. 中国远洋运输（集团）总公司

中国远洋运输（集团）总公司（以下简称“中远集团”）是中国最大的航运企业之一，全球最大的海洋运输公司之一。中远集团成立之初是一个仅有4艘船舶、2.26万载重吨的小型船运公司。现在的中远集团已经成为以航运、物流码头、修造船为主业的跨国企业集团，已经确立起在国际航运、物流码头和修造船领域的领先地位，稳居世界500强。

中远集团拥有和控制各类丰富的物流设施资源，集团经营船队综合运力8635万载重吨/1123艘，排名世界第一。其中，集装箱船队规模189万TEU，居世界第四；干散货船队运力3811万载重吨/422艘，油轮船队运力2092万载重吨/155艘，杂货特种船队461万载重吨，均居世界第一。远洋航线覆盖全球160多个国家和地区的1600多个港口，在全球集装箱码头超52个，泊位数超218个，集装箱年处理能力11800万TEU，集装箱码头吞吐量居世界第一。全球船舶燃料销量超过2500万吨，居世界第一。集装箱租赁规模超过270万TEU，居世界第三。海洋工程装备制造接单规模以及船舶代理业务也稳居世界前列。中远集团完善的全球化服务筑就了网络服务优势与品牌优势，码头、物流、航运金融、修造船等上下游产业链形成了较为完整的产业结构体系。

中远集团拥有和控制各种物流车辆超过4000台，包括具有289个轴线、最大承载能力达8000吨的大件运输车，拥有堆场249万平方米，拥有和控制仓库297万平方米，在家电、化工、电力、融资等领域为客户提供高附加值服务，为青藏铁路、天津空客、印度电站等中外多个重大项目提供物流服务，创造多项业界纪录。

2. 中国外运长航集团有限公司

中国外运长航有限公司的物流业务包括海、陆、空货运代理、船务代理、供应链物流、快递、仓码、汽车运输等。在物流领域，中国外运长航集团是中国最大的国际货运代理公司之一、最大的航空货运和国际快件代理公司之一、第二大船务代理公司。

中国外运长航集团自有车辆5700余辆，仓库堆场占地面积1200余万平方米，铁路专用线47条、总长55千米，自有码头90余个、泊位300余个、岸线75千米，拥有和控制各类船舶运力达1300余万载重吨。中国外运长航集团在长江及沿海主要港口设有分支机构，拥有各类运输航线100余条，涉足远洋至长江内河一、二、三程运输，业务遍及国内沿长江、沿海50余个港口和世界各主要贸易航线。

3. 中铁物资集团有限公司

中铁物资集团有限公司主要涉及贸易、物流、国际、加工、资源、资本运作六大业务板块。中铁物资集团有限公司拥有中国铁建在全国25个交通枢纽城市的31处大型仓储基地、133万平方米物流场地、4万余延长米铁路专用线及32550立方米成品油储存能力组成的物流网络。

4. 中国物资储运总公司

中国物资储运总公司是具有45年历史的专业物流企业，提供全过程物流解决方案、国际货运代理、进出口贸易，组织全国性及区域性仓储、配送、加工、分销、信息等综合物流服务，并充分利用其土地资源的优势，开展房地产、实业开发等多元化经营。

中国物资储运总公司总资产60亿元，占地面积1000万平方米，库房面积150万平方米，货场面积300万平方米，库存能力1000万吨，年配送量100万吨，年吞吐货物5300万吨。此外，各物流中心均有铁路专用线，共90条，总长80千米，吊装设备800台，可支配载重汽车3000辆。

5. 中国石油天然气运输公司

中国石油天然气运输公司总部设在新疆乌鲁木齐市，在北京顺义设有调度中心。经营范围主要有涉外运输、危险品运输、国际国内货运代理、进出口贸易、道路货运等，是行业内实力最强、规模最大的公路运输物流企业。中国石油天然气运输公司目前共有员工40000人，各种车辆23000台。

6. 嘉里物流（中国）投资有限公司

嘉里物流的服务范围主要包括空运、海运、陆路货运、铁路货运、报关代理、风险管理顾问、货运保险顾问等。目前，嘉里物流共有约2000辆运输车辆，386000平方米的仓储和物流中心。

嘉里物流拥有横跨六大洲的环球网络，并与主要的空、海、陆承运商建立了紧密伙伴关系，能为客户提供可靠和具有竞争力的国际货代解决方案，提供量身定制及灵活的多式联运解决方案。通过嘉里物流联网的资本强力支持，嘉里物流将最大限度地提高货仓、配送中心、码头、港口及货柜等相关设施的使用能效，利用这些基础设施源源不断地创造衍生和附加价值。

7. 北京长久物流股份有限公司

北京长久物流股份有限公司的经营范围大致有国际货运代理、货物进出口、代理进出口、道路货物运输、商品汽车运输、无船承运、仓储服务（不含化学危险品）、设备租赁、技术进出口、物流信息咨询等。

自长久物流开始发展国际业务以来，先后成立了国际业务中心、出口包装中心、航运公司、报关公司等，先后与主机厂及国际物流公司进行多样化合作。同时长久物流也在高端车国际物流上取得进展，2013 年德国高端车通过长久物流的协助进入中国市场。2014 年 3 月，德国长久全资子公司成立。2015 年 6 月 13 日，长久物流首列“哈欧国际货运班列”正式开通；2016 年 2 月 27 日，新增的“哈俄铁路线”正式开通，由此扩大了公司国际物流的运输规模。

8. 中铁现代物流科技股份有限公司

中铁现代物流科技股份有限公司的航空运输开办了 46 条国内国际航线代理业务，可办理到达 70 多个国家或地区的货运代理业务。公司建有 17 座大型仓储、分拨中心，23.6 万平方米的库房和 6.4 万平方米的营业厅，以及现代化的配套设备。公司年办理货物能力如表 7 –7 所示。

表 7 –7　　中铁现代物流科技股份有限公司年办理货物能力

运输方式	货物件数	货物总量
铁路	4.3 亿件	870 万吨
公路	97 万件	6 万吨
航空	70 万件	7.3 万吨
海运	—	3000TEU

资料来源：中铁现代物流科技股份有限公司。

9. 五矿物流集团有限公司

五矿物流集团有限公司始建于 1950 年，是中国五矿集团公司（以下简称“五矿集团”）所属的专业化物流企业。五矿集团是一家以资源为依托、上下游一体化、产融相结合的国际化矿业公司。2016 年，五矿集团与中冶集团战略重组，并在 2017 年以 655.47 亿美元营业收入连续第 11 年入围世界 500 强榜单，排名 120 位。

五矿物流集团有限公司主要围绕黑色、有色金属及矿产品产业链，提供远洋、沿海及内河运输、货代、船代、仓储、加工配送、空运、保险、供应链金融等物流配套服务。2016 年实现物流总量 1 亿多吨。

五矿物流集团有限公司积极实施全程供应链物流发展战略，以金属矿产口产业价值链优化为核心，打造最具竞争力的金属矿产品现代物流服务商。公司坚持以人为本，注重全产业链的“多赢”合作，以“诚信、责任、创新、协同”的企业精神，不断谱写新的篇章。

（三）北京市国际物流企业特点

北京市国际物流企业近些年来发展迅猛，丰富的物流资源以及广阔的发展前景成为其快速发展的助推因素。但高速发展的同时，人们也应意识到北京市国际物流企业存在的问题，尤其是中小企业物流服务体系建设方面还有待完善提升。中小型国际物流企业服务体系建设方面的优化将对改善北京整体国际物流水平，带动京津冀经济圈发展等具有举足轻重的作用和意义。

1. 物流资源充足，但受地理条件制约

北京市虽然腹地广阔，国际资源丰富，但受地理条件制约，只能通过天津港完成远洋运输。北京市内陆城市的特点，造就了其属二级国际物流城市的发展定位。因此，北京市的国际物流企业除航空运输和做转关货物外，多依靠天津市物流企业的基础性服务设施，如船公司、堆场、车队、报关行来为其海路运输缩减成本。所以企业规模受到地理条件的限制，局限为中小型企业，而信息传递顺畅、操作系统完善的大型企业发展的空间较小。

2. 第三方物流企业匮乏，服务水平参差不齐

北京市主营国际物流的企业在整个物流企业中数量较少，据粗略统计，仅占两成左右。在调研到的主营国际物流的企业中，具有提供第三方物流服务能力的更是少之又少。相对来讲，大型的国际物流企业内部的信息系统较为完善、企业员工服务意识较为良好，其服务水平也就相对较高。规模零散的第三方物流企业除了要提高自身实力以外，还需加强与其他企业之间的合作，实现优势互补，建立战略合作伙伴关系，以合作共赢为出发点，为客户提供更全面的服务，谋求利益最大化。

3. 物流业产值迅速增加，但企业利润增长缓慢

国际物流企业的主要成本包括向各船公司支付进出口海运费、向国内运输车队支付国内公路运费、向仓库及保税物流园支付仓库保管费和人工费等。近年来，物流产业已逐步成了北京市支柱产业。物流业增加值年均递增达到12%左右，物流业产值迅速增加。但由于目前国际物流企业提供的物流服务性质较单一，且现有模式的工作成本较大，特别是人工成本和交通成本居高不下，导致最终利润减少，故形成了北京市国际物流业产值增加迅速、物流企业利润增加缓慢且两者增长比例不合理的现状。

第二节　北京市国际物流发展问题

一、北京市国际物流发展中存在的问题

（一）国际物流管理体制方面

目前北京市国际物流行业的管理基本上仍沿袭计划经济体制，国际物流行业的管理权限分割为铁路、民航、海运、海关、商贸等部门。由于没有一个统一的主管部门进行宏观管理和协调，国际物流中横向联系被纵向的管理体制所影响。在这种体制下，若一个企业的物品想实现多式联运（一次委托，用两种以上运输方式将物品运送到目的地的运输方式），难度大大增加。

（二）国际物流设施建设方面

目前北京市大多数国际物流企业是从传统的物资和商业储运企业、各部委所属储运

基地以及港口、码头等转运代理转型而来的，其基础物流设施能力还不能够完全满足北京市经济商贸的需要，表现在运输、仓储等方面的能力仍不能满足相应的运输、仓储等方面的需求，主要供求矛盾仍然较突出，物流中心设施规模较小，仓储设备较落后，装卸搬运的机械化水平较低，高效专用车辆较少。

物流业务要想国际化发展，必须搞好物流现代化，加大对物流设施建设的投资。2015 年，江苏省连云港中哈物流基地，凭借与港口的无缝对接，打造出“前港后站、一体运作”的海铁联运模式，对内带动西安、郑州、乌鲁木齐等“一带一路”节点城市，对外辐射日韩、中亚、欧洲等国家和地区，贯通亚欧、联通世界的多式联运物流网络正在形成。2016 年 3 月，重庆渝北区按照规划，计划打造国际物流分拨中心，引进国际物流企业入驻，新加坡物流巨头普洛斯集团已经在该区选好两块地，分别为 1000 亩和 300 亩，打造物流项目。故北京市国际物流应发挥自身地理位置优势，建设相应的国际物流设施来加快国际物流的发展。目前，空运、铁路是北京市国际运输的主要方式和途径，所以，应该重点投资航空港和铁路港建设。而对于海运方面，因为北京地处于内陆，没有直接对接的海港，故应依靠周边城市的港口，例如天津港、唐山港等，对接区域内的航空港和铁路港，发挥自有的地理位置优势，协同京津冀地区的国际物流发展。

（三）国际物流人才培养方面

由于北京市的物流地理优势较不明显，外加首都功能的精简，大量物流人才流出至其他沿海港口城市，使得区域内物流人才流动性较大，目前，北京市在这方面的教育和培养还可加强深化。要实行国际物流，必须拥有一支既有开放意识又有专业知识和技能的高素质物流人才。为适应北京市国际物流发展的需求，应加快国际物流人才的培养，加强对物流企业在职职工的教育和培训，不仅要组织短期培训，还要组织系统的整体培训。对国际人才的培养，不仅要注重物流基本理论知识的传授，更要注重加强计算机、网络、国际贸易、通信、标准化等知识的完善补充。另外，北京市可利用自身国际都市的优势，积极吸引国外高级物流人才。

二、北京市国际物流市场发展中存在的问题

（一）国际航空物流市场发展问题

快件、特种货物的快速增长。近年来，随着我国居民消费能力的提升和消费方式的改变，快件、特种货物运输量的持续高速增长，带来了大量的航空运输需求，也对航空物流业提出了更高的要求：一是快件货源的快速增加要求航空物流业从传统“机场到机场”的运输服务转变为“门到门”的全流程服务；二是高价值商品、医药用品、蔬菜水果、海鲜、冻肉等特种货物运输量的快速增加要求航空物流全面提升操作能力。

跨境电商货物运输方式主要为航空物流运输。跨境电商物流市场的崛起为航空物流带来了大量的新需求，其运价承受能力强，对时效的要求、国际物流各环节整合能力的要求都非常高。

空陆联运等多式联运模式仍处于起步阶段。近年来，高速铁路、高速公路等运输方

式快速发展，运营网络日益完善，空陆联运等多式联运运作模式在各地涌现。尤其是随着铁路货运能力释放及市场化改革推进，“特需班列”等专业化和多样化联运服务稳步推进，有力地促进了联运组织模式创新。由于联动机制不顺畅、基础设施衔接不顺畅、物流信息共享不足，我国多式联运发展仍存在形式单一、覆盖面小、能力不足、水平不高等问题，与欧美国家存在较大的差距。近年来，敦豪（DHL）等国际物流企业纷纷在中国推出多式联运服务，整合了空运、海运、公路以及铁路运输的多种运输模式。

（二）国际铁路物流市场发展问题

从铁路部门获悉，2016年，中国铁路将拓展国际铁路物流市场，围绕开好中欧、中亚班列，加强与沿线各国铁路的合作，压缩班列全程运行时间，加快发展集装箱国际物流运输，拓展国际全程物流业务，完善国际联运价格机制，推进境外经营网点建设，开发返程货源，扩大我国铁路的国际物流市场份额。

同时，铁路部门还将推进铁路内陆港、铁路场站口岸建设，与港航企业协作，加大铁水联运力度，强化港口集疏运能力，为沿海地区参与全球经济合作提供运力支撑。

铁路货运转型改革。面对当下国际铁路货运的形势，铁路运输要向现代物流运输转型发展，铁路总局已经开始着手建设自己的综合电商物流平台，提高铁路物流信息化水平。通过突破白货运输，并拟建综合电商物流平台，涉足B2B大宗物资交易和B2C小商品交易两大核心业务。为进一步推动铁路市场化运作，降低物流成本，2014年9月，铁路总局研究制定了深化货运组织改革的思路和方案，相继推出了一系列新服务和新业务，包括取消订车环节、开办零散货物快运业务、实行货运“一口价”以及开办货运新业务等。新业务的开办，让铁路总局从“铁老大”的位子上走下来，站在与其他物流企业平等的位置上公平竞争，服务态度、业务内容以及运输效率都有了一定的提高。凭借着铁路及高铁的强大运力，铁路总局依然在大宗货物运输、零担快运、高铁快运等方面有着强有力的竞争优势，并得到了货物业主的多次好评，这无疑是实行市场化运作的最好证明。

与此同时，取消订车环节，敞开受理业务，开办零担货运业务，满足零散货物运输市场需求，实现完全清晰的市场化货运“一口价”，并根据市场需求，开通运行多条国际货运班列、电商班列、高铁行包和自驾游汽车专列，业务更加人性化和市场化，体现了铁路总局顺应新常态、引领新常态的发展思路和决心。

技术创新。2014年，我国的铁路技术研发突飞猛进，不论是3万吨重载列车的试验运行，还是穿越世界上最长风区的兰新高铁，每一项铁路技术捷报传来，都让业界为之一振。达到世界领先水平的铁路技术，直接推动了铁路建设的发展速度，也拉动了周边地区的经济发展，更让国人扬眉吐气，在世界上一展雄风。再加上李克强总理在国际上对我国高铁的重点推荐与介绍，我国的高铁技术更是让世人折服。

信息平台建立。在互联网大数据时代，物流企业除了建立好自身信息平台外，更主要的是利用好社会网络资源，掌握信息，把握发展的机遇。在信息化时代，伴随着我国经济结构的调整，物流信息也是瞬息万变的，物流市场的动向及运输的物资也是千变万化的。只有根据市场的变化，及时了解物流市场的行情，开行适应市场规律的列车，才能赢得市场的主动权。同时，通过互联网大数据实现与其他交通工具的融合，在物流市场上各种交通工具充分发挥各自的优势，实现优势互补，这样就能避免各种交通运输方式间的无序竞争、恶性竞争。铁路运输正走在改革的路上，及时把握和利用互联网大数据带来的丰富信息，并且把自己的优势利用互联网传播出去，是铁路信息化发展的前提条件。对于物流市场来说，随着信息化和大数据的运用和快速发展，使物流信息资源在逐渐地共享，让一切信息都透明了起来。参与物流运输的企业，只要动一动手指点击一下鼠标，从运价到所运物资等一切信息都会十分明朗。因而，参与物流运输的各企业，需要在竞争与融合中共同发展，推动物流市场向信息化、现代化快速发展。

结合“一带一路”倡议。“一带一路”倡议，着眼于弘扬古丝绸之路互学互鉴、和睦共处的精神，拓展我国同欧亚大陆方向国家各领域的互利合作，是新形势下我国推进对外合作的总体构想。铁路作为交通运输大型基本设备，有着连接区域间商贸物流合作，沟通国际间经贸关系的重要基础作用。2014 年，我国加强铁路国际合作交流，积极推进与周边国家铁路互联互通建设；积极推进中老、中泰、中缅、中蒙、中俄铁路等重点项目，发挥我国铁路建设的专业优势，推动中国高速铁路技术装备、工程建设、运营管理和技术标准“走出去”；积极参与铁路合作组织、国际铁路联盟、世界标准化组织等国际及地区性组织工作，组织协调铁路企业加强对国际铁路法规、标准、规则的研究，为铁路“走出去”提供技术标准支持。

三、北京市国际物流企业发展中存在的问题

（一）企业物流的管理手段落后，物流信息网络不够健全

有些较大规模的国际物流企业虽然实现了部分业务的无纸化操作，也自行研发了一套计算机网络程序，如进出口海运系统、空运系统、集装箱船代系统、散杂货船代系统、仓储管理系统、运输调度系统、箱管及堆场操作系统、进出口拆装箱系统、进出口报关报检系统、财务结算系统、人事管理系统等运营和管理系统，但是这些系统的应用程度并不高，一些功能并不完善，信息不能够实现实时更新且存在很多重复劳动的环节。

（二）企业缺乏创新理念

北京市多数国际物流企业在运输配载过程中，已经形成固定模式。因为地理条件的制约，海运基本只能通过天津港来完成，所以配载过程中不敢尝试配内贸船，或只依托于天津港，从而造成航线单一、运费较高的问题，也未能实现国际物流企业为客户服务的最大化。

（三）企业缺乏协同竞争的理念

北京市内陆城市这一特点已决定了国际物流企业发展趋势，即单一的第三方物流，因此，需要与在港口城市发展有优势的船公司、码头堆场等紧密联系，相互合作。如果一味寻求扩大发展规模，形成从配载、运输、仓储、装箱、集港等一系列相对完整的物流部门，这样会造成核心竞争力分散，资源浪费，成本提高，甚至直接影响其发展速度和发展规模。

（四）第三方物流的服务与客户需求之间不能完全契合

目前，北京市的许多国际物流企业在与客户的合作中比较被动，对客户运营生产环节的渗入层次较低，不能及时了解客户需求，都是在接到客户通知或者国外代理的指示以后才开始相关操作，安排货物的仓储、运输、进出境通关等，这导致物流企业时常不能迅速反应，服务上并不能完全保证高效快捷，往往造成物流供应链系统的不畅。

2016 年 9 月，包括马坊物流基地在内的首批 6 家跨境电商产业园获授牌，其他 5 家分别是：天竺综合保税区园区、北京邮政综合服务园区、中科电商谷园区、北京 EMS（邮政特快专递服务）园区、华商创意中心园区。跨境电商产业园的定位是发挥示范带动作用，充分利用北京市跨境电子商务发展在政策环境、航路资源和口岸建设体系等方面的优势，积极打造跨境电商产业链体系，促进跨境电商集聚发展。

2014 年以来，平谷口岸进出口集装箱有逐年下降趋势（见表 7－8）。因此，需上级部门进一步与海关总署及天津、河北口岸部门协调，争取政策支持。

表 7－8　　平谷口岸近年进出口集装箱货物量

年份	箱量	货重（万吨）	货值（亿美元）	关税（亿元）
2010	1726	0.8	0.4	0.7
2011	11950	8.6	5.6	7.7
2012	33067	15.2	11.0	16.6
2013	41039	19.8	14.3	20.3
2014	46438	19.8	14.8	21.4
2015	39420	18.4	13.2	19.8
2016	29136	18.6	10.3	17.47
合计	202776	101.2	69.6	103.97

资料来源：北京市人民政府口岸办公室。

（五）第三方物流企业内忧外患

北京市国际物流企业存在的最主要问题，一方面是内部的原因，由于自身基础设施不够健全，运力不够充足，业务基本处于自揽自运状态，运营缺乏效率，管理水平也不高；另一方面是外部的原因，受到道路运输瓶颈、监管限制、油价和过路费上涨等因素的影响，再加上同行之间竞争的日益激烈，甚至有些物流企业为了增加业务量，不计后果恶性竞争，在社会上造成非常不好的影响，以点带面给整个物流企业蒙上阴影。

（六）忽视物流成本核算

国际物流企业的主要成本包括向各船公司支付的进出口海运费、向国内运输车队支付的国内公路运费、向仓库及保税物流园支付的仓库保管费和人工费等。但仅仅算出物流成本是不够的，许多企业忽视物流成本的核算，没有将物流成本逐项细化。仓储成本、运输成本、信息成本、管理成本，每一项都要精打细算，把钱用在刀刃上，把不必要的费用降到最低。但降低成本的同时，也要确保一个前提，就是要保证企业服务水平不变，企业成本的降低不能以企业的核心竞争力下降为代价。

第三节　北京市国际物流发展趋势

结合“一带一路”倡议和“国际交往中心”的城市定位，北京地区鼓励物流企业“走出去”，推动物流和商贸龙头企业共同组建国际物流市场主体，充分利用京津冀区域丰富的公路、港口、航空口岸和铁路资源，打通国际物流通道，开展跨境国际物流服务，突出北京作为国际物流重要节点和服务“一带一路”倡议的作用，实现国际物流与城市物流联动。

优化物流基地规划布局，进一步明确功能定位，提高基地资源利用效率和管理水平，差别化发展北京四大物流基地：通州马驹桥物流基地突出承接朝阳口岸功能，与天津口岸经营主体通过项目资金互投，利用经济纽带促进口岸合作；大兴京南物流基地充分利用区位优势，着力发挥京津冀区域联动功能，打造成为京津冀一体化的重要物流枢纽；平谷马坊物流基地以“口岸＋冷链＋交易”为核心，建设保障首都、协同津冀的“特色口岸”型商贸流通节点，打造北京市国内贸易与跨境电子商务融合发展的创新示范区和服务品牌；顺义空港物流基地重点加快完善国际物流及快递类包裹集散功能，打造北京市内外贸及国际电子商务中心。

一、北京市国际航空物流发展趋势

（一）跨境电商环境下的国际航空物流

在全球化的大背景下，跨境贸易将释放出更多的发展机遇。从整体环境看，跨境电商的海关监管在大批量的海外货物进口方面越来越严，质量已有了“安全”保护伞；而中国对跨境电商的税收制度调整，也使整个市场竞争越来越公平。机遇与挑战并存，无论是电商平台，还是定位于跨境电商服务的物流企业，要想分食这块“蛋糕”，除了有“撸起袖子”的干劲，还得有实实在在的“料”。

近几年，跨境电商发展势头良好，需求旺盛，国内众多中小企业开始转型升级，布局国际市场。就连过去热衷于代购和旅游购物的海淘族也开始转移战地，将目光聚焦在了跨境电商平台。据《北京商报》数据显示，2016 年全年，北京市跨境进口实现 88. 8 万票，同比增长 6. 7 倍，价格总值超过 3. 3 亿元人民币，同比增长 9. 4 倍。出口邮政小包 8. 38 亿美元，占全国出口总额的两成，北京站邮政处理中心成为跨境电子商务口岸一般出口的主要渠道。有关数据显示，2016 年中国消费者仅在日本市场的购买金额就达到 1. 0788 万亿日元，预计在 2019 年将增至 2. 3359 万亿日元。很显然，跨境电商的市场需求十分旺盛。

北京市政府陆续出台关于跨境电商的利好政策，支持跨境电商物流迅猛发展。北京市现已建成较为完善的口岸和通关监管体系，形成了 O2O（线上到线下）直购体验、综合服务平台等多种经营模式，培育了天竺综合保税区等6家跨境电子商务产业园，同时建成了15家跨境电商体验店。2016年，北京市口岸跨境电商零售进口货值同比增长8.4倍。北京地区共有6个跨境电子商务海关业务现场，分别是国门商务区、首都机场快件库、首都机场国航库3个直购进口现场；北京站邮政处理中心1个零售出口业务现场；天竺综合保税区、亦庄保税物流中心（B型）2个网购保税进口现场。北京市依托全国最发达的铁路、航空运力系统和全国最大的国际邮件处理中心及国际邮件航空交换站，与世界138个国家和地区的240个城市建立了邮件直封关系和高效的运输系统，峰值处理量达到90万件，全国近20%的国际航空邮件通过北京口岸转运出口，北京市在零售一般出口业务上有着巨大优势。北京地区零售一般出口主要以邮政小包出口为主，主要商品包括服装、饰件等小商品，主要出口英国、俄罗斯、澳大利亚等地。

在清单管理以及税收方面，海关实施负面清单管理和“通道式验放”监管模式，对个人直购进口采取“清单核放、汇总缴纳”，北京地区跨境电子商务海关监管主要为直购进口业务、零售一般出口业务和网购保税进口业务。对货物一般进出口采取“清单核放、汇总申报”方式办理通关手续；跨境电商零售进口商品不再按“个人物品”征收行邮税，而是按“货物”征收关税、增值税、消费税等。检验部门实施便利备案、便利申报、便利放行监管模式。北京海关已在国门商务区、首都机场跨境电子商务快件库、首都机场跨境电子商务国航库和北京站国际邮局4个监管现场开展跨境电商监管业务，开发完成了北京市跨境电子商务公共信息平台。

为破解电商邮件通关的难题，在北京海关的支持下，2015年北京邮政建设了跨境电子商务通关服务系统，实现与电商平台、政府平台的对接。2016年4月5日，在中国邮政系统内首次实现了跨境电子贸易监管模式，即9010模式。为平台卖家提供订单管理、数据集成、出口预归类、电子清关等支撑服务。北京邮政跨境电商出口邮件可按9010模式进行海关申报，满足电商客户出口退税结汇的需求，助力跨境电商阳光化通关。同时借助便利通关服务，北京邮政在银行及国航的支持下，突破了航空电子类产品的瓶颈，推出全新快运、微电类国际小包运输专线项目，满足跨境电商带电类产品航空需求，从产品制造、运输、邮政处理、安检、承运等环节进行全方位信息流把控，提升跨境电商竞争的优势，助力跨境电商的快速发展。

进出口贸易往来，物流运输是关键环节。目前跨境运输主要以海运和空运为主，但由于海运相对时间较长，因此空运成为跨境电商商家与物流企业合作共荣的平台及打通国际市场的重要通道。在2016年，中国国际航空货运市场的整体需求增长明显，一些提前进入航空货运领域布局的物流企业都赢得了不负期许的市场占有率，如国内综合物流企业友和道通集团无疑是其间的获利者，其在日本市场的布局和市场反响就是最好的证明。故应以北京新机场建设为契机，推进跨境电子商务物流设施建设，支持集约化、高端化、国际化发展模式，促进跨境电子商务与国内市场融合发展。

（二）“一带一路”环境下的国际航空物流

“一带一路”国际合作高峰论坛的胜利举办将进一步推动中国与“一带一路”沿线65个国家和地区的经贸与文化交流的合作。“一带一路”倡议的主要内容是加强互联互通，伴随着“一带一路”倡议，人员交流和货物流通将更为频繁。要扩大商贸物流领域的对外开放，积极构建服务全球贸易的物流支撑体系，构建立足北京、面向区域、辐射“一带一路”的国际物流网络，为国际高端商贸活动提供物流保障服务。

航空货运是贸易的派生需求，一般来说，两国间的国际贸易规模越大，航空货运市场的规模也越大，因此，两国间的国际贸易规模一般是判断航空货运市场前景的首要考虑因素。所以，目前与中国的国际贸易规模和其劳动力资源情况是分析这些国家和地区航空货运市场机会的重要因素。

以国家统计局2015年与中国的进出口额数据为分析基础，与中国的进出口额超过100亿美元的“一带一路”沿线国家共22个。这些国家以贸易额从高到低依次排列为马来西亚、越南、新加坡、泰国、印度、俄罗斯、印度尼西亚、沙特阿拉伯、阿联酋、菲律宾、伊朗、土耳其、伊拉克、巴基斯坦、阿曼、波兰、缅甸、孟加拉国、哈萨克斯坦、以色列、科威特和捷克。

按照对外贸规模、劳动力数量和劳动力成本的排序分析，中国航空公司面临的市场情况可以粗略分为三种：第一种，外贸规模大、劳动力数量多且劳动力成本低；第二种，外贸规模大、劳动力数量多但劳动力成本较高；第三种，外贸规模小但劳动力数量多、劳动力成本低。

对于第一种情况，航空货运市场有一定基础而且有望较快发展。越南、印度、巴基斯坦、缅甸和孟加拉国满足第一种情况。其中越南、印度与中国的贸易规模较大，巴基斯坦、缅甸和孟加拉国的规模较小。因此，越南和印度是需要重点关注并可以结合市场情况开辟货运航线的市场，而巴基斯坦、缅甸和孟加拉国则可以密切关注市场的增长情况，留意开展货运包机的机会。

对于第二种情况，航空货运市场有一定基础但发展速度较为平稳。马来西亚、泰国、俄罗斯、印度尼西亚、沙特阿拉伯、菲律宾、伊朗、土耳其、伊拉克、波兰和哈萨克斯坦满足第二种情况。其中马来西亚、泰国、俄罗斯、印度尼西亚、沙特阿拉伯和菲律宾与中国的贸易规模较大，同时，这些国家的航空公司一般都具有一定实力。因此，中国航空公司如要开拓这些市场，可与这些国家的主要航空公司共同合作、开发市场。

对于第三种情况，航空货运市场目前很小但有可能快速发展。阿富汗、尼泊尔、柬埔寨、也门和乌兹别克斯坦满足第三种情况。其中阿富汗和尼泊尔的人均国民总收入在1000美元以下且人口在3000万左右。虽然阿富汗和尼泊尔目前在外贸上的规模还很小，但低廉的人力成本和较为丰富的劳动力使得两国在获得有利于外贸发展的环境时，具有迅速发展的潜力。

二、北京市国际铁路物流发展趋势

（一）京津冀协同发展环境下的国际铁路物流

2016年6月8日，北京铁路局与天津港（集团）有限公司签署战略合作框架协议。协议中，双方确定合作目标，落实天津市综合交通“十三五”规划要求，进一步提升港口集疏港能力，使港城环境明显改善，推动铁路集疏港运量持续稳步增长。

北京铁路局与天津港（集团）有限公司以成立合资公司为纽带，以共同改善铁路集疏港条件和完善服务设施为基础，以共同开发信息资源为支撑，以建立日常协调机构为保证，共同创新路港合作模式、拓展全程物流服务、降低综合物流成本、提升资源利用效率和企业经营效益，构建以“港口、无水港、铁路运输、大客户”为要素的跨区域铁水联运绿色物流通道。

双方战略合作内容主要包括5个方面：①依托国际联合集装箱有限公司，大力开发集装箱和件杂货业务；②积极拓展散货物流服务业务，巩固提升散货运量；③搭建信息共享平台；④实施“优质服务、优惠价格”战略；⑤推动港区空间优化调整。

《京津冀地区城际铁路网规划》提出，以“京津塘”“京保石”“京唐秦”三大通道为主轴，以北京、天津、石家庄三大城市为核心，将新建24条、3450千米城际铁路网，形成以“四纵四横一环”为骨架的城际铁路网络。京津冀间将有5条高铁，分别是京沪高铁、京津高铁、京滨高铁、京津第二城际高铁、北京新机场高铁（北京新机场—天津）。

随着我国外向型经济的高速发展，各港口的海运集装箱运量大幅上升，开展集装箱海铁联运业务将实现内陆口岸与港口的无缝对接，大大提高货物运输的效率，降低企业运输成本。

而北京市更应充分发挥津唐港、马坊物流基地及平谷地方铁路资源优势，加速推进开通集装箱“五定班列”（定点、定线、定车次、定时、定价），例如，开通自河北唐山至北京平谷的海铁联运“五定班列”，以海铁联运的良好衔接打通内陆口岸与港口的快速运输通道，畅通铁路运输“最后一公里”，为推动京津冀协同发展、疏解首都城市配送、发展绿色物流提供有力支撑。

（二）“一带一路”环境下的国际铁路物流

在“一带一路”倡议的指引下，铁路运输发展呈现出欣欣向荣的景象，中西部铁路发展建设逐渐形成完善运输网络和多个区域枢纽，多条国际货运班列开通运营，铁路运输成为丝绸之路经济带沿线区域的经济发展、进出口商贸物流的新引擎。“一带一路”沿线国家和地区对基础设施建设、商贸往来有着巨大需求，并成为“海淘”的热门市场。在消费升级加快的背景下，跨境电商需求将继续快速增长。“一带一路”将持续拉动北京市跨境铁路运输发展。

北京丰台口岸货运量占北京地区铁路运输进出口货物的90%以上。因为铁路运输有天然的低成本、低效率属性，因而丰台口岸历来以低价值货物为主，2014年之前每年进口货值基本都在2000万美元左右。在我国提出“一带一路”倡议后，2014年、2015年丰台口岸进口货值开始加速增长，均在6000万美元左右。2016年，丰台口岸进口货值达到1.89亿美元，创下历史新高。

2016年，中国对“一带一路”沿线国家和地区进出口总额达6.25万亿元，占当年进出口总额的25.69%。2016年，以跨境电商形式进行的进出口交易达到6.7万亿元。在跨境零售电商快速发展的大潮下，除了欧美等传统“海淘”热门市场外，“一带一路”沿线国家和地区的商品逐渐成为热捧对象。

目前，在北京地区定期开行的货运列车主要有：①从阿拉山口入境的“郑新欧”班列；②经“德国—波兰—白俄罗斯—俄罗斯—满洲里”从满洲里入境的班列，两趟班列分别经郑州火车转关和满洲里入境转关至北京百子湾车站及丰台口岸；③从天津出发，途经满洲里站出境，通过俄罗斯最终到白俄罗斯明斯克市科里亚季奇站的国际集装箱铁路货运专列（中欧班列：天津—明斯克），标志着京津冀地区首次拥有了直通欧洲方向的国际集装箱铁路货运专列；④从天津港出发，经二连浩特出境，跨越蒙古国及西伯利亚大陆，最终抵达俄罗斯莫斯科的“中蒙俄”货运班列；⑤始自邢台，直达乌兹别克斯坦首都塔什干的中亚国际货运班列“好望角号”，全程5000余千米，运行周期为8天，是京津冀区域首列直通中亚的货运班列，同时也是目前中亚货运速度最快的班列。

随着贸易自由化、便利化水平的提高，跨境列车运输时间不断缩短，安全性不断提升，企业尝到了“一带一路”的政策甜头后，纷纷开始使用跨境列车运输高价值商品。

积极对接“一带一路”，提高对外开放内涵，打造对外开放新格局，打造京津冀高水平对外开放平台。开行中欧班列、中亚班列，意味着在深度参与服务京津冀协同发展和“一带一路”上迈出了重要一步，未来政府也将进一步加强对中亚欧班列的政策支持和服务。目前北京市铁路班列发展还处在初期阶段，在通关便利化、集装箱运输便利化方面需要做大量工作，需要通过各个部门间通力协调，通过自贸区制度创新，为集装箱班列通关、运输便利化探路。

中亚、中欧国际货物列车的开行，标志着京津冀地区经济社会发展，尤其是外向型经济发展，迈上了一个新台阶，对于促进京津冀地区集装箱国际联运功能布局的全面升级、助推京津冀综合交通运输体系的建设将起到重要的推动作用。

三、北京市国际内陆无水港物流发展趋势

（一）京津冀协同发展环境下的国际水运物流

河北省计划以北京无水港为平台，深化京冀在集装箱、散杂货、能源等物资运输中的合作，将唐山港打造成北京市最便捷的出海通道。依托河北省港口丰富的沿海滩涂资源，建设“飞地”工业园区，制定更加优惠的税收分享政策，承接北京市乃至“三北”地区的重化工产业和高端产业制造环节项目的转移。

河北省三大港口正加快调整结构，精确港口功能定位，加强与天津港协同发展，打造世界级港口群。在京津冀协同发展大背景下，津冀港口将实现统一规划、错位发展。2015年12月29日，天津港（集团）有限公司与河北港口集团有限公司签署框架协议；2016年7月，唐山港集团与天津港集团合资组建唐山集装箱码头有限公司，标志着津冀港口协同发展取得了实质性进展。唐山港与天津港形成“双核”，建成国际综合贸易大港；秦皇岛港、黄骅港依托“双核”形成“两翼”，向多功能现代化大港转变，共同打造北方国际航运核心区。利用各自航线优势，开展货物中转联运，形成一个集装箱运输网络。津冀港口还将完善通关模式，打造互联共享的物流信息平台，建立港口企业合作联盟。

另外，河北省正在快速推进港口集装箱多式联运业务发展，培育新的集装箱运量增长点，打造京津冀乃至北方地区海陆速运体系。唐山港至二连浩特、唐山港至乌鲁木齐、秦皇岛港至包头等8条海铁联运集装箱班列，是河北省港口集装箱吞吐量的重要增长点。

河北省还将谋划筹建全省统一的电子口岸运营实体，从航线、水水中转、铁海联运、铁路线路等多方面给予政策支持，全力推动集装箱多式联运快速发展。

天津市面临“一带一路”、京津冀一体化、自由贸易试验区、国家自主创新示范区和滨海新区开发开放五大机遇叠加的发展时期，天津港以其独特的地理位置成为其中的重要组成部分。

津冀港口群与北京地区的无水港应相互合作、协调发展。由于国内沿海地区的港口竞争激烈，仅环渤海地区，就分布有天津港、唐山港、大连港、营口港、青岛港等一系列港口。津冀地区港口与其他地区港口在货源等方面的竞争日益激烈。而与地处内陆的北京市协同合作，一起发展无水港建设则成为一条突围之路。无水港建设使北京市的“内陆地区”变成“沿海地区”，主动承接沿海港口物流的辐射。同时，无水港建设使天津市、河北省的“沿海地区”延伸到“内陆地区”，疏解了水运物流的需求。港口城市与无水港城市都各自为城市发展开辟了新的道路，为城市经济提供了发展契机。

（二）“一带一路”环境下的国际水运物流

“一带一路”在广袤的空间上构建起全球经贸联系的大格局，航运业将起到串联其中的关键作用。对于航运企业来说，要抓住国际经济战略转变的大机遇，不仅应当发挥撬动沿线各国、各地区经济发展的先导作用，而且应在此过程中加快贸易、投资的角色转变，实现国际化经营的新模式和新布局。

2015 年 3 月，政府发布“一带一路”路线图，推动共建丝绸之路经济带和 21 世纪海上丝绸之路。2016 年 3 月以来，中国远洋海运集团、招商局集团、马士基集团等跨国航运企业在各种场合发表了对“一带一路”倡议的研究，并对促进沿线各国、各地区的经济发展，促进航运企业的国际化经营提出了建议。在“一带一路”背景下，作为国民经济重要组成部分的航运业应抓住机遇，在海上丝路构建过程中发挥先导作用，凭借其具有的天然优势，带动其他行业的合作与发展，共同服务于海上丝路的建设。

航运企业与港口具有天然的联系，航运企业的经营离不开港口，其投资也大都是围绕港口进行。从经营船舶，到布局航线，再到构筑港口网络，参与腹地的经济发展，航运企业越来越深入产业链条的源头。

以中国远洋海运集团为例，该集团涉及“一带一路”的业务主要有三块：第一块是海上“丝绸之路”的船舶运输，开通了远东和中东到欧洲、地中海、黑海、红海的集装箱运输班轮，每年运输量是 300 万 TEU 左右；第二块是陆上“丝绸之路”的综合物流业务，开辟了跨亚欧大陆的海铁联运，每年运输量大概 100 万 TEU，占我国铁路集装箱运输的 15%；第三块是“一带一路”沿线的港口基础设施建设。

作为当今世界最大的航运企业，拥有 8500 万载重吨、200 万 TEU 的集装箱运力，可以为全球港口码头提供支撑服务。码头业务也是核心资源，是全球网络布局的基础和战略支撑点，与集团的船舶运输业及产业链上下游相关业务形成了相互促进、协同发展的良好格局。2015 年，中国远洋海运集团码头集装箱吞吐量达到 9596 万 TEU，在全球码头营运商排名中居第二位。现投资经营的集装箱码头共有 50 个，其中海外 11 个，绝大多数都分布在“一带一路”的沿线区域。这些码头的投资开发，为当地提供了大约 10000 个就业岗位，为促进当地经济发展发挥了重要作用。

中国远洋海运集团计划在“十三五”期间，以“一带一路”为主线，重点布局海上丝绸之路的新兴市场和战略要地，加快推进码头产业国际化经营，提升码头国际化比重及发展水平。该集团将立足集装箱码头枢纽港和中转港，发展沿线国家的集装箱码头项目，注重新兴国家及区域码头项目的开发，加强与国际码头运营商的合作，探索实施国际码头整体参股等投资方式，扩大国际码头体量。

航运企业作为国际物流的专业提供商，在解决港口互联互通方面具有天然优势和特殊地位。如果能抓住关键的港口节点，通过新建、改建或扩建，提高产能，输出管理，提高效率，就能保证“一带一路”经络畅通。一位业内专家表示，“‘一带一路’不仅要实现产能的‘走出去’，更要实现资本的‘走出去’，中国企业应加强与金融机构的合作，提高自身资产管理等专业技术经验。”

港口建设属于大型基础设施建设，要积极打造具有产业集聚功能的丝路园区综合服务平台。招商局经过30多年的实践，特别是开发招商蛇口工业区、漳州国家级开发区过程中发现，集聚产业是发展地方经济的一个重要措施。丝路园区将依托港口，或者是空港为核心节点，以临港产业园区为主要载体，建设集商品交易、物流中转、出口加工制造、跨境清结算和通关服务五个功能于一体的便利化平台，助力中国企业通过丝路园区借船出海。

航运企业和港口的充分合作，可以实现双赢，这已成为航运业的一种发展趋势，在“一带一路”的背景下，多产业协同布局成为跨国航运企业近年来战略调整的方向之一。积极探索国际合作新模式，将“一带一路”的战略目标转变成实实在在的企业商业模式，形成海外航运物流产业的集群竞争力，将成为国际航运业持续发展的新引擎。

亚欧航线是世界三大主要集装箱航线之一。海上丝路的构建基础，就是这条繁忙的海上运输线路。作为亚欧航线繁荣的两端之一，中国具有先发优势。将发展的动力注入当地，带动沿线国家和地区的发展，航运具有关键的先导作用。航运是整个物流产业的一个重要环节，一头连接着市场，一头连接着生产。近年来，海上丝路沿线国家和地区之间的贸易额度在逐年提升，但航运基础设施落后，沿线国家或地区间缺乏合作、国际航运管理和有关标准不统一等问题制约了业务增长。这些问题均需通过大力发展航运、促进航运的合作予以解决。

当前，国际水运航运市场处于缓慢复苏阶段，海上丝绸之路也为中国航运企业转型带来了新的发展机遇。随着海上丝绸之路的推进，航运企业扩大投资将取得新的成果；本土市场与国际市场将日益融合，通过产业链纽带的深化和互补，完善航运资源配置能力，推动高端技术创新要素价值的全球实现；航运企业将进一步融入世界经济，进一步增强核心竞争力。海运强国，将真正被赋予全新的内涵。

第四节 小结

观察今天国际物流的发展，离不开世界经济发展的大背景，即席卷世界的经济全球化。经济全球化是当今世界发展的最重要趋势，其他趋势不能不受到这一趋势的影响和制约。在经济全球化的推动下，资源配置已从一个工厂、一个地区、一个国家扩展到整个世界。而国际物流通过现代运输手段和信息技术、网络技术，降低了物流成本、提高了物流效率。在国际贸易和全球资源配置中，国际物流发挥着越来越重要的作用。经济全球化为国际物流行业的发展带来了前所未有的机遇。作为新崛起产业，国际物流正越来越大程度地引起人们的关注和重视。

北京市的国际物流业目前仍处于初级阶段，与作为国际化大都市的首都标准还相差甚远，需要尽快提高升级，避免成为首都发展的短板，制约京津冀经济圈的发展。因此，要尽快扶持物流相关产业的发展，培养专业的高素质人才，同时引进高端物流技术和管理理念，才能将北京市国际物流业整体水平提升一个台阶，切实提高和加强核心竞争力。相信北京市的国际物流企业将凭借其优越的政治地理位置、广阔的腹地，以及先进的创新服务理念，使其国际化向纵深发展，成为货物流通领域内举足轻重的国际物流企业。

第八章

北京城市垃圾回收物流发展现状与对策

本章从生活垃圾的定义、分类出发，以北京市垃圾分类回收物流为主线，对北京市垃圾分类回收设施设备、各阶段的物流运作情况进行分析；以环卫行业重点企业——北京市环卫集团作为研究对象，分析其运营模式，简要核算其全流程物流成本；最后对北京市生活垃圾回收处理中存在的问题进行分析，并提出相应的对策。

第一节　北京市生活垃圾回收物流现状

一、北京市生活垃圾分类回收概况

北京是我国的首都，作为常住人口2000多万的超级大都市，与稠密的人口相对应的是每天数量庞大的生活垃圾产生量，2016年生活垃圾日产生量达到2.38万吨，在统计的246个大、中城市中仅次于上海，给垃圾处理系统带来了巨大的挑战。本节对北京市环卫行业、北京市生活垃圾分类及历年垃圾产生量和清运量等进行概述。

（一）北京市环卫行业概况

1. 管理机构

北京市城市生活垃圾管理机构如图8-1所示，北京市城市管理委员会处于最高层，负责市政基础设施、公用事业、环境卫生和城市市容环境综合整治。北京市城管执法局负责协调、监督、检查基础作业层的日常工作；北京市商务委员会负责再生资源利用、废旧物品回收；北京市环保局则负责对整个环境的监测。同时由各区政府牵头，由北京市城市管理委员会、首都精神文明办、北京市城管执法局协助北京市城市生活垃圾实现全流程分类化处理，北京市环卫集团作为主要的作业主体来对各项作业进行实施和管控。

2. 参与主体

在垃圾分类处理的整个运作过程中，参与分类、分拣的主体包含三大类，分别是城市居民在垃圾源头处的分类投放、分拣人员（包括城市拾荒者）进行人工分拣以及具备分拣功能的垃圾楼、转运站、综合处理厂中的分拣机械进行分拣（见图8-2）。然而，由

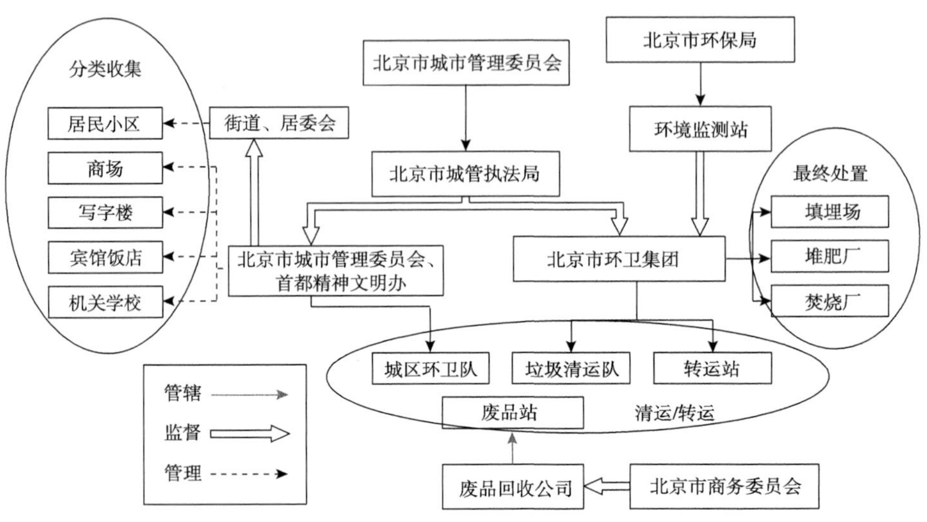

图8-1　北京市城市生活垃圾管理机构

于垃圾源头分类率（居民分类投放）低下，因而容易造成进入机械拣选环节的垃圾成分复杂且干湿混合度高，造成机械分拣环节的分拣效率难以提高。因而从源头对居民生活垃圾的合理分类进行严格把控，成为提高垃圾分类体系效率的关键。

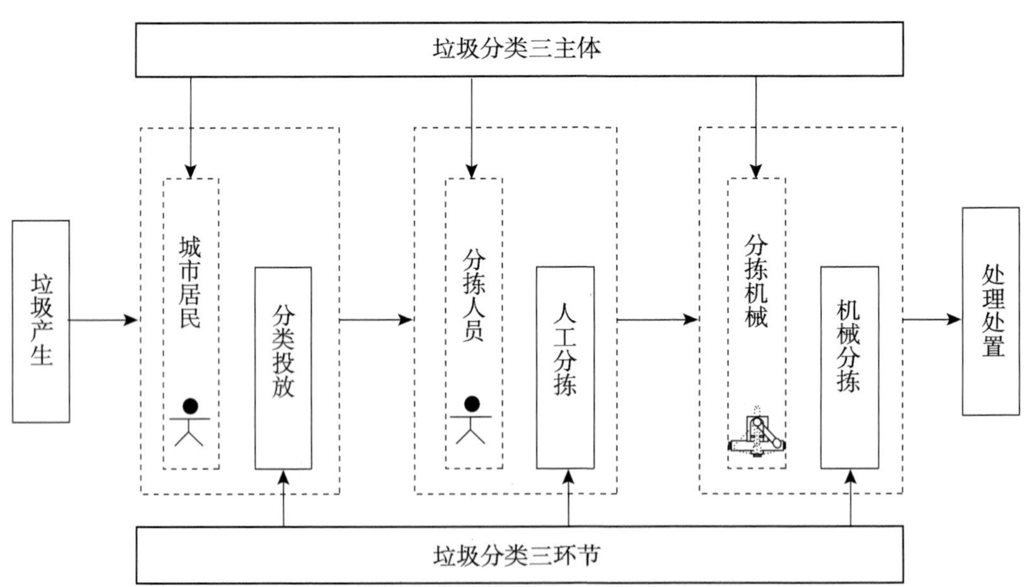

图8-2　垃圾分类环节及相应主体

3. 从业企业

（1）从事生活垃圾经营性收集运输服务企业名单。

根据北京市城市管理委员会2016年6月公布的北京市《从事生活垃圾经营性收集运输服务企业名单》显示，现阶段北京市从事生活垃圾经营性收集运输服务企业有13家，具体企业名称如表8-1所示。

表 8－1　　北京市生活垃圾经营性收集运输服务企业名称

序列	企业名称
1	北京环境卫生工程集团有限公司
2	北京环卫集团运营有限公司
3	北京瑞利恒新环境科技有限公司
4	北京盛士达保洁服务有限公司
5	北京嘉笛环境卫生管理有限公司
6	北京靓臣初新再生资源回收有限公司
7	北京超环海经贸总公司
8	北京市振环贸易公司
9	北京上庄诚泰兴业公共环境设施管理服务有限公司
10	北京市张家湾通环清洁服务有限公司
11	北京绿博伟业环保科技有限责任公司
12	北京富海兴业环保有限责任公司
13	北京环丰世纪绿色能源科技有限公司

数据来源：北京市城市管理委员会。下同。

（2）从事餐厨垃圾经营性收集运输服务企业名单。

根据北京市城市管理委员会 2016 年 6 月公布的北京市《从事餐厨垃圾经营性收集运输服务企业名单》显示，现阶段从事餐厨垃圾经营性收集运输服务的企业主要有 11 家，具体企业名称如表 8－2 所示。

表 8－2　　北京市餐厨垃圾经营性收集运输服务企业名称

序列	企业名称
1	北京环境卫生工程集团有限公司
2	北京环卫集团运营有限公司
3	北京中京征和环保服务有限公司
4	北京中天实源科技股份有限公司
5	北京靓臣初新再生资源回收有限公司
6	北京奔骥经贸有限责任公司
7	北京市裕远达清洁服务中心
8	北京嘉博文生物科技有限公司
9	北京青龙河经济技术开发有限公司
10	北京海粮鸿信生物能源科技有限公司
11	北京兴业蓝德环保科技有限公司

（3）从事生活垃圾经营性处理服务企业名单。

根据北京市城市管理委员会 2016 年公布的北京市《从事生活垃圾经营性处理服务企业名单》，从事生活垃圾经营性处理服务的企业主要有 3 家，如表 8－3 所示。

表 8－3　　北京市生活垃圾经营性处理服务企业名称

序列	企业名称
1	北京环境卫生工程集团有限公司
2	北京高安屯垃圾焚烧有限公司
3	北京环卫集团运营有限公司

（二）北京市生活垃圾分类

北京市自 1993 年 8 月才开始改变早期粗放的、散倒垃圾的方式，开始使用塑料包装袋对垃圾进行包装处理；于 1998 年开始提倡推广垃圾分类收取，多为三组式分类箱，而后又分为可循环筒与其他垃圾筒两组式分类桶；到 2010 年前后，北京市全面推广垃圾分类处理，居民社区内摆放绿、蓝、灰三色垃圾桶，分别存放可回收厨余垃圾、可回收物和其他垃圾。厨余垃圾一般进入厨余垃圾处理厂进行堆肥和再生处理，可回收垃圾则重新进入生产企业进行再加工，其他垃圾则进入环卫垃圾处理系统进行合理化处理，以下是对垃圾分类方法的简介。

1. 分类方法

根据大类粗分的原则，生活垃圾分为可回收物、厨余（餐厨）垃圾、其他垃圾三类，按地区属性不同，采用以下分类方法。

（1）居民小区。一般可分为可回收物、厨余垃圾、其他垃圾三类。

（2）单位餐饮区。一般可分为可回收物、餐厨垃圾、其他垃圾三类。

（3）单位办公区及公共场所。一般可分为可回收物、其他垃圾两类。

2. 北京市生活垃圾分类实施情况

2010—2015 年北京市 16 个区生活垃圾分类处理的小区数量变化情况如表 8－4 所示，从图中不难看出，北京城六区实行垃圾分类收集的小区数量要远高于其他区域。随着城市副中心的筹建，通州区对垃圾分类回收也逐渐重视起来，尤其在 2014 年，成果显著。

表 8－4　　2010—2015 年北京市各区生活垃圾分类处理的小区数量变化

年份 区域	2010	2011	2012	2013	2014	2015
东城区	45	63	32	32	25	20
西城区	68	129	53	52	40	28
朝阳区	173	324	142	80	20	110
海淀区	119	281	111	100	40	17
丰台区	75	90	20	43	40	42
石景山区	16	45	20	18	17	14
门头沟区	10	28	27	13	3	4
房山区	15	34	15	21	8	10

续 表

区域＼年份	2010	2011	2012	2013	2014	2015
昌平区	7	20	25	40	15	15
顺义区	12	26	11	18	12	19
通州区	11	22	30	40	207	37
大兴区	11	31	50	10	5	9
平谷区	8	28	18	2	3	8
怀柔区	10	25	21	20	15	24
密云区	7	18	10	10	10	8
延庆区	2	17	10	6	3	3

当前，北京市城市管理委员会正在制定垃圾分类示范片区创建验收标准，加强示范片区日常检查考核，推动各区落实垃圾分类制度覆盖目标。示范片区覆盖率2018年将达到30%，2019年将达到60%，2020年将达到90%，同时，东城区、西城区2019年将在全市率先实现垃圾分类制度区域全覆盖。北京市还将加强对示范片区厨余垃圾分出率考核，核心区要达到7%以上，其他区要达到5%以上。

（三）北京市生活垃圾产生量及清运量

1. 北京市生活垃圾产生量

据环保部发布《2017年全国大、中城市固体废物污染环境防治年报》显示，214个大、中型城市2016年全年生活垃圾产生量为18850.5万吨。城市生活垃圾产生量最大的是上海市，产生量为879.9万吨，北京市位列第二，产生量为872.6万吨，排在前10位城市产生的城市垃圾总量为5651.2万吨，占到总产生量的30%。2013—2016年北京市生活垃圾产生量变化情况如图8－3所示。

图8－3　2013—2016年北京市生活垃圾产生量变化情况

数据来源：历年《全国大、中城市固体废物污染环境防治年报》。

从图 8－3 中可以看出，自 2013 年起北京市生活垃圾产生量呈逐年上升状态，2016 年的垃圾产生量较 2013 年增长了 200.9 万吨，增长率达 29.9%。且北京市的生活垃圾产生量呈现出放射状，即从北京市主城区向四周郊区减少，城六区的生活垃圾产生量占全市生活垃圾产生量的大部分。

2. 北京市生活垃圾清运量

北京市 2016 年全市生活垃圾清运量 872.61 万吨，生活垃圾无害化处理量 871.2 万吨，无害化处理率为 99.84%。2007—2016 年北京市生活垃圾清运量及无害化处理量如图 8－4 所示。

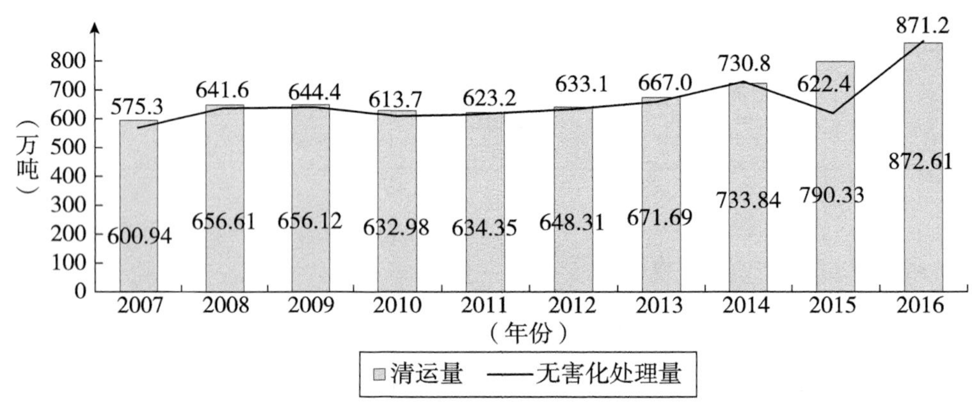

图 8－4　2007—2016 年北京市生活垃圾清运量及无害化处理量

数据来源：北京市统计年鉴。

随着城市化进程的加快，城市生活垃圾产生量呈现递增趋势，仅 2007 年到 2016 年 10 年间，北京市生活垃圾清运量同比增加了 45.21%，而生活垃圾 2016 年的无害化处理率较 2007 年提升了 4.11%，垃圾处理技术正朝着先进化和高效化方向发展。

3. 北京市生活垃圾组分

据统计，北京市现阶段城市生活垃圾常见的主要是食品与灰尘砖土，除此之外，还有纸类（报纸、书本、包装用纸等）、金属（易拉罐、铁皮罐头盒等）、玻璃（玻璃瓶等）、塑料（塑料袋、塑料瓶、塑料包装等）、织物（旧衣帽、纺织物等）。表 8－5 和图 8－5 为北京市城市生活垃圾的组成成分占比表和占比图。

北京市的城镇化扩张和密集人口，无疑使得生活垃圾的成分以食品、灰尘砖土为主，而灰尘砖土的回收处理有专门的管理部门，本报告并不涉及。食品垃圾中有机物成分占比较高，厨余垃圾的正确回收，是资源能否再次利用的先决条件。

表 8－5　　北京市城市生活垃圾的组成成分占比　　单位：%

种类	食品	纸类	塑料	织物	灰尘砖土	玻璃	金属	其他
占比	48	4	1	1	40	1	1	4

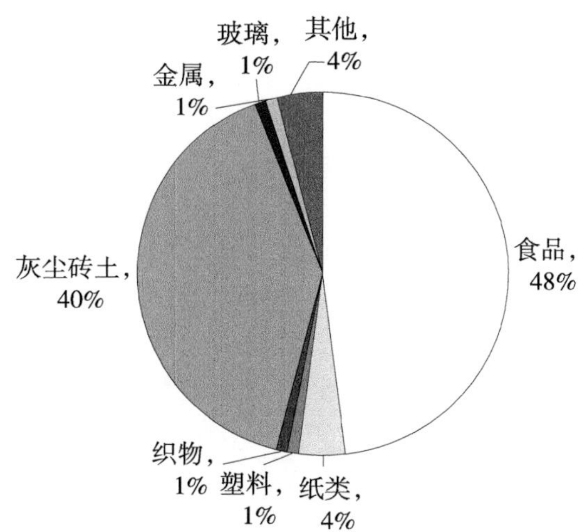

图 8-5 北京市城市生活垃圾的组成成分占比示意

数据来源：智污邦环保管家平台。

二、北京市生活垃圾收运业务流程

自北京市全面推广垃圾袋装化以来，垃圾收集后经一次转运或二次转运至垃圾处置场。一次转运多为小型转运站，可采取压缩式、集装箱式、提升斗式等多种形式；二次转运则在大型转运站进行作业，此模式收运效率高，均可采取有效措施控制垃圾收运车辆和转运站的环境污染。可回收废弃物资的回收模式较为多样，传统回收模式与"互联网+回收"模式并存，且近年来传统回收模式逐渐退化。

生活垃圾一般分为可回收物和不可回收物，因其自身属性的不同，其转运模式也有所不同，可回收物的最终处置方式多以原材料的形式重新进入流通行业，而不可回收物的处理方式则存在多样化。以下从可回收物和不可回收物两个角度对垃圾的收运模式进行剖析。

（一）可回收物的收运方式

居民小区内应由物业公司或居委会统一设置固定的再生资源回收点或确定一家流动的再生资源回收企业，实现对居民产生的可回收物的收集。社会单位应统一设置可回收物贮存房间，用于收集贮存单位内部产生的可回收物。可回收物由运输车辆直接或经分拣后运至再生资源公司进行资源利用。可回收物的收运方式如图 8-6 所示。

（二）厨余（餐厨）垃圾和其他垃圾的收运方式

居民区的厨余垃圾和其他垃圾通过单个密闭式清洁站、多个密闭式清洁站组合、密闭式清洁站和后装压缩车组合、厨余垃圾收集车和后装压缩车组合、小型厨余垃圾处理机与密闭清洁站组合五种形式实现分类收运，具体如下。

第一种方式：通过单个密闭式清洁站实现分类收运（见图 8-7）。

厨余垃圾：通过电动（瓶）收集车采用桶装车对接、桶桶置换的方式进行收集，运至密闭式清洁站的厨余垃圾收集箱。

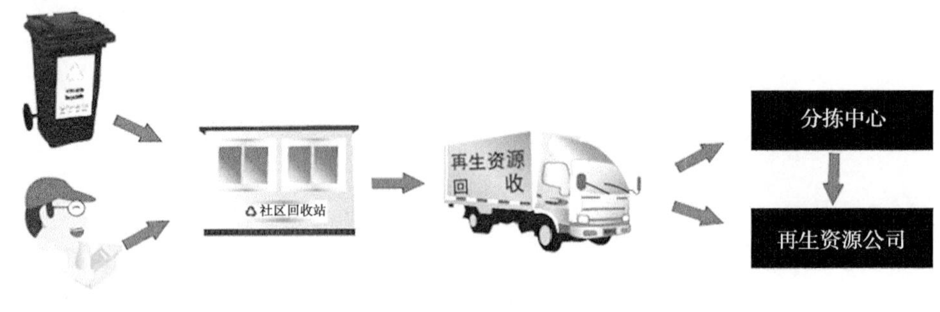

图 8－6　可回收物的收运方式

图片来源：北京市城市管理委员会。下同。

其他垃圾：通过电动（瓶）收集车采用桶车对接、桶桶置换的方式进行收集，运至密闭式清洁站的其他垃圾收集箱。

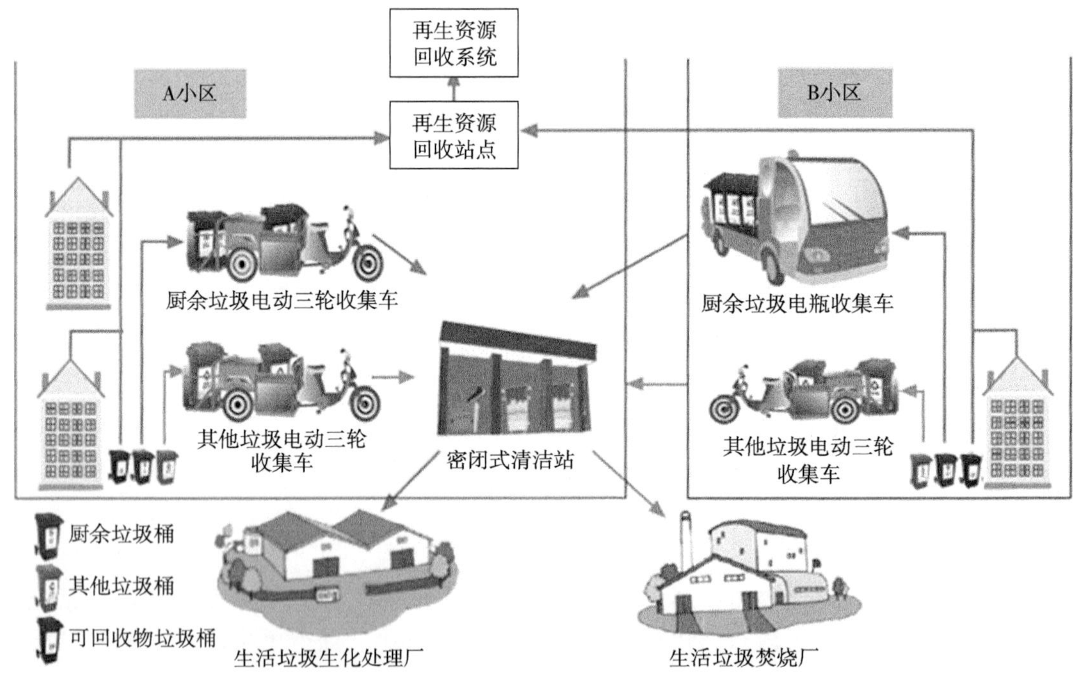

图 8－7　通过单个密闭式清洁站实现分类收运模式

第二种方式：通过多个密闭式清洁站组合实现分类收运（见图 8－8）。

厨余垃圾：通过电动（瓶）收集车采用桶车对接、桶桶置换的方式进行收集，运至专门收集厨余垃圾的密闭式清洁站。

其他垃圾：通过电动（瓶）收集车采用桶车对接、桶桶置换的方式进行收集，运至专门收集其他垃圾的密闭式清洁站。

第三种方式：通过密闭式清洁站和后装式压缩车组合实现分类收运（见图 8－9）。

厨余垃圾：通过电动（瓶）收集车采用桶车对接、桶桶置换的方式进行收集，运至专门收集厨余垃圾的密闭式清洁站。

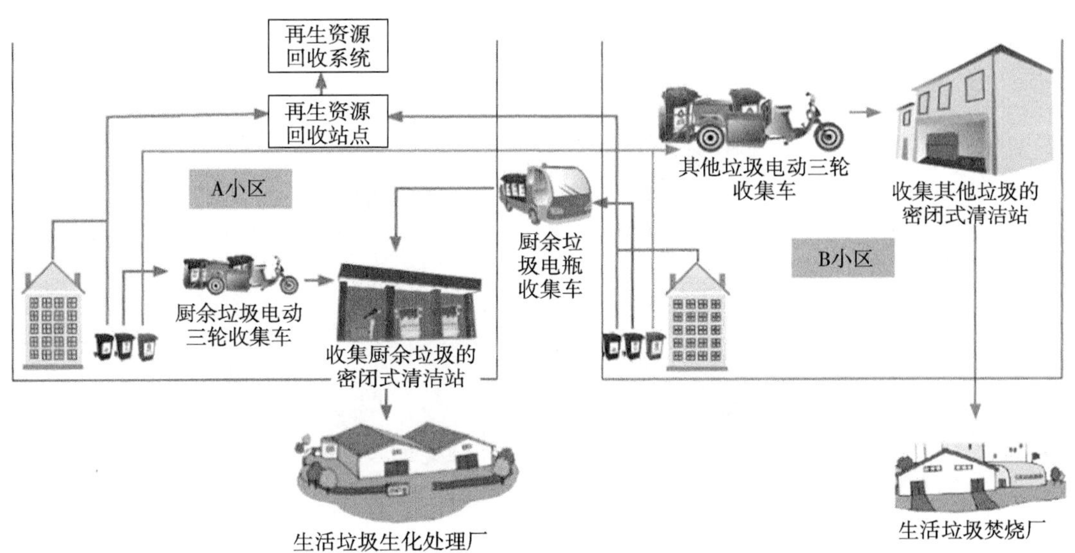

图 8－8　通过多个密闭式清洁站组合实现分类收运模式

其他垃圾：通过后装式压缩车采用桶车对接的方式巡回收集，不经密闭式清洁站直接运至生活垃圾焚烧厂。

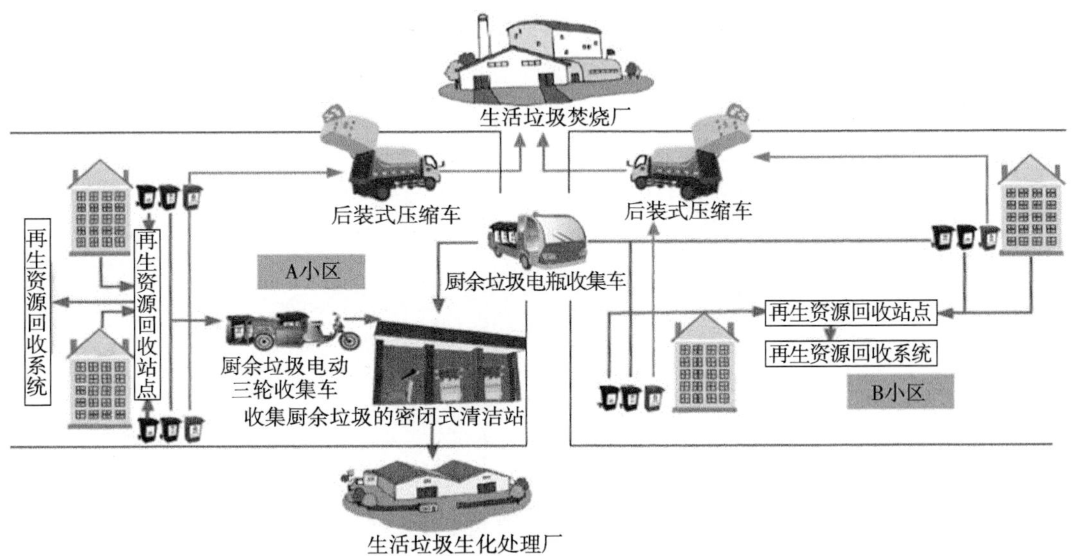

图 8－9　通过密闭式清洁站和后装式压缩车组合实现分类收运模式

第四种方式：通过厨余垃圾收集车和后装式压缩车组合实现分类收运（见图 8－10）。

厨余垃圾：通过电动（瓶）收集车采用桶车对接的方式巡回收集，不经密闭式清洁站直接运至生活垃圾生化处理厂。

其他垃圾：通过后装式压缩车采用桶车对接的方式巡回收集，不经密闭式清洁站直接运至生活垃圾焚烧厂。

第五种方式：通过小型厨余垃圾处理机与密闭清洁站组合实现分类收运（见图 8－11）。

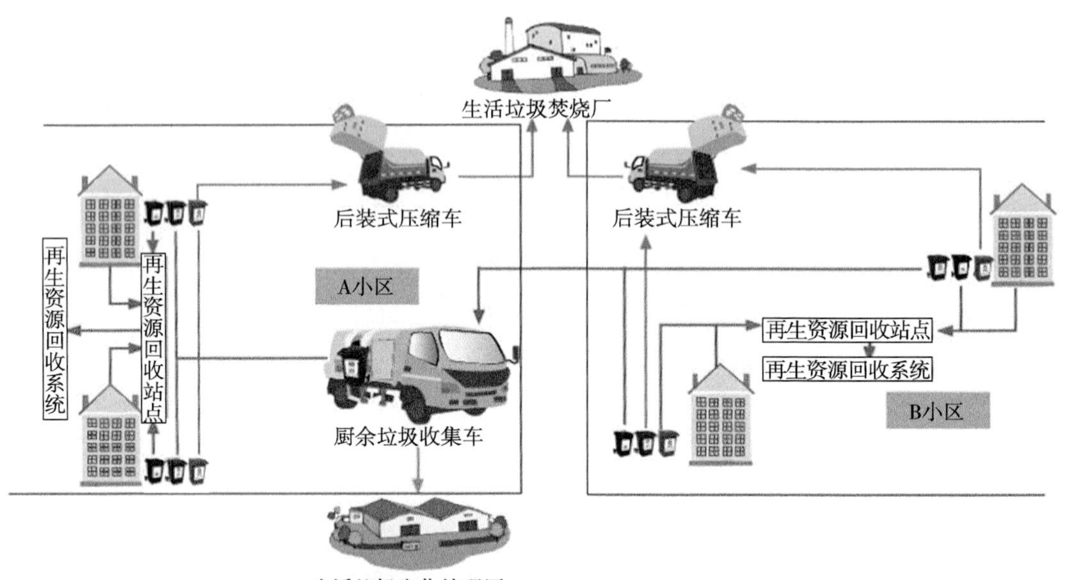

图8－10　通过厨余垃圾收集车和后装式压缩车组合实现分类收运模式

厨余垃圾：不经密闭式清洁站直接进入小型厨余垃圾处理机进行就地处理。

其他垃圾：通过电动（瓶）收集车采用桶装对接、桶桶置换的方式收集，运至专门收集其他垃圾的密闭式清洁站。

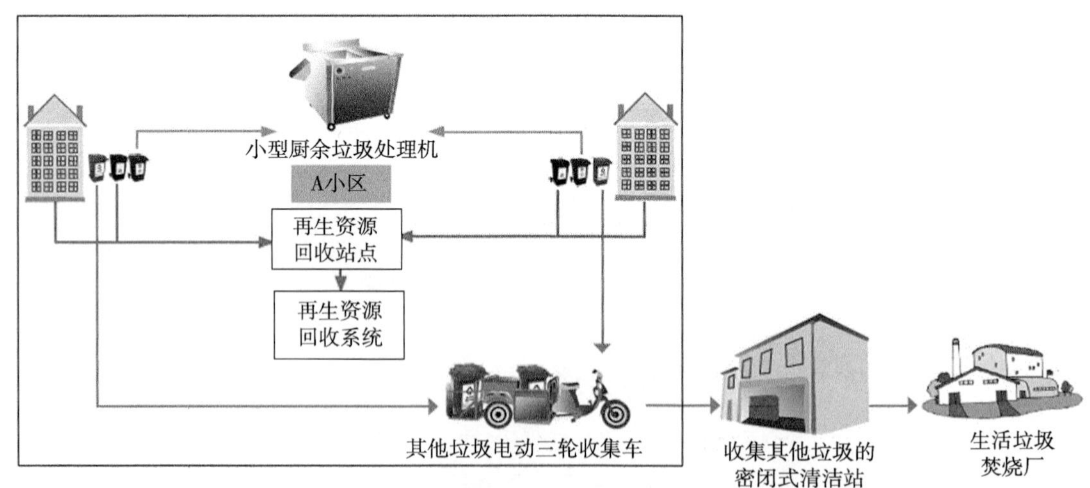

图8－11　通过小型厨余垃圾处理机与密闭清洁站组合实现分类收运模式

三、北京市生活垃圾分类回收物流设施现状

城市生活垃圾通过源头处分类，可提高垃圾的处理效率。北京市生活垃圾回收物流流程如图8－12所示，图中展示了整个回收流程中的重要物流节点，包括投放收集、清运、转运和处理四大重要的物流节点，以下将对各个节点的设施情况进行具体介绍。

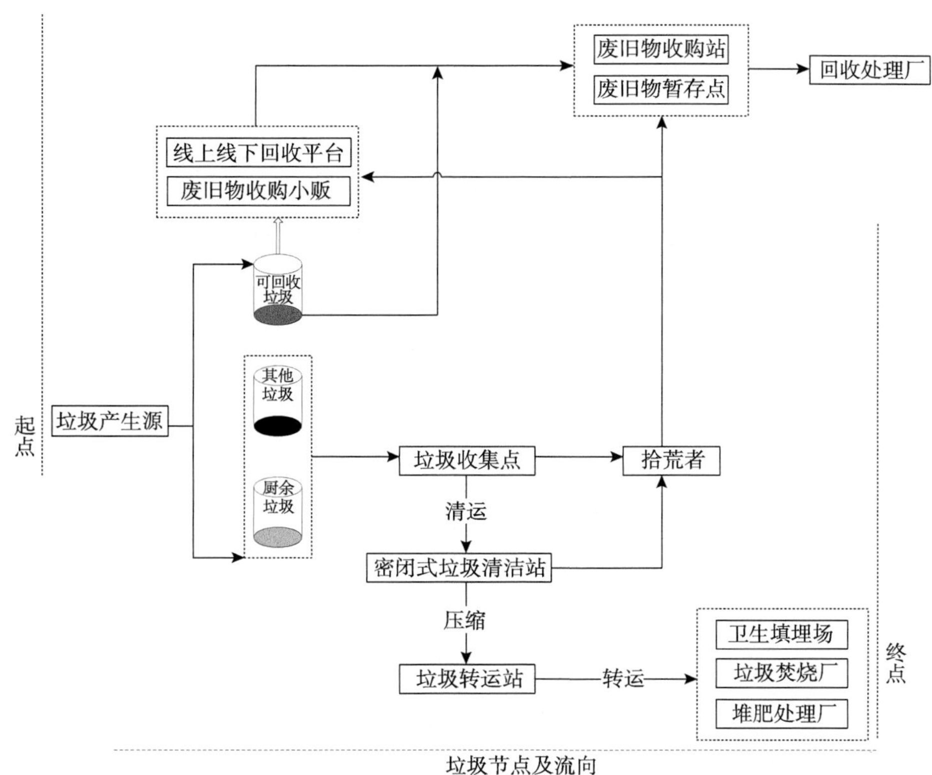

图 8－12　北京市生活垃圾回收物流流程

（一）北京市生活垃圾投放收集设施

城市生活垃圾按照投放的方式划分可分为混合投放和分类投放两种。混合投放是把产生的垃圾全部投放到垃圾点，这种方式操作起来比较简单方便，成本相对较低，但随着国家的重视和人们环保意识的提高，分类投放垃圾已全面开始推行。垃圾分类投放不仅可实现垃圾变废为宝，还能降低对环境的危害。

居住小区、大厦和工业区的开发建设单位、物业管理单位（房屋管理单位）必须选定适宜的地点或场所配套设置生活垃圾分类收集的容器、设施和厨余垃圾处理设备。生活垃圾分类收集须采用北京市市政管理委员会印制的生活垃圾分类标志，并按统一的式样和颜色，设置生活垃圾分类收集容器。

1. 规格样式

居住小区、大厦、工业区应选用与压缩式垃圾收集车配套、具备提升结构的垃圾箱，一般为带脚轮和盖子的塑料可移动式垃圾箱，通常规格为 120 升、240 升、360 升或 1100 升。收集电池的容器应使用防腐、防潮的垃圾箱，其容积不宜太大，分为大四类垃圾进行收集，分别为可回收垃圾、厨余垃圾、有害垃圾和其他垃圾。

2. 容器颜色

容器颜色应与生活垃圾分类方法相配套。生活垃圾分类收集容器的设置数量应根据所在地区人口规模、垃圾产生量来估算。北京市城区人均生活垃圾产量约为 0. 82 千克/日，则应每30户居民设置一组（240升）垃圾收集容器。设置地点要便于居民投放，如楼门前、办公楼楼层等地，而且要不妨碍交通，便于垃圾的收集和运输。

北京市城市管理委员会挂牌成立以来，在各区共配发分类收集容器81484个，其中居住区配备67977个，强制分类单位配备12510个，配备有害垃圾收集容器997个；共配发分类收集车辆2770辆，其中电动三轮车1655辆，电瓶车329辆，其他车辆786辆；共购买新增分类运输车辆851辆，其中餐厨垃圾运输车335辆，其他运输车325辆。

（二）北京市生活垃圾清运设施

北京市生活垃圾清运系统主要分三类：垃圾房收集方式、集装箱式垃圾箱收集方式、密闭式清洁站（即垃圾收集站）收集方式。

1. 垃圾房

垃圾房占地面积较小，大部分没有配备水电，一般服务半径为500米，房内设置不同大小不同材质的垃圾桶，根据收集地每日产生的垃圾量与垃圾房占地面积放置十几个到几十个垃圾桶（240升）作为垃圾收集容器，此外垃圾房还配备1000升大型垃圾桶专供夜间垃圾投放，或投放炉灰使用。垃圾房的垃圾流入一般有两种方式：一是小区居民或者商铺自行投放；二是保洁员利用三轮车运输到垃圾房倒入桶中。小区居民自行投放存在明显的垃圾洒落现象。

2. 集装箱式垃圾箱

集装箱式垃圾箱容积一般为12立方米，可以存放5~8吨生活垃圾，其摆放场所大部分是露天的。居民将垃圾投入箱内，由单臂吊运输车直接将集装箱式垃圾箱运往垃圾处理厂。在居民投放过程中，由于垃圾密封性较差，对周围空气污染较严重，同时由于臭味等原因，居民在投放过程中往往不能将垃圾投放到垃圾箱内，造成箱体周边环境恶劣，形成恶性循环。同时这种垃圾箱密闭性较差，运输过程容易产生“跑、冒、滴、漏”现象。

3. 密闭式清洁站

密闭式清洁站是建在城市住宅小区或单位的一种专门用作收集垃圾的环卫设施（俗称垃圾楼）。北京市在各区用的密闭式清洁站按收集方式的不同可以分为压缩式、吊装式和普通式。密闭式垃圾清洁站的设备配置主要用于满足厨余垃圾和其他垃圾分类收集、运输的要求。压缩设备包括压缩机和收集箱，应具备良好的防止垃圾扬尘、遗洒、臭味扩散等的装置，同时配备垃圾称重系统，以实现垃圾产生量的有效监控。

截至2016年年底，北京市共完成469座密闭式清洁站的新建和改造。北京市各区密闭式清洁站新建、改造完成情况如表8-6所示。

表8-6　　北京市各区密闭式清洁站新建、改造完成情况

区名	计划完成量（座）	实际完成量（座）	区名	计划完成量（座）	实际完成量（座）
西城区	65	65	顺义区	15	15
东城区	65	65	平谷区	1	1
朝阳区	121	92	昌平区	4	4

续 表

区名	计划完成量（座）	实际完成量（座）	区名	计划完成量（座）	实际完成量（座）
海淀区	301	56	房山区	12	12
丰台区	96	96	大兴区	0	0
石景山区	31	31	怀柔区	0	0
门头沟区	30	18	密云区	7	7
通州区	4	4	延庆区	3	3

改造后的垃圾密闭式清洁站在处理能力上，得到了有效的提升。以北京师范大学的清洁站为例，原清洁站的日清运量为15～20吨，设备陈旧，噪声、臭气等对周边环境造成了恶劣影响，而改造后的机械化分类清洁站，日均处理能力稳定保持在20吨，实现了垃圾的分类收集、分类运输和分类处置。

（三）北京市生活垃圾转运站

生活垃圾转运站是现代城市规划中不可缺少的市政设施，承担着垃圾压缩转运的重要功能，不仅实现了垃圾运输的封闭性，而且可提高长途运输的经济性，对减少大城市的车流量有一定的积极影响。

生活垃圾转运站是当垃圾产生量较大，而垃圾产地到集中处理处置设施的距离较远，为了减少垃圾长距离清运的运输费用而在垃圾产地（或集中地点）至处置设施之间所设的垃圾压缩和中转设施，其目的是提高垃圾清运效率，降低垃圾运输成本。生活垃圾转运站按垃圾日转运量可分为大、中、小三种类型，小型转运站每日转运垃圾量为150吨以下，中型转运站为150～450吨，而大型转运站为450吨以上，有的日转运垃圾量可达2000～3000吨。

北京市现阶段的垃圾转运站主要以北线的大屯垃圾转运站、西南线的马家楼垃圾转运站、东南线的小武基垃圾转运站、西北线的五路居垃圾转运站为主。北京市主要垃圾转运站概况如表8－7所示，四大转运站最低日处理能力达980吨，均属于大型转运站，是生活垃圾转运正常运行的重要保障。

表8－7　　北京市主要垃圾转运站概况

系统	设施名称	服务范围	设计处理能力（吨/日）
北线	大屯垃圾转运站	东城区、西城区	1800
西南线	马家楼垃圾转运站	原宣武区、大兴区及丰台部分地区和房山区	2000
东南线	小武基垃圾转运站	原崇文区及朝阳部分地区	980
西北线	五路居垃圾转运站	海淀区	1500

（四）北京市生活垃圾清运、转运运输设备

1. 分类运输设备情况

收集设备主要为垃圾运输车辆，运输车辆的运用是根据不同属性的单位进行选择的，主要分为居民小区、单位餐饮区、单位办公区，具体使用情况如下。

（1）居民小区。居民小区生活垃圾收运车辆包括厨余垃圾电动三轮收集车、其他垃圾电动三轮收集车、厨余垃圾电动收集车、其他垃圾电动收集车、厨余垃圾电瓶收集车、其他垃圾电瓶收集车、厨余垃圾收集车、后装式压缩车。

（2）单位餐饮区。单位餐饮区垃圾收运车辆包括餐厨垃圾收集车、其他垃圾电动收集车、其他垃圾电瓶收集车。

（3）单位办公区。单位办公区垃圾收运车辆包括其他垃圾电动三轮收集车、其他垃圾电动收集车、其他垃圾电瓶收集车。

2. 北京市垃圾运输设备投入情况

截至2016年年底，北京市环卫车的数量达11033辆，2016年总量较2004年总量增长了85.68%。2004—2016年北京市市容环卫专用车辆数量变化情况如图8-13所示。截至2017年年底。

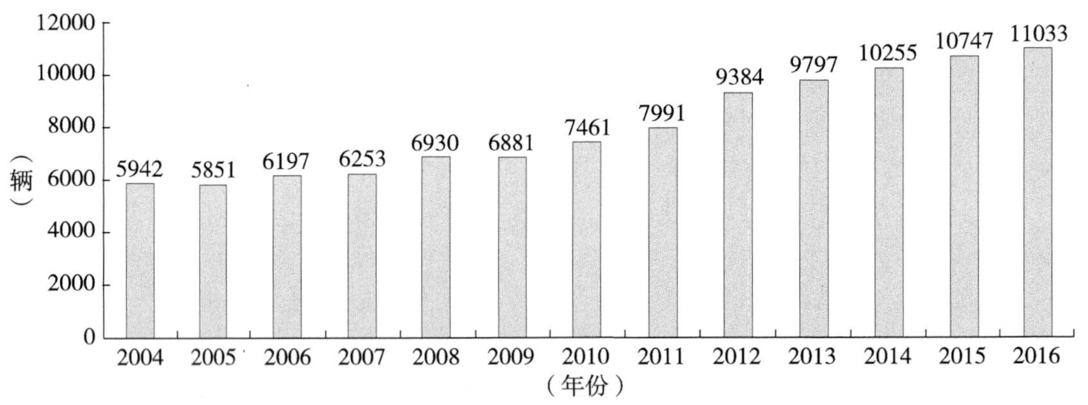

图8-13　2004—2016年北京市市容环卫专用车辆数量变化情况

资料来源：北京市统计年鉴。

新能源汽车近年来一直是汽车行业的热门话题，政府部门、企事业单位更新车辆，新能源汽车采购比例不得低于50%，已经成为一个硬性规定。比如北京市中城建华工程咨询有限公司受北京市东城区环卫中心委托执行新能源环卫专项作业车的采购项目，第一包采购轻型纯电动洗扫车、轻型纯电动自卸式垃圾车、轻型纯电动封闭式垃圾车；第二包采购中型纯电动吸粪车；第三包采购两种车型，包括中型LNG（液化天然气）洗地车和LNG大型洒水车。

为了更好地推广新能源汽车，北京市搭建了不同的服务与监管平台，包括全市智能充换电服务平台e充网、北京市新能源汽车运行服务与管理平台和全市智能充换电服务平台，可以提供全面数据服务、多维度找桩服务、互联互通支付服务、用户评价服务。同时北京市政府也将大力推广新能源和清洁能源环卫车辆应用范围。新能源、清洁能源环

卫车总数达到 3316 辆，占比达 50% 以上。

3. 北京市垃圾分类清运、转运车辆类型

燃油环卫车辆主要包含以下几个系列：洗扫车系列、扫路车系列、垃圾车系列、吸粪车系列、洒水车系列、除雪车系列、下水道疏通清洗车系列、单一车辆。其中垃圾车系列主要包含压缩式垃圾车、自装卸式（挤压）垃圾车、自装卸式（餐厨）垃圾车、自卸式垃圾车、车厢可卸式垃圾车等多种车型，控制系统操作方便，密封性好，污水箱容量大，可有效避免二次污染。不同类型的垃圾运输车辆如图 8－14 所示。

图 8－14　不同类型的垃圾运输车辆

（五）北京市生活垃圾处理设施

生活垃圾处理节点主要是指对转运至最终目的地的垃圾进行处理的场所，北京市的生活垃圾处理站的处理方式主要以焚烧、填埋和堆肥为主。北京市 2010 年垃圾填埋处理量为 445.4 万吨，占生活垃圾产生量的 70%，而真正适合采用填埋方式处理的垃圾为煤灰、瓦砾与碎石，造成资源的大量浪费。现如今，焚烧处理垃圾量已逐渐超越填埋垃圾处理量。

1. 北京市垃圾焚烧设施

垃圾焚烧处理后，彻底消灭了垃圾中的病原体，燃烧过程中产生的有毒、有害气体和烟尘经处理达标后排放，无害化程度高。经过焚烧，垃圾中的可燃成分被高温分解后一般可减容 80%～90%，减容效果好，可节约大量填埋场占地。垃圾经焚烧后可被作为能源来利用，垃圾焚烧所产生的高温烟气，其热能被转变为蒸汽，用来供热及发电，同时还可回收铁磁性金属等资源，充分实现垃圾处理的资源化。垃圾焚烧厂占地面积小，尾气经净化处理后污染较小，可以靠近市区建厂，既节约用地又缩短了垃圾运输距离，因此对于经济发达的城市，可因地制宜，发展以焚烧、减容为主的综合处理方式。而且焚烧处理可全天候操作，不易受天气影响。

对垃圾进行焚烧处理，在实现垃圾“减量化、资源化、无害化”方面有着显著的优势，在人口密集且土地资源极为紧张的北京，垃圾焚烧已经逐渐成为垃圾处理的主要手段。2016 年垃圾焚烧处理能力较 2013 年提升 4 倍，北京市可统计的生活垃圾日焚烧能力为 9800 吨，在建焚烧日处理能力为 1300 吨，垃圾焚烧发电厂的数量也在逐年递增。垃圾焚烧发电技术非常复杂，投资成本也非常高，加上我国垃圾中可燃烧的成分不高，只有形成规模效应才能保证垃圾发电厂有一定的收益而满足日常运作。北京市垃圾焚烧厂概况如表 8－8 所示。

表 8－8　　北京市垃圾焚烧厂概况

序号	设施名称	设施位置	设施处理能力（吨/日）	运营状况
1	高安屯垃圾焚烧厂一期	朝阳区	1600	运行
2	高安屯垃圾焚烧厂二期	朝阳区	1800	运行
3	鲁家山垃圾焚烧厂	门头沟区	3000	运行
4	南宫生活垃圾焚烧厂	大兴区	1000	运行
5	海淀大工村垃圾焚烧厂	海淀区	1800	运行
6	平谷生活垃圾综合处理厂	平谷区	400	运行
7	顺义区生活垃圾综合处理厂	顺义区	200	运行
8	顺义区生活垃圾处理厂焚烧二期及餐厨垃圾处理厂	顺义区	700	待建
9	怀柔区生活垃圾焚烧发电厂	怀柔区	600	待建

数据来源：北京市城市管理委员会。下同。

从经济性和可持续性的角度考虑，垃圾焚烧可通过发电或供热实现能源再生以降低成本，否则仅靠政府补贴成本将非常昂贵，一般能源销售收益可以覆盖焚烧厂运行成本的 50%～100%。2016 年 12 月 31 日发布的《“十三五”全国城镇生活垃圾无害化处理设施建设规划》中明确“不鼓励建设处理规模小于 300 吨/日的焚烧处理设施”，这也是从规模效益的角度对焚烧厂建设规模进行限制，低于 300 吨/日的焚烧厂难以实现焚烧发电利用，并且烟气、渗透液和飞灰等二次污染物处理成本将增加，建成后如果运行全部依靠政府补贴，补贴费可能高于 200 元/吨。

2. 北京市垃圾填埋处理设施

卫生填埋法主要有技术成熟、运行管理简单、处理量大、灵活性强、适用范围广和投资及运行费用相对较低等优点，是目前我国城市垃圾集中处置的主要方式。但其占地面积大，兼容效果差，无害化处理难以得到保障，对于北京各大已趋近饱和及超负荷运营的填埋场来说，卫生填埋处理正在逐渐弱化，在新规划的垃圾处理设施中，并未有垃圾填埋场项目的规划。

北京市垃圾填埋的日处理能力为9541吨，略低于焚烧日处理能力，其所接收的垃圾源一般为原生垃圾，未进行筛分和分类。因此北京市2009年5月的政府文件，要求采用焚烧、生化处理、填埋三种处理方式的比例为4∶3∶3。随着北京市近40年的高速发展，各大垃圾填埋场的使用寿命也在迅速缩减。北京市垃圾填埋场概况如表8－9所示。

表8－9　　北京市垃圾填埋场概况

序号	设施名称	设施位置	设计处理能力（吨/日）	运营状况
1	安定垃圾卫生填埋场	大兴区	1400	运行
2	阿苏卫垃圾填埋场	昌平区	2000	运行
3	高安屯垃圾填埋场	朝阳区	1000	运行
4	永合庄垃圾卫生填埋场	丰台区	2000	运行
5	六里屯垃圾填埋场	海淀区	1500	运行
6	田各庄生活垃圾卫生填埋场	房山区	300	运行
7	怀柔区垃圾综合处理厂	怀柔区	300	运行
8	宾阳垃圾卫生填埋场	密云区	300	运行
9	小张家口生活垃圾卫生填埋场	延庆区	150	运行
10	永宁垃圾卫生填埋场	延庆区	150	运行
11	斋堂镇生活垃圾卫生填埋场	门头沟区	41	运行
12	顺义区生活垃圾综合处理厂	顺义区	400	运行

近年来由于对环境保护工作的日益重视，在防止垃圾填埋所产生的渗沥水、沼气及恶臭对水体、土壤、大气可能造成的污染方面要求越来越高，以致填埋场场址难选，建场投资增大，运行费用提高。到“十三五”期末，北京市的生活垃圾资源化处理能力将达到3万吨/日，实现原生垃圾“零填埋”，设施能力满足生活垃圾资源化处理需要，资源化处置将逐渐代替填埋式处理方式。

3. 北京市垃圾堆肥厂

堆肥法是一种非常环保的垃圾处理方法。投资较低，技术简单，同时可消除有害病菌的传播，有机物分解后可作为肥料再利用从而实现资源的循环利用，垃圾减量明显。堆肥技术的工艺比较简单，适合易腐有机质含量较高的垃圾处理，可对垃圾中的部分组分进行资源利用，且处理相同质量垃圾的投资成本比单纯的焚烧处理低很多。随着城市生活垃圾的分类回收以及厨余垃圾分出率的提高，堆肥厂也将得到更好的使用，资源化率也会随之提高。

北京市生活垃圾堆肥厂日处理能力达5000吨/日，通过堆肥的方式，将有机厨余垃圾转化为营养土、土壤改良剂和肥料等可资源化的产品，重新投入市场实现其再生价值。北京市堆肥处理厂概况如表8－10所示。

表 8－10　　北京市堆肥厂概况

序号	设施名称	设施位置	设计处理能力（吨/日）	运营状况
1	南宫生活垃圾堆肥厂	大兴区	2000	运行
2	沃绿洁垃圾综合处理厂	怀柔区	200	运行
3	阿苏卫生活垃圾综合处理厂	昌平区	1600	运行
4	燕山地区生活垃圾综合处理厂	房山区	250	运行
5	董村分类垃圾综合处理厂	通州区	450	运行
6	平谷生活垃圾综合处理厂	平谷区	200	运行
7	延庆垃圾综合处理厂	延庆区	300	运行

堆肥市场被广大群众认可是垃圾堆肥处理的重要一环，堆肥销售作为垃圾堆肥处理发展的重要一环，政府等部门应给予高度的重视。堆肥产品被市场认可是加快厨余垃圾分类回收的有效途径。

北京市现阶段在运行的垃圾处理厂的分布情况如表 8－11 所示。城六区（东城区、西城区、朝阳区、海淀区、丰台区和石景山区）的垃圾处理厂共 6 处，其垃圾综合处理能力为 9700 吨/日，占日总处理量的近 40%。而非城六区的北京市其他区则拥有北京市一半以上的垃圾处理厂，垃圾处理厂的选址逐渐边缘化。

表 8－11　　北京市现阶段在运行的垃圾处理厂分布情况

区域	西城区	东城区	石景山区	海淀区	朝阳区	丰台区	昌平区	顺义区
数量	—	—	—	2	3	1	2	2
区域	通州区	大兴区	房山区	门头沟区	延庆区	怀柔区	密云区	平谷区
数量	1	3	2	2	3	2	1	2

从设计处理能力看，日均处理能力在 1000 吨以上的有 12 处。其中，坐落于北京门头沟区的鲁家山垃圾焚烧厂（北京首钢生物质能源项目），设计处理能力为 3000 吨/日，是北京乃至亚洲地区在运行的最大垃圾焚烧厂。位于北京朝阳区的高安屯垃圾焚烧厂二期，设计处理能力为 1800 吨/日，已投入试运行，是北京第二大垃圾焚烧厂。位于北京昌平区的阿苏卫垃圾填埋场、位于北京丰台区的永合庄垃圾卫生填埋场，设计处理能力均为 2000 吨/日，是北京在运行的大型垃圾填埋场。位于北京大兴区的南宫生活垃圾堆肥厂，则是北京在运行的最大垃圾堆肥厂。

据北京市住房和城乡建设委员会 2017 年 3 月发布的《生态环境提升项目》显示，在未来几年里北京市将有 8 家新的垃圾处理厂进行投资建设，如表 8－12 所示。

表 8－12　　北京市新规划垃圾处理厂概况

序号	设施名称	设施位置	设计处理能力（吨/日）
1	门头沟焦家坡垃圾综合处理厂	门头沟区	1000
2	阿苏卫循环经济园	昌平区	处理能力 3000，筛分能力 3000
3	丰台区循环经济产业园餐厨垃圾处理厂	丰台区	530

续 表

序号	设施名称	设施位置	设计处理能力（吨/日）
4	顺义区生活垃圾综合处理厂焚烧二期及餐厨垃圾处理厂	顺义区	垃圾焚烧700，餐厨垃圾100
5	房山建筑垃圾资源化处理及循环经济产业园	房山区	1000
6	鲁家山循环经济园残渣暂存场及首钢餐厨垃圾收运一体化项目	门头沟区	暂存能力700，处理能力100
7	密云区垃圾综合处理中心	密云区	1560
8	怀柔区生活垃圾焚烧发电厂	怀柔区	600

新规划的垃圾处理厂中综合类处理厂种类较多，更加注重向多元化、综合化处理方向发展，而不是单单局限于某一处理方式。不仅能够对普通的生活垃圾进行处理，同时还增加了对餐厨垃圾、污水、粪便、建筑垃圾的处理功能以及垃圾暂存功能等。未来综合化、一体化的垃圾处理方式成为发展趋势。

4. 垃圾处理方式占比分析

通过对上述垃圾处理能力的数据进行简单处理，可以得到北京市垃圾处理方式占比情况，如图8-15所示。从图中可以看出，北京市垃圾处理方式已经由填埋为主逐渐向焚烧为主转化，而堆肥方式较历年来说占比有所下降，由此表明北京市的垃圾处理方式逐渐向减量化、资源化的方向发展。

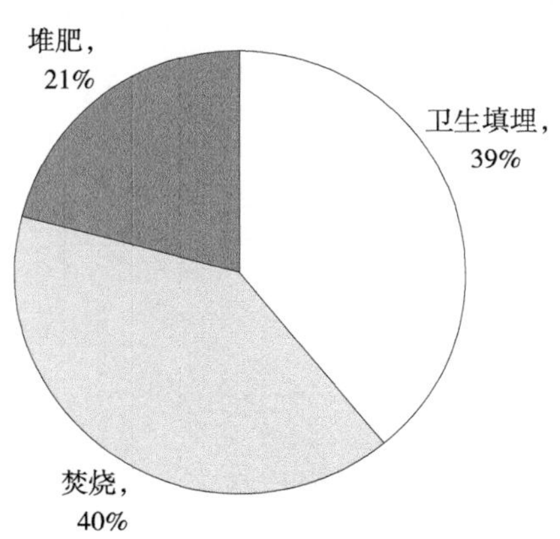

图8-15 北京市垃圾处理方式占比情况

第二节 北京市环卫行业重点企业生活垃圾回收物流成本核算

北京市从事生活垃圾经营性处理服务的企业主要有：北京环境卫生工程集团有限公司、北京高安屯垃圾焚烧有限公司、北京环卫集团运营有限公司。在此，本节主要将北京市环卫集团作为研究对象，分析北京市生活垃圾的收、转、运回收物流模式及回收物流成本核算。

一、北京市环卫行业重点企业概况

（一）北京环境卫生工程集团有限公司总体概况

北京环境卫生工程集团有限公司（以下简称“北京环卫集团”）是首都大型国有专业集团公司，秉承着“一去三化新五者”的总体规划要求，专门从事清扫保洁、固体废弃物收集运输、固体废弃物处理与利用业务，具有67年的环卫作业经验和25年的垃圾无害化处理经验。收运处理的固体废弃物包括生活垃圾、餐厨垃圾、粪便、医疗垃圾、污泥、废旧物资、园林垃圾、建筑渣土等，业态包括投资、咨询设计、设备成套、装备制造、运营服务等。旗下设有28个分子公司，包括北京环境有限公司、北京固废物流有限公司、北京固废处理有限公司、北京城市机扫服务有限公司等。

北京市环卫集团负责的大型现代化垃圾处理系统共9个，其中利用世界银行贷款建设的北线项目，包括大屯垃圾转运站和阿苏卫垃圾填埋场两个设施，主要服务范围是东城区、西城区、朝阳部分地区和昌平区；德国赠款项目建设的东南线和西南线，东南线包括小武基垃圾转运站、北神树垃圾卫生填埋场两个设施，主要服务范围是东城区和朝阳区部分地区，西南线包括马家楼垃圾转运站、南宫生活垃圾堆肥厂、安定垃圾卫生填埋场三个设施，主要服务范围是西城区、大兴区、房山区、丰台区部分地区和朝阳区部分地区；海淀区建设的西北线，包括五路居垃圾转运站和六里屯垃圾填埋场两个设施，主要服务范围是海淀区。另外，石景山区建成的衙门口转运站、丰台区建成的永合庄垃圾卫生填埋场、朝阳区建成的高安屯垃圾卫生填埋场等都已投入使用。

北京市环卫集团形成“总部—区域公司—专业公司”的三位一体结构图，划分为职能层、区域层两个层次来进行展现，北京市环卫集团组织结构如图8－16所示。

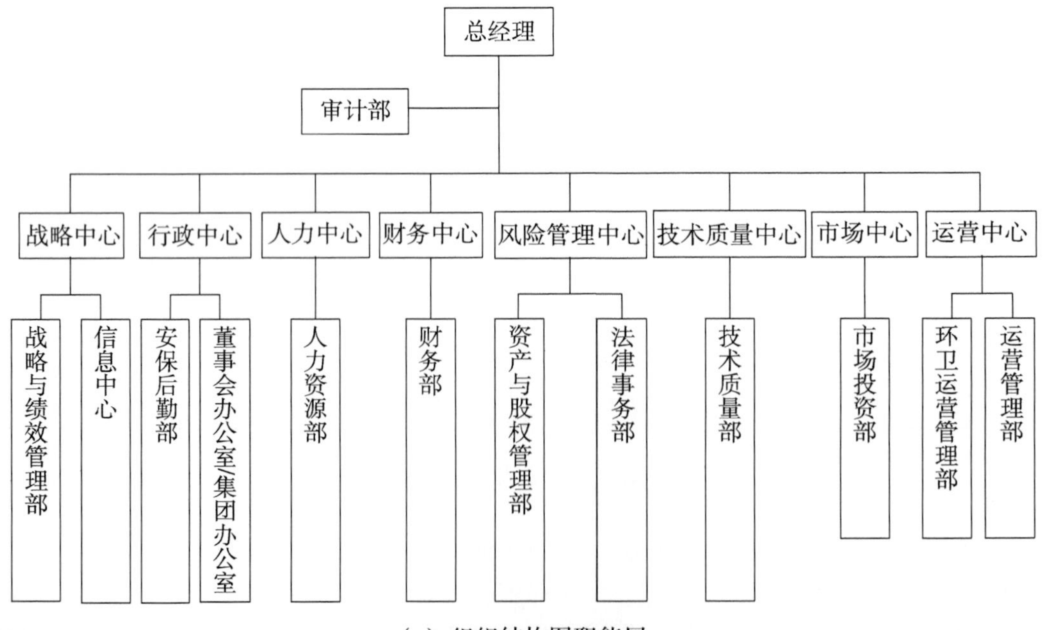

（a）组织结构图职能层

图8－16　北京市环卫集团组织结构

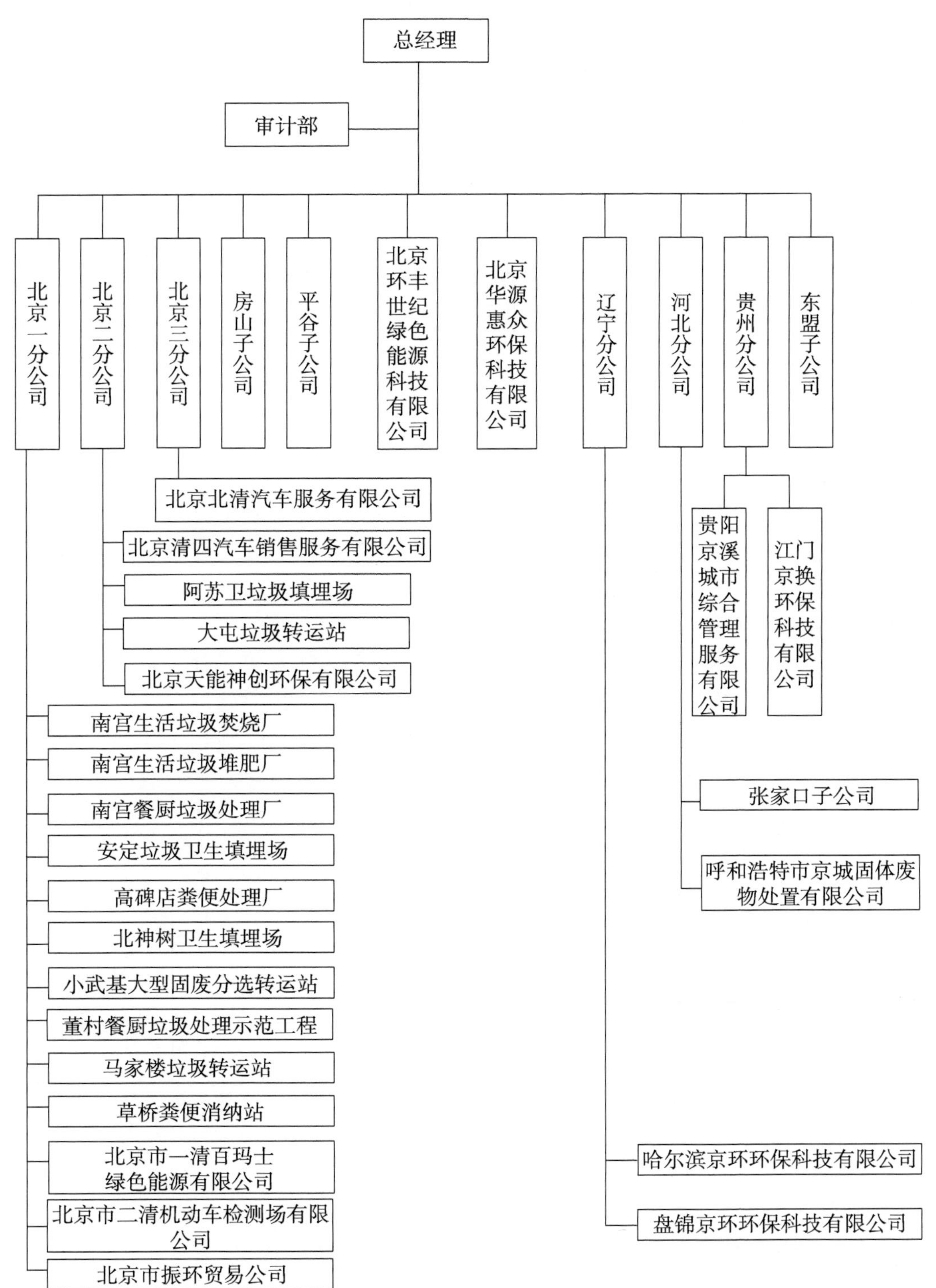

（b）组织结构图区域层

图8－16　北京市环卫集团组织结构（续）

资料来源：北京环境卫生工程集团有限公司组织结构调整与总部定岗定编方案。

（二）北京市环卫集团垃圾收集企业

截至2015年年末，北京市环卫集团运营管理的环卫综合服务项目有30个，清扫保洁面积近亿平方米，服务人口超过5000万人，并负责天安门地区、奥林匹克公园公共区两个特殊区域的环卫综合服务。

拥有多年清扫经验的北京市环卫集团在清扫设备上也在不断追求创新。新型智能化、小型化的清洁设备，让环卫工人甩掉扫把，将清扫带来的扬尘也一同收入新型清洁设备，避免二次污染环境。既有纯电动小型扫地机、纯电动小型扫路机、纯电动小型路面养护车，还有针对车辆清扫不到的犄角旮旯儿研发的自行式垃圾吸尘机、无线式吸尘器、移动式保洁机器人。一台吸尘机相当于5人同时工作的作业量，工作效率得到大大的提高，朝着多元化、智能化的方向发展。

（三）北京市环卫集团垃圾转运企业

本部分以物流节点作为引导，研究整个垃圾处理全链条上各个节点的企业及运作模式。主要介绍的对象为运作模式较为简单的大屯垃圾转运站和综合程度较高的小武基大型固废分选转运站。

1. 大屯垃圾转运站运作模式

大屯垃圾转运站隶属北京市环卫集团第二分公司，与同属第二分公司的阿苏卫垃圾填埋场共同组成北京市北线垃圾处理系统，大屯垃圾转运站主要处理东城区及西城区和部分朝阳区的生活垃圾及部分海淀区厨余垃圾，日处理量2000余吨。采取全封闭作业，设有除尘除臭设备，压缩系统是该转运站的核心设备。垃圾收集车把分散在各处垃圾楼的生活垃圾收集起来运到转运站，其他区域、单位的生活垃圾可以按照北京市市政市容管理委员会具体要求进站处理。大屯垃圾转运站运作模式如图8－17所示。

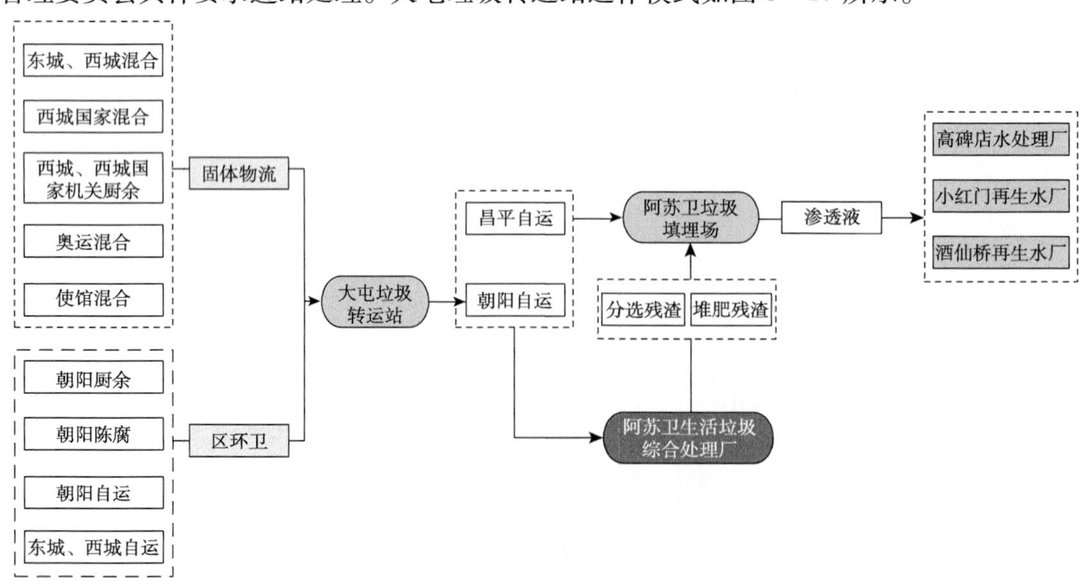

图8－17　大屯垃圾转运站运作模式

资料来源：大屯垃圾转运站运行手册。

2. 小武基大型固废分选转运站运作模式

小武基大型固废分选转运站具有分选功能，在分选车间，首先通过人工拣选，将无法通过分选生产线的大件垃圾拣选出来，使用破碎机进行破碎处理；然后在滚筒筛进行筛选，按照轻重不同分为两部分：较轻的筛上物部分经过风选可将塑料制品进行回收，剩余较重的部分经过磁选回收金属物质；回收的塑料制品和金属制品，会有专门的回收再加工公司进行重新加工制造，然后投放市场；较重的部分通过传送带进入振动筛会被分选为有机物和残渣两部分，有机物主要由瓜果、蔬菜等厨余垃圾组成，会被运送到配套设施进行厌氧发酵或好氧堆肥，有机物经过厌氧发酵，会产生沼气，可用于发电，也可以作为燃料，而通过好氧堆肥后，可以制成肥料，用于改良土壤，在园林绿化方面起到重要作用。分选出的大于 80 毫米的垃圾主要由废纸、塑料、木头等组成，热值较高，可以在不添加助燃剂的情况下自燃，所以焚烧料会被运送到垃圾焚烧厂进行处理，实现热能的回收利用。小武基大型固废分选转运站的建成并投入使用对北京市垃圾处理无害化、减量化、资源化、产业化起到了积极的推动作用。小武基大型固废分选转运站运作模式如图 8 – 18 所示。

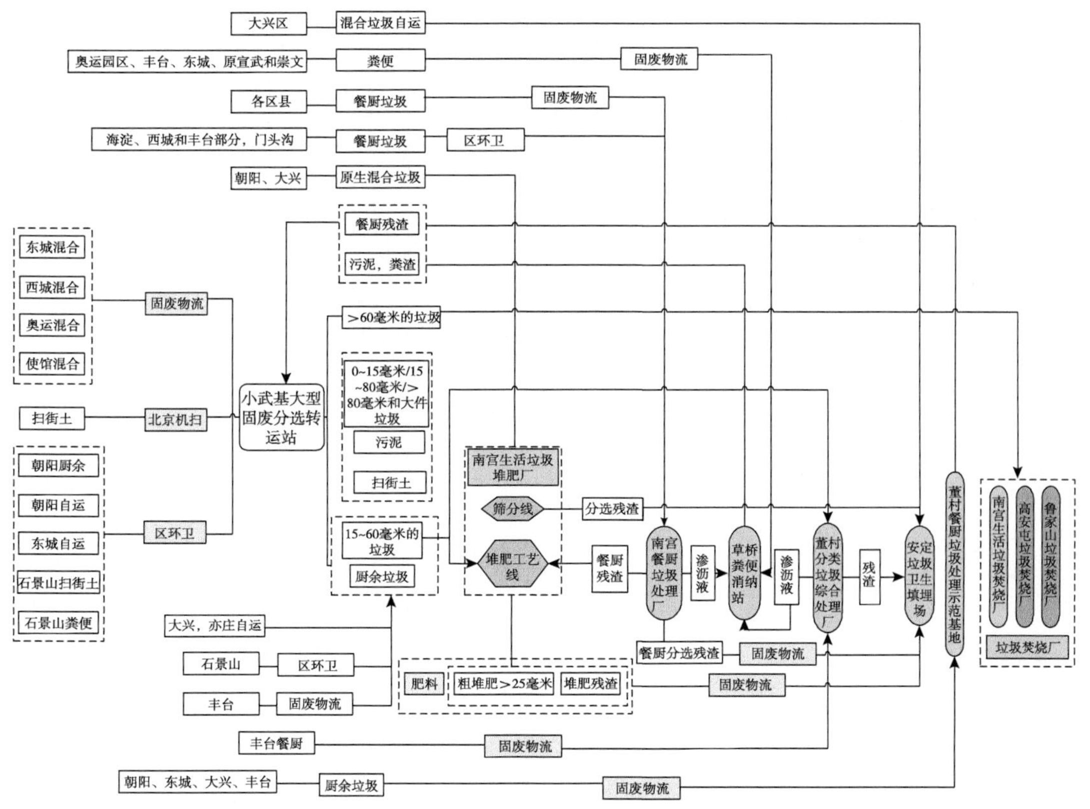

图 8 – 18　小武基大型固废分选转运站运作模式

资料来源：小武基大型固废分选转运站工艺运行手册。

（四）北京市环卫集团垃圾处理企业

北京市环卫集团垃圾处理企业在焚烧、填埋和堆肥三种处理方式上均有相应的处理设施，包括阿苏卫垃圾填埋场、南宫生活垃圾焚烧厂、南宫生活垃圾堆肥厂、南宫餐厨垃圾处理厂等相关处理厂，以下对四大处理厂及其运作模式进行介绍。因南宫生活垃圾焚烧厂于2016年年底并未竣工，因此此处以北京高安屯垃圾焚烧厂为研究对象对垃圾焚烧厂进行简要介绍。

1. 阿苏卫垃圾填埋场

阿苏卫垃圾填埋场是北京市最早的现代化大型垃圾卫生填埋场之一，主要负责东城区、西城区、朝阳部分地区和昌平区垃圾的处理与消纳，设计日处理能力为2000吨。填埋区占地面积为46.5公顷，一期工程（南区）占地面积30公顷，二期工程（北区）占地面积16.5公顷。阿苏卫垃圾填埋场的运作模式如图8－19所示。

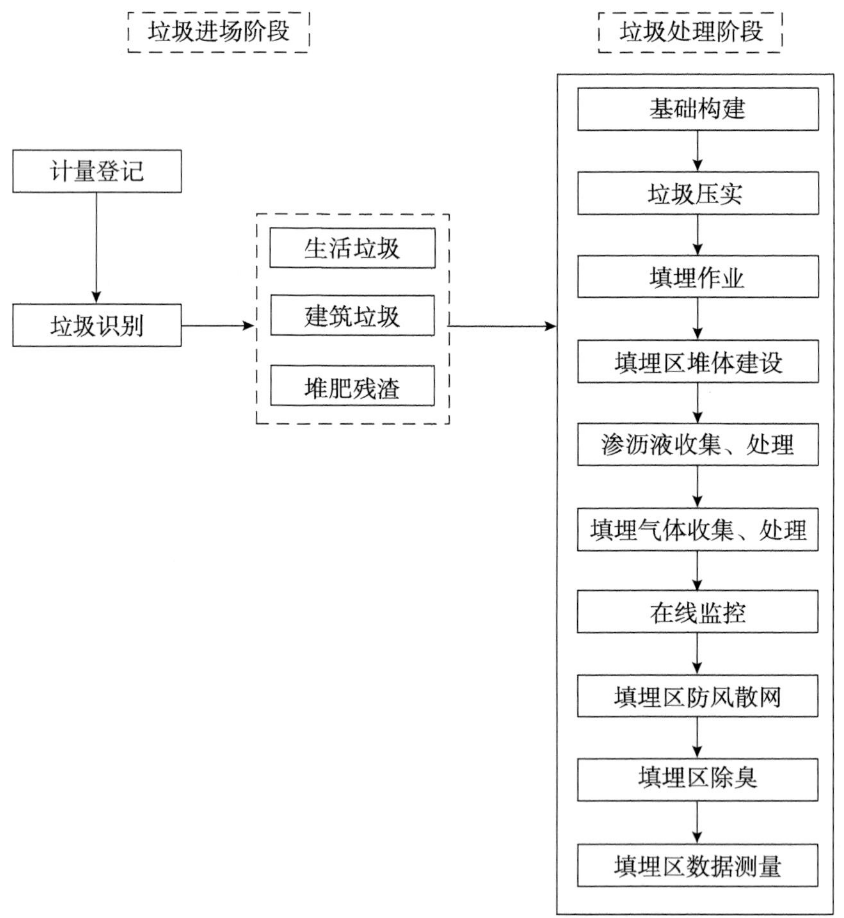

图8－19　阿苏卫垃圾填埋场运作模式

资料来源：阿苏卫垃圾填埋场工艺运行手册。

根据图8－19阿苏卫垃圾填埋场运作模式，进场的垃圾首先经过计量登记、垃圾识别，其目的主要在于识别出有毒的工业垃圾等不可填埋物品；填埋处理过程中有严格的处理标准和作业准则，同时根据天气的变化也有不同的作业方式，垃圾渗透液被各种先进的手段进行连续性的监测。垃圾填埋其实也是一项追求准确性与最小化污染的处理方式。

2. 高安屯垃圾焚烧厂

北京高安屯垃圾焚烧厂是由国家发展改革委批准建设的北京第一家现代化的大型垃圾焚烧发电厂，对其服务范围内的生活垃圾进行有效的减量化、无害化、资源化处理，设计日入炉处理1600吨，年入炉焚烧处理53.3万吨，为朝阳区200多万城市人口提供环境卫生服务。每年焚烧处理生活垃圾70余万吨，余热发电每年额定发电量2.2亿度，相当于每年节约7万吨标准煤。按清洁发展机制（CDM）核算，相当于每年减排化石燃料产生的温室气体二氧化碳约20万吨。在汽轮发电机系统中，采用中水作为循环冷却水，每年节约160万吨市政供水资源。另有每年10万余吨炉渣可以制成建筑材料，有效实现资源综合利用。

北京市生活垃圾焚烧发电过程基本相同，以北京高安屯垃圾焚烧厂为例，生活垃圾由专用的垃圾运输车收集运至垃圾卸料大厅，将垃圾卸入垃圾池。垃圾池内的生活垃圾经7天左右脱水、干燥后送入垃圾料斗，期间收集到的渗沥液经“厌氧EGSB（膨胀颗粒污泥床反应器）+好氧（A/O）+膜分离（MBR）+NF+RO”工艺处理后，出水达到GB/T 19923—2005中规定的敞开式循环冷却水系统补充。高安屯垃圾焚烧厂运作模式如图8－20所示。

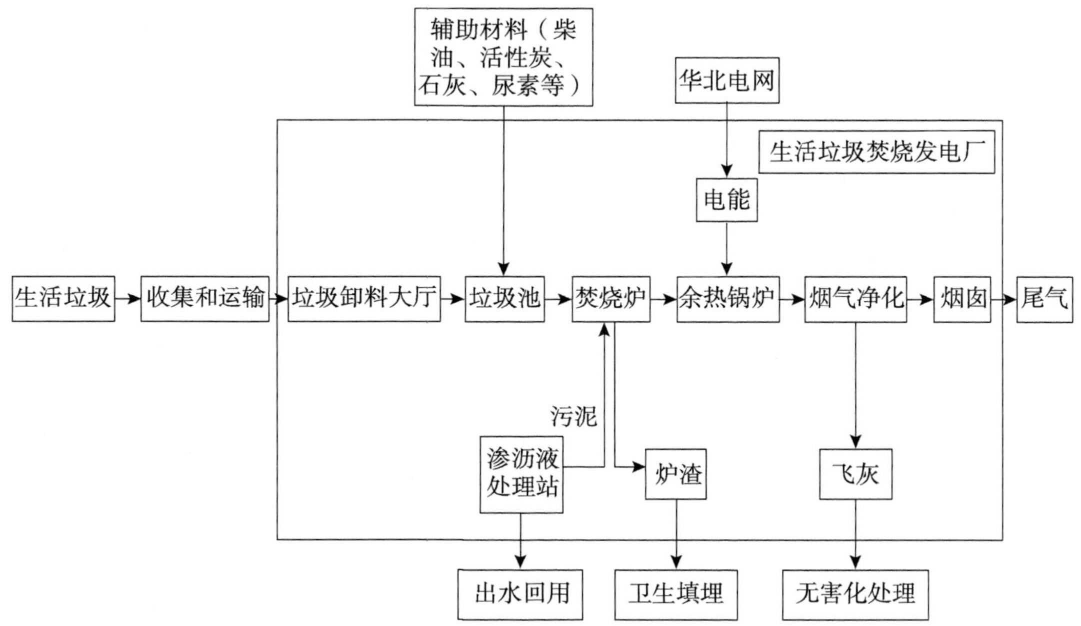

图8－20　高安屯垃圾焚烧厂运作模式

资料来源：高安屯垃圾焚烧厂官网。

3. 南宫生活垃圾堆肥厂

南宫生活垃圾堆肥厂日处理可堆肥垃圾2300吨（包括原生垃圾、生活垃圾、厨余垃圾和餐厨残渣）。在堆肥工艺技术上采用的是近年来欧洲在垃圾堆肥领域所普遍采用的好氧式隧道堆肥技术。这种技术的优点是工厂自动化程度高、环保系数高、设备相对不容易过度磨损、使用寿命较长，而且每个隧道内部工艺都可以直接独立控制。南宫生活垃圾堆肥厂运作模式如图8－21所示。

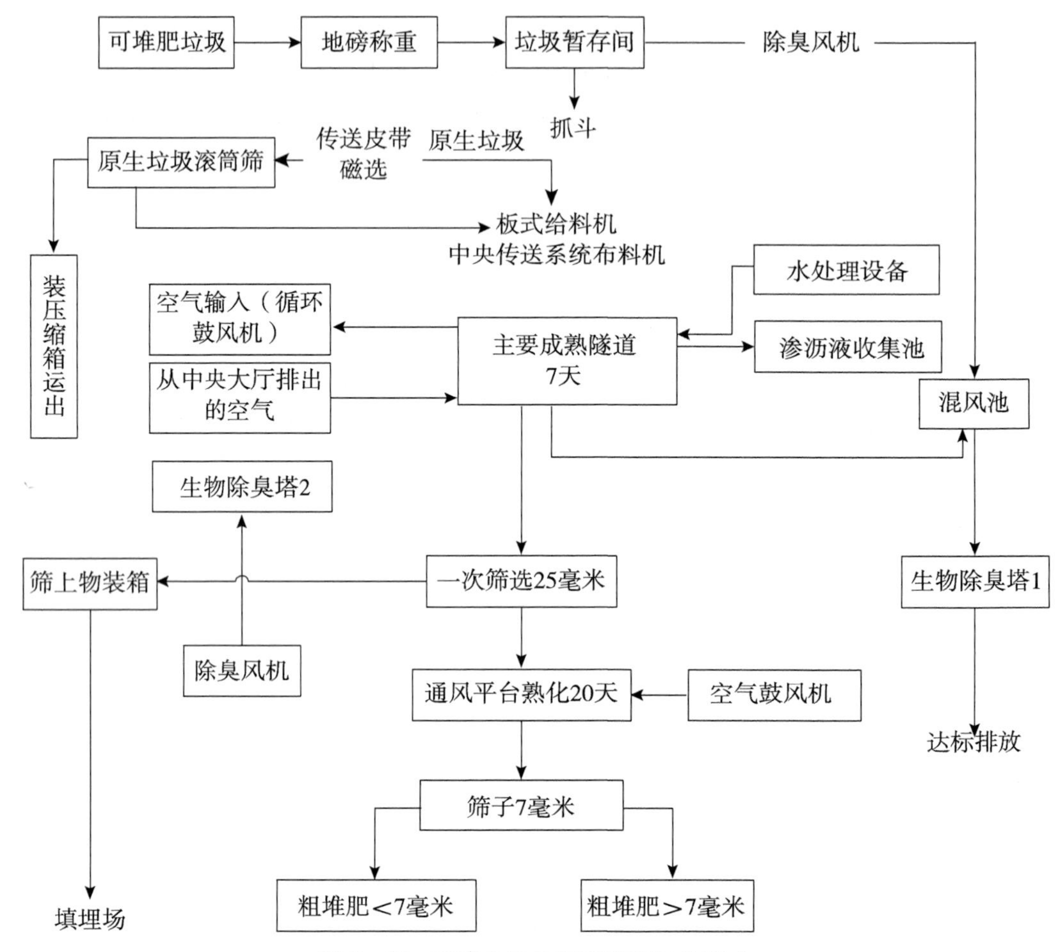

图 8－21　南宫生活垃圾堆肥厂运作模式

资料来源：南宫生活垃圾堆肥厂工艺运行手册。

4. 南宫餐厨垃圾处理厂

北京市每天产生的生活垃圾为 10000 吨左右，每天产生的剩饭剩菜就达 1600 吨以上，每月能回收馒头 20 吨左右。目前，北京市餐厨垃圾日产生量已超过 1050 吨，其中含餐厨及食品加工废弃油脂约 120 吨。

南宫餐厨垃圾处理厂主要处理经马家楼垃圾转运站、小武基大型固废分选转运站筛分的有机生活垃圾和部分农贸市场的绿色垃圾。南宫餐厨垃圾处理厂设计能力为日处理可堆肥垃圾 400 吨，经多年发展，现可日处理可堆肥垃圾 2000 吨，采用的是好氧式隧道堆肥技术，通过堆肥处理，使有机生活垃圾减量 1/3，堆肥（营养土）生产量约 1/3，剩余的 1/3 残渣送往安定垃圾卫生填埋场进行填埋，实现了生活垃圾处理无害化、减量化、资源化。将餐厨垃圾处理厂设置在堆肥厂内，可有效地利用南宫生活垃圾堆肥厂的现有堆肥设施，并节省投资。南宫餐厨垃圾处理厂的运作模式如图 8－22 所示。

北京市环卫集团在各区、各分公司和各个物流节点的密切配合下实现北京市生活垃圾处理的合理化、高效化，同时，以集团所属三个制造业为支撑，大力发展环卫装备制造业，通过产学研相结合的运作模式，加大新能源环卫车辆、设备的研发和投入，走低

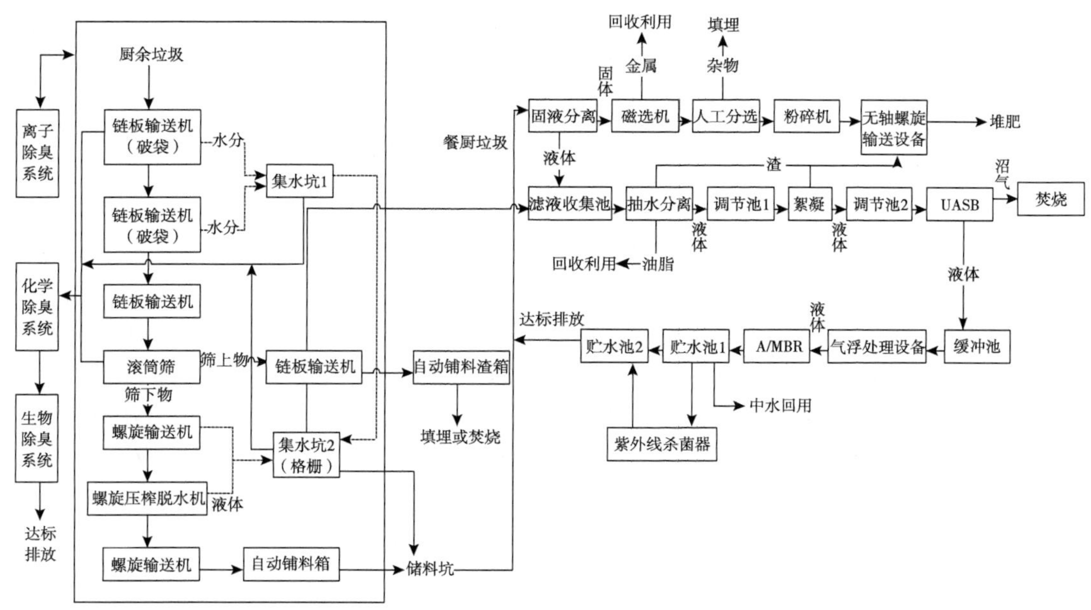

图8－22　南宫餐厨垃圾处理厂运作模式

资料来源：南宫餐厨垃圾处理厂运行管理手册。

碳环保和绿色经济之路。作为跨区域、可持续发展、国内领先的现代环卫综合服务企业，北京市环卫集团以“环境缔造和谐、创新服务大众、节约回报社会、责任成就未来”为使命，初步形成了环卫投融资、运营、研发创新、装备制造四大板块协同发展的环卫服务产业链。下文将按照生活垃圾回收流程对北京市生活垃圾回收物流活动成本进行简单的核算。

二、北京市生活垃圾物流成本核算

（一）生活垃圾物流成本界定和核算方法

1. 成本界定

北京市生活垃圾处理按照流程分为收集、转运和安全处置三个部分。生活垃圾收集主要由各区环卫服务中心和物业公司负责，将社区垃圾桶内的垃圾收集并运输到指定的垃圾站；因为垃圾处理场所远离垃圾站，为了降低运输成本，增加转运环节，在垃圾转运站将站内的垃圾进行分拣压缩，增加单车运载量；垃圾在转运站进行处理后通过大型垃圾运输车运到垃圾处理场所进行填埋或焚烧。转运环节和安全处置环节由北京市环卫集团管理。

根据生活垃圾处理流程，本节将生活垃圾物流成本分为收集成本、转运成本。收集成本包括从社区垃圾桶将垃圾收集运输到密闭式垃圾站的成本和密闭式垃圾站的运营成本。收集成本不考虑社区内垃圾清扫环节产生的成本费用；转运成本包括从密闭式垃圾站到垃圾转运站的运输成本、转运站的运营成本和转运站到垃圾处理场所的运输成本。

2. 核算方法

根据实际调查情况，垃圾收集成本可具体分为社区垃圾桶成本、运输费用和密闭式垃圾站建设成本、运营成本，也可分为固定成本和可变成本。对于固定资产采用平均年限法估算固定资产折旧，净残值率按照其原值的4%确定。因为北京土地资源稀缺，而且土地存在机会成本，所以核算需考虑土地成本，根据实际调查，用商业用地价格代替土地机会成本。转运成本和卫生填埋成本参考北京环卫集团的资料计算。

（二）北京市生活垃圾成本核算

1. 收集成本

查阅北京市生活垃圾收集费用相关资料，并没有收集费用的统计资料，按照实际调查情况，采用案例社区核算方法，以西城区某社区为例，该社区占地1291985平方米，常住人口6159人。社区其他垃圾清运量1168吨/年，该社区有38个其他垃圾专用桶，平均一个垃圾桶服务162人，垃圾采用电瓶车密闭收集。密闭式清洁站位于社区内，占地约140平方米，主要固定投资为一套吊装设备。收集成本分为垃圾桶成本、运输成本、密闭式清洁站成本，成本合计120.74元/吨，如表8-13所示。

表8-13　成本核算标准

成本类型	成本明细	计算说明	总费用（元/年）	成本（元/吨）
垃圾桶成本	垃圾桶成本	280元/个（240升），38个；一年置换一次	10640	9.11
运输成本	电瓶车折旧成本	9万元/辆，1辆；使用寿命10年	8640	7.40
	维修及其他成本	电瓶车置换电池（4500元/次×2次/年），维修费用500元/年，其他费用1500元/年	11000	9.42
	人工成本	工人1名，1720元/人·月，津贴福利8938元/人·年	29578	25.32
密闭式清洁站成本	基建折旧	吊装设备市场价为9万元/套（含2个7~8立方米的集装箱）；使用寿命14年	6171	5.28
	人工成本	工人2名，工资福利为36000元/人·年	72000	61.64
	维护费用	水电、保险、清洁维护等费用	30000	2.57
合计				120.74

2. 清运、转运成本

垃圾清运、转运是将前期收集的垃圾运输到垃圾转运站，在垃圾转运站经过机械设备的压缩后，再用大型运输车辆运送到较远距离的垃圾处理场所的过程。清运、转运成本包括三部分：清运成本，即前期收集的垃圾运输到垃圾转运站的成本；转运站成本，转运站日常运营的成本；转运成本，是用大型运输车辆将垃圾转运站分拣压缩的垃圾运送到较远距离的垃圾处理场所产生的成本。通过调查城六区垃圾转运站成本消耗，计算出北京市垃圾转运的成本为543.30元/吨（见表8-14）。

表 8-14　　清运、转运成本费用明细　　单位：元/吨

项目	人工成本	动力成本（含燃润费）	材料费（含轮胎）	修理费用	折旧费用	劳动保护费	期间费用	合计
清运成本	123.10	63.42	1.21	0.65	0.83	0.05	19.33	208.59
转运站成本	165.92	2.22	3.00	0.20	30.16	0.05	19.32	220.87
转运成本	50.47	47.66	0.72	2.58	1.15	0.03	11.23	113.84
合计	339.49	113.30	4.93	3.43	32.14	0.13	49.88	543.30

综上，北京市生活垃圾物流成本为664.04元/吨，其中，转运站成本占比很高。根据实际调查发现，主要原因是北京市生活垃圾转运站布局和运输路线不合理，各个区的垃圾转运站工作各自为政，不能综合考虑北京市整体情况，降低成本需要运用物流规划理论重新设计布局和运输路线，整体考虑北京市的垃圾转运工作。

第三节　北京市生活垃圾回收物流存在问题及对策

从源头开展垃圾分类，可减轻末端垃圾处理的污染和压力，但实际情况是垃圾填埋场周边灰渣堆高，空气污染较为严重。10年来，北京市不断增高和扩容填埋场，不断扩大混合垃圾处理设施建设种类，从填埋场、堆肥厂到如今日处理量3000吨的垃圾焚烧厂，但是垃圾分类实施效果不明显，对垃圾分类处理设施的调整并没起到显著的作用。垃圾处理想要实现减量化、资源化的发展，唯有从源头做好垃圾分类。以下对物流各节点所存在的显著性问题进行分析，同时提出相应的对策方法。

一、北京市生活垃圾回收物流存在的问题

1. 生活垃圾投放收集节点存在的问题

生活垃圾投放收集环节，问题集中体现在垃圾的分类上，以目前的垃圾处理流程来看，任何垃圾进入垃圾处理厂之前，源头处混合存放、后续再进行筛分和处理依旧为当前的主要方式。对堆肥厂来说，混合垃圾主要通过机械化实现垃圾装卸、分拣，将分拣出来的厨余垃圾进行堆肥处理，但由于混合垃圾分类难度大、塑料制品含量高，造成产成品中依旧混有大量的塑料制品，直接影响肥料的性能和质量。对于垃圾焚烧来讲，混合垃圾高水分、高灰飞和分类差的三大特点，造成垃圾焚烧总体污染物排放总量高，整体焚烧炉效率较差。入场垃圾成分复杂，后端治理的难度更大，因此源头处生活垃圾的正确分类投放决定着全流程运作效果。另外，存在大量的人员对垃圾进行翻拣，极易造成收集点已分类垃圾的再次混淆，降低居民对垃圾分类的热情。

2. 生活垃圾清运、转运阶段存在的问题

垃圾收集点作业空间有限、生活垃圾车辆运输乱、分类运输车辆配置率较低是生活垃圾运输体系中存在的主要问题。一是由于城市土地资源的有限性，各小区垃圾收集点站点面积受限，专业化、大型的垃圾收集车辆难以作业，因此存在大量的无证三轮车辆从源头运输垃圾，造成源头处垃圾转运车辆管理难度大。二是设备亏载难以管控，设施

配套性差，且目前垃圾收集、转运装备技术水平相对落后，技术设备缺乏整合，多个功能之间衔接不匹配，分类减量效果差，不能与后端垃圾处理实现有机对接。

二、北京市生活垃圾回收物流对策分析

1. 生活垃圾投放收集节点解决对策

一方面，参照较为成功的垃圾分类案例，可通过社区发放印有每户独立二维码的垃圾袋对垃圾进行装袋收集，识别出各户居民垃圾分类作业实施情况，以此起到考核和评价的作用，同时根据考核结果对各户居民实施相应的奖惩措施。对于达标情况差的住户可通过上门指导的方式实现垃圾分类。加强法制建设、制度建设、设施建设，全面提升各居民住所、个人垃圾分类意识是实现垃圾资源化的必经之路。另一方面，现行推广的工作人员小区内上门回收厨余垃圾、可回收资源垃圾的行为同样也是提高资源化垃圾分类的有效途径，推动“干湿垃圾”分离，是堆肥垃圾源头分类的有效途径，对进入垃圾焚烧处理厂的垃圾热值有所保障。

2. 生活垃圾清运、转运阶段解决对策

一是小区需要满足收集车辆的停放、通行和作业场地要求，严格禁止各类非法及非正规车队进入小区对垃圾进行转运。从政策设计上，充分加入公众参与设施改造和垃圾分类的空间，设定工作路线图和时间表，何时可以实现垃圾分类处置的改造，哪些社区的居民可以真正参与到垃圾分类中，均有相应的较为具体的规划。二是城市生活垃圾处理收费是世界各国普遍实施的方式，包括定额收费制、计量收费制、超量收费制等。发达国家实施城市生活垃圾处理收费已经法制化、规范化，在坚持“污染者负担原则”的前提下，严格执行相关法律规定，执行适合各国实际需要的收费方式与收费标准，取得了良好的经济效益、环境效益和社会效益，为各国城市生活垃圾处理经费提供了可靠的补充渠道。这些发达国家的经验为尚处于起步阶段的我国城市生活垃圾处理收费提供了经验。从硬件上来讲，改变目前垃圾流向中混合的壁垒，改造分类收运体系，改建堆肥厂的构造，给垃圾分类社区里分出后的厨余开辟通道，不再一路混合。

第九章

北京市物流业降本增效面临的形势与对策

第一节　北京市物流业降本增效外部形势分析

一、北京市物流业降本增效外部有利因素分析

1. 物流市场规模持续扩大

“十二五”时期，我国已成为全球最具成长性的物流市场。2015 年，物流业总收入约为7.6 万亿元，全国货运量450.2 亿吨。其中公路货运量、铁路货运量、港口货物吞吐量多年来都居世界第一位。快递业务量突破200 亿件，冷链物流市场规模超过1500 亿元，各类细分市场规模不断扩大。

2016 年全国社会物流总额229.7 万亿元，按可比价格计算，比上年增长6.1%。从构成看，工业品物流总额214.0 万亿元，按可比价格计算，比上年增长6.0%，增速比上年回落0.1 个百分点；进口货物物流总额10.5 万亿元，增长7.4%，提高7.2 个百分点；农产品物流总额3.6 万亿元，增长3.1%，回落0.8 个百分点；再生资源物流总额0.9 万亿元，增长7.5%，回落11.5 个百分点；单位与居民物品物流总额0.7 万亿元，增长42.8%，提高7.3 个百分点。

2. 跨区域协同发展渐入佳境

以“一带一路”、长江经济带和京津冀协同发展为战略重点的区域一体化发展不断深入，交通基础设施一体化布局加快，市场一体化、管理一体化、标准一体化、信息一体化成为广泛共识，沿欧亚大陆桥、长江黄金水道、环渤海区域、长三角区域和泛珠三角区域等战略不断深入，对物流企业的跨区域协同能力、远程管理能力、网络辐射能力等均带来重大挑战。京津冀一体化战略的实施，为北京市物流企业的发展提供了机遇和挑战。根据西方国家物流发展经验，区域经济一体化可以促进经济的发展，也能促进物流产业的发展。同时，实现区域物流一体化，也可以促进区域经济的发展。北京市的物流企业要积极实施现代物流理论中的整合战略，努力建设具有区域竞争力的物流体系，推动自身的产业升级，营造适合现代物流企业发展的政策与环境，形成有效的协调机制，

通过建立高效率的物流体系实现物流行业资源和信息的共享，以“立足京津冀、面向全国、放眼世界”的眼光和原则，加强物流产业一体化战略。

3. 物流组织新模式加快涌现

“互联网＋物流”的第一个新格局就是融合发展，融合并不是简单的叠加，这种融合将成为物流业解决高成本痛点的必经之路。以物流园区和互联网为载体的平台型企业将加快涌现，围绕人、车、货、交易、消费等要素资源，在资本的强力推动下，将催生更多网络化、平台化物流生态圈。

同时，伴随产能、装备、技术和资本的“走出去和引进来”，“平台企业＋小微大众”成为新的物流组织形态。我国传统“多、小、散、弱”的物流格局将继续向“平台企业＋小微大众”的组织模式演变，并将成为物流组织结构的新常态。

4. 基础设施扩容提档

到2015年年底，我国高速公路和高速铁路里程分别突破12万公里和1.9万公里，比2010年分别增长62%和127%，双双位居世界第一。全国高速公路ETC（不停车电子收费系统）实现联网，统一收费成为可能。水路、航空等运输服务能力稳步增长，高效便捷的综合运输体系初步成型。根据中国物流与采购联合会《第四次全国物流园区（基地）调查报告》，截至2015年7月，全国共有符合调查要求的物流园区1210家，投入运营的比例大幅上升，以物流园区为支撑的产业生态圈正在逐步形成。多式联运受到重视，2015年国家正式启动多式联运示范工程，推动运输资源的高效整合和运输组织的无缝衔接。

5. 物流信息技术普及应用

“十二五”时期，正是新一轮科技革命孕育时期。物联网、云计算、大数据等新兴技术在物流行业得到推广应用。嵌入物联网技术的物流设施设备快速发展，车联网技术从传统的车辆定位向车队管理、车辆维修、智能调度、金融服务延伸。云计算服务为广大中小企业信息化建设带来福音。大数据分析帮助快递企业预测运力需求，缓解了“双11”等高峰时期的“爆仓”问题。2015年，由菜鸟网络牵头，国内主流快递企业全部普及使用电子面单，快递基础业务的信息化管理水平进一步提升。

6. 物流标准化加快应用

“十二五”时期，物流标准工作取得积极成效。《物流标准化中长期发展规划（2015—2020年）》印发执行，一批新的物流国家标准开始实施。

2015年5月8日，交通运输部在京召开座谈会，专门就车型标准化问题展开讨论，并基本达成了两点共识：一是政府部门应当尽快统一标准、统一法规、统一执法，营造公平竞争环境；二是车型标准的修订要在安全、节能、环保、道路承载能力与高效运输之间寻求最佳平衡点。“十三五”时期，我国将启动实施车型标准化工作，加快推动相关国标的建设，加强超载超限源头治理，尽快淘汰非标车型。

7. 物流运行效率不断提高

随着物流需求规模增速的放缓，社会物流总费用扩张速度明显减缓，增速由2011年的18.5%，降为2012年的11.4%、2013年的9.5%、2014年的6.9%、2015年的2.8%，进入加速回落期。

国民经济整体增速放缓，在企业经营效益整体走低的背景下，各行业纷纷重视物流效率的提升，努力实现转型和提升发展，物流费用增速明显减缓。

8. 物流政策环境持续向好

“十二五”时期，党中央、国务院重视物流业发展。2014年9月，国务院出台《物流业发展中长期规划（2014—2020年)》，把物流业定位于支撑国民经济发展的基础性、战略性产业。各部门从自身职能定位出发，密集出台支持物流业发展的政策措施。从2015年开始，全国现代物流工作部际联席会议形成新的运行机制，由国家发展改革委、商务部、交通运输部、工业和信息化部及中国物流与采购联合会轮流主持，坚持问题导向，着力解决制约物流业发展、亟待跨部门协调解决的重点问题。支持物流业发展的部门间合力逐步加强，行业政策环境持续改善。

2016年9月13日，国家发展改革委根据《物流业发展中长期规划（2014—2020年)》制定了《物流业降本增效专项行动方案（2016—2018年)》，该方案把物流业摆到了重要位置，明确物流业是支撑经济社会发展的基础性、战略性产业，市场需求巨大，发展空间广阔。目前我国正处在经济结构转型期，成功与否决定着未来发展，而物流业作为服务业的重要组成部分，可以说它的转型升级、降本增效，对于推动我国经济发展具有十分重要的作用。我国物流业长期存在成本高、效率低等问题，解决这个问题要推进转型升级、降本增效，提升行业整体发展水平。

二、北京市物流业降本增效外部障碍因素分析

1. 物流服务能力不强

“十二五”时期，传统运输企业、仓储企业加速向现代物流企业转型，形成了一批所有制多元化、服务网络化和管理现代化的物流企业。物流服务涵盖国民经济各细分行业，针对不同行业的产品特性及对物流需求的特殊要求，制造业物流、商贸物流、电子商务物流和国家物流领域专业化、社会化服务水平有所提升，但是相对其他产业发展的支撑要求物流企业的服务能力短板还较为明显。

2. 物流企业业务收入稳中趋缓

在物流业务量增速回落的同时，物流企业物流业务收入增速随之有所放缓。数据显示，2008—2015年重点物流企业业务收入年均增长10.7%，2015年比上年增长0.9%，增速同比回落4.7个百分点，回落幅度有所扩大，延续了2010年以来的回落走势，如图9-1所示。

3. 物流业务成本上升

2015年物流企业物流业务成本比上年增长3.6%，增速同比提高1.6个百分点。2008—2015年重点物流企业物流业务成本年均增长11.5%，2015年物流业务成本增速虽有小幅回升，但总体仍低于近年的平均水平，仍处于低速增长（见图9-2）。其中受物流业务量下滑等因素影响，运输成本比上年下降8.7%，降幅扩大6.5个百分点。随着城市物流用地价格持续上涨，仓储成本呈现加快增长态势，比上年增长13.9%，增速同比提高2.3个百分点。

2015年物流从业人员劳动报酬比上年增长12.4%，同比提高1.5个百分点；物流人员报酬占物流业务收入比例随之上升，2015年为10.8%，同比提高1.1个百分点。2008—2015年物流从业人员劳动报酬增长情况如图9-3所示。

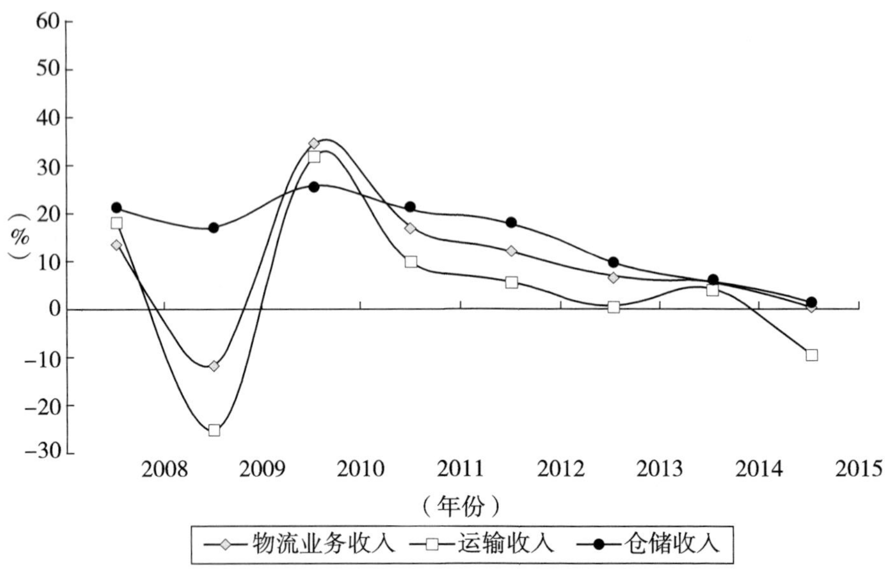

图 9－1　2008—2015 年重点物流企业业务收入增长情况

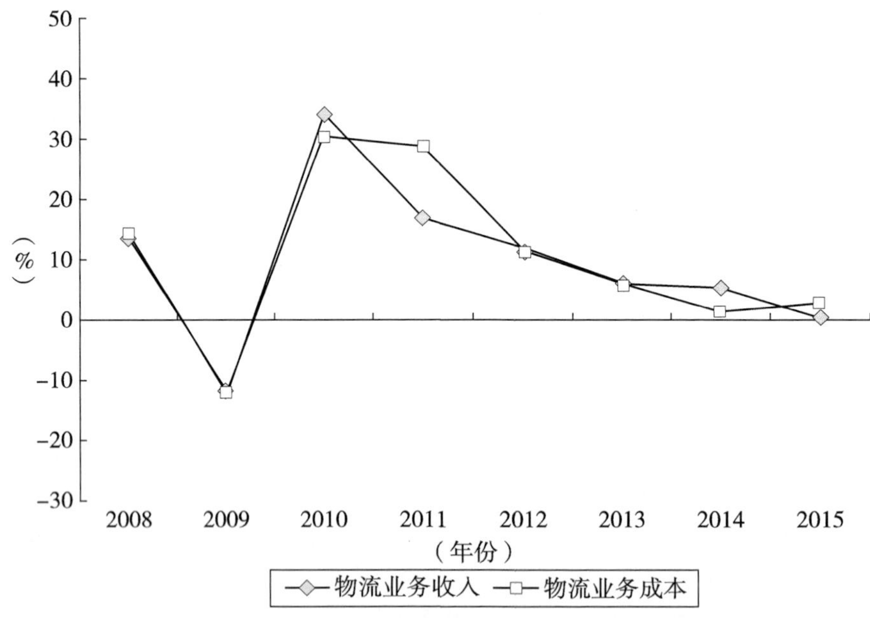

图 9－2　2008—2015 年物流企业物流业务收入、成本增长情况对比

4. 物流企业利润有所下滑

2015 年物流企业收入利润率有所下滑，由上年增长 5.0% 转为下降 4.3%。物流企业平均收入利润率为 6.1%，同比下降 0.6 个百分点（见图 9－4）。从物流企业类型看，综合型企业收入利润率为 9.4%，同比提高 0.5 个百分点；仓储型企业为 6.7%，同比下降 0.2 个百分点；运输型企业为 3.25%，同比下降 0.05 个百分点；运输型企业中，其中道路运输企业为 4.5%，水上运输企业为 2.2%，航空运输企业为 8.3%，管道运输企业则高达 30%，行业盈利水平分化趋势明显。

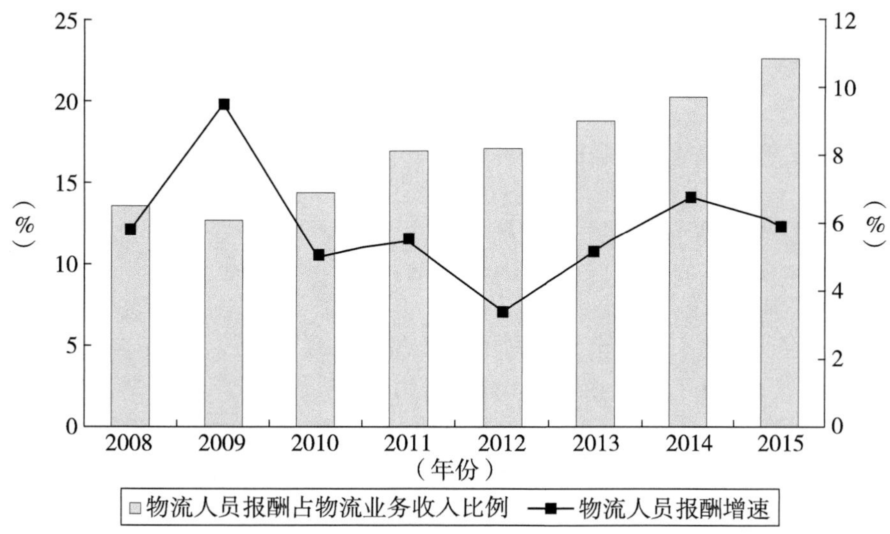

图 9-3　2008—2015 年物流从业人员劳动报酬增长情况

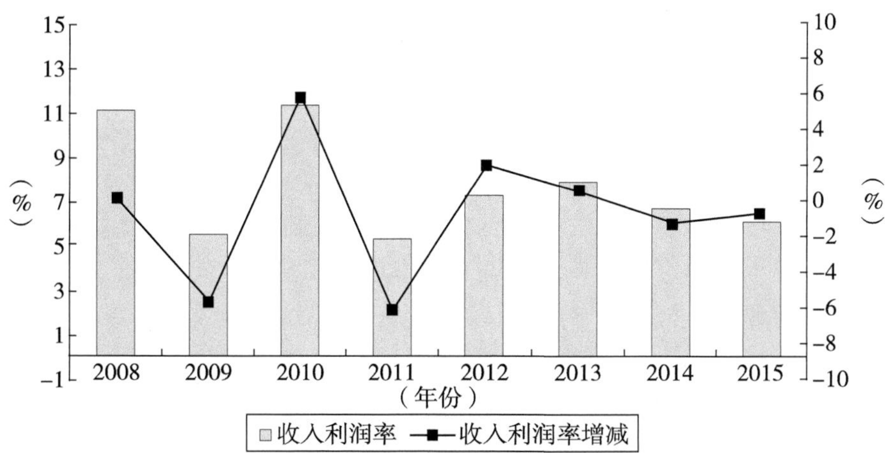

图 9-4　2008—2015 年物流企业收入利润率情况

5. 物流服务价格总体低位运行

2015 年，物流业景气指数中的物流服务价格指数为 49.9%，位于 50% 以下的收缩区间，比上年下降 0.5 个百分点，显示物流服务价格持续下降，且降幅有所扩大。其中，中国公路物流运价指数平均为 106.3 点，比上年下降 2.5%；中国沿海运价指数为 852.6 点，比上年下降 13.9%。物流服务价格的下降给物流企业盈利水平造成一定的影响。

6. 物流企业税收负担高于全国宏观税负水平

我国物流企业的税收支出主要在三个环节：一是提供服务环节，涉及增值税、营业税、城市维护建设税、教育费附加和印花税；二是收益实现环节，涉及企业所得税和个人所得税；三是服务设施的持有和使用环节，涉及车辆购置税、房产税、城镇土地使用税、车船税、耕地占用税、土地增值税和契税。

根据中国物流与采购联合会《我国物流企业税收负担研究报告》数据显示，物流企业平均税收负担水平高于全国同期宏观税收负担水平，且税收负担水平呈逐年递增趋势。

对于不同业务板块，考虑隐性税收支出的情况，运输业是税收负担最重的板块，仓储业次之，然后是货代和快递业，且物流业所有板块税负水平均高于全国宏观税负水平。

第二节　北京市物流业降本增效内部形势分析

一、北京市物流业降本增效优势

1. 物流总体规模稳步增长

“十二五”时期，北京市社会物流总额和物流业务收入呈逐年上升趋势。2015 年，全市社会物流总额达 6.7 万亿元，较 2010 年的 5.04 万亿元增长了 32.9%；2015 年，全市物流业务收入达到 2409 亿元，较 2010 年的 1681.1 亿元增长了 43.3%。物流业发展稳中有进，对全市社会经济发展起到了重要支撑作用。

2. 京津冀协同有利于物流资源在更大范围内的有效配置

随着分工国际化、贸易全球化的推进以及物流成本的降低，不同区域市场和生产之间的依赖程度不断加深，生产要素在区域乃至全球范围内优化配置，区域经济一体化步伐明显加快。区域产业分工空前深化，区域经济关系空前密切，也间接地促进了区域经济的物流网络机构和产业机构加快调整。因此，区域经济协同的纵深发展给京津冀物流协同提供了新的机遇，推动物流体系的重新布局。推进区域物流合作的阻力和难度将大为减小。

在京津冀协同发展的国家战略下，北京、天津、河北三地间产业、经贸、金融、物流、社会文化、科技等领域合作在不断加快。而物流基础设施作为物流产业中最重要的物流资源，将立足于自身比较优势，着眼于京津冀区域整体空间布局，在整个区域范围内进行布局优化和调整。物流业发展在交通建设投资、区域通关、物流园区建设等基础设施的配置方面均有成效。

3. 物流专业化水平显著提升

2015 年，北京市社会消费品零售总额达到 10338 亿元，年均增长 10.3%，消费需求快速增长推动了城市物流保障体系不断完善。各类消费品的物流配送体系进一步健全，商业连锁统一配送率持续提高。涉及民生的冷链物流体系和设施建设取得较大进展，全市冷库总容量 135 万吨，较“十二五”初期增长了 30% 左右。

电子商务类快递业务发展迅猛。2015 年，全市快递服务企业业务量累计达到 14.1 亿件，满足“最后一公里”物流需求的快递服务不断完善，建成社区及高校共同配送网点 260 余个。

物流公共信息平台建设不断加强。“北京物流金融平台”“跨境物流电子商务平台”加快建设。“京津冀区域物流公共平台”服务近 5 万企业会员，日均信息发布量达 100 万条，日均交易信息量近 30 万单，线下日均货运量近 200 万吨。

物流发展模式创新步伐加快。电子、医药、制造业企业与第三方物流企业合作，实现联动发展。积极推进农产品物流模式创新，引入第三方物流和共同配送模式，创建并推动农产品直采直供联盟发展。物流技术支撑体系逐步完善，物联网、移动互联网、可视化、快速分拣等新兴技术在行业企业推广应用，物流信息化、自动化、标准化建设持续推进。食品冷链可视化系统得到示范应用，医药流通全过程可视化监控和追溯体系得到完善。绿色物流创新及应用加快发展。

4. 城市物流网络更趋完善

"三环、五带、多中心"的物流空间格局不断优化，形成了以物流基地、物流中心为载体，专业物流为特色的多层次节点布局。

四大物流基地建设加快，各物流基地充分利用自身特色和区位条件，吸引差异化的物流企业集聚。加强以航空货运枢纽型为特征的空港物流功能，加快推动通州马驹桥物流基地、平谷马坊物流基地海陆联运体系建设，提升京南物流基地公铁联运的服务功能。

以服务城乡建设和市民生活需求为物流发展重点，稳步推进城市共同配送网络建设，积极开展城市物流末端配送试点工程，实现了物流配送服务的"广覆盖"。沿西南、东南、东北、西北方向在五环路附近重点建设物流中心，在五环路、六环路周边新建和改造功能完善、规模化的物流中心，形成多个"组团式"的专业物流设施空间布局。

依托公路、铁路、航空互为补充的综合立体交通网络，形成了与交通线网有效衔接的物流网络。完善城际间干线运输重要物流节点的建设，包括铁路中心站点、公路联运物流中心和公路物流中心，基本构筑了多种运输方式衔接顺畅的"立体化"物流体系。

5. 国际物流服务能力逐步提升

以加强口岸基础设施建设、优化口岸管理为突破口，推动开放型物流体系建设，形成了以首都机场空港口岸为核心，以北京西站铁路口岸、朝阳口岸、丰台口岸、平谷口岸为重要补充的口岸体系。平谷马坊物流基地一期1.3平方千米基本建设完成，平谷口岸投入运营。加快推动通州马驹桥多功能用地开发建设和朝阳口岸向通州马驹桥外移。丰台货运口岸铁路专用线接入全国铁路网，实现运输路网贯通，正式恢复整车货物国际联运到发业务和集装箱国际联运功能。

国际物流发展的相关政策功能区建设加快推进，形成北有天竺、南有亦庄的政策功能区分布格局。加快天竺综合保税区国际航空中心综合服务平台建设，与首都机场实现区港一体。北京经济技术开发区出入境检验检疫局入驻亦庄保税物流中心（B型），实现了一站式通关服务。

6. 物流标准化工作成效显著

为促进物流标准化工作向供应链上下游延伸、扩大试点范围，在北京市商务委员会的指导下，由北京物流协会和龙头企业共同倡议成立了北京市物流标准化联盟，为企业搭建物流标准化交流与合作的平台，首批入盟企业共43家。

2015年，北京市作为第一批试点城市，以托盘标准化及循环共用为切入点，共有29家企业参加试点。试点企业标准化托盘量从原有的140万个增加到212万个，提高51.4%，企业库内运输设备、人工效率提高超过50%，装卸人员成本降低50%以上，货物装卸效率、交接效率平均提高了2倍以上，有效缓解了货运车辆排队导致的周边交通拥堵的压力。

在国家重视标准化工作的背景下，在试点工作的带动下，物流行业的标准制定正在逐步推进。2015年，在北京市商务委员会的牵头下，由北京物流协会组织相关院校、物流优秀企业开展行业标准研究与制定，先后制定了《企业物流装备标准化评价规范》以及《食品冷链宅配服务规范》，并由原北京市质量技术监督局立项。

7. 物流政策环境进一步优化

制定《关于落实促进物流业健康发展政策措施的实施意见》以及《北京市“十二五”时期物流业发展规划》，编制完成《物流蓝皮书》。积极开展物流业营业税改征增值税试点相关工作，实施促进物流业发展的鼓励政策。扩大中关村现代服务业试点政策范围，重点支持电子商务和现代物流领域技术创新和商务模式创新及应用。商业流通发展资金以及固定资产投资项目资金对物流业业务与基础设施建设给予大力支持。开展物流电动车示范试点，对于符合条件企业给予通行便利。开展物流标准化试点，对单元化作业设备以及相关设备实施更新改造给予支持，提高物流效率，降低物流成本。加大力度发展绿色货运，构建绿色物流体系。

二、北京市物流业降本增效面临的主要问题

1. 城市定位与物流用地之间的矛盾制约企业发展

北京市社会物流总额呈逐年上升趋势，随着物流规模的增长，商贸物流中的电商、快递领域对仓储用地的占用也呈现快速增长趋势。

为深入贯彻落实《京津冀协同发展规划纲要》，有序疏解北京非首都功能，仓储业被列入《北京市新增产业的禁止和限制目录（2015 年版）》，禁止新建和扩建仓库。同时，对于不符合北京非首都功能也加大了疏解力度，使得市域内物流企业使用成本有所提升。

2. 末端配送不畅，增加了城市“最后一公里”配送成本

由于这几年随着城市规模的不断扩大，城市人口急剧膨胀，市区交通拥堵严重，对大型货车进城实施严格的交通管制，也给城市配送“最后一公里”造成了麻烦，物流配送车辆在城区管制期间通行难，造成物流公司运输困难，无形中也给物流公司增加了运输成本。特别是针对运输车辆制定的“限货”规定，给现有物流配送能力增加了难度，难以满足货运量不断上涨的需求，一些运输企业采用客车运货的方式来应对，这样不仅会降低运输效率，也会加剧城乡道路拥堵，给城市造成污染。

3. 批发市场疏解短期提升农产品等生活必需品的流通成本

京津冀协调一体化已经上升到国家战略，京津冀地区是带动我国北部经济产业发展的节点地区和现代化建设的重要支撑地区，也是我国政治文化中心和经济最发达的地区之一。对于北京而言，发展核心业务，迁出非核心业务，京津冀地区协同发展是趋势。

短期内批发市场的疏解对原有的农产品、粮油等生活必需品的流通渠道产生影响，新的流通渠道形成需要时间过渡，短期内会提高生活必需品的流通成本。随着京津冀物流协同深入推进，统筹布局，形成层级合理、需求匹配的物流配送网络。统筹规划物流基地、配送中心、末端配送网点等多级配送节点，推动业态调整升级，进一步提高物流节点保障城市运行和服务民生的能力，流通成本也将逐步降低。

4. 物流业所属行业边界模糊，导致税收支持政策落实不足

物流业所属行业边界模糊，适用税目、税率认定不清，使得国家税收政策细化困难，政策落实不够。现代物流业是一个复合型产业，涉及运输、仓储、货代、快递、配送、

信息等多种业态，目前我国尚未统一物流行业认定标准，导致对物流业所属业态适用的税目、税率认定不清。例如，营业税改征增值税之前，对于快递业务各地按营业税中的交通运输业、服务业、邮电通信业三个不同税目征收营业税，由于三个税目的税率相差不大，因此矛盾不太突出；营业税改征增值税后，矛盾开始凸显，快递企业或被认定为提供交通运输服务，适用11%的税率缴纳增值税；或被认定为提供物流辅助服务，适用6%的税率缴纳增值税；或依然按提供邮电通信服务认定，缴纳3%的营业税。《关于将铁路运输和邮政业纳入营业税改征增值税试点的通知》（财税〔2013〕106号）虽然增加了收派服务税目，但是收派服务与交通运输服务很难界定，势必增加纳税征管难度，也使得已出台的税收支持政策落实不够。另外，物流企业作为服务行业，进项抵扣少，相较以往的税负上升明显，尤其运输配送行业更为突出。

5. 物流企业人力成本有上升趋势

城市物流受到多种因素的限制，人工作业的业务范围仍然偏大。而根据劳动法的相关规定以及我国人口结构的变迁及物流飞涨的形势，可以预见，以后的人工成本仍将保持直线上升的势头。北京市其他行业收入相对物流业收入具有优势，对物流从业人员具有挤出效应，也拉升了物流企业用人成本。有数据显示，物流企业人力成本占企业成本30%，呈继续上升势头，而且增幅超过营业收入幅度，消耗掉了企业新增利润。

6. 物流管理体制条块分割

物流管理体制条块分割，与物流企业发展需要有差距。城市物流管理部门多，资源分散，通畅难度大。城市物流管理主要按照物流环节和流程进行管理，部门与部门间的协同效率还有待进一步提升。

第三节　北京市物流业降本增效路径措施与对策建议

一、北京市物流业降本增效重点领域行动措施

1. 物流体系

物流体系是一项系统工程，需要物流市场各要素和主体联动融合、全面提升。推动物流与制造、交通、贸易、金融等行业深度融合，提升物流综合服务能力。推动城乡物流融合、各业态资源跨界整合，实现物流业整体效率升级。物流体系优化降本增效行动路径如表9-1所示。

2. 物流网络设施

物流网络设施是物流运行的基本支撑，也是地区物流承载力的主要衡量指标。北京市物流基础网络经过多个“五年”规划建设，得到了显著改善。但是，北京市社会经济发展与物流网络设施供给还存在诸多方面供需不匹配，如国际贸易快速发展与国际物流设施的不适应，城市生活服务领域便利和高效物流服务需要与物流疏解的矛盾，现代物流基础设施供给不足与传统功能单一铁路物流资源、货场设施闲置并存，等等。在物流业降本增效过程中，物流基础设施是基础支撑工程，也是物流提质增效的重要着力点。物流网络设施完善行动路径如表9-2所示。

表 9－1　物流体系优化降本增效行动路径

降本增效领域	关键制约因素	行动措施	预期效果
物流体系建设	国际标准、国家标准、行业标准、团体标准衔接不够	综合梳理各项国家标准、行业标准，加强不同领域间、国内与国际标准间的协调衔接，以京津冀物流行业协会培育发展物流团体标准	构建体系完备、高效协调的新型物流标准体系
	物流疏解，城市配送结构面临优化	依托环京津冀重要交通枢纽和北京四大物流基地建设集运输、仓储、配送、信息交易于一体的综合物流服务基地，促进干线运输与城市配送有效衔接，优化城市物流基础设施布局，完善城市三级配送网络	城市配送体系时效显著提升
	农村物流配送末端设施短板突出	推动物流企业、电商企业和邮政企业、供销合作社等充分利用现有物流资源开展深度合作，创新农村物流模式	城乡物流配送一体化
	公路、铁路、航空、海运融合不够，多式联运有待启动	大力发展公海联运、公铁联运、陆空联运等先进运输组织方式，开展京津冀货物多式联运试点，强化多式联运基础设施衔接，推广应用快递转运装备技术，推动公路甩挂运输试点等	一站式的多式联运比例提升

表 9－2　物流网络设施完善行动路径

降本增效领域	关键制约因素	行动措施	预期效果
物流网络设施	物流疏解	补齐区域物流网络短板	京津冀物流网络运行效率改善
	铁路存量资源效率低下	提升和盘活北京市域范围内铁路存量资源	铁路综合物流服务效率提升
	地区国际物流资源分布不均衡	提升国际物流服务能力	通关效率提升
	城市物流枢纽集疏不畅	畅通枢纽节点“微循环”	“最后一公里”配送效率提升

3. 物流信息化

物流信息化是物流业态和模式创新的主要驱动力，物流业降本增效需要发挥物流信息化在优化整合物流资源、促进信息互联互通、提高物流组织化程度中的重要作用。以先进信息技术为依托，优化物流企业业务流程，创新物流活动组织方式，发挥新技术引领的经营管理创新在物流业转型升级中的关键作用，推动物流信息平台与供应链上下游企业系统对接，增强协同运作能力。物流信息化建设领域行动路径如表 9－3 所示。

表 9－3　　物流信息化建设领域行动路径

降本增效领域	关键制约因素	行动措施	预期效果
物流信息化	部门之间信息共享度低	以物流相关重点部门为切入点，试点推进制定政府物流数据开放目录，规范数据开放的具体方式、内容、对象等	部门之间物流全流程信息可视化
	共享标准缺失	北京市商务委员会、北京市经济和信息化委员会和质量技术监督部门建立联动机制，指导物流协会加快推进物流数据标准化	建成信息标准化联动机制
	企业信息化投入不足	引导企业加大技术研发与应用	企业信息化投入提升

4. 物流服务主体

各种业态的物流企业是物流业的基本单元，也是物流市场的主体。发挥市场在资源配置中的决定性作用，激发企业创新的内生动力，鼓励先进技术装备应用，大力推进物流业与“大众创业、万众创新”融合发展，推动业态创新、管理创新、服务创新。针对北京市物流业态中薄弱环节补齐短板，率先在若干重点领域培育专业物流主体，夯实行业发展基础，提升物流社会化、专业化水平。物流服务主体培育行动路径如表 9－4 所示。

表 9－4　　物流服务主体培育行动路径

降本增效领域	关键制约因素	行动措施	预期效果
物流服务主体	国际物流供给短板突出	加快口岸布局优化，积极推进第二机场建设，加大京津冀机场互联互通	国际物流服务能力供给改善，通关效率提升
	物流设施供给结构性不足	结合首都战略新定位，用好津冀环京物流设施，差异化发展四大物流基地，加快规划确定铁路货运场站改造升级	实现物流设施战略疏解，实现物流设施集约化
	多式联运缺少模式创新，物流业态创新不够	引导铁路运输企业向现代物流企业加快转型，大力发展基于“一单制”的多式联运； 利用无车承运人试点带动专业化领域建设，鼓励大型物流企业向着平台化发展	多式联运、综合物流服务比例提升

5. 物流管理部门

各级物流管理部门是物流业发展政策环境的塑造主体，对物流业降本增效起着不可替代的作用。在物流业转型升级的关键时期，物流链条长，过程管理涉及多部门监督和管理，降本增效正是需要压缩协调时效和降低协调成本，需要各部门深化改革、协同推进。加大简政放权，放管结合，优化服务改革力度，深化物流领域体制改革，打破制约行业发展的体制机制障碍，加强统筹规划和部门协同，形成政策合力，营造良好发展环境。物流管理监管主体创新行动路径如表 9-5 所示。

表 9-5　　物流管理监管主体创新行动路径

降本增效领域	关键制约因素	行动措施	预期效果
物流管理监管主体	“客货争路”矛盾突出	开展城市配送需求量调查等前瞻性研究，对从事生活必需品、药品、鲜活农产品和冷藏保鲜产品配送以及使用节能与新能源车辆从事配送的企业，给予优先通行便利	货运进城畅通
	国际物流通关瓶颈突出	推进“单一窗口”建设和“一站式作业”改革，提高通关效率	通关更加便利化
	税费压力较大	通过全面推行“营改增”改革试点，进一步消除重复征税，扩大交通运输业的进项税抵扣范围，降低企业税收负担； 推进收费管理制度化、科学化、透明化	税费占成本结构合理化

二、北京市物流业降本增效对策建议

总体而言，北京的降本增效重点施策点可以从两方面考虑：从宏观角度讲，政府要进一步简政、精政，加强事中管理以及事后追溯；要加大税费支持，释放企业的活力；健全完善物流设施网络体系。从微观、中观角度讲，鼓励行业间联动融合，“共享”式发展；引导企业加快创新（模式、管理、流程、技术）步伐，整合上下游资源要素，提高生产率与效率；支持企业研发以及应用先进物流技术与装备，降低对人工的依赖，提升效率；鼓励行业走资本化运作发展，合理利用杠杆作用，做大做强企业。综上，提出北京市物流降本增效的对策建议如下。

1. 优化市场环境，降低物流企业经营成本

（1）进一步减政、精政，释放活力。有关部门要按照国务院“关于放管服”的有关要求与精神，结合北京行政管理体制的实际，进一步明确部门“权力清单”，并且完善“负面清单”，进一步为市场松绑。要严格按照首都战略新定位以及《北京市新增产业的禁止和限制目录（2015 年版）》，加强对城六区以及副中心准入限制，其他区域新增的物流实体应符合首都功能要求，并在此基础上压减清理行政许可申报材料和种类，简化流程。此外，还要进一步落实国家有关要求，尽量减少前置条件，比如对于不涉及基础设施建设的项目，简化立项手续，取消环评等。外商投资的物流实体应参照《北京市服务业扩大开放综合试点总体方案》要求简化执行。大力推行“互联网 + 公共服务”，行政许可事项的申请、受理、办结、送达实行“一站式”服务。加快推行“五证合一、一照一码”“先照后证”和“一照多址”，进一步放宽物流企业住所和经营场所登记条件，简化电商快递企业非法人分支机构的办理，鼓励企业网络化经营布局。对纳入规划的物流项目适当简化审批流程，建立属地与市级部门的高效沟通机制，对于存在疑问的项目集中审理推进。推动道路普通货运实名制电子台账和电子运单管理试点工作，扩大货运车辆联网联控和行业监管覆盖。研究实施货运电子许可和企业、车辆网上备案，提升监管精度和服务效能。加强涉及安全的相关资质（消防等级）办理标准，减少自由裁量权以及重复办理给企业经营带来的负担。

（2）提升对交通生态的管理水平。优化公路超限运输行政许可办理流程，完善货运司机诚信管理制度，建立诚信数据库，逐步解决司机异地从业诚信结果签注问题。规范公路超限治理处罚标准，减少执法自由裁权。进一步构建城市绿色货运体系，提升城市货运车辆的排放等级，加快车辆技术水平更新，减少污染排放；加快推进新能源电动车的示范应用，对符合要求的企业简化营运证办理流程，并给予配套通行权，提高绿色配送供给。根据城市道路与环境承载能力，对生活必需品、药品、鲜活农产品和冷藏保鲜产品配送等，经认定给予优先通行便利。提高通关效率，进一步简化对国际快递、跨境电商等通关程序，支持国际一流之都建设。实现“一次计重、不停车收费”，便利货车使用 ETC，提高通行效率。严格控制货车总量，促进行业内部的升级以及整合，提高生产效率。

（3）进一步完善税费支持。进一步消除重复征税，扩大交通运输业的进项税抵扣范围，避免出现类似“用油卡抵运费”的情况，减少社会矛盾，降低企业税收负担。允许接受服务的物流企业通过所在税务所为个体运输业者代开税票。允许总部设在北京而在各地分别纳税的物流企业，按照现行增值税汇总缴纳有关规定申请实行汇总纳税。经认定为高新技术企业的物流企业，享受高新企业所得税优惠政策。物流企业研发新产品、新技术、新工艺发生的研发费用，未形成无形资产计入当期损益的，在按规定扣除的基础上，按照开发费用的 50% 加计扣除；形成无形资产的，按照无形资产成本的 150% 摊销。进一步放宽经认定的物流企业开票额度，支持企业做大。执行农产品、食品与药品等冷链物流的冷库用电与工业同价。对于纳入无车承运试点的企业，或者企业业务模式符合北京定位、诚信体系比较健全以及规模较大等具有较好优势的平台性企业，给予开具发票资格。严格执行国家以及北京关于社保、养老以及公积金管理的有关要求，并且提高对于稳岗贡献企业的补贴，降低用工成本。鼓励企业在京津冀空间下发展，建立公共基金，对于建设涉及民生的物流设施，突破财税体制，给予异地支持。

（4）规范收费项目。梳理与制定涉及物流企业的收费目录清单，及时向社会公布并加大督查力度。加紧跟进国家有关部委《收费公路管理条例》修订进程，提出建议。取消政府还贷二级公路收费，适当减免一级公路收费，如京通快速等。落实《道路运输车辆技术管理规定》，取消营运二级维护强制性检测。

（5）进一步完善要素供给与保障。鼓励企业通过银行贷款、股票上市、发行债券、增资扩股、中外合资以及混合所有制等多渠道筹集资金，大力鼓励民营企业与国有企业合作，支持基于 PPP（政府和社会资本合作）的共同合作模式。在全市物流规划以及物流专项规划的统筹下，落实支持物流业发展的用地政策，鼓励电商快递企业与商业连锁企业在土地、网点等方面的合作。允许物流企业通过租赁方式取得国有土地使用权。提高纳入物流规划的仓储项目容积率，进一步促进土地使用率，支持行业集约化发展。

2. 进一步加大物流载体供给，提高物流体系运行效率

（1）进一步完善物流通道。加快推进第二机场建设进度，保证服务快递、电商、医药等领域用地需求，提升货邮能力，并建设多式联运的通道；加快通州口岸的建设，完善各功能区的检验检疫、海关通关、集中查验等配套服务设施，畅通与津冀主要港口互动的通道，促进物流一体化进程；高标准建设口岸冷链设施，补充全市冷链发展短板。积极申请国家跨境电商试点，支持有条件的企业设立海外仓，进一步发展末端体验店，构建跨国境跨关区的电子商务服务体系。加强与铁路部门沟通，提升专用线的使用率，比如在大兴、通州、平谷、怀柔发展干线运输配送运输结合的大宗民生物资多式联运，提高效率降低成本保障城市供应。在进出口货物集中地区建立内陆港，充分发挥通关一体化功能，内陆港与港口间开行小编组、快运行的循环式货物列车，打造内陆出海口。加强与天津的合作，为北京市至天津港内陆出海口开辟铁路运输海关绿色通道，开行天津新港、新港北至北京百子湾、马坊内陆港集装箱小编组直达列车。利用铁路优势，加强“一带一路”周边国家的合作，以黄村基地为基础，试点开通北京始发到东欧的中欧班列。加快北京大外环的建设，强化与各主要进京通道的衔接，通过技术手段引导过境车绕行，减少北京交通拥堵，降低运输成本。

（2）优化升级物流节点设施。加快规划确定铁路货运场站改造升级，加强与城市配送体系对接。结合首都战略新定位，加快疏解非首都功能的园区与设施，差异化发展四大物流基地，优化内部功能布局，完善现代商贸、智能配送、供应链管理等服务功能。在六环外合理布局货运场站，重点保障城市运行与生活消费的货物中转、分拨。加强与津冀两地的合作，加大土地供应，打造与北京相衔接的中转设施体系。

3. 进一步完善物流体系，引导物流业规范化发展

（1）进一步推进标准化建设。以托盘标准为试点，进一步带动物流相关标准化设备在供应链上下游的循环共用，推动物流配送交接模式变革，加快实现服务的规范化、标准化，解决城市配送难题，提升物流效率，降低成本。支持集团企业内部在全国范围内带托盘运输，企业间“结联盟”“结对子”，共推标准化，以托盘（周转箱等载具）为单元进行订货、收发货，推动供应链全程“不倒盘、不倒筐”。支持探索回购制托盘共用系统和托盘服务市场，实行社会化开放式运营，推动标准托盘循环共用。推进电商快递末端配送车辆的规范化管理，逐步普及电动车。制定冷链物流、农产品物流等方面具体适用的行业标准，适时开展物流标准化服务的认证试点，提升优质物流供给水平。

（2）构建多式联运体系。大力发展公海联运、公铁联运、陆空联运等先进运输组织方式，开展京津冀货物多式联运试点，强化多式联运基础设施衔接，推广应用快递转运装备技术，推动公路甩挂运输试点等。完善铁路场站配套设施，提供便利上下站条件，助推公铁联运对接。依托电子商务，打通公海、陆空联运通道，建设跨境电子商务多式联运体系。鼓励有条件的骨干运输企业向多式联运经营人、综合物流服务商转变。

（3）完善城乡配送体系。加快建设城市公用型配送节点和末端配送点，打通物流配送“最先一公里”和“最后一公里”。鼓励对现有邮政设施、商业设施、便民服务设施等进行整合利用，支持建设集配送、零售和便民服务等多功能于一体的物流配送终端。鼓励配送企业与连锁企业、便利店等第三方企业开展合作，培育一批运营规范、管理有序的末端物流示范企业。大力发展社区 O2O 便利店，逐步拓展覆盖范围及完善服务功能，为社区居民提供高品质商业服务。加快完善农村现代化流通体系，合理布局农村配送服务网点，打造农产品“进城”和电商快递“下乡”的顺畅高效农村双向流通体系。加强冷链基础设施建设，加快冷链物流装备与技术升级，构建布局合理、设施设备先进、功能完善的冷链物流配送服务网络。

（4）加快构建绿色物流体系。支持从商品生产源头按照商贸物流要求进行标准化包装，减少流通过程的二次包装。支持农产品企业打造“从田间到餐桌”的标准化、可视化净品供应模式，促进商贸绿色供应链建设。支持利用配送渠道采用押金制、积分制等对电商快递物流包装物进行回收、重复使用。支持推广标准化精准包装，防止过度包装和欠包装，探索“周转箱+托盘”的单元包装模式和无包装模式。支持仓储配送企业与电商、回收企业合作，对包装物分类、再利用，推广易降解包装材料，促进仓储配送和包装绿色化发展。支持企业使用节能绿色的新能源叉车、电动车或者低排放的燃油车等运输工具。支持企业使用先进技术设备实现对作业过程进行优化，实现高效的物流运作模式。

（5）进一步搭建智慧物流的发展与管理体系。加快建设电子口岸，建立健全金融、税务、海关、检验检疫、交通运输等部门物流信息共享机制，完善“单一窗口”功能。支持有条件的企业搭建区域或者全市共同配送平台，实现资源高效整合。加强北斗导航、物联网、云计算、大数据、移动互联等先进信息技术在物流领域的应用。支持物流新技术自主研发，支持有条件的物流企业申请高新企业资质。支持、鼓励商贸物流企业采用货物跟踪定位、无线射频识别、电子数据交换、供应链管理、温度控制等关键技术，加快物流企业设施设备改造升级步伐，推广使用标准化、集装化、厢式化、专业化公路货运车辆，提高货物运输装备现代化水平。支持企业应用先进适用技术，引导大型物流企业开发应用企业资源管理、供应链管理、客户关系管理等先进物流管理系统。

（6）营造公平竞争的环境与生态体系。完善城市物流运行监测，掌握供需变化情况，更好地服务与保障城市运行。加强无车承运人监管，引导鼓励企业与政府平台对接，实时共享信息。推进涉及农产品、食品、药品等领域的物流追溯平台建设与完善，实现对特殊货物的全程监控和信息共享。鼓励行业协会建立物流企业信用体系，开展相关信用评价。归集相关部门关于本市物流企业的许可信息、行政处罚信息和监管信息，在工商局信用信息公示平台上公示物流企业信用信息，并上传国家企业信用信息公示系统。依法查处垄断协议、滥用市场支配地位等违法行为，促进经营者合法合规经营，规范行业发展。建立和完善反不正当竞争执法市场调研机制、防范预警机制、信息披露机制。充分运用大数据手段，加强对市场主体的监管，提高监管效率。整合优化执法资源，有效避免多层、多头重复执法。严格落实公平竞争审查制度，清理和废除妨碍统一市场和公平竞争的各种规定和做法。健全市场价格行为规则，在经营者自主定价领域，对经济社会影响重大特别是与民生紧密相关的服务，依法制定价格行为规范和监管办法。加大对专利、注册商标、商业秘密等方面知识产权侵权假冒行为的打击力度。

4. 加强联动融合，提升物流协同服务能力

（1）促进物流业与制造业联动。结合《〈中国制造2025〉北京行动纲要》，引导物流企业与高端制造业实现供应链对接，形成一批具有全球采购、全球配送能力的供应链服务商，助推“北京制造”到“北京创造”的转型，服务“科技创新中心”建设。支持制造业物流服务企业向供应链一体化服务型企业发展，利用总部企业发展资金支持企业与制造企业在京津冀空间下实现集成式发展。专业企业应进一步抢抓京津冀协同的机遇，加紧区域布局，同时将北京的运作功能与环节转移，进一步加快向具备结算、管理、协同、采购等功能的总部型企业发展。

（2）促进物流业与交通业融合。促进物流业与交通运输一体化融合发展，提高综合效益和服务水平。加快北京大外环建设进度，与主要高速路网形成放射状外延通道，并通过技术与政策手段引导过境车辆绕行，缓解北京交通压力；另外，在大外环与进京通道衔接周边新建货运中转分拨中心，加强与城市配送的衔接，实现市内、市外货物高效分离。统筹第二机场物流节点与市内物流体系的贯通，加快修建航空物流交通配套体系。

（3）推进物流业与商贸业深度融合。在新零售的背景下，商业的相关业态基于客户需求与流量入口的多样化实现更好的融合，线上与线下形成更加广泛的生态圈，商品品类种类增多、迭代加快，这就要求物流的响应能力及资源的整合能力更快更好。因此，商贸物流按照“物流商业化、商业物流化”的思路，鼓励两个领域的企业在设备设施共享、信息互联以及战略互通等方面形成更好的联动融合。加快建设“互联网＋高效商贸物流”协同服务体系，提升物流服务质量和效率，降低实体商贸企业的物流成本。鼓励有条件的商超企业与物流企业配合实施夜间配送与共同配送，提高配送效率。支持农超对接、农产品基地直供直销等产销模式，降低流通成本。优化物流配送组织方式，支持高校、商业区、社区建设电子商务公共配送点，提升“最后一百米”配送效率。加快铁路物流供给改革，大力发展高铁快运，支持与电商快递形成战略合作，提高干线运输效率。

（4）推进“互联网＋”与物流融合发展。落实《国务院关于积极推进“互联网＋”行动的指导意见》，一方面，推进“物流＋互联网”的发展，企业应加快推动互联网技术在物流装备和技术领域的应用，在线上实现与需求方的系统对接，加快计划与订单的执行，并实现信息状态的追踪与追溯；在线下通过互联网整合相关设备、设施以及人员，实现物流设备、设施的自动化、物流作业的智能化，实现快速响应与运营。支持构建服务于O2O模式的电子商务物流体系、专业物流服务体系和货运物流体系，推动物流O2O模式标准化、规范化发展。另一方面，推进“互联网＋物流”的发展，支持基于互联网平台的无车承运人试点，进一步引导城市物流需求的互联网化，促进行业内部结构的优化，强化企业“一票到底”的服务能力，建立运作规范、管理科学、信誉良好的专业平台服务业态。完善京津冀区域物流公共平台功能，为京津冀区域内会员企业提供安全、高效的车货交易服务，实现在线全流程闭环可视化交易、透明管理以及大数据分析，为物流运行监测、安全监管提供支撑。支持在食品、快消品、冷链等领域搭建城市物流供需平台，探索新的合作体制，实现联营以及共同配送，提高城市配送效率。

附件：北京市物流企业降本增效案例

案例一 长久物流供应链管理创新实践

北京长久物流股份有限公司（以下简称“长久物流”或“公司”）成立于2003年，由吉林省长久实业集团有限公司投资设立，总部设在北京。自成立之初，公司围绕汽车生产制造、销售流通全产业链物流需求，专注汽车物流规划与物流一体化解决方案，业务涵盖乘用车及商用车运输、仓储、物流规划、零部件配送、增值服务等内容，致力于打造国内领先、国际一流的汽车产业链综合物流服务商。目前，公司国内乘用车和商用车综合运输能力达400万辆，服务团队数千人，是国内规模最大的独立于主机厂的第三方汽车物流企业，年产值超过35亿元，位居国内综合物流企业五十强。2016年8月，长久物流作为国内唯一的汽车物流企业，成功登陆上交所A股主板，在打通企业资本通道的同时，也为公司构建运行高效、成本集约的全国汽车物流供应链生态圈奠定了基础。

一、汽车供应链的内涵

目前，我国汽车行业经过几十年的发展，已经形成了较为完整的生产与配套体系，汽车产业链也逐渐完整。从汽车的全生命周期来看，包括车辆前期研发设计、零部件的加工生产、整车组装下线，中期的跟踪销售、使用维护、再利用以及生命末期的报废回收等。汽车供应链就是围绕核心汽车企业，通过对信息流、物流、资金流的控制，在从零部件的配件加工、套件组装开始，到整车产品的形成，再到销售网络把汽车送到消费者手中，以及延伸到后端的维修维护、二手车流通、报废后的逆向物流等整个过程中，将供应商、制造商、经销商和最终用户连成一个整体的价值和功能网链。供应链不仅是一条连接供应商到用户的物流链、信息链、资金链，而且是一条增值链。因此，由各个物流价值链优化的需求构成了汽车行业的物流网络。

长久物流所从事的业务在汽车产业链中的分布情况如附图1所示。

长久物流目前从事的整车运输业务主要是将下线的商品车运送至经销商或汽车生产厂商指定的其他位置；整车仓储业务是将下线的商品车运送至经销商或汽车生产厂商指定的其他位置之前，为汽车生产厂商提供的仓储服务；汽车零部件物流业务主要包括为汽车生产厂商提供零部件采购物流服务、售后备品物流服务和零部件进出口物流服务。据相关数据显示，我国汽车物流成本占汽车工业总产值的10%左右。2012年，我国汽车行业规模以上企业累计完成工业总产值5.29万亿元，汽车物流市场规模约为5290亿元。据推算，2008—2012年我国汽车物流市场规模由2589亿元增加至5290亿元，年复合增长率达19.56%。未来几年，如果汽车物流市场规模继续保持19.56%的年复合增长率，那么到2018年，我国汽车物流市场规模将突破15000亿元，达到15452亿元。

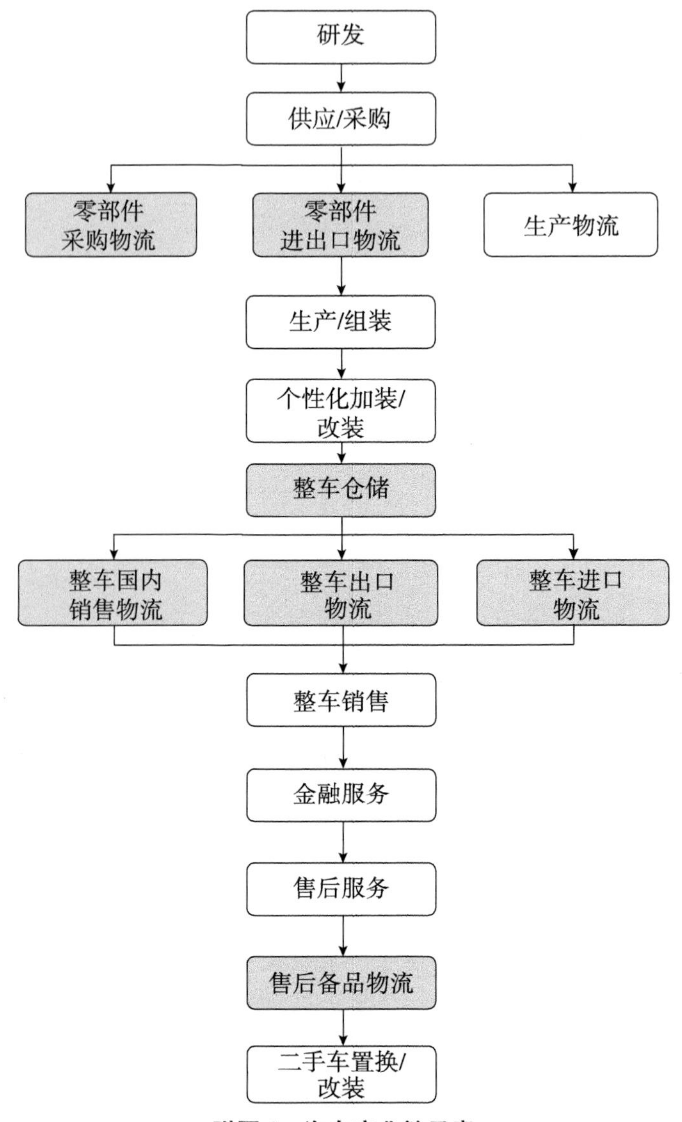

附图1　汽车产业链示意

注：深色标注为长久物流目前所从事的业务环节。

二、公司供应链管理创新实践

我国汽车物流行业发展至今已经初步形成较为清晰的竞争格局，主要有三种类型：第一类是由国内大型汽车制造企业控股或参股的企业，如安吉物流、一汽物流、长安民生物流等；第二类是独立于汽车制造商并具备相当规模的第三方汽车物流企业，如长久物流；第三类是其他众多中小型运输企业。因为汽车物流行业具有显著的规模效应，以上领先企业在网络、运力、信息化管理等方面具有明显优势，特别是有汽车制造企业背景的物流公司，虽然其物流订单相对稳定，对其他物流企业形成了较强的客户资源壁垒，但同时也在客户网络、运力整合、信息共享等方面产生了一定的局限性，使得商流、物流、信息流资源相对分散，供应链运行成本相对较高。而长久物流作为独立的第三方物流平台，广泛参与汽车生产厂商合作，打破了不同主机厂直接互换物流资源的壁垒，通过整合各家生产厂商物流需求，在全国性汽车产业供应链管理中追求商流、物流、信息流三流合一，规划物流网络布局、优化运力资源配置、搭建信息化平台、延伸服务链条，取得了成功的经验。

（一）推广无车承运模式，整合供应链物流服务资源

汽车物流行业属于资金密集型行业，通常需要投入大量资金购买运输车辆，建立运输车队，同时还要投入人力、物力、财力对车辆、司机进行管理。长久物流已经经过了传统的运输企业主要依靠自有车辆运输的发展模式阶段，运力大部分采用外部承运商解决，公司将主要精力集中于物流网络建设、物流方案优化及提升车辆调度管理能力上，形成了“大网络、小车队”的运营特点。公司通过对客户资源、运力网络、信息平台的整合，实现了物流资源平衡，帮助各汽车生产厂商实现物流资源互通，使得汽车生产厂商相对集中、规模较大的物流需求能与相对分散、单个规模较小但调度灵活的社会运力有效对接，实现了企业自身、客户、承运商等多方共赢。

（1）对公司自身而言，通过采用承运商运输模式，有利于公司从车辆、司机管理等经营事务中摆脱出来，作为资源整合方，集中精力开发网络资源，进行物流规划和设计（组织运力、合理规划路线、运输方案、平衡物流资源等），创造核心价值；有利于公司迅速扩张运力，增大运力弹性，降低管理成本，减少自有车辆投资过大带来的经营风险、财务风险和淡季闲置风险。

（2）对客户而言，一方面，长久物流的承运商运输模式实现了社会运力的组织、调配、优化，实现了资源整合，为汽车生产厂商提供了运力保障；另一方面，通过与承运商、各汽车生产厂商之间进行单程运输路线的重新组合，减少各自的单程发运线路数量，优化各方的对流运输线路，降低各方运输车的空驶率，帮助汽车生产厂商降低物流成本。

（3）对承运商而言，通过与公司合作，一方面获得了较稳定的业务资源，减轻了主机厂付款账期的压力，克服了自身业务资源获取能力不足导致运输车辆闲置的困难；另一方面，通过公司的规模化网络优化配置，有效降低了返程空驶，改善了承运商车辆运营效率和服务质量，提高了经营收益。例如，A 物流企业有一个从北京现代的汽车生产厂商运输商品车至安徽的运单，但没有从安徽运输商品车返回北京的运单。那么如果只靠 A 自身的运力，A 的运输车辆从安徽返回北京可能为空驶，而无法盈利。但如果另一家 B 物流企业有从安徽运输奇瑞品牌的商品车至北京的运单，那么 A 选择 B 作为自己的承运商，就可以让 B 为 A 运输北京现代的商品车从北京至安徽，同时 B 自身可以运输奇瑞的商品车从安徽至北京，从而实现路线对流，降低了 A 和 B 双方的运输成本。公司可以根据汽车生产厂商的服务要求进行合理规划，形成两点或多点循环，提高承运商的运输车辆使用效率。通过协调承运商运力能够有效地利用现有社会运力资源，提高路线对流，提高社会整体的运输效率，降低社会整体的运输成本（见附图 2）。

（4）对汽车物流行业而言，公司的经营模式改善了社会运力分散、缺乏有效整合、运行效率低的行业模式，减少了社会运力资源浪费。同时在承运商之间引入竞争与考核机制，将服务水平与承运商的经济利益直接绑定，能规范行业服务质量，提升行业整体服务效率和水平。

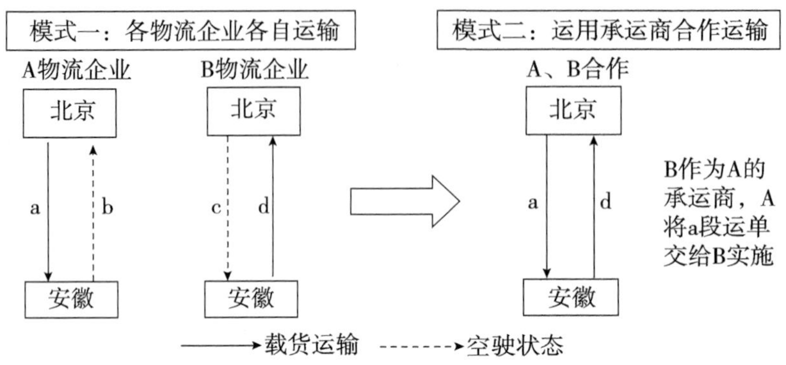

附图 2　利用承运商运力降低车辆空驶成本示意

注：运用承运商合作运输的优势：避免了 A、B 双方在各自缺少运单的 b、c 两段的空驶，减少了合作各方物流企业运输车的空驶状态，节约了社会物流成本。

（二）构建集疏运综合物流网络，创新“干线运输 + 支线分拨 + 国际物流”模式

1. 构建多层次汽车物流集散基地

目前汽车生产厂商主要分布在六大汽车产业集群，而消费地分散在全国各个地区，经过多年的积累和发展，长久物流业务已遍布全国，具备了在全国范围内整合资源的基础。为进一步提高公司物流效率，公司规划未来逐步建立七个全国性汽车物流基地及若干个区域性汽车物流基地，分别覆盖东北、华北、华东、华中、华南和西南六大区域，构建“干线运输，支线分拨”物流模式，在全国范围内统一协调运输需求和运力资源。

现阶段华北物流基地——京唐港基地一期项目已经陆续竣工，该项目地处河北省唐山市海港经济开发区，京唐港是北方大型综合性海港，海港经济开发区内有专设铁路货运线，又濒临唐港高速、沿海高速和环渤海公路，在实施多式联运时具有得天独厚的优势。京唐港基地建成后，华北及东北地区向外运输以及京唐港基地与西北地区间的运输可选择铁路来完成，京唐港基地与华东、华南地区间的运输则可选择水路来完成。

同时，针对一线城市对轿运车的限制等问题，公司设立中转库解决汽车产销流通的现实难题，如为了应对北京市政府限制轿运车进出北京六环的相关政策，长久物流规划在北京六环外建立 1 ~2 个整车集货分拨仓储库，将进出京商品车资源全部吸引到分拨仓储库。在北京销售的外省商品车要首先卸到中转基地，然后由节能、环保的城市配送车将商品车送达 4S 店。北京地区各主机厂销售到其他省市的商品车，由城市配送车倒运到中转基地，然后再用轿运车运送到其他省市 4S 店。

2. 基于门到门物流的整车多式联运模式

早在 2005 年，公司就已经开始实际运作水运业务，目前已积累了较丰富的水运管理操作经验，与上海安盛汽车船务有限公司、民生物流有限公司等航运公司达成紧密合作，可通过增加航班轮次、开设新航线等方式，满足客户的航运需求。目前公司的参股子公司中世国际物流有限公司拥有滚装船 3 艘。此外，公司还可协调承运商提供海运或漕运滚装船安排发运，以满足发运需求。2006 年，公司又与中铁特货运输有限责任公司建立合作关系，开始通过铁路方式进行商品车运输。通过十余年持续对公、铁、水各方面的建

设与投入，目前公司已具备公路、铁路、水路多式联运的运输能力和经验，通过对不同运输方式的有效结合，使运输成本得到更好的控制，运力得到更好的保障。

（1）公铁水联运。首先使用公路轿运车将商品车集运到长春铁路货场，与中铁特货公司合作采用铁路运输将商品车运往京唐港，然后倒运到滚装船采用水运方式运抵沿海各港口，最后由公路轿运车分拨至各个经销店（见附表1）。

附表1　　公铁水联运模式

起始点—终点	路径	运输方式
长春—江浙周边	长春—京唐港	铁路
	京唐港—上海	水运
	上海—江浙周边	公路

（2）公铁联运。商品车通过铁路运输方式运至京唐港以后，也可以发挥公路运输方式的时效性、机动灵活性，直接通过公路轿运车发往全国各地（见附表2）。

附表2　　公铁联运模式

起始点—终点	路径	运输方式
长春—全国	长春—京唐港	铁路
	京唐港—全国	公路

“干线运输，支线分拨”模式建立后，北京制造汽车的长距离运输可先集中在基地间的物流干线上，而区域内运输则由各个支线上运输车辆点对点完成，运输干线上双向均拥有大量运输需求，双向物流规模更趋于平衡，且运输车辆可在基地间的运输环路上进行调配，干线运输空驶率将显著下降。

3. 实施走出去战略，建立国际物流桥头堡

经济全球化趋势促使汽车产业的跨国竞争愈演愈烈，为响应国家“一带一路”倡议和“中蒙俄经济走廊”黑龙江陆海丝绸之路经济带建设，长久物流联合哈尔滨铁路局和大连港成立了哈欧国际物流股份有限公司，致力于打通欧亚汽车国际贸易通道，在进口整车物流的同时，为推动国内汽车品牌走出国门奠定了基础。当前，哈欧国际物流股份有限公司已与富士康、奔驰、奥迪等大型制造业企业建立战略合作关系，长久物流还与欧洲第六大港口、欧洲主要新车转运港泽布鲁日港签署战略合作协议，未来还计划在俄罗斯叶卡捷琳堡建设国际物流基地，成为以欧亚大陆桥铁路和大连港为依托，经营欧洲至俄罗斯和俄罗斯至中国、日本、韩国物流业的陆海联运跨国物流企业。哈欧运输通道的开通，也将成为北京汽车品牌走向国际的战略桥头堡。

（三）延伸产前和售后备件服务，产供销一体化联动发展

汽车零部件是汽车工业的组成部分，也是汽车工业发展最为重要的基础。从整个汽车供应链来看，汽车零部件属于汽车产业的上游，据了解，生产一辆汽车需要20000多个零部件组，一家汽车生产商大概需要200~400个零部件供应商，其中主要部件包括：离

合器总成、变速器总成、差速器总成、传动轴总成等；主要零件包括：制动器、缓冲器（保险杠）、车轮、减震器、变速箱、转向柱等。随着社会分工的深入，越来越多的汽车生产厂商将采购环节的零部件物流外包。随着不断增加的汽车保有量，汽车售出之后的维修、保养、服务以及汽车零配件、汽车用品和汽车材料的市场蓬勃发展，汽车售后备品物流作为汽车后市场的重要组成部分，存在巨大的发展空间。

当前，我国汽车零部件供应物流模式主要是零部件供应商主导物流模式，即汽车零配件的采购不再由汽车制造商操作，制造商只需把自己的需求信息向供应商连续及时地传递，由供应商根据需求信息预测未来的需求量，并据此制订生产计划和送货计划，主动小批量、多频次地向汽车制造商补充零配件库存。通常情况下，零部件供应商在汽车制造企业周围自建仓库或租用汽车制造企业的仓库或利用社会第三方仓库，通过干线运输（铁路、公路或水路，在紧急情况下，还有可能采用航空运输）把产品提前储存在这些仓库内，构造自己的仓储系统。其目的是根据汽车生产厂的指令，以“看板”或“同步”的方式向汽车生产厂的生产线边或准备区供货。

但是在零部件入场物流环节中，仓库分别由不同的零部件供应商或由传统的仓储企业进行管理，但由于各仓库的条件、管理人员的素质参差不齐，每次生产节拍需要的零部件类型、数量、尺寸、重量、体积和其他物理特性差异大，会造成主机厂与 VMI（供应商管理库存）仓的信息不通畅，最终导致如下后果。

（1）零部件到达主机厂需要重新翻包或分拣，部分包装甚至会发生破损导致零部件损坏，这些问题不但降低了生产效率，同时采用的一次性纸箱、木箱包装还会造成成本和资源浪费。

（2）主机厂对零部件资源准备状况无法掌握，管理难度非常大，不得不延长订货提前期，这样也加重了零部件生产企业的负担，阻碍了精益生产的有效运行，而且在很大程度上削弱了整个供应链的竞争力。

提供专业的、高水准的汽车零部件物流服务是长久物流战略发展的一个重要组成部分。一方面，汽车生产所需零部件种类繁多，通常情况下众多汽车零部件生产企业围绕汽车生产厂商布局，为汽车生产厂商提供不同种类汽车零部件；另一方面，在汽车售后服务环节中，若汽车出现损坏或老化，则需维修更换零部件。随着我国汽车保有量不断增加，汽车更新的速度不断加快，对维修和保养的需求不断增加，汽车售后服务市场中汽车备件的需求量空间巨大。

1. 产前采购物流

长久物流通过投资修建配送中心，建立“多品牌集中仓储、多频次循环配送”的一体化物流，借鉴发达国家循环取货模式向主机厂提供标准的零部件配送服务，零部件入场运输服务，即汽车物流企业采用标准化和专业化的物料容器具，到供应商处取货时留下空容器，把装满货物的容器带走，实现拉动式精益生产和物料的 JIT（准时制）、JIS（日本工业标准）配送，降低主机厂和零部件供应商的物流成本，提高主机厂生产效率，降低了汽车整车企业的零部件库存，缩短了零部件供应商的订货周期，减少了零部件供应商缺货甚至停线的风险。

2. 售后备件物流

售后备件物流服务是根据客户的售后物流需求，为其提供售后服务所需零部件仓储、包装、运输、在途跟踪、交付等全方位物流的服务。目前长久物流为一汽轿车销售有限公司提供汽车备品集散、仓储和增值等物流服务。通过一体化解决方案，集成仓储管理/运作、运输管理、业务流程优化、物流信息系统，为客户建立优质的零部件供应体系，减少客户的资本支出，从而协助客户取得更大的市场业绩。目前长久物流负责主机厂配套的上万种零部件、十余种车型，成为零配件厂商和总主机厂之间的桥梁和纽带。

（四）发挥核心企业优势，整合上下游需求开展供应链金融服务

汽车产业链中由于核心企业（通常是主机厂）的强势，赊销在供应链结算中比重较大，赊销导致的大量应收账款，让供应商、承运商等中小企业面临着资金链紧张的困难，从汽车行业特点来看，供应链金融需求通常集中在以下三个环节。

（1）汽车产业链的上游，汽车零部件及配件的制造企业需要购买原材料及设备进行生产，这部分成本在全部生产成本中占较大比重，同时，为提高产品的竞争力，这些企业也需要加大研发力度、提高技术。然而，由于其议价能力较弱，汽车生产商的回款账期较长，多数在3个月以上。上游的应付账款与下游的应收账款以及存货等，往往影响到企业的现金流，需要进行融资来补充流动资金的正常周转。

（2）汽车产业链的下游，专卖店、经销商等，受到汽车生产企业的约束较大，议价能力也较弱，一般要支付大部分或全部采购货款，加上部分存货，需要较大量资金，使其融资需求较强烈。

（3）汽车物流服务商，由于大部分汽车物流公司规模较小，资金实力不足，在开展汽车运输业务时需要投入车辆、追踪系统等配套设备固定资产以及司机等人员成本，且汽车运输业务需要大量的实时现金流支持，因此不具备规模的汽车物流企业无法满足汽车厂商3~5个月甚至更长的账期压力，极其需要营运资金的提前兑现。

长久物流经过多年的行业积累，依托集团融资租赁业务的开展，在整合商流、物流和信息流的基础上，针对汽车供应链上下游的资金流状况，将逐渐发挥在运输保障、促进销售、整合市场、运营管控等方面的能力，特别是积累了汽车生产商、承运商、经销商大量的商业行为数据，如资金实力、账款给付、服务质量、销售状况等信息，可以据此搭建汽车产业链中小型企业资信评级平台，借助上市后资本市场的力量，与银行、互联网金融、保险、小额贷公司等合作，面向承运商、零部件厂、二手车商、汽车经销商等不同角色设计开展保理、存货质押、合格证质押、订单融资、应收账款质押等供应链金融产品，提供“物流+金融”一体化解决方案，将单个企业的不可控风险转变为供应链企业整体的可控风险，解决中小企业融资难和供应链失衡的问题，提高供应链的整体竞争力水平。

（五）打造汽车智慧物流服务平台，引导汽车产业供给侧改革

目前，长久物流业务贯穿汽车零部件供应、整车运输、仓储、销售、售后服务、二手车物流等各个环节，关联性强，数据量大，其中包括货物信息（零部件、整车）、汽车生产计划、库存状况、销售信息、承运商信息、轿运车动态数据、经销商信息、终端客户需求等各种信息流，如何利用信息技术对大量数据进行统计、分析、整理、挖掘、再

学习，从而为生产厂、物流服务商、经销商乃至消费者客户提供有价值的信息，是未来长久物流要重点突破的一个课题。长久物流供应链示意如附图3所示。

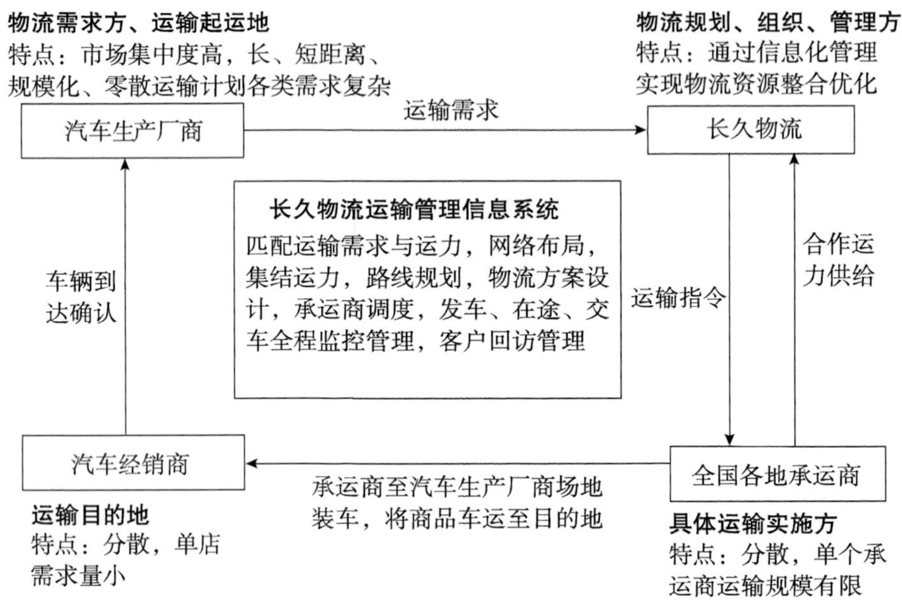

附图3　长久物流供应链示意

综上，建立集合数据收集、分析、挖掘、决策支持的汽车智慧物流信息平台具有十分重要的价值，具体如下。

（1）对零部件供应商而言，可以通过这些数据合理地安排生产计划、安全库存和配送上线计划，避免因信息不畅导致库存过高而占用大量资金。

（2）对于主机厂而言，可以通过这些数据降低零部件库存至合理水平，实现零部件供应与生产节拍平衡一致，降低断线风险；可以通过开放的销售市场数据了解不同地区、不同消费者的购车喜好，能够更快地跟踪甚至是超前于客户和市场的需求，从而有针对性地开展精准营销，拉动柔性制造和精益生产；也可以借助平台线下的仓储网络，为经销商提供仓单质押的金融服务。

（3）对于承运商而言，可以借助平台实现对自有车辆的全程监控管理，提高车辆利用效率和司机诚信水平，同时也能解决车辆返程配货的问题，降低了司机异地配货的难度和管理成本。

（4）对于经销商而言，可以借助平台实时掌握订单车辆的运输状态，从而为消费者提供高质量的服务，同时可以借助平台开展消费金融服务、二手车的回收及销售服务，实现业务拓展和增值。

（5）对于消费者而言，平台积累的大数据可以实时呈现汽车生产和消费市场的动态，包括二手车市场信息，依托物流线下运营的实体基础，提供真实可靠、安全便捷的购车、保养维护及相关配套服务等。

对于信息化系统的部署，长久物流以运输管理系统为核心基础，本着实用、适用、整合应用的原则，实现了总部、大区及业务中心的全网信息化和数据共享，减少手工录入信息带来的差错，实现物流资源统一调配，进行路线及运力优化，让订单需求与物流资源实现最佳匹配，同时公司在订单管理、运力统筹、资源调配、作业监控、质量控制、售后服务、财务管理、风险控制、供应商及客户数据库管理等各个环节实现数据化、精细化管理，真正做到了全员实时化操作，作业全程可视化监控、可追溯化管理、闭环式反馈优化，业务、财务指标可以随时调取，从而最大程度保障服务质量，进一步改善交付及时率和质损率，初步实现整合信息流、订单流、运力流、资金流，全面提升服务水平。

此外，公司不断借鉴国内外先进企业的经验，在其他汽车物流企业普遍采用信息技术的基础上，不断创新，率先在业内使用了手持终端与条码技术、3G 视频传递技术、智能调度技术、GIS（地理信息系统）自动感知技术等。公司借助高速发展的互联网技术、云计算及物联网技术等，深化信息技术在公司内部的应用，使物流作业环节效率不断提高。正是由于正确的信息化战略，才使得公司每年以稳健的速度持续发展。

案例二　京东电商供应链实践

一、形成了以消费者为中心的商品供应链

直营自采是京东区别于其他电商平台的重要特征，也是其整合供应链上下游的基础。京东通过对消费者需求的挖掘和引导，使消费需求趋势真正实现对产业的引导，强有力地支持制造领域的创新，也提高了制造业门槛。

1. 供应链形态：规模化、扁平化

2016 年京东全年交易总额（GMV）达到 6582 亿元人民币，其中，自营商品交易额占比近 70%，京东自营商品的供应商中，90% 为生产厂家或总代理商。规模化采购、扁平化渠道减少了环节，提高了效率，降低了成本，实现了集约化经营。据测算，京东自营在售商品为 341 万 SKU（库存量单位），库存周转天数仅为 34.8 天，应付账期仅为 40 天，而通常传统零售企业平均在售商品为 3 万个左右，库存周转天数为 60～70 天，应付账期近 120 天。京东平台上大量优质品牌不仅占据销量榜的前端，更取得了长足的发展。2016 年，美的销售额同比增长近 80%，海尔销售额同比增长近 90%，格力空调在京东的销售额比 2015 年增长 2.1 倍。这些企业在京东平台的成长都远远高于其他渠道。

2. 供应链基础：智能物流设施

经过 10 年建设，京东已成为全球唯一一家拥有中小件、大件、冷藏冷冻物流设施的电商企业。目前，京东在全国范围内拥有 7 大物流中心和 256 个大型仓库，仓储设施占地面积约 560 万平方米，拥有 6906 个配送站和自提点，全国超过 85% 的自营订单可以实现当日或次日达配送，甚至创造了“从下单到送到客户手里仅用 8 分钟”的纪录。京东创建的“仓配一体化”运营模式，极大地减少了货物搬运次数，提高了拣货、配送效率，并依托自主研发的“全过程控制技术系统”，与北斗导航系统通力合作，保障用户享受到卓越、全面的专业配送服务和完整的“端对端”购物体验。京东的“亚洲一号”是当今中国最大、最先进的电商物流中心之一，其出货分拣区采用了自动化输送系统和代表目前全球最高水平的分拣系统，分拣处理能力达 16000 件/小时，分拣准确率高达 99.99%。

3. 供应链核心：技术与数据驱动

京东平台每天新增超过1.5PB数据，每天约有20万个报表分析作业运行，日处理达到150亿行数据量。因此，必须通过技术不断优化供应链管理。京东依靠数据挖掘、人工智能、流程再造和技术驱动，打造了智慧供应链解决方案，努力提升零售行业整体效率和制造业生态。

（1）商品优化。京东通过数据选品把假冒伪劣产品革命掉，并通过规模化、智能化采购提升优质产品的销量。通过大数据向生产者和品牌商逆向传导消费端需求信息，推进C2B（消费者到企业）反向定制，牵动上游研发、生产快速联动反应，实现供应链"柔性化"管理。例如，京东根据用户调研数据，建议某手机厂商对其新推出的N系列手机主打"安全"概念以及"大内存"和"长续航"卖点，通过京东平台的营销支持，该新品系列销售已突破200万台。

（2）价格管理。为使供应链条中的合作伙伴获得更好收益，京东通过机器学习与深度算法打造了一套智慧定价系统，在智慧定价与人工定价的对比测试中，智慧定价组取得GMV提升3.6%、毛利额提升19.0%的成绩。

（3）信息协同。京东开创了"京东供应商协同平台"系统，实现"智能补货、智能调拨、智能退货"功能，可以自动地驱动商品在仓间的调拨和转运。通过该系统，供应商能够同步了解产品采购、仓储情况，极大地提高了协同效率，现与京东开展采购交易的活跃供应商95%以上通过该系统实现采购交易。

（4）开放共享。京东物流已以品牌化运营的方式全面对社会开放，为商家提供线上线下、多平台、全渠道、全生命周期、全供应链一体化的服务，帮助品牌商、供应商降低成本的同时提升效率。例如，京东与李宁合作，整合其仓储物流资源，由京东统一调拨、补货、运输、配送，通过全渠道库存共享，解决其不同销售平台商品调仓和补货带来的高成本。方案实施后，其日均订单量提升51%，销售额增长26%，仓库存储效率提升2倍，物流成本下降10%。

4. 营销预测

在"618大促"和"双11"期间，京东和雀巢应用智慧供应链解决方案开展联合预测，避免了过去逢大促就会出现供货过多、过少或各仓匹配不均衡的情况，平台现货率提高了12%、订单满足率提高了27%，其中仅提升现货率一项，就帮助雀巢每年提升了超过3000万元销售额。

二、建立精准服务、数据驱动的供应链金融

京东集团依托电商平台上商流、物流、资金流、信息流融合形成的大数据，创新推出快速灵活的供应链金融服务，对实体经济起到积极推动作用。2013年，针对京东商城供应商推出金融产品"京保贝"，在无担保抵押情况下3分钟完成放贷。目前，"京保贝"服务的2000家供应商在京东商城贸易量增长平均超过200%。针对第三方卖家推出"京小贷"产品，目前已惠及超过3万个店铺。2015年9月，"动产融资"产品上线，依靠京东自身积累的上亿件商品销售数据和外部信用数据，为大量中小微企业，特别是消费品经销商提供新型质押类融资产品，解决融资难题。2016年5月，依托供应链金融推出

“企业金库”产品，为企业客户提供理财服务，实现对企业客户投、融资的全方位服务。

三、立足低碳环保、推动供应链绿色发展

1. 率先在电商领域推行电子发票

我国电子商务领域首张电子发票于2013年6月在京东诞生。截至2016年年底，京东电子发票累计开具量已经超6亿张，覆盖30个省、市、自治区，相当于节约超300多吨优质纸张，超2000棵成年树木，减少超200吨的二氧化碳排放量。电子发票的应用不但减少了纸质消耗，降低了与交易相关的出行、交通、结算凭证等消耗，实现了物流中货票同程同行，提高了供应链诚信和纳税透明度。

2. 重视包装绿色化、减量化及循环利用

在快递包装袋方面，京东推出拥有专利权的防撕袋，并在生鲜配送环节使用全降解包装袋，预计每年减少近百亿个普通快递塑料袋。京东推动上游品牌商在包装上做环保改进，包括简约包装、用大纸箱代替过多小纸箱等，并通过与上游协同来减少电商二次包装。京东还推出“纸箱回收，绿色环保”计划，在京东购物的用户收到交付的商品后，如有闲置纸箱可交给京东配送员进行回收再利用，努力做到循环包装。

3. 积极推广使用新能源车

京东在北京、上海、成都上路运营的新能源电动车近百辆，百公里的电耗仅为31.5千瓦时，换算成柴油消耗量相当于百公里7升多，而传统燃油车辆百公里油耗大都在11升左右，进一步降低了能源消耗和二氧化碳排放。为响应国家节能减排政策，京东计划在国内多个一线城市加快实现新能源车应用。

案例三　九州通医药供应链创新实践

一、企业介绍

九州通医药集团股份有限公司（以下简称“九州通医药集团”）是一家大型上市医药集团企业，位列中国民营医药商业企业第一名、中国医药商业企业第四名、中国企业500强（财富中国）第122位、中国品牌榜品牌价值40亿元第128位，是中国5A级现代物流企业。九州通医药集团以西药、中药、器械为主要经营产品，以医疗机构、批发企业、零售药店、电子商务为主要客户对象，并为客户提供信息、物流等各项增值服务，总资产为376亿元，共有下属企业205家，2015年营业收入496亿元，2016年营业收入620亿元。九州通医药集团依托丰富的客户资源、十余年的物流与供应链管理经验，面向医药健康行业先后开发了物流管理系统、医院管理系统、医疗机构管理平台、ERP系统、集中采购管理平台等19个软件产品，全部取得了自主知识产权，并形成了独具特色的物流管理、供应链管理、医院管理三大产品线，能广泛覆盖医药行业客户的信息化需求。九州通医药集团定位为“做中国医药健康行业最佳服务商”，所以“服务”也就是其向市场的承诺。九州通医药集团面向客户需求进行深度挖掘，由此建立了覆盖全国95%以上的行政区的医药分销网络，支持22万多个经营品规，服务5600余家上游供应商、70000余家下游客户。

北京九州通医药有限公司（以下简称“九州通”或“公司”）为九州通医药集团全资子公司，是北京市OTC（非处方药）龙头企业。公司注册资金54570万元，现有员工1000余人。入大兴区以来，累计收入344.57亿元，累计纳税3.74亿元，年销售额增长率超过20%，2016年收入超过64亿元。公司拥有世界先进、国内领先的现代化医药物流中心，总面积6.4万平方米，配送车辆110余辆，可有效地满足北京以及周边地区用药安全和应对突发公共卫生事件的需要。为充分利用九州通现代化医药物流技术，公司开发了第三方物流服务和医院物流信息化延伸服务业务，为客户规划设计特有的物流方案。公司为医疗机构提供专业配送、药房自动化改造、药库外延、信息化解决方案和远程医疗五大新兴业务板块。2014年，公司被北京市商务委员会第一批认定为“北京市重点总部企业”，被中国物流与采购联合会授予“全国5A级现代物流企业”称号。

二、项目背景

1. 医药行业改革政策密集出台，药品流通体制改革是医药供给侧结构性改革的重要组成部分

在2016年实行的“营改增”“两票制”、合规整治和仿制药品一致性评价的多重政策下，医药行业将会迎来大幅度洗牌及震荡，整体政策倾向于大型企业，引导并鼓励企业进行产业升级、规模运行，提高行业集中度，提高企业的国际竞争力。药品流通体制改革是医药供给侧结构性改革的重要组成部分。药品流通一端连接生产供给、一端连接终端需求，要使药品供给侧改革和需求侧改革相辅相成，为供给侧结构性改革提供良好环境和条件，药品流通领域的转型升级就更加迫切。优化流通环节，不仅能提高药品流通效率，还能降低整体物流费用率，这就对药品流通企业的物流服务提出了更高要求。

但由于各种原因，我国药品流通领域“多、小、散、乱、差”的状况没有得到根本改变，药品流通链条长、流通秩序混乱、挂靠经营、买空卖空、带金销售等问题仍然存在，给政府、社会和个人造成很大损失，对此乱象必须通过改革加以解决。在药品流通领域，主要是推动药品流通企业转型升级、推行药品购销“两票制”、整治药品流通领域突出问题、推进“互联网+药品流通”。本项目的实施将通过移动互联网、物联网等信息技术在药品流通领域广泛应用，利用医药大数据和供应链金融等手段推动医药流通企业切实推动“两票制”的实施，丰富药品流通渠道和发展模式。

2. 目前中国医药流通行业规模大，但信息化程度不高，行业整合不足，不利于医药健康行业的发展

目前，中国医药流通行业整体规模达1.6万亿元，行业企业数量1.35万家，其中前三强销售占比达33.5%，百强占比达68.9%。美国等发达国家行业整合度高，医药流通市场前三占比超过90%。当前，我国医药行业面临着整合、去库存的巨大压力：一是医药流通企业作为承接部门，作用重大，但由于我国药品流通领域问题重重，相关主管部门大力支持行业结构调整和发展方式转型升级，鼓励企业兼并重组，提高行业集中度；二是医药流通企业整体现代化、信息化水平不高，药品周转率较低，流通效率整体不高；三是医药流通行业客户市场具有需求零散、季节性强、地域性强、监管严格、突发性强的特点。九州通通过先进的供应链管理技术，并通过上下游的大数据收集分析，实行

“反向定制”，为医药厂商药品生产提供指导。

3. 现代医药物流模式变革促使医药流通行业向医药服务商转型

我国药品流通行业创新突破的核心在于现代物流模式的变革。采用现代化物流设备和先进的集成管理系统，实现药品物流信息化、智能化管理，并通过供应链集成、物流延伸项目等，为医药工业企业、医疗机构提供优化库存、规范管理、自动补货等一系列增值服务。据不完全统计，大型药品流通企业已为1000多家医疗机构搭建院内药品物流信息管理平台，实现医疗机构日常用品采购、配送、调配、科室使用全程智能化，助力医院突破信息化管理的瓶颈，不仅巩固深化药品流通业在医院这一核心药品配送终端渠道上的业务发展基础，还带动行业从传统药品批发商向为客户提供解决方案的医药服务提供商的角色转型。在医药分开的大趋势下，这一转型有助于促进医院提升信息化水平，促使医院逐步剥离非核心业务，使医院聚焦诊疗能力的提升，重新打造新医改背景下医疗机构新的核心服务能力，与此同时挖掘了药品流通行业对于国家推动新医改最具潜力的价值。

互联网技术是这场变革中的催化剂，能够加速推进医药物流模式向扁平化、平台化的方向发展，上下游互相渗透，多仓协同配送，仓储资源和运输资源统一调度，实现流程再造；推动行业物流向低成本新型现代绿色物流发展，优化信息流、物流，提高运行效率，降低流通成本；增强企业竞争能力，提升行业集中度。在这个过程中，现代医药物流获得了发展机会，拓展增值服务的深度和广度，促使药品流通行业向智慧型现代医药服务商转型。

4. 受行业特殊性限制，平均应收账款不断增加，资金使用效率低，流通企业面临巨大压力

由于医药行业的特色性和复杂性，近十年来行业的平均应收账款和库存积压在总资产中的占比维持在58%，并保持逐年小幅上涨的态势。根据商务部2015年发布的《2014年药品流通行业运行统计分析报告》，2014年，179家药品批发企业对医疗机构平均应收账款周转天数为122天，应收账款总额高达587.07亿元，甚至导致部分医药流通企业资金链断裂破产，传统医药批发的业务模式已难以在中国医药流通行业生存。

5. 公立医院改革、药占比降低及药品零差率政策，将使更多的处方流向社会药房，零售药店将成为医药行业最为重要的销售渠道

从2015年以来，国务院出台了一系列政策，包括控制药占比、监控辅助用药、对医生多点执业激励、不得限制医院处方外流等。这些政策及药品零差率的推行，将使药房从医院的盈利部门变成成本部门，促使医院处方外流，为零售药店或医药电商带来新的机遇，同时带动整个国内药品零售市场实现新一轮的快速成长。

随着公立医院改革的推进，在医保控费、药占比控制、合理用药、处方外流等政策的持续影响下，零售市场将获得巨大的销售机会，零售药店将成为医药行业最为重要的销售渠道。

6. 九州通行业地位突出，具备进行医药供应链协同创新的技术条件、人才优势和行业规模

作为中国民营企业排名第一、行业排名第四的九州通依赖其高效的供应链管理模式，保持着每年17%的年增长率，2016年营业收入超过620亿元。同时九州通为北京市OTC龙头企业，合作医疗机构众多，同时与数百家药品厂商建立长期稳固的合作关系。同时

九州通医药集团率先引进国际上先进的电子商务物流技术及先进设备。物流中心通过现代化的电子自动存储、电子自动拣选和功能齐全的电子 WMS（仓储管理信息系统），大大降低差错率的同时极大地提高了劳动生产率，实现由传统的人工仓储向电子自动化物流的转型。九州通医药集团从美国麻省理工学院、哈佛大学、杜克大学、清华大学、武汉大学、日本电气股份有限公司、麦肯锡咨询公司等著名学府和国际知名企业引进多名高级管理人才、资深专家和专业技术人才。目前，在借鉴国际公司先进技术的基础上，九州通已经自主研发了物流管理信息系统，技术先进，解决了国外技术的水土不服问题，该技术已经获得十几个著作权证书，在同行业处于领先水平。

三、项目介绍

（一）九州通依托医药流通企业龙头地位，结合新医改环境下国家医药行业相关政策，针对医药行业现状和九州通实际发展情况，推动上下游医药供应链协同创新

“十三五”时期是我国全面建成小康社会和落实“健康中国”战略目标的重要阶段，人民群众健康需求持续增长，消费结构加快升级，无疑对医药产业转型升级、医药供给侧结构性改革提出了迫切要求。随着国家新医改、医药供给侧结构性改革以及“两票制＋营改增”的推进，本项目将进行供应链整合，从而提高行业效率，降低行业成本。项目内容涉及如下：第一，运用大数据分析，反向指导药品厂商生产。针对供应链下游医院等医疗机构，以新系统搭建、完善等信息化手段进行医药流通大数据收集，并针对所收集的数据进行分析，得出相关要求的需求随季节、地域、用户等不同的分析结构，将结果反馈至上游医药厂商处，指导厂商生产，降低厂商库存和生产成本。第二，针对九州通自身，利用大数据分析医疗机构需求，降低九州通医药单品库存，提高药品在库品规；同时利用人工智能、新型物流技术提高医药供应链流通效率，提高服务能力，扩大医疗机构服务数量。第三，对于医疗机构，供应链效率提高后，可以降低药品库存，减少经营成本。第四，针对医药行业回款慢，资金使用效率低的问题，推行供应链金融，采用“信息＋信用”模式，提高资金使用效率，促进药品流通。九州通项目整体框架如附图 1 所示。

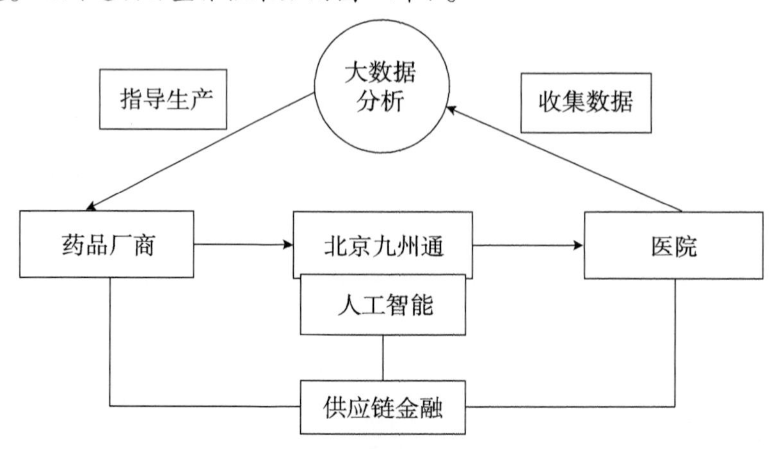

附图 1　九州通项目整体框架

(二)通过“实体药店+健康管理+O2O+网上药店+远程医疗+众创联盟”,搭建“互联网+药品流通”模式,有力地推动医药供应链协同发展

依托流通企业在医药供应链中商流、物流、数据流与资金流“四流合一”的地位,以九州通为核心,向上下游延伸,缩短流通链条,减少周转时间,降低平均库存,将上下游连为一体,以整合与优化医药供应链,提升运营效率。

通过“互联网+药品流通”模式,将建立供应链上下游智慧融合的分布式多元协同现代药品流通体系,有效配置政府与企业资源,降低社会整体流通成本,推动供应链协同发展。同时,还将促使医疗机构院内药房与药品流通企业对接,运用“互联网+”的思维与手段,打造多方协作的药品流通新模式。

全球三大医药分销企业,麦卡森、美源伯根和卡迪纳占据全美90%的市场份额,但毛利率低却仍旧成为这个市场一个不争的事实。于是,这三家企业纷纷进行转型,在客户需求挖掘上进行深入探索。其中最典型的当属麦卡森,通过健康管理业务,贴近C端的渗透率,与患者进行实时互动,不仅为患者建立健康档案,更成为患者的贴身健康顾问,在此基础上推动药品的销售。所以医药流通行业C端下沉与需求的逆向拉动是医药流通供应链一个必经的发展方向。

近几年,九州通通过各种方式扩大在国内医药流通市场C端的渗透率。不仅通过自营品牌“好药师”在全国布局实体药店,同时也开辟医药电商销售渠道,在京东、阿里健康、当当网、好药师官网上均获得不错的业绩。另外,九州通自创健康管理品牌“健康998”,在“就诊”整个环节上进行贴身服务。不仅可以帮助患者进行预约挂号,同时也配备疾病搜索、在线医师咨询、陪诊、体检、海外医疗、远程医疗、保险等全方位服务,成为患者身边真正的健康管理专家。通过这些服务增加药品销售的同时也提高健康管理增值服务的收入。九州通“健康998”电商集团服务框架如附图2所示。

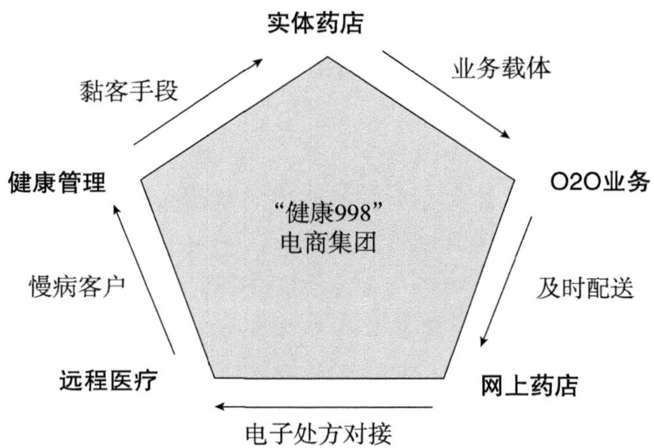

附图2 九州通“健康998”电商集团服务框架

我们通过药店众创联盟等多种渠道联合上下游,优化整个供应链效率。通过联盟的建立以及App的推广,使供应链计划更加透明,在加强供应链企业间互信、互动的同时消除库存在供应链传递上的牛鞭效应,使整个供应链偏向“零库存”。同时通过联盟,更真实地挖

掘上下游需求，盘活厂家资源的同时持续引进优势品种增加利润率。此项目加深了整个供应链上厂家、分销商、终端药店的互动，使联盟内药品品种得到优化，老客户需求被大量挖掘，总体销量实现增长，供应链各方实现共赢。众创联盟多渠道联合供应链如附图3所示。

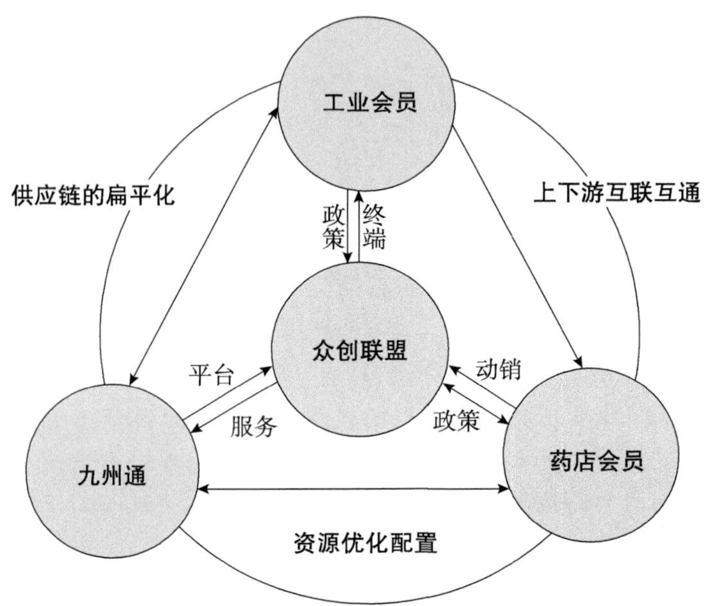

附图3 众创联盟多渠道联合供应链

（三）利用先进物流技术、大数据分析，强化北京九州通自身建设，打造高效快速的物流响应体系，提高药品流通效率

1. “云仓+物联网+智能设备”打造高效快速的物流响应体系

在分销过程中，我们根据每个区域不同的业务特点，建设符合当地业务形态的现代化物流中心。通过自动化立体仓库、拣选穿梭车、货到人拣选技术等提高作业效率；通过自主研发信息平台，将全国的物流信息进行集中管理、集中调度。以此在海量数据管理的同时，创造大数据应用的环境。

物流信息管理平台的运用，配合物流主数据、大数据、地理信息库，实现了各物流中心节点数据资源共同分享、数据交换，更加合理地达到资源配置、节约成本并提高信息资源利用率的目的；九州通医药集团各地所有物流中心全国并网，所有物流中心运营、现场数据形成中央数据库集群，通过大数据分析与挖掘为决策分析、仓间调补货、运输配载、车辆调度联运作业提供数据支撑；利用地理信息库结合模糊聚核算法计算装载，以基因优化法计算车辆最优化路径，让整个物流供应链的集中运营管控透明、高效、精确、低成本。

为了在全国范围内实现药品分销流通的数据共享，九州通物流体系完成了对仓储信息管理系统LMIS.Net的研发并投入使用。该系统在九州通LMIS6.0系统的基础上，能够对全国物流实施并网，在商流与物流业务分离的大环境下，对各区域公司进行集中式管理和部署。九州通LMIS.Net系统的亮点主要在于，能够有效降低各区域物流中心仓储运维、人工成本，能够对区域公司产生的BUG（程序漏洞）进行远程调试，能够集中管理调度、分仓协作、车辆联运，为决策分析提供系统支撑。

（1）全程监测模式——TMS、CCTS。

车辆运输管理系统（TMS），集成了GPS（全球定位系统）行车管理、订单分配、订单调度等功能于一体。在配送运输过程中，能够自动规划最佳行车线路、提高运作效率，降低运输成本，是智能物流模式下，配送环节中最不可或缺的一环。

随着冷链药品运输业务的逐渐兴起，为了满足对冷链药品的全程监测和追溯管理的需求，九州通物流自主研发了冷链追溯管理系统（CCTS）。通过与企业ERP和九州通LMIS系统的对接，将客户资料导入CCTS系统内，能够在系统内进行追溯管理，对其当前的冷藏箱号、温度、状态、异常次数等数据进行实时监测，保障了冷链药品物流全程作业状态的安全、智能管理。

多仓作业、运输作业协同。物流订单信息统一入口，由物流信息平台根据集团各物流中心节点的库存资源、车辆资源、客户与物流节点的时间、距离、配送时效、运营成本形成调度模型，将订单调度给一个或多个物流中心、一辆或多辆车共同完成物流作业，利用九州通全国干线和社会物流企业干线，实时获取车辆装载信息与实时位置信息来提高往返装载率，降低运输成本。

运营标准化。制定完善的标准化管理运作体系，以东西湖物流中心为示范，指导协助区域公司进行基础、管理以及评价标准的建设。

（2）自动化拣选。

九州通对拣选系统有非常严格的要求，为提高整体作业效率，保证药品拣选的高效和准确，九州通先后实现了全面提前拣选、PDA（掌上电脑）支援拣选、条码复核系统、无线台车系统、笼车管理系统、PDA复核、自动化立库拣选、自动补货系统、复核分拣系统、RFID（射频识别技术）作业跟踪系统、复核双向分拨系统、拆零移动拣选台车系统十二项技术创新（见附图4）。

附图4　十二项技术创新

（3）智能出库模式——360°智能扫码设备、翼展车。

九州通智能物流的应用，在出库环节主要体现在对360°智能扫码设备、翼展车的应用。前者用于扫描药品二维码，后者用于配送和装卸。

360°智能扫码设备通过识别输送线出库的整件、拼箱及周转箱的所有接触面的条码（包括药品电子监管码和出库条码），将识别信息进行解析，完成解析后将数据上传至仓储信息管理系统（LMIS）和政府监管平台。360°智能扫码设备的效率约为6000件/小时，能够替代人工复核和自动上传监管码的工作，降低外复核人工成本。

翼展车相对于传统的厢式货车，能够利用液压装置开启车厢两侧翼板，具有装卸速度快、效率高、可侧面装卸等优点。九州通物流目前正在实施传统月台改造项目，在完成对翼展车的应用后，能够大幅提高装卸作业效率，提高货物周转速度。

（4）货物智能上架模式——穿梭车、AGV无人车、iPad平板小车。

九州通东西湖现代物流中心2014年引入了来自奥地利的无人作业智能穿梭车。这项技术主要是一个“货到人”系统，穿梭车穿梭往返与工作站之间，实现存储和提取作业。在九州通物流体系下，LMIS系统通过下达提取任务给输送分拣系统WCS，在自动生成任务动作后，输出给穿梭车。完成任务后，WCS系统将任务完成的指令上传给LMIS系统。这项技术的运用，节省了人员的拣货行走等动作，提高拣货效率。操作员每次处理一个料箱，大幅减少了出错率，是九州通智能物流的核心技术之一。无人作业智能穿梭车及车库如附图5所示。

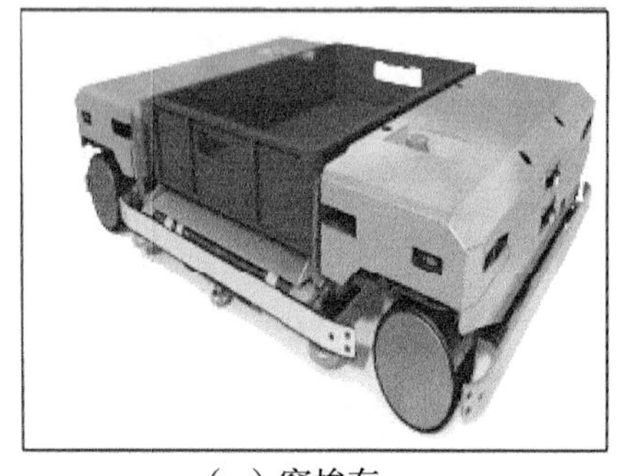

（a）穿梭车

（b）穿梭车库

附图5　无人作业智能穿梭车及车库

AGV无人车是装备有自动导引装置、能够沿规定的导引路径行驶、具有安全保护以及各种移载功能的运输车。AGV无人车的优势在于，能够通过系统控制其行进路线及行为，自动化程度高，减少占地面积。在九州通智能物流体系中，AGV无人车是不可或缺的一环，配合中央控制系统和操作流程的不断改进，未来将陆续上线并投入使用，进一步提高物流体系自动化程度。

综上，九州通智能物流硬件设备组成如附图6所示。

iPad（苹果平板电脑）平板小车是装备平板电脑、能够在拆零库区进行自动分配和选取拣货任务、由操作员完成拣货操作的半自动化设备。由LMIS系统向iPad分配和下达拣选任务，由拣选人员完成操作。九州通自主设计的第二代智能iPad平板小车，可同时支持4个周转箱并行作业，操作员每次至少能完成50个品规药品的拣选，效率较之前纸单拣选提高80%，准确率保证在99%。

九州通智能物流模式的运用，主要作用于物流仓储和运输领域，利用硬件设备与软件系

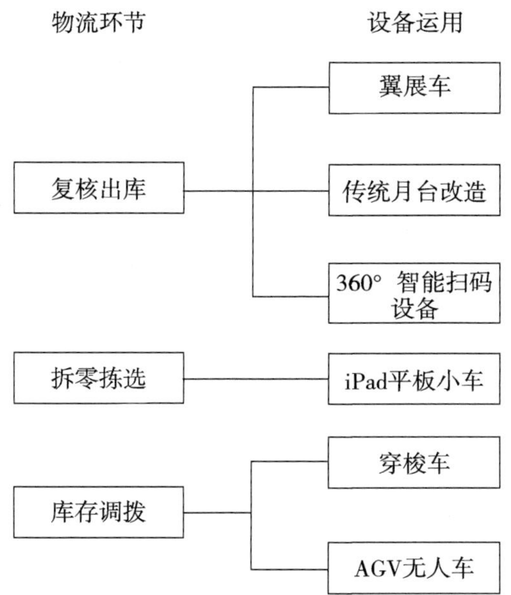

附图6　九州通智能物流硬件设备组成

统相结合的形式，打造各领域的智能物流模式。在物流仓储领域，智能物流模式为九州通物流提供了全程信息化系统平台的管理体系、智能感应扫码和半自动化拣货入库的运行体系。通过在这一领域对智能化设备和系统的投入，应用到不同种类的库区和作业平台中，提高各业态运行效率，减少人力成本，实现全程信息化管理。在交通运输领域，九州通物流整合了运输管理系统、冷链追溯管理系统，实现了药品的全程可视化管理，优化配送线路，降低配送成本和破损成本，保障冷藏药品的标准化、网络化、节约化等。

2. “海量作业数据＋运输数据＋订单信息”组成大数据应用，大幅提升管理效率

JLP物流信息平台（Jointown Logistics Platform）是在现有各区域公司仓储信息管理系统LMIS（WMS）的基础上做的一个云端平台，可以将数据进行汇总分析，做到货物在库、在途状态透明，实现运输路径自动计算、成本数据自动核算等功能，并能通过“九州云仓”的功能对全国进行跨区调度，提高各区域仓库的联动效率。通过海量的数据测算，在物流运营数据、成本数据、订单数据、客户数据上进行智能分析，大大降低了管理难度，提高了分析决策的效率。

以物流运营网格化为前提，实现各物流节点数据并网。各物流中心建设调度监控指挥中心，在物流过程全程可视的基础上，利用九州通地理信息服务和运营大数据，动态生成配送优先级，提供配送资源的预计数据，非常直观地提供装载率、配送距离、时效性、配送成本、路况信息等指导配送装载。车辆的配送路线自动优化计算，生成装车顺序。仓储调度人员根据配送计划对仓储作业任务进行调度，车辆调度人员可通过运输轴线实时掌握车辆配送状态，进行车辆调度安排。配送的计划以车辆为单位影响库内作业同步性，最大限度保证流水式作业，提高了月台资源周转率、车辆利用率，达到一天多配的目标。

（四）利用大数据分析，“反向定制”，指导医药厂商生产，降低库存

针对下游医院等医疗机构，九州通通过布局全国的信息系统，结合仓储信息管理系

统、业务管理系统、车辆管理系统等，以新系统搭建、完善等信息化手段进行医药流通大数据收集，并针对所收集的数据进行分析，得出相关要求的需求随季节、地域、用户等因素而变化的不同的分析结构，将结果反馈至上游医药厂商处，指导厂商生产，降低厂商库存和生产成本。同时将海量数据进行汇总，并通过科学的算法对作业过程中常规性问题进行预警，对货位摆放、ABC 分类进行提前判断，对作业管理、订单调度、存货管理均起到了积极的作用。

（五）通过“应收保理＋应付保理＋仓单质押”提升上下游客户黏性，推行医药供应链金融，打造供应链生态圈，提高资金使用效率，促进药品流通

九州通借助其在供应链中核心企业的地位，以实际交易流量为依托，携手招商银行、平安银行对上下游客户开展金融业务。而此类业务也解决了医药流通行业资金需求问题，具有随借随还、小额多批的特点。

此类应收保理和应付保理因为是基于供应链核心企业的实际交易合同和历史交易量，所以不用像传统借贷那样需提供抵押物。这是基于实际交易的信用贷，所以更能满足上下游客户的日常交易需求，同时也可提高九州通与供应链上下游客户的黏性。另外，九州通也通过此举筛选了一批优质供应商，给采购质量和供应商分级分类带来积极效果。

仓单质押方面，九州通向药材供货商提供不超过 70% 的质押率，并通过严格审查。此举不仅提高了供货商资金周转情况，使其企业经营更健康，也加深了与其的合作深度，有利于打造产业链的联盟效应。同时在风险防范方面，如果出现质押物跌价情况，九州通会要求其对质押价值进行补全。2016 年，九州通全年仓单质押规模达 1.93 亿元，无一笔坏账。

四、本项目预期效果

1. 实现医药供应链的协同创新，推动医药行业供给侧改革

对医药流通企业而言，具备获得医疗机构药品需求信息的天然便利，其重要任务是将相关信息快速准确地传递给药品生产厂商，并不断发现新的医药需求，进行定制化服务。目前，九州通凭借北京市 OTC 市场龙头地位和先进的技术、人才优势和大数据收集分析能力，引导药品厂商提供医药需求等相关信息及市场情况，通过与药品厂商建立协同关系，在采购、物流、销售等环节相互配合，尤其在信息方面，运用信息技术构建立体、完善、反应迅速的信息管理系统，建立流畅的信息沟通机制。九州通作为医药流通行业龙头，始终面向市场，同时连接生产和需求两端，提升自身组织化程度，高效、准确地传递信息，通过创新商业模式，引领医药供应链协调发展。

2. 有利于提高医药供应链流通效率，降低库存，提高流通业信息传递和引导生产的能力，降低医药供应链总费用

通过该项目，可提升九州通现代化水平，将药品需求信息和需求偏好以及需求趋势更加高效地传导到药品生产厂商，提高上下游企业对接效率，打通药品生产厂商和医疗机构之间的信息渠道，提高供应链流通效率，降低医院等医疗机构库存占比，减少中间环节的信息传递效率损失，降低流通成本，逐步构建供应链，最终发挥需求引导生产的功能，最大化满足医疗机构需要，提高全社会的整体经济福利水平。

3. 助推新医改和“两票制”的执行，解决医药企业众多、小而杂、监管不严的问题，保障用药安全

本项目的实施有利于新医改和“两票制”等政策的推行，将大量靠倒票生存的商业公司在这些组合政策下淘汰出局，降低流通企业数量；有利于净化流通环境，依法打击非法挂靠、商业贿赂、偷逃税款等违法行为；将会使大批代理型医药商业公司、中小型医药商业公司失去和工业企业的直接合作机会，为大型医药流通集团进一步加快兼并重组提供了有利的政策支持；进一步提高药品配送集中度，实现医药产业转型升级，促进医药产业健康发展。

同时本项目运用“互联网＋药品流通”模式，利用跨行业数据标准体系的建立，实现跨部门数据资源共享公用格局；同时催生智慧供应链、智能物流、公共服务平台等形态，推动行业的创新进程，推动企业经营管理的精细化，提升行业发展水平、集约化水平、规模化水平。随着政策的不断完善、技术的日益进步、标准的逐步建立，医药供应链将日趋高度整合，传统的行业合作方式也将不断创新融合，形成以互联网为依托开发共享、合作共赢、高效便捷、绿色安全的智慧医药供应链，使得供应链各环节协同更高效、跨界合作更紧密。从而突破传统惯性思维，超越旧的经营理念，创造合作多赢的生态供应链体系。

4. 推行医药行业供应链金融，提高资金使用效率，促进药品流通

供应链金融作为一个新兴的业务种类被九州通开发。九州通基于其在供应链中的核心地位，依托实际的上下游交易量以及历史交易数据，借助银行的融资平台对上下游进行金融服务。因为是基于实际交易业务的金融业务，不仅解决了银行融资过程中风险评估的成本，同时也增加了九州通对上下游客户的黏性。通过本模式的供应链金融业务，能使医药企业迅速筹措短期资金，保证营运的持续性以及整个供应链的畅通，帮助其消除资金融通的劣势，提升其信用等级，从而获得更多、更便利的信贷支持，在提升九州通经营收入的同时，有效改善医药行业流通环节的融资困境，提高供应链参与方的满意度，提高资金使用效率，促进药品流通。

5. 深入了解 C 端客户需求，以市场变化及消费习惯为导向，逆向引导企业经营，推动医药行业信息化、智能化的发展

医药流通行业客户市场具有需求零散、季节性强、地域性强、监管严格、突发性强的特点。九州通通过贴近客户深度挖掘需求的方针，深入了解 C 端客户需求，以市场变化及消费习惯为导向，逆向引导企业经营。通过快速响应的物流战略，以及现代化物流设施设备，快速满足碎片化需求，通过高效、精准的物流作业，在满足客户和市场需求的同时也推动整个行业信息化、智能化的发展，降本增效。

C 端需求挖掘方面，九州通根据医药流通行业毛利率低的特点，通过健康管理及多渠道经营，对客户市场进行深度挖掘；通过全程陪诊、挂号、医师咨询、远程医疗、建立健康档案等方式成为患者身边真正的健康管理专家，从而拉动需求，推动医药销售。同时，九州通通过网上药店拓宽销售渠道，深入贴近客户的消费习惯，增加客户黏性与终端客户占有率。在药店方面，通过众创联盟，打造“圈子经济”，不仅加强了下游客户的黏性，也提升了合作质量，提高了优质药品品种的引进水平，使供应链各方实现共赢。

第十章

北京城市副中心物流产业发展现状与趋势

2016 年通州区被正式确立为北京市城市副中心，规划范围为原通州新城规划建设区，总面积约 155 平方千米，外围控制区，即通州全区约 906 平方千米，并将统筹规划设计。城市副中心的建设是北京市围绕中国特色世界城市目标，推动首都科学发展的一个重大战略决策。为了进一步完善北京城市副中心的管理，实现“发展搞上去、人口降下来、生态好起来”的目标，应根据城市副中心总体规划，统筹做好包括外围控制区在内的顶层产业发展规划，着力构建与之匹配的产业服务体系，大力发展符合城市副中心建设要求的现代物流产业，加快城市副中心物流产业的转型升级。

目前学界对物流产业的边界定义尚未统一，本章重点以包括外围控制区在内的通州全区范围内从事第三方物流服务的相关企业为主体，通过问卷调查、实地走访、专家访谈等形式，对物流产业发展情况进行了详细的调研，发现了物流产业发展中存在的问题，并对区域内的社区物流、应急物流、货运等未来城市副中心建设过程中涉及的重点物流服务领域进行了分析，同时提出了促进区域内物流产业转型升级发展的政策建议，为整个城市副中心的建设提供有益参考，为政府科学决策提供依据。

第一节　城市副中心物流产业发展特征及问题分析

城市副中心所在的通州区位于北京市东南部，京杭大运河北端，属于京津冀一体化发展的重要区域，具有较好的地理优势，利于物流资源集聚。通州区拥有便捷、密集的交通运输网，2015 年全区常住人口为 137.8 万人，辖区面积 906 平方千米，有 4 个街道、10 个镇、1 个乡。由于具有良好的物流资源集聚优势，并具有较强的物流产业服务市场，为物流产业的发展提供了较好的外部环境。

一、城市副中心物流产业总体发展特征分析

（一）区内物流产业经过长期发展已形成一定规模

近 5 年，通州区交通运输、仓储和邮政业地区年生产总值逐年增加，年均增长达到

8.29%，2016 年通州区全年货物运输量 2086 万吨，全年货运周转量 225907 万吨公里。交通运输、仓储和邮政业地区年生产总值占通州区年生产总值的比例虽略有下降，但总体趋势正在回升。通州区建设城市副中心以来，为实现绿色化、高端化和集约化的物流发展目标，区内货运车辆整体减少，但单辆货运车辆年货物运输量逐年增加，显著提高了车辆运载率。据统计，2016 年全区货运汽车拥有量达到 2.7 万辆，比上年末增加 1504 辆；货运户数 5203 家，比上年末减少 87 家。5 年内货运周转量呈起伏变化状态，但总体趋势保持稳定。

2012—2016 年通州区快递邮政业务总量变化如图 10－1 所示，年均邮政业务总量 14637.4 万元，2016 年实现邮政业务总量 16000 万元，比上年增长 15.2%。同时，通州区邮政业务进出口包裹数逐年递增，2016 年进口包裹快递 164.6 万件，增长 81.5%；出口包裹快递 107.6 万件，增长 152%。邮政业务在进出口贸易方面正起着积极的推动作用。

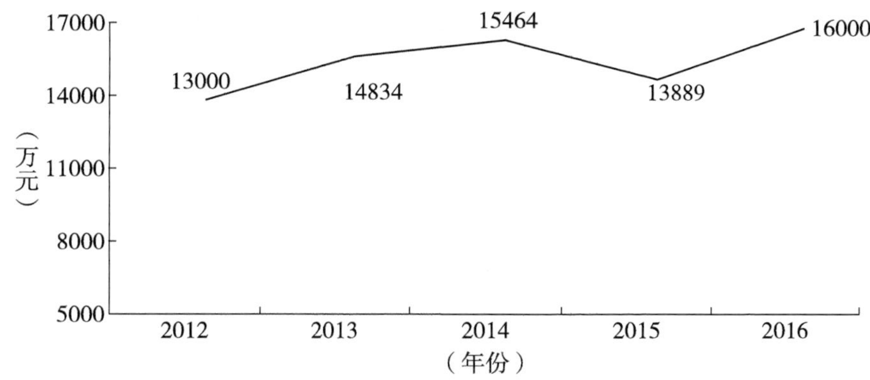

图 10－1　2012—2016 年通州区快递邮政业务总量变化

数据来源：通州区统计年鉴。

（二）区内物流产业布局不断调整和优化

目前区内共有注册物流企业 672 家。从目前企业布局来看，基本上形成了“1＋3＋N”的形式，其中“1”指一个基地，主要是指位于马驹桥镇的通州物流基地；“3”指三个集聚区，分别是指大鲁店物流集聚区（企业数目为 20 个左右）、大一物流园集聚区（企业数目为 70 个左右）和姚辛庄物流集聚区；“N”指在通州区内还存在的若干区域物流中心。

通过收集整理通州区 672 家物流企业的注册数据发现，运输型、仓储型及综合型物流企业在通州区具有一定的聚集特征，其注册地主要分布在马驹桥镇和张家湾镇等地区，具体分布情况如图 10－2 所示。注册地为城市副中心核心规划区域的运输型、仓储型及综合型物流企业相对较少，占比为 18.15%。

随着现代电子商务产业的快速发展，快递企业作为为通州区居民提供生活保障类服务的主体，在城市副中心所在地区覆盖度相对较高。随着消费对经济贡献的程度不断增大，增加的消费需求将成为物流行业发展的主要推动力。以终端消费者为对象，个性化、多样化的物流服务体验将成为电子商务条件下消费者的核心诉求，其中最重要的环节就是快递服务。通过实地调研发现，目前在通州区注册的所有物流企业中，快递企业占比约为 19.55%，主要分布在城市副中心所在的区域。

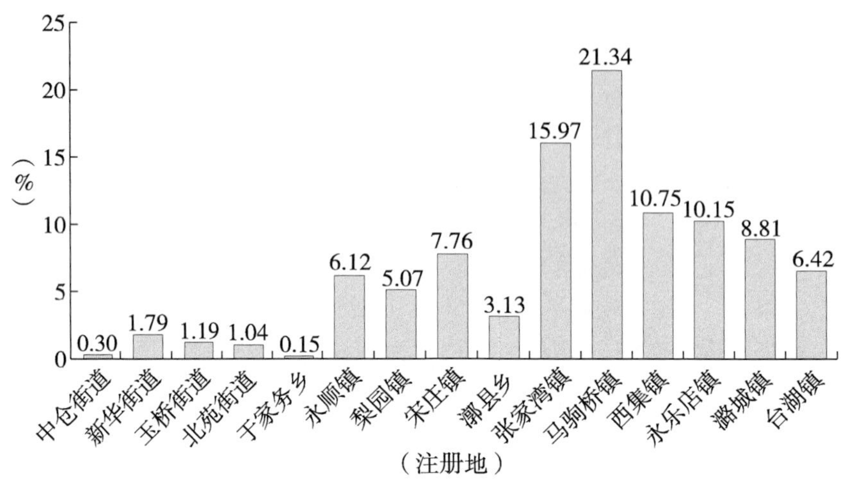

图 10－2　通州区物流企业注册地分布情况

数据来源：调研整理获得。下同。

（三）城市副中心周边地区具备较强的物流产业分布带

目前城市副中心周边的朝阳区、大兴区和顺义区物流产业经过长期发展已经具有了较大的规模。据不完全统计，目前大兴区和顺义区范围内均具有超过两千余家注册的物流企业，并在所在区域的产业中占有重要地位。北京市目前主要的物流通道重点分布在城市的东南方向，通过六环路等主要线路与通州区形成了较强的联动发展效应。近年来，在京津冀协同发展的大背景下，以廊坊市、天津市武清区为代表的物流产业聚集区在不断发展，其产业总体规模甚至已经超过了通州区，这些周边区域都为后续的物流产业转移和转型发展提供了有力的外部支撑和必要条件。

（四）城市副中心产业转型升级对物流服务产生较强影响

伴随着未来城市副中心批发市场外迁、商业设施的进一步完善，区域内各种物流服务要素和需求要素将进一步重构，跨区域、跨产业的合作也会进一步增强，重点领域中的快递速运、冷链物流、绿色物流等业态也将加速扩张，有望成为物流发展的亮点，新模式、新业态加快孕育并仍将保持迅猛发展。区内高新技术制造业、装备制造业等新产业物流需求将快速增长，电子商务、移动互联网等新业态发展动力仍较为强劲，所占比重有望快速提升。

随着北京城市副中心建设的进一步推进，高端商务、行政办公、文化旅游等是未来城市副中心的主导产业，同时发展高科技等产业也是整个通州区的重要产业发展定位。面对区内整体物流发展需求，配置产业配套资源，特别是物流服务资源。未来通州区将形成面向行政办公区的智慧物流服务系统、面向中心商务区的智慧商贸物流服务系统、面向以环球影城为核心的文化旅游特色产业物流服务系统。

未来，经济社会发展新常态、供给侧改革都将对区域内物流产业发展提出更高的要求。同时随着区域内的行政办公区和环球影城建设，以及一大批标志性工程的投入运行，未来城市副中心的物流产业需求结构将进一步改变，未来发展也会具有较强的物流产业服务需求。为进一步科学分析未来物流产业发展趋势，采用回归方法对通州区未来5年的社会物流需求总额进行了科学预测，得出在预测时间内社会物流需求总额呈现快速上涨的趋势。

二、城市副中心物流产业发展中存在问题分析

（一）物流产业与区域发展匹配性有待进一步提升

目前通州区整体发展形势良好，在国内贸易方面，城市副中心商业企业经营发展良好，2015年实现销售零售额355.5亿元；对外经济方面，2015年新批三资企业25家，其中外商独资企业17家，中外合资企业8家；旅游方面，2015年全区共接待旅游人数504万人，实现旅游收入33.9亿元。近年来，物美、万达广场、京通罗斯福广场等新业态进入城市副中心；品牌商业引进步伐加快，苏宁超级店、星巴克等品牌的进入，提升了通州区的商业品质和辐射能力。此外在高端商务建设方面，通州区政府提出，作为北京城市副中心的重要功能区——商务中心区，未来将形成交通便捷、功能完备、职住合一、高端要素集聚、辐射带动作用明显的国际商务新中心。

基于此，未来城市副中心文化旅游、高端商务、行政办公、科技创新等产业快速发展的同时，势必会产生大量的高端物流需求，这就需要有与之配套的完善物流服务体系作为支撑。未来物流需求出现重大规模转变，产业目录不断变化，物流企业不仅需要重新定位企业未来的发展目标，重点梳理产业与未来城市副中心定位之间的关系，而且需要进一步在技术和服务模式方面进行融合创新，高起点建设现代服务型企业，以满足区内未来更高层次的物流需求。

（二）物流产业对城市管理方面带来一定负面影响

物流企业的集聚会给环境带来一定的影响。从调研的实际情况来看，机动车是造成北京市大气污染的主要原因之一。目前城市物流车辆存在大量黄标车辆（黄标车是新车定型时排放水平低于国Ⅰ排放标准的汽油车和国Ⅲ排放标准的柴油车的统称），黄标车具有尾气排放污染量大、浓度高、排放稳定性极差等特点，需要进行一定的限制。

此外，物流资源的集聚，对于城市管理，特别是在交通拥堵、路网布局、停车位置等方面均存在较多影响。从物流车辆角度看，城市物流货运车辆作为城市交通运输的重要组成部分，由于其导致的拥堵更具有隐蔽性，所以其对城市交通的影响尚未得到足够重视。据调研发现，一个大型超市每天的往返车辆可达200车次，城市物流车辆多频次、高强度使用，挤占大量的道路和停车空间，这些情况都在一定程度上加重了北京市城市交通拥堵。以目前物流企业集聚区大鲁店为例，大鲁店位于通马路附近，该地区集聚的物流企业有21个，该地区主要通行的车辆为大中型物流货车，在路况为“缓行”的情况下，该地区物流车辆每小时的通行量占总通行车辆数的比例约为20.5%；在路况为“拥堵”的情况下，物流车辆所占的比例约为40.38%，给城市管理带来一定的影响。此外，在所有物流车辆中，北京地区的物流车辆占比为73.02%，其他物流车辆主要来自津、冀、鲁、蒙、苏、辽等地区。

此外，由于受到经营场地等限制，很多快递企业开始在一些管理相对宽松的地区进行集聚作业，给城市的规范化管理造成了一定的影响。目前这种趋势在城市副中心建设过程中多次出现，对公共资源的使用影响较大，已经引起了相关管理部门的重视。

（三）新模式、新业态发展不足，转型升级存在巨大空间

目前随着需求结构的改变，供给侧改革不断深化，通州区物流企业在创新探索方面略显不足，传统业态比重仍然较高，企业对转型升级有更多需要。

在调查过程中发现，目前通州区内的物流企业经营业务还是重点集中在传统领域，在供应链优化集成、智慧物流系统建设等领域缺少投入，对于新模式、新业态的需求不断增加。例如，在提供集约化城市仓储服务方面，针对客户的个性化需求，企业正在尝试探索新的服务模式。经调查发现，目前面对个人、家庭、企业用户及中小型电商对仓储的不同需求，部分企业探索新型智能迷你存储空间服务，简称“迷你仓”或“微仓”。这是一种按天计费的小型仓库，根据物品的属性、用户所需空间的大小定制合适的存储空间，一仓一门一锁，并实行 24 小时管家式服务，安装相关防御系统并提供配套服务，满足了不同客户对仓储服务的不同需求。社区物流发展服务方面，在经济一体化发展的大背景下，尤其是随着电子商务的快速发展，物流业和商业的分界已经逐渐模糊，物流设施商业化、商业设施物流化的发展趋势越来越明显。例如，随着社区物流需求不断增加，社区开始出现如城市服务综合体这样集约高效的业态来为居民提供多元化、多层次的综合服务，如快递收发服务、生鲜配送服务、上门维修服务、回收家电服务等日常生活类便民服务。城市服务综合体通过在社区建立微仓库，采用较先进的物流设备为社区居民提供物流服务，显示出“物流设施商业化、商业设施物流化”的发展趋势，可以实现微物流系统与跨区域大物流系统相结合的城市物流服务体系网络。

（四）企业科技创新能力较弱，企业服务能力提升空间较大

首先，城市副中心物流企业现代技术应用水平相对较低，应用范围相对较小。在国外物流企业中已经广泛使用射频技术、全球定位技术、GIS 和网络数据传输技术等现代物流技术，但是目前城市副中心物流企业使用高新技术的比例还较少。其次，企业运营中对物流信息的应用不够重视，中小型物流企业中信息化服务系统的功能主要集中在仓储、财务、运输等环节，而使用客户管理系统的企业仅占 29%。最后，通州区物流企业物流服务系统较不完善，服务模式相对单一，造成物流服务水平较低，无法满足高层次的物流服务需求。未来技术将成为推动物流服务水平提升的核心要素，以无人化作业为代表的技术应用不断得到企业的重视。

此外，通州区物流企业中高新技术企业比例较低，需要在技术和运行模式方面进行融合创新，高起点建设现代服务型企业，转型为高新技术企业。高新技术企业不仅能提升企业自身品牌形象，还能享受国家的税收减免优惠政策，提高企业市场价值和资本价值，所以物流企业向高新技术企业转型的必要性十分明显。本次抽样调研的物流企业中，高新技术企业占比仅为 6.45%，可以从整体反映出通州区物流企业在技术及模式创新上仍然存在较大不足。

（五）企业规模较小，规范化经营、标准化服务水平急需提升

由于历史、社会发展等方面的原因，目前城市副中心物流产业用地规范性不足，造成目前企业物流用地土地性质不规范。从目前调研的情况可以看出，物流企业存在较大规模的租用集体用地开展经营活动的现象。企业的土地证、经营资质等都需要进一步规范，突出表现为非仓储用地用于经营物流活动、集体用地违规建设仓储设施，形成一定的安全隐患。目前在区域内中小物流企业相对较多，市场经营秩序需要进一步提升，物流企业规范化作业需要进一步加强。未来一段时间内，区域内标准规范的物流仓储设施资源仍会相对紧缺。此问题成为制约行业健康发展的瓶颈，京东、顺丰等大规模企业对仓储设施有迫切需求。

目前促进区域内物流企业的转型发展是解决上述问题的关键，为此需要通过一定数量的重大项目的带动和支撑，引领物流企业转型。此外，可以通过政策红利吸引国内外知名物流企业落户北京，支持开展资金结算、营运组织、管理控制等高端物流总部业务。同时可以鼓励物流企业创建自主物流服务品牌，积极发展物流金融、物流咨询等新型服务模式，争取培育一批服务水平高、市场竞争力强的现代物流企业，增强物流业发展的集聚效应。

（六）区域内民生保障物流能力不足，城区末端配送网点建设亟须加强

由于现代城市消费业态的变革，以快递为代表的城市配送高速增长，受城市规划、产业管理等方面限制，目前城区末端配送网点建设无序，城市末端配送体系力量薄弱，给城市管理带来巨大压力。当前末端配送体系是解决市民购物体验“最后一公里”的关键环节，但快递末端配送网点往往租用价格低廉的不正规空间设施，消防安全隐患突出，城市运行管理困难。在配送网点运营管理上，区域内仅有顺丰、EMS、宅急送的网点为直营模式，其他企业网点都采用加盟模式，缺乏自上而下的规范化管理。区内快递配送量常年保持30%以上的增长量，目前快递总量全市排名第三，未来城市末端配送的压力会进一步增大，城区末端配送网点建设亟须加强。

（七）物流产业管理权限分散，协同化的政府管理模式需要探索

物流业是融合运输、仓储、信息等产业的复合型现代服务业，产业跨界属性明显，涉及范围广，目前区域内包括商务、交通、规土、属地政府等都具有相关的管理职能，以快递领域为例，涉及工商注册、行业资质办理、运载工具标准化、违规占地分拣等多个问题，因此对于物流产业中的很多关键问题都需要多部门协同，但是由于受到政府机构职能的调整约束，该项工作需要进一步加强，因此造成目前局部区域的局部领域出现了一定的管理监管空白。目前通州区政府已经认识到该问题，在不断地通过探索部门管理权限划分优化管理流程，从而提升区域的物流产业服务水平。

第二节　城市副中心物流企业发展分析

随着我国经济的快速发展，物流业作为一个新兴产业得到了迅速发展，在城市副中

心范围内体现得更加明显，已经形成了北京重要的物流企业集聚区。从区域物流产业发展角度来讲，物流企业的分布、类型、规模等对整个区域的产业发展尤为重要。

城市副中心目前仍是重要的物流产业集聚区，是规划的北京六大物流组团区域之一，全国很多具有影响力的物流企业均聚集在通州。本章中所指物流企业是指从事物流基本功能范围内的物流业务设计及系统运作，具有与自身业务相适应的信息管理系统，实行独立核算、独立承担民事责任的经济组织，其中包括名称含“物流”以及业务范围涉及“物流”的企业。截至2016年年底，通州区注册的物流企业有672家，在资金投入强度和从业人员数量上都具有一定的规模。由于通州区物流企业数量较多，本章采取抽样调查的方式，选取150家物流企业发放调查问卷，回收有效问卷133份，具有较强的代表性，并具有较为重要的参考价值。

一、物流企业基本情况分析

（一）物流企业服务主体特征分析

通过收集整理问卷发现，目前区内物流企业主要类型为运输型，占比为47.37%，剩下的企业中，23.31%的企业为综合型，15.04%的企业为仓储型，14.28%的企业为快递型。

由于历史发展、管理制度变化等多个方面的原因，目前在城市副中心物流企业中出现了不同类型的情况。为了说明这些情况，本章提出了按照企业工商注册区域、实际经营区域、实际服务对象等多个维度进行企业分类的方法，具体包括5个类型，如表10－1所示。

表10－1　　物流企业类型

企业类型	运输型	仓储型	快递型	综合型	合计
A型	7	0	1	0	8
B型	29	8	10	7	54
C型	1	0	1	1	3
D型	3	0	0	0	3
E型	23	12	7	23	65
合计	63	20	19	31	133

注：A型代表注册地不在通州，不服务通州，但经营地在通州的企业；B型代表注册地不在通州，但经营地在通州且服务通州的企业；C型代表经营地不在通州，但注册地在通州并服务通州的企业；D型代表不服务通州，但注册地和经营地在通州的企业；E型代表注册地和经营地在通州，且服务通州的企业。

目前区内物流企业结合自身特点和市场变化选择了不同的发展路径和经营方式，副中心区域内共有65家物流企业出现了注册地与经营地分离的现象，占比48.87%，其中注册地不在区域内但经营地在区域内的企业有62家，占比46.62%；部分物流企业注册地既不在通州，也不服务通州，但是其经营活动发生在通州区范围内，该类企业共有8个，所占比重为6.02%。

（二）物流企业经营特征分析

物流企业经营特征可以以投资主体、固定资产、注册资金、营业额、用地面积等主要指标为参考，从而分析不同企业的经营特征。

通过本次调研物流企业发现，由于发展历史较长，目前通州物流企业发展处于成长阶段。区内83%的物流企业都是在2005年之后（含2005年）成立的（见图10－3），根据企业生命周期理论来看，大多数物流公司正处于成长阶段，急需开拓市场并进一步发展壮大。

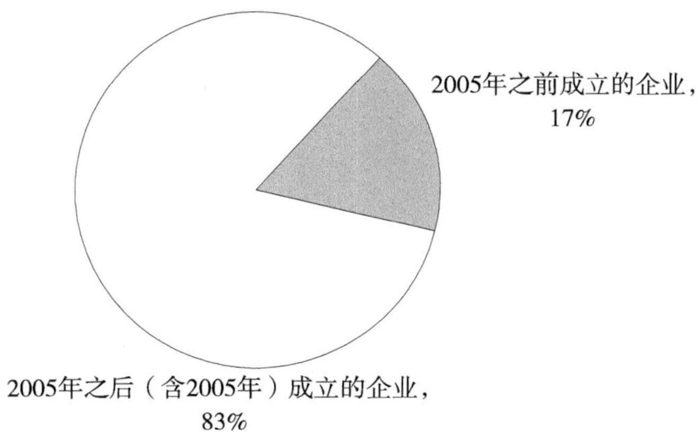

图10－3　区域内物流企业成立时间统计

按照企业的投资主体，物流企业可以分为民营企业、国有企业以及外资企业等几种类型。区域内调研企业性质具体统计情况如图10－4所示。

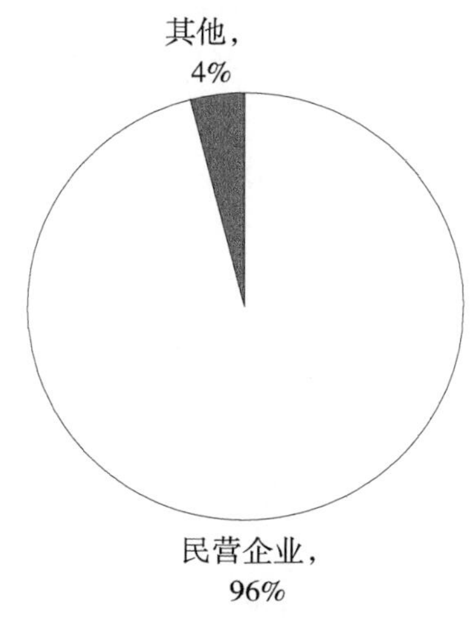

图10－4　区域内调研企业性质统计情况

从企业资产角度分析，城市副中心区域内物流企业整体发展情况良好。由于国家对规模以上物流企业暂时没有明确定义，通过参考国内相关规定，本次规定注册资金在1000万元以上的物流企业为规模以上物流企业。通过整理调查问卷发现，目前区域内物流企业中注册资金低于500万元（包括500万元）的企业占55.24%，注册资金在500万元到1000万元（包括1000万元）之间的企业占31.43%；注册资金在1000万元以上的物流企业占比13.33%，即规模以上物流企业占比13.33%。从2016年企业营业总额分析，注册地和经营地在通州且服务通州的企业营业额最高，说明目前区域内物流企业规模相对较大，经营水平相对较高；从纳税额方面分析，注册地不在通州但经营地在通州且服务通州的物流企业纳税额最大。在这种背景下，如果企业资质和经营范围符合总体发展需要，可以考虑总部经济的区域管理理念，引导总部型企业入住通州，进而增加税收收入，提高本区域产业整体发展水平。区域内物流企业规模指数如图 10 – 5 所示。

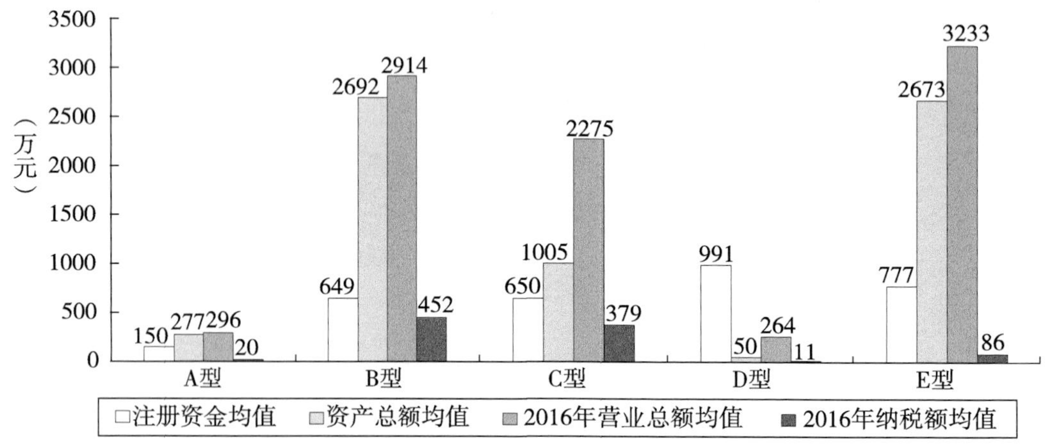

图 10 – 5　区域内物流企业规模指数

从统计的结果分析得知，目前通州区内物流企业平均注册资金为 675. 70 万元，平均资产总额为 2086. 94 万元；在物流企业效益方面，2016 年企业平均营业总额为 2330. 31 万元，总营业金额为 267985. 39 万元。其中营业额在 500 万元以下的企业占 50% 以上，500 万元以上的企业效益规模分布较为均衡，具体分析结果如图 10 – 6 所示。

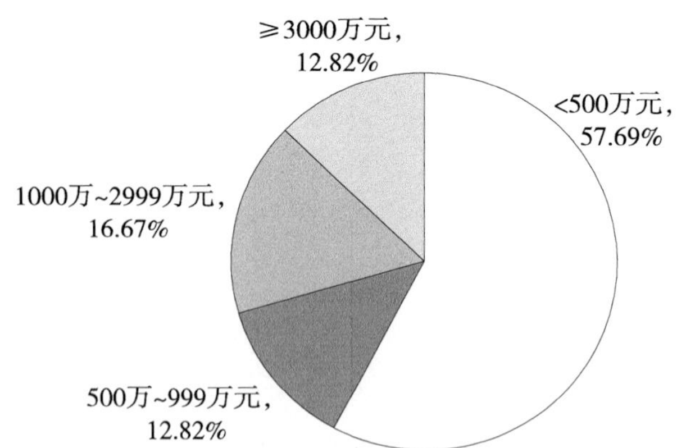

图 10 – 6　2016 年区域内物流企业营业额分析

在相关的统计指标中，具有代表意义的企业信息如表 10 – 2 和表 10 – 3 所示。

表 10 – 2　注册资金前 10 名的物流企业统计　单位：万元

企业名称	注册资金
北京本来工坊科技有限公司	6200. 00
北京中方物流有限公司	5000. 00

续　表

企业名称	注册资金
北京昊业晟世投资管理有限公司	5000.00
招商局物流集团北京有限公司	5000.00
宝德伟业（北京）物流有限公司	4032.00
北京普洛斯马驹桥物流发展有限公司	3786.31
百丽通州物流园	3510.84
北京安信捷达物流有限公司	3000.00
北京奎远物流有限公司	2001.00
北京顺城物流有限公司	2000.00
合计	39530.15

表 10－3　　资产总额前 10 名的物流企业统计　　单位：万元

企业名称	资产总额
北京祥龙物流（集团）有限公司物流配送分公司	45056.30
北京苏宁物流有限公司	39951.00
北京顺城物流有限公司	33847.00
招商局物流集团北京有限公司	26562.24
北京东六元物流有限公司	10000.00
北京北水食品工业有限公司	8238.06
北京安信捷达物流有限公司	4952.00
北京亚昆供应链管理有限公司	4849.00
北京佳方物流有限公司	3682.00
大一物流（北京）有限公司柳营分公司	3000.00
合计	180137.60

（三）物流企业基础设施情况分析

通过对物流企业使用土地的情况进行调研分析发现，目前通州区内企业共计用于库房面积为 79.89 万平方米（约 1198 亩）以上，占地面积为 114 万平方米（约 1710 亩）以上。从企业性质来看，民营企业无论是自有土地面积还是租赁土地面积，所占比例均较高。从企业类型来看，综合型物流企业占地面积较大，且土地性质以自有为主。从土地的使用情况来看，主要是用于仓库以及办公楼等基础设施建设；从企业平均占有面积来看，由于区域内大型物流企业自有面积较大，导致企业主要以自有为主，且平均自有占地面积达 3.57 万平方米，如表 10－4 所示。

表 10－4　　物流企业土地使用情况统计　　单位：万平方米

土地性质	民营企业	国有企业	外商独资企业	股份合作企业	土地面积		面积合计	企业平均占地面积
自有土地	30.69	22.23	17.19	4.74	运输型	16.57	74.85	3.57
					仓储型	7.63		
					综合型	50.56		
					快递型	0.09		
租赁土地	28.37	10.90	—	—	运输型	4.54	39.27	0.36
					仓储型	2.09		
					综合型	30.12		
					快递型	2.52		
总计	59.06	33.13	17.19	4.74	—		114.12	—

此外，从物流企业占地面积方面分析，90% 以上的企业用地采用租赁的方式，同时占地面积排名前 10 的物流企业，注册地和经营地均在通州区且企业业务服务范围都辐射通州区，如表 10－5 所示。

表 10－5　　排名前 10 的物流企业占地面积统计　　单位：万平方米

企业名称	占地面积
北京苏宁物流有限公司	17.06
北京三惠物流有限公司	14.30
北京佳之兴物流有限公司	13.33
北京祥龙物流（集团）有限公司物流配送分公司	13.32
华润物流（北京）有限公司	11.00
北京东六元物流有限公司	7.00
北京众惠供应链管理有限公司	7.00
北京普洛斯马驹桥物流发展有限公司	6.00
招商局物流集团北京分公司	6.00
康新物流（天津）有限公司北京分公司	5.70

在物流企业用地方面，68.42% 的物流企业用地主要用于平面库的建设，36.84% 的物流企业使用了高层货架仓库。同时，有 2 家物流企业将仓库租赁给其他企业使用，主要为百货、汽车配件、化妆品、食品等行业。

在提供冷链物流服务方面，本次抽样调查的 133 家物流企业中冷链企业共 7 个，其中 3 个为仓储型物流企业，4 个为综合型物流企业，仓库面积共计 12.77 万平方米。冷链物流企业仓库建设情况如图 10－7 所示。

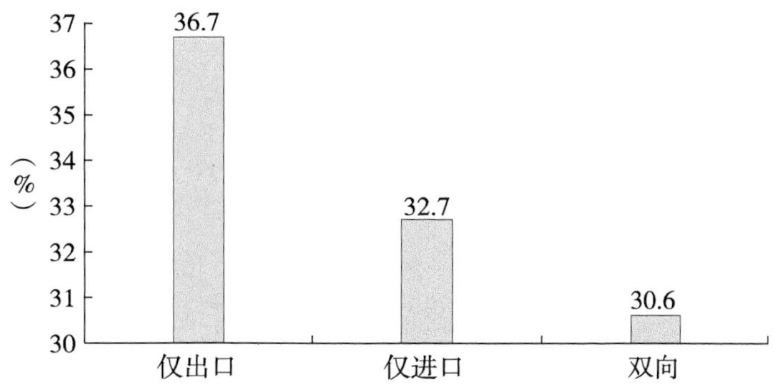

图 10－7　冷链物流企业仓库建设情况

冷链物流企业中，仓储型企业主要为通州区居民提供生活保障型服务，服务行业有商贸流通业、农林牧渔业；而综合型企业中，提供的服务类型较多，主要涉及制造业、农林牧渔业、商贸流通业以及快递业。

从冷链物流企业业务辐射范围来看，仓储型企业服务范围在通州区的占比 40%，综合型企业服务范围在全国分布较为均匀，其中北京市及通州区的业务占比分别为 27.27% 和 18.18%。冷链物流企业业务辐射范围统计如图 10－8 所示。

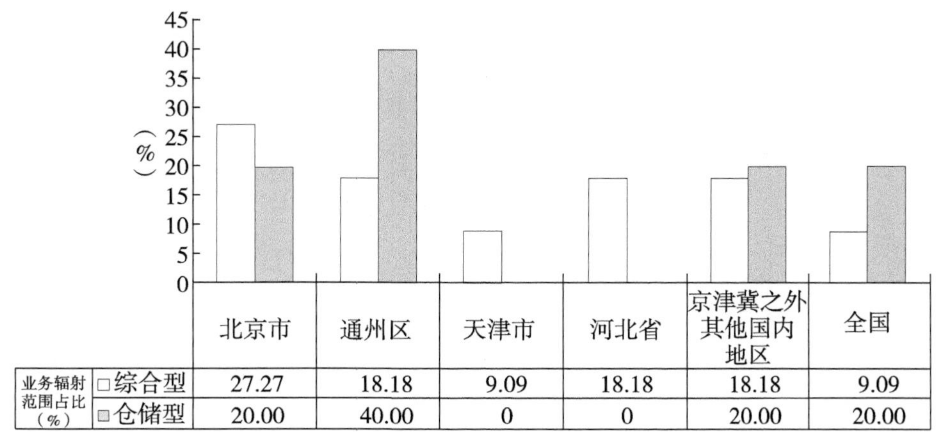

业务辐射范围占比（%）	北京市	通州区	天津市	河北省	京津冀之外其他国内地区	全国
□综合型	27.27	18.18	9.09	18.18	18.18	9.09
■仓储型	20.00	40.00	0	0	20.00	20.00

图 10－8　冷链物流企业业务辐射范围统计

（四）物流企业人力资源结构分析

通过调研问卷分析得知，目前物流企业的从业人员中，外来人口占比为 82.24%，说明通州区的物流企业是外来人口的重要集聚区，具体统计结果如表 10－6 所示。

表 10－6　　　物流企业外来人口占比情况

企业类型	正式员工人数	外地员工人数	占比（%）
A 型	64	63	98.44
B 型	1346	1191	88.48
C 型	105	93	88.57

续 表

企业类型	正式员工人数	外地员工人数	占比（%）
D 型	71	28	39.44
E 型	1894	1487	78.51
总数	3480	2862	82.24

此外，物流企业对中、高层人才的引入比例相对较低。通过调研结果得出，目前物流企业对人才引进的重视程度相对较低，低端就业人口较多，占比 74.6%，直接导致企业创新水平较低，不利于企业转型升级，具体人员比例统计结果如图 10－9 所示。

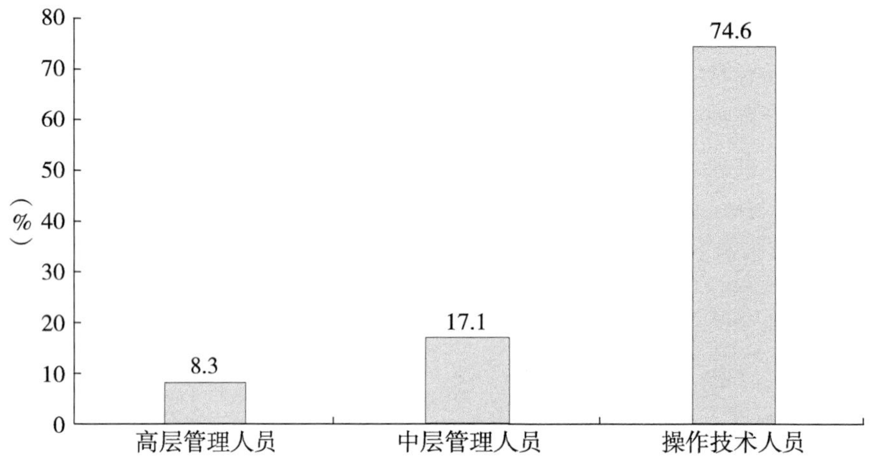

图 10－9　物流企业人员比例统计结果

（五）物流企业技术和装备应用情况分析

通过调研问卷分析得知，区内物流企业所应用的物流技术和装备的使用有较好的前期基础，并已经对现代技术应用形成了一致的共识，未来提升空间较大。

经过调研发现，目前条码的使用率基本上实现了 100%，其他物流设备应用情况如表 10－7 所示。从集装化程度来看，托盘使用已经基本普及，托盘种类主要以木质和塑料为主，其中企业托盘使用数量最多达 5.7 万个。同时区内物流企业都在积极参与国家的物流标准化项目，例如，为了响应国家物流标准化号召，华润万家的众多项目都成为国家在各试点城市推动商贸物流标准化的示范项目，得到各级政府商务部门的肯定与支持，华润万家荣获“2016 中国商贸物流标准化成效突出企业”称号。

表 10－7　物流企业物流设备应用情况

序号	技术名称	占比（%）	序号	技术名称	占比（%）
1	条码	100	4	物流装备	23.0
2	叉车	49.2	5	视频防盗设备	21.3
3	地牛	47.5	6	密集存储货架	8.2

续 表

序号	技术名称	占比（%）	序号	技术名称	占比（%）
7	堆垛机	6. 6	11	温湿度检测设备	3. 3
8	RFID	4. 9	12	自动分拣系统	1. 6
9	自动传输设备	3. 3	13	拣选设备	1. 6
10	AGV 小车	3. 3	14	自动化立体仓库	1. 6

运输车辆是目前区内主要使用的物流基础资源，从企业的运输车辆看，目前 2t 型货运车辆是企业使用最多的车型，其次是 0. 9t 型货运车辆，具体统计结果如图 10 – 10 所示。

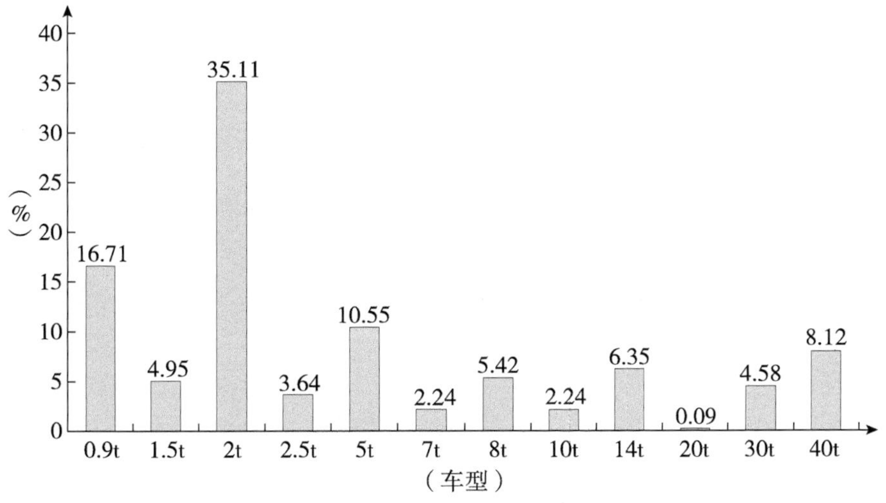

图 10 – 10　物流企业货运车辆使用情况

从统计的结果可以看出，企业平均拥有的物流车辆数约为 9 辆，且 17. 64% 的企业使用的货运车辆采取了“自有 + 租赁”的运作形式，因此物流企业对车辆的管理要求较强。

从企业自身信息化水平分析，通过分析企业使用的物流信息软件具备的功能以及电子单证应用率可以间接考察企业的物流信息化水平。目前通州区物流企业均在不断完善信息软件以提高企业自身作业水平、管理水平以及客户服务水平。通过收集整理调研问卷发现，物流企业信息化软件具备的功能相对较多，主要是信息查询、货物在途跟踪以及信息传输共享，具体统计结果如图 10 – 11 所示。同时，从电子单证应用率来看，约 40% 的物流企业不使用电子单证。

二、物流企业经营情况分析

（一）企业服务类型分析

目前通州区物流企业发展已经较为成熟，企业业务服务种类相对齐全。物流企业服务的行业主要涉及农林牧渔业、制造业、建筑业、商贸流通业、金融业、房地产业、文教传媒业、快递业、回收业，水利、环境和公共设施管理业以及卫生、社会保障和社会福利业等。从企业提供的服务方面分析，包括日用百货类、美妆洗护类、服装鞋帽类、

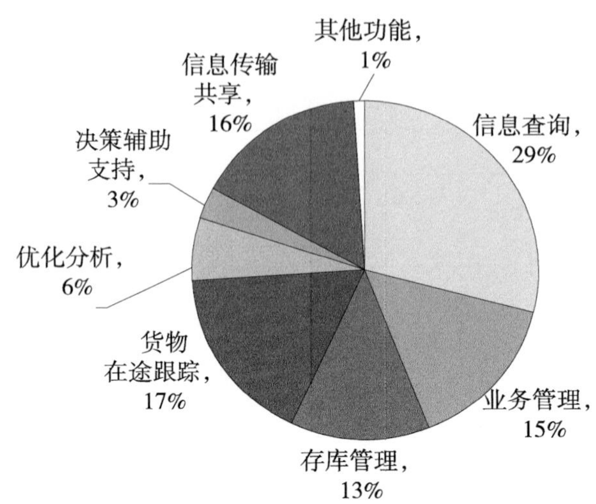

图 10－11　企业物流信息化软件具备的功能

数码家电类、生鲜农产品类、冷冻食品类等在内的生活保障类服务占比较高，占企业总数的 68.32%。

以注册地在通州、经营地在通州且服务通州的物流企业（E 型）为例进行分析，其中运输型企业运输产品的种类主要为日用百货类、美妆洗护类、数码家电类、家具建材类等，服务客户的行业包括商贸流通业、制造业、农林牧渔业等；仓储型企业中，仓库存放的产品主要是日用百货类、服装鞋帽类以及生鲜农产品类，服务客户的行业包括制造业、文教传媒业、回收业等；综合型企业中，提供的服务类型主要有日用百货类、美妆洗护类、服装鞋帽类，服务客户的行业包括商贸流通业、农林牧渔业、文教传媒业等。

据统计，注册地不在通州、经营地在通州且服务通州的物流企业（B 型）中，运输型企业运输产品的种类主要为日用百货类、美妆洗护类、数码家电类、家具建材类等，服务客户的行业包括商贸流通业、制造业、农林牧渔业等；仓储型企业中，仓库存放的产品主要是日用百货类、家具建材类以及工业用品类，服务客户的行业包括制造业、文教传媒业、回收业等；综合型企业中，提供的服务类型主要有日用百货类、美妆洗护类、数码家电类、服装鞋帽类，服务客户的行业包括商贸流通业、制造业、图书业等。此次调研的 133 家通州区物流企业服务于各产品种类的企业数量如图 10－12 所示。

（二）企业服务范围分析

为了服务北京市及城市副中心的建设与发展，北京市政府通过引导物流资源集聚，已经形成了六个“组团式”的专业物流设施空间布局，目前通州区是北京市重要的物流组团区域之一。通州区主要物流产业位于东部组团区域范围内，服务于通州经济技术开发区等产业园区以及机电、都市工业、新能源新材料、文化创意等产业需要，在区域发展过程中，张家湾、宋庄等地曾经重点发展电子电器、食品饮料、图书音像等专业物流功能集聚区。以图书物流为例，由于历史发展等各种原因，北京是全国出版业最集中的城市，在国内 573 家图书出版社中，237 家在北京，占全国总数的 41.36%。中国的国家级出版社大部分聚集首都北

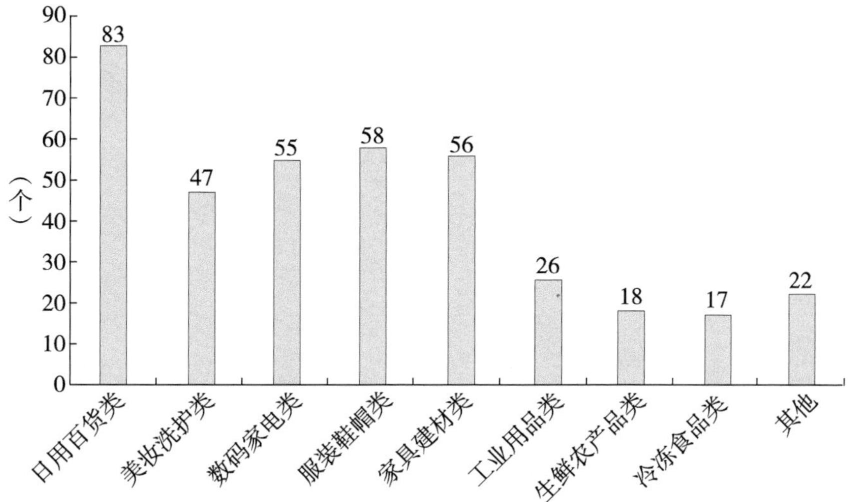

图 10－12　通州区物流企业服务于各产品种类的企业数量

京，据统计，目前北京约占有全国图书市场 40% 的份额，而且还在不断提高。同时北京也是最重要的图书消费市场，以电子商务为例，目前北京的图书市场占到主要市场份额的 30% 以上。从产业链资源分布来看，北京成为图书行业的重要产业集聚区，已经形成了较为完整的产业链，同时本区域对图书物流的需求量也十分巨大。

从调研的物流企业实际情况来看，目前城市副中心物流企业已经形成了覆盖本区域的物流服务网络，11.11% 的物流企业仅服务通州区，同时有 85.19% 的企业服务范围已经形成了覆盖北京市的服务网络，59.26% 的企业参与了京津冀地区和华北地区的物流服务，如北京佳之兴物流、北京苏宁物流、北京市京隆伟业物流等企业。此外，对于运输型企业，干线运输方向为北京周边的占比为 76.47%，说明通州区物流企业的服务对象主要是集中在京津冀地区，具有非常重要的区域服务作用。

（三）企业经营组织结构分析

目前城市副中心总部型企业主要集聚在通州物流基地范围内，基地结合物流行业的发展特点，提出了“物流 + 总部”的发展思路，成为基地发展的品牌特色；基地先后引入了苏宁云商、百丽鞋业、华润物流、招商局物流等一批在行业内处在领先地位的物流项目；其中苏宁、百丽属于商业连锁型总部项目，目前已成为基地支柱型企业，以物流业务为基础，连同其他相关服务，其年纳税额都在 2 亿元以上。

第三节　城市副中心社区物流发展分析

一、社区物流需求不断增加

社区物流是以社区为单元，以家庭为结点，以生活用品为核心，以定制服务为特征的物流集约化行为，直接面向城市社区商业和社区居民，将商品从供应商运送到社区店铺或居民的末端物流形式，是物流中真正的“最后100米”。

通过调研通州区各大街道、镇的社区分布情况，发现城市副中心所在的155平方千米是通州区居民集聚的重要区域，社区数占整个通州区的82.05%，如表10－8所示。

表10－8　　通州区社区数量及分布情况

地区划分	街道、镇名称	社区数量（个）	占比（%）
城市副中心	北苑街道	17	82.05
	中仓街道	16	
	新华街道	7	
	玉桥街道	16	
	永顺镇	21	
	梨园镇	19	
其他地区	潞城镇	3	17.95
	漷县镇	3	
	马驹桥镇	3	
	台湖镇	12	
合计		117	100

同时，通过对永顺镇的4个大型社区的调研发现，由于不是新建社区，社区的入住率均在80%以上，人口集聚明显，如表10－9所示。新建社区数量的逐渐增加也使得区内社区规模不断扩大。

表10－9　　社区房屋入住情况

社区名称	户数	人数	入住率
东城新里小区	2000	6000	>85%
葛布店北里小区	2283	6415	>85%
葛布店南里小区	2800	7900	>80%
果园西小区	3300	8100	>90%

通过对通州区连续12年的货运量进行统计，并根据通州区面积与经济发展情况核算出城市副中心区域公路货运量，该类货运量主要是满足社区服务需要，具体情况如表10－10所示。

表10－10　　2005—2016年城市副中心公路货运状况　　单位：万吨

年份	通州区货运量	城市副中心区域公路货运量
2005	481	145
2006	542	158
2007	828	224
2008	1048	263

续 表

年份	通州区货运量	城市副中心区域公路货运量
2009	1304	311
2010	1211	267
2011	1570	328
2012	1543	312
2013	1768	348
2014	1901	365
2015	1700	310
2016	2086	362

数据来源：通州区统计年鉴。

目前城市副中心规划范围内的货运车辆运输重点是输入型的消费品，重点满足商贸物流需求。

随着城市副中心内以社区物流为代表的服务型需求增加，对配送车辆的需求也在不断加大。通州区万达广场和潞河医院两大热点配送区域，外卖车、三轮车和厢式货车日均流量呈现较高水平。此外，城市物流配送车辆在周六、周日均保持较大流量，各种物流配送车辆流量几乎全部超过日均物流车辆流量。由此可知，如何保证各种物流车辆规范化行驶，合理规划配送路线，优化配送流程，对于提高城市物流配送水平，促进城市副中心区域物流业发展至关重要。

另外，物流车辆流量与社区数量和住户数量呈正相关关系，如表 10－11 所示。从物流车辆流量来看，万达广场周边区域周五、周六、周日三天物流车辆流量超过日均流量值 750 辆/小时；潞河医院周边区域周六、周日两天物流车辆流量超过日均流量值 587 辆/小时。

表 10－11　　社区分布与配送用车流量关系统计

区域	社区数量	住户数量	物流车辆流量（辆/小时）							日均物流车辆流量（辆/小时）
			周一	周二	周三	周四	周五	周六	周日	
万达广场	8	4764	651	679	688	703	915	828	785	750
潞河医院	6	1063	482	545	579	556	570	690	689	587

数据来源：调研整理获得。下同。

二、社区物流线上线下融合发展模式趋势明显

北京城市副中心工作要点中提出，加快生活性服务业融合化发展，即通过互联网、云计算等新技术推动生活性服务业线上线下的模式融合，加强商业、餐饮、娱乐、家政等集成发展的业态融合，同时积极探索商业、旅游、文化、体育、金融等的跨界融合，促进新型商业模式发展和服务功能集成。

通州区目前的社区电子商务物流服务已经具备一定规模，并且在不断地丰富服务形式，经实地调研发现，城市副中心区域内社区目前主要有以下几种物流服务模式。

（一）送货上门物流服务模式

随着互联网的快速发展，目前通州区社区的部分超市、餐饮店等商户开始逐步涉足电子商务业务，社区居民在网上下单后，由超市或餐饮店组织配送，实行送货上门的物流服务模式。通过对不同类型社区周边商户的电商化水平的实地调研，发现区域内开展电子商务业务的商户并不多，具体统计结果如表 10 - 12 所示。政府或有关部门可以通过引导商户使用电子商务平台，扩大销售渠道，以进一步促进社区物流的发展，为社区居民提供更多更好的保障服务。

表 10 - 12　　不同类型社区周边商户的电商化水平

调研地点		电商化商户数量	商户总数	占比（%）
蓝山国际公寓周边		31	242	12.81
北京物资学院周边		29	224	12.95
万达广场	服装类	15	57	26.32
	餐饮类	96	108	88.89
	合计	111	165	67.27

（二）委托代收点物流服务模式

在快递包裹方面，目前通州社区内存在的代收服务形式主要有三种：第一种是物流企业在社区直接设立门店，但是这类门店以销售商品为主业，而代收包裹则是其多种服务中的一种；第二种是以电商主导的联合便利店、书报亭等构成的代收服务点，消费者凭身份信息到店取货，如阿里巴巴集团联合多家快递企业共同组建的收货宝、菜鸟驿站；第三种是以小区传达室、物业中心作为代收点代为居民签收。根据实际调研的数据发现，为了方便小区治安管理，物业传达室代收模式已经逐渐被淘汰，目前通州区社区代收物流服务模式主要以前两种形式为主。

（三）送货至自提点（柜、箱）服务模式

目前，通州部分地区，如果园环岛、玉桥、乔庄等地，已经安装使用了快递自提柜，自提柜主要设置在居民小区和学校，用户凭手机短信密码随时可以取件。这种把储物柜作为自提点，客户自行取件的方式能够在时间上为客户提供较大的便利，用户可以选择自由时间取件。

这种方式可以减少投递的失败，有利于降低配送成本。例如，玉桥西里 70 号院的智能快递柜长约 6 米，高约 2 米，与超市中的储物柜类似，共有 36 个柜门，分大中小三种规格，其中最大的柜门长宽约在 40 厘米，最小的柜门与普通的办公室抽屉差不多。快递员可以一次性放入自提柜 36 个包裹，极大地提高了包裹的投递效率。但是在冷藏、冷冻型自提柜设置方面，快递企业考虑到成本及可操作性等方面的因素，目前几乎没有在社

区安装此种类型的自提柜。

由于社区物业管理方难以提供这种服务的配套设施，所以自助提货柜在我国的发展还处于起步阶段，其功能性、便利性以及完善性还远不及国外。因此，国内需要结合社区建设、用户需求以及配套设施的实际情况来发展这一配送模式。

对于目前社区快递的组织形式，可以向终端上游进行有效的整合，将不同公司的区域分拨中心进行物理空间的集中，而后由市场竞争选择与社区终端之间的统一配送模式，实现快递配送终端的跨企业集成，最大限度地减少终端的配送资源使用量。

三、社区商业连锁化率较低导致物流资源集约利用率较低

北京市城市副中心专班工作指出，未来城市副中心建设要加强便民服务设施建设，提高行业连锁化、便利化、品牌化水平，将城市副中心便民商业网点连锁化率提高至60%以上。而社区便利店的连锁化直接影响目前的物流服务形式，如果社区便利店连锁化率低，而且上游的供应商缺乏组织，则会导致其配送次数和车辆数量增加，导致物流资源集约化利用程度降低。

目前通州社区商业规模相对较小，商业业态种类较多，集聚能力较弱，主要以大众餐饮店、小型杂货店和美容保健养生店为主，社区便利店连锁化率相对较低。万达广场和潞河医院周边社区商业结构情况如图 10-13 所示。

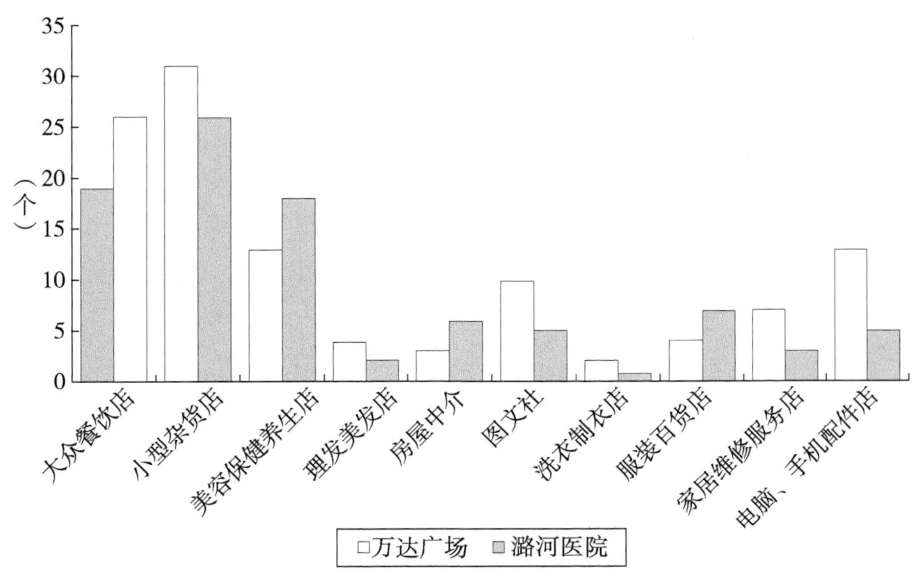

图 10-13 万达广场和潞河医院周边社区商业结构情况

通过调研发现，2009—2014 年，通州区批发和零售业连锁门店总数经历了较大的变动。2009—2011 年，门店总数从 672 个增加到 773 个，平均年增长幅度为 7.26%，而 2012 年、2013 年则经历了较大幅度的减少，从 2011 年的 773 个减少到 2013 年的 551 个，平均年减少幅度为 15.55%，2014 年略有增长，增长幅度为 4.36%。北京市连锁门店总数则在 2009—2014 年呈现持续增长趋势，平均年增长幅度为 5.12%，具体统计结果如图 10-14 所示。

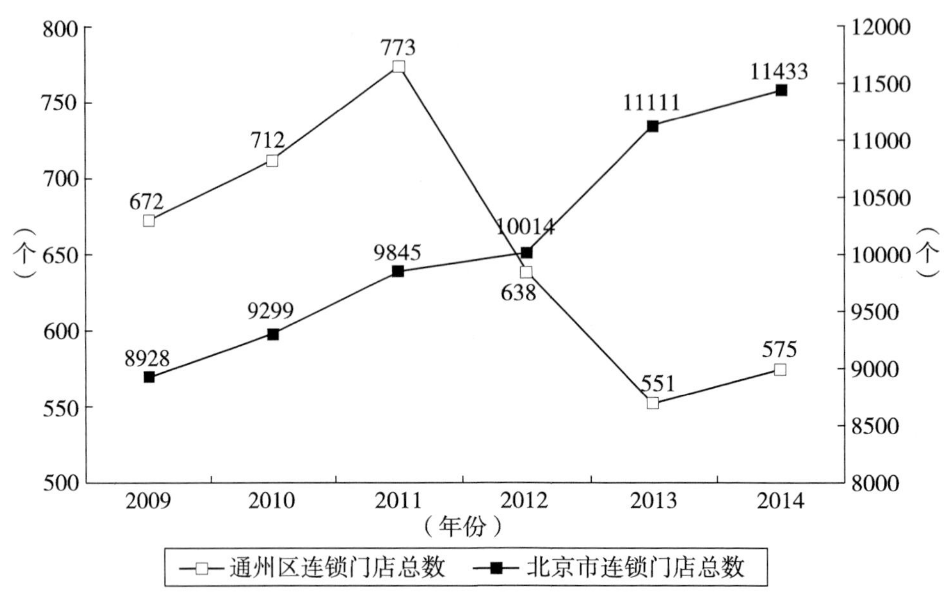

图 10－14　2009—2014 年北京市与通州区连锁门店总数变化情况

四、社区物流规范化作业水平低造成一定程度的车辆拥堵

从社区物流配送效率的角度来看，随着电子商务的快速发展，快递业迅猛发展，大量的社会资源如人力、车辆、时间等都消耗在“最后一公里”上，加重了城市的交通和环境压力，却未能带来配送效率和服务质量的提高。而且同一区域分布着不同快递公司的快递员，存在着区域重叠和资源浪费问题。根据调研发现，通州区存在的快递网点为 110 家，具体分布情况如表 10－13 所示，其中京东网点数量占比 29.7%，居于首位。以通州区某快递公司为例，该快递网点快递员的送件效率并不高，每个快递员每天仅配送约 60～70 件。快递网点缺乏集中化管理，提高运作效率、降低物流成本是快递行业发展的主要突破口。

表 10－13　　通州区快递网点分布情况

快递类型	网点数量（个）	快递类型	网点数量（个）
中通	11	天天快递	12
顺丰	15	优速快递	8
申通	2	宅急送	4
圆通	10	京东	33
百世快递	16	—	

物流作业人员作业的规范化程度，在一定程度上影响着区内的交通条件。通过实际调研发现，城市副中心区域内社区各种物流车辆作业严重不规范，占道停车、抢占社区街道的现象时有发生。

第四节　城市副中心应急物流发展分析

一、城市副中心应急物流发展背景分析

近年来，自然灾害、事故灾害、公共卫生事件和社会安全事件等突发状况频频发生，且诱发因素日益多元化，突发事件形式也日益多样化，对国家的发展进步和社会的安定和谐造成了严重威胁。应急物流作为保障救灾工作顺利开展的核心，对于提高救援效率、降低灾害伤亡率具有重要作用。自2012年通州区张家湾“龙卷风”袭击以来，通州区政府更加重视围绕应对自然灾害等突发状况的备灾救灾展开工作，积极筹备备灾救灾仓库和应急物资仓库的建设，储备救灾应急物资，提高应急反应速度。如表10－14所示，通州区针对不同突发状况共制订了39个专项应急预案，并分设电力事故应急指挥部、交通安全应急指挥部、防汛抗旱应急指挥部、通信保障与信息安全应急指挥部和消防安全应急指挥部等14个专项应急指挥部，负责不同突发状况下的应急工作。突发事件发生后，根据所发生事件的种类不同以及严重程度，由相关部门启动应急预案并由相应应急指挥部负责各项事宜的组织和落实，但由于突发状况往往会造成多种并发事件同时发生，对于应急组织之间的协调程度要求较高，目前这种分散管理的应急体系不利于应急事务的日常管理和不同事务之间的协调。

表10－14　　通州区突发事件专项应急预案目录

序号	预案名称	序号	预案名称
1	通州区破坏性地震应急预案	21	通州区环境污染和生态破坏突发事件应急预案
2	通州区防汛应急预案	22	通州区食物中毒事件应急预案
3	通州区抗旱应急预案	23	通州区突发急性职业中毒事件应急预案
4	通州区突发气象事件应急预案	24	通州区突发传染病疫情应急预案
5	通州区雪天道路交通保障应急预案	25	通州区防治重大动物疫病应急预案
6	通州区森林火灾事故应急预案	26	通州区防治重大植物疫病应急预案
7	通州区危险化学品事故应急预案	27	通州区重大群体性上访应急预案
8	通州区特种设备事故应急预案	28	通州区公共场所滋事事件应急预案
9	通州区道路抢险应急预案	29	通州区民族宗教群体性突发事件应急预案
10	通州区桥梁突发事故应急预案－市政	30	通州区涉外突发事件应急预案
11	通州区人防工程事故灾难处置预案	31	通州区影响校园安全稳定事件应急预案
12	通州区道路交通事故处置救援应急预案	32	通州区网络与信息安全事件应急预案
13	通州区火灾事故应急救援预案	33	通州区核事件、放射性污染突发事件应急预案
14	通州区建筑施工突发事故应急预案	34	通州区轨道交通突发事故应急预案
15	通州区城市公共供水突发事件应急预案	35	通州区村镇供水突发事件应急预案
16	通州区城市公共排水突发事件应急预案	36	通州区桥梁突发事故应急预案－税务
17	通州区地下管线事故应急预案	37	通州区恐怖袭击事件和重大刑事案件应急预案
18	通州区重大电力突发事件应急预案	38	通州区突发公共事件新闻发布应急预案
19	通州区燃气事故应急预案	39	通州区大风及沙尘暴天气应急预案
20	通州区供热事故应急预案	—	

为了保证在突发事件发生时，能够快速、准确、高效地把应急物资运抵事发地，通州区急需建立起统一指挥、结构合理、反应灵敏、运转高效、保障有力的应急物流管理系统。另外，随着北京市城市副中心定位的落实与北京市政府机构迁入，远期将带动40万人疏解至通州，通州区人口规模将持续增长，人口密度将不断扩大，并且为加快城市副中心物流集聚区转型升级，通州区将进一步加强市场准入环节控制，实现物流资源外迁，未来区域内的物流产业需求结构将进一步改变，这给通州区应急物流带来了更大的挑战：由于区域内人口数量增加，人口规模分布不均匀，城镇人口密度较大而乡村距离较远且人口规模较小，为保障应急物流服务水平，对应急物资配送调度提出了更高的要求，而区域内物流资源减少，可利用的仓储设施以及社会车辆数下降，给政府处理应急事务带来了更大的压力。

二、区内民政部应急物流现状分析

在该部门分管应急工作期间，从应急物流运作流程来看，当灾难发生后，民政局或民政科工作人员到受灾地点现场调查核实受灾情况，根据灾情的严重程度，迅速落实救灾措施，为受灾群众准备应急物资和生活必需品。

在储备物资方面，通州区民政局备灾救灾物资储备库位于通州区张家湾镇辖区内，面积约2000平方米，库内主要储备的物资主要用于通州区应对自然灾害和突发事件。同时，民政局通过与超市协议储备食品类等生活必需品，保证食品安全，有效发挥救灾救助职能。

在运输物资方面，民政局与专业从事货物运输、配送、托运的物流公司——北京华特货运代理有限公司签署运输协议，保障应急物资的运输，确保灾害发生时应急物资尽快运送到受灾地点。

在物资的装卸搬运方面，应急救灾物资的数量较少时，物资的装卸搬运外包给物流公司；应急救灾物资的数量较多时，采取“武警外援+物流公司”模式进行装卸搬运。

三、红十字会应急物流现状分析

红十字会备灾救灾物资储备库位于通州区辖区内，是通州区应急物流资源的重要组成部分，储备库根据存储部门的不同，分为北京市红十字会备灾救灾物资储备库和北京市通州区红十字会备灾救灾物资储备库。

北京市红十字会备灾救灾物资储备库位于张家湾镇辖区内，面积约为2000平方米，库内使用高位货架、电动叉车、地牛等专业设备进行作业；库内的人道救援物资主要有雨衣、帐篷、毛被、棉被、家庭救助箱、家居服、收音机、营地灯、防潮垫、卫生纸等，物资主要来源于市红会采购和社会捐赠等。

北京市通州区红十字会备灾救灾物资储备库位于通州区台湖镇辖区区政府公务仓内，面积约700平方米，库内使用堆高机、手推车、地牛等设备进行作业。库内人道救援储备物资主要用于通州区应对自然灾害和突发事件，物资主要包括帐篷、行军床、睡袋、折叠椅、棉被等，物资来源有红十字会通州区分会采购、社会捐赠及上级红十字会下拨等几种形式。

四、区内粮食应急物流情况分析

粮食应急物流，即在出现紧急灾情的情况下，将粮食及时、有效、安全地从粮食供应地运往灾区，以满足受灾地区粮食需要，是保证人民生命财产安全的物流活动。基于此，为了能够及时满足受灾地区的粮食供应，通州区粮食局通过建设粮食储备库存储原粮和成品粮，并设立应急投放网点，与粮食加工厂合作，借助通州区物流资源集聚的区域优势，做好储备库、投放点、加工厂的粮食应急准备工作。通州区粮食物流系统与粮食应急物流系统运作流程如图 10－15 所示。

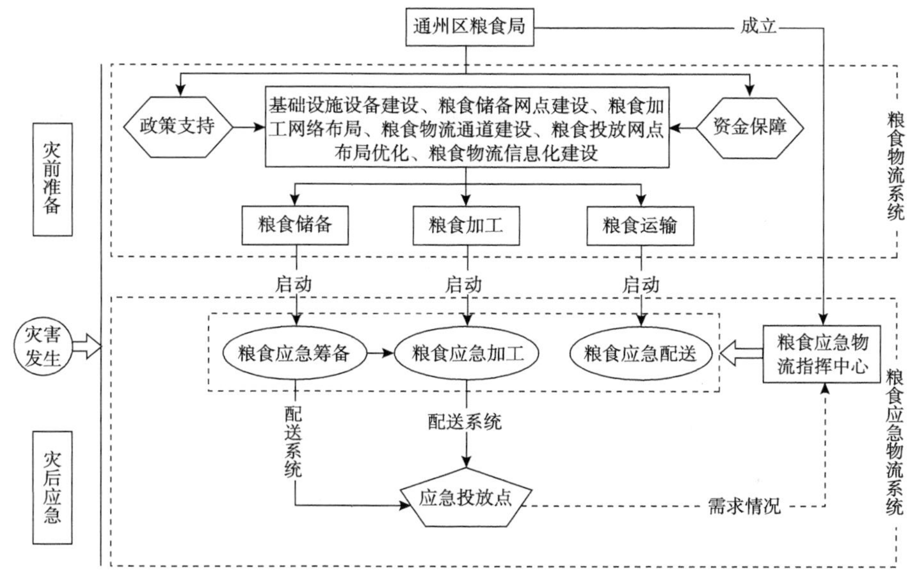

图 10－15　通州区粮食物流系统与粮食应急物流系统运作流程

通州区粮食储备资源较为丰富，政府储备的粮食品种主要包括稻谷、小麦、玉米、大豆等原粮，也有小部分如大米、面粉等成品粮，由于原粮储存周期长，所以原粮储存占比达到 95% 以上，成品粮储备约 850 吨。据调研，目前通州区共有粮食仓储企业 10 家，仓容共 59 万吨，2016 年年底共储存粮食 40.5 万吨，储备资源充足，可以保证通州区全体居民三个月的消耗量，粮仓主要分布在宋庄镇、永乐店镇等地区。

在粮食加工方面，通州区目前拥有北京市较为集中的粮食加工资源，有 5 家粮食加工厂，主要分布于永顺镇、台湖镇、马驹桥镇、张家湾镇、潞城镇。通州区的粮食加工能力较强，占全北京市的 1/3。以京粮集团为例，其在通州区就有 3 个加工厂，其中，古船食品公司日处理小麦 800 吨，每天可产出面粉 550 吨，古船面包公司面包加工能力达到 70 万个/日。

在粮食应急投放方面，国家规定每 3 万人需设置一个应急投放网点，目前全区应急投放网点还处于建设阶段，村委会被设置为临时应急投放网点。通过前期的调研及数据收集，在保证通州区应急粮食的人口全覆盖并兼顾行政区划的前提条件下，预计全区未来需设立 304 个常用的应急投放点和 265 个备用投放点。通州区的粮食投放资源主要以粮食流通市场为主，其中，超市和农贸市场是粮食流通领域的两大市场主体，且超市占据主导作用。通过实地调研分析通州区多家大中小型连锁超市和农贸市场，发现作为直接面向通州区居民服务的粮食配送终端，粮食流通市场分布密集，辐射范围广，设施设备较为齐全，可以作为粮食应急投放的主体。通州区各个乡镇街道的粮食应急投放网点信息如表 10 – 15 所示。

表 10 – 15　　通州区各个乡镇街道的粮食应急投放网点信息

乡镇街道名称	区域面积（平方千米）	人口数量（人）	常用投放网点数量（个）	备用投放网点数量（个）	备注（投放网点优先选择的对象）
中仓街道	7	98000	4	1	超市、农贸市场
新华街道	3.25	20000	2	3	超市、农贸市场、医院
北苑街道	8.7	150000	6	1	超市、农贸市场
玉桥街道	11.2	99584	4	2	超市、农贸市场
永顺镇	43	300000	28	13	超市、农贸市场、学校、村委会
梨园镇	24.87	240000	26	13	超市、村委会、农贸市场
宋庄镇	116	120000	28	29	村委会、农贸市场
张家湾镇	105.8	89000	27	33	村委会、农贸市场
漷县镇	113.7	75900	31	31	村委会、农贸市场
马驹桥镇	82	107000	28	24	村委会、农贸市场
西集镇	90.65	43000	31	28	村委会、农贸市场
台湖镇	81.5	99000	26	25	村委会、农贸市场
永乐店镇	104.68	40000	21	21	村委会、农贸市场
潞城镇	70.76	73000	28	30	村委会、农贸市场
于家务乡	65.7	27000	14	11	村委会、农贸市场

第五节　城市副中心物流产业疏解及升级发展策略研究

一、建设满足城市副中心发展需求的物流产业集群

城市副中心需要加强物流产业集群建设，优化首都核心功能，提升城市发展水平，建设国际一流的和谐宜居之都。物流产业集群的表现形式即拥有完备城市物流管理服务的城市体系，该体系包括服务城市的基础性物流基础运作网络、区域物流园区、物流节点、分拨中心等。在这一平台之上，开展城市共同配送业务，形成完整的产业集群，并且要符合目前城市副中心的建设要求。

未来在现有的物流产业集群基础上，通州区为完成城市副中心规划布局，需要不断完善现代化物流产业集群建设，须做好以下工作。

（1）营造良好的区域产业环境。区域产业环境主要包括基础设施及配套基础产业。通州区应在铁路、公路、空运等运输行业，以及储备、邮政、电信、海关、商检等公共

行业上加快完善步伐，为集群内企业的发展提供良好的外部条件。

（2）增强物流企业专业化分工能力。随着全球经济一体化，各企业为增强市场竞争力，业务上日渐核心化。专业化分工使得物流业务从大量的企业中分离出来，促进了第三方物流需求的增长，客观上也促进了物流产业集群的形成。

（3）加强企业内部竞争与协作。物流产业集群的成熟和可持续发展要依靠集群内部企业之间竞争与协作产生的集群效应。集群效应是指集群内众多企业彼此之间相互独立，又配套协作，既存在专业化分工合作，又存在竞争，通过空间上集聚带来外部经济效应而使整体获得更大的绩效。

（4）引入现代化物流人才。物流人才是物流产业集群形成的核心动力。物流产业集聚区为获得更大程度的比较利益、规模经济和聚集效益，需要不断引进大量的潜在企业家和物流专业人才，为物流产业集群的形成奠定基础。

（5）发挥政府的规划和引导作用。一方面，政府应结合本地物流发展现状和物流发展趋势，做好产业集群规划，积极引导各类物流企业落户物流园区；另一方面，政府要引导和促进物流产业集群内部企业进行有序竞争与互惠合作。

二、提升物流企业服务水平，提升科技创新和模式创新水平

物流企业的创新能力是推进通州区物流业快速发展的首要问题，是提升物流企业服务水平的有效举措。本次抽样调研的物流企业中高新技术企业占比仅为 6.45%，提升潜力巨大。为提升物流企业科技创新和模式创新水平，建议从以下四个方面努力。

（1）优化企业学习交流环境。政府及行业协会应定期召开洽谈会，设立常设机构等实现先进物流信息的内部扩散，营造良好的学习交流环境。

（2）培养专业技术人员的创新能力。在明确专业技术人员能力基础上，结合创新能力构成，建立专业技术人员创新能力指标体系，有针对性地进行创新能力培养与开发。

（3）创新业务发展模式。物流企业要清醒认识企业优势，立足企业长远发展方向，制定企业的发展规划，大胆创新服务模式，延伸服务链条。

（4）创新企业经营模式。物流市场需求随着经济发展逐渐呈现出高标准、多样化、全方位的趋势。因此，物流企业应对经营理念、经营方式和服务内容等进行调整和丰富，适应物流市场形势，提高市场竞争力。

三、依托产学研合作打造新合作模式，推动新体制发展

目前在物流产业中，企业已经逐步成为创新的探路者和领头羊，但在某些领域还存在较多短板，如人员配置还存在较大的不足。因此需要从更高的视角对社会资源进行重构，优化资源配置模式，形成以企业为核心的创新体系，这就需要加大产学研合作，打造新的联盟模式，形成新的发展体制。

首先政府在政策引导上要给予支持，发挥政府的引导作用，让企业明确选择自主创新应当注意采取合作创新形式，特别是企业与高等院校和科研院所的合作创新。让企业明确一些较大规模的创新活动往往是一个单位难以独立实施的，而多个单位进行合作创新可以充分发挥各自的优势，实现资源互补，从而缩短创新周期，降低创新风险，提高

创新的可能性。在合作的形式上要顺势而为，不拘泥于单纯地建立联合工程中心或者委托横向项目，要紧密结合，形成深层次的利益共同体，在现有政策框架内，构建责权利统一的合作体，充分发挥创新要素的主观能动性，在现行现代企业管理制度下，形成新的分配机制。目前，百丽物流等已经开始有意向和北京物资学院合作开展相关的科技攻关服务，共同进行技术研发与应用，为企业的转型升级以及高新技术企业申请提供支撑。

同时在产学研合作方面，要突出物流产业的人才培养，形成产业发展的可持续推动力。在新的形式下，未来物流领域的人才培养必定要注重不断深化产教融合、校企合作，形成教研相长、协同育人新模式，从而强化相关产业科技创新的科学和人才基础，进而推动建立现代物流研究的新型机制。在“互联网＋”时代，物流产业人才培养应该被重新定义，随着移动互联网对物流行业的不断渗透，无论是院校、科研单位还是“物流＋互联网”的创新型企业，都必须懂得顺势而为，才能跟上时代发展的要求。

四、加快物流产业疏解升级，完善民生保障体系建设

根据北京市战略化发展定位和京津冀一体化发展趋势，城市副中心将建设成为一个宜居型消费城市。在精准构建北京城市副中心产业体系时应紧紧围绕行政办公、商务服务和文化旅游三大功能，城市副中心内部应严格落实新增产业的禁限目录，进一步加强市场准入环节控制，除保留与人们生产生活息息相关、保民生促增长的快递、应急产业外，应加快腾退、转移不符合首都城市功能定位的产业，以实现整体运行效率，提高经济运行速度。

在控制区内对不符合北京市定位的物流企业进行腾退、转移，保留重点服务通州区与北京市的物流企业。以保障首都城市运行和民生服务为目标，加强对区内物流企业情况的摸底调查，对不符合北京市定位的企业或有意愿搬迁的企业可以考虑通过回购、土地置换、促进转型升级等方式“腾笼换鸟”。依托中关村国家创新示范区的平台，促进与中关村科学园的深度对接，积极帮助需要转型升级的物流企业拓展智力资源和资金资源，鼓励企业进行科技创新与技术提升，并积极帮助企业拓展渠道获得更多支持，由过去的资源驱动转成创新驱动，在优化通州区物流企业结构的基础上，开展丰富多样的产业科技提升专项行动。

在区域产业疏解和转型升级的大背景下，完善民生保障体系，在对民生保障体系建设方面，北京城市副中心应从以下三个方面努力。

（1）切实加强对疏解人员的安置，促进社会和谐稳定。随着通州区对低端产业的疏解，部分不符合要求的物流企业将被疏解，政府应该本着人文主义精神，妥善安置疏解人员和失业人员。

（2）推进物流从业人员再教育工程，培养优秀物流人才。随着区域产业结构调整，北京城市副中心物流业也将向高端化、现代化发展。政府应加大对物流从业人员的培训力度，加强和高等院校、科研院所等的合作力度，对物流从业人员进行定期或不定期的培训教育，提升物流从业人员素质，培养高端化物流人才。

（3）加大消防安全排查力度，确保物流企业安全运营。政府应加强对物流企业安全管理，对不符合消防安全标准的物流企业及时整改，拆除违规建筑和营业网点，做好火

灾隐患排查，严格落实安全责任。

五、依托城市副中心产业结构调整政策，对城市货运系统进行重新布局

未来城市副中心产业结构将围绕行政办公、高端商务和文化旅游的方向发展，对明显不符合首都城市战略定位的行业进行疏解，货运行业将会受到相应影响，部分物流设施和区域货运配送中心将疏解外迁。因此，城市副中心原有的城市货运体系建设需要不断与时俱进，进行重新建设布局。

（1）严格按照城市副中心发展和管理要求，进一步加强顶层优化规划设计。城市副中心货运系统的规划设计需要按照城市整体规划和区域物流发展特征，结合区域未来发展定位需求，充分了解区域内货运需求，进行区域货运系统顶层规划设计，形成跨区域的货运协同运作模式，提出科学、系统、可行的解决方案，提高区域货运管理水平。

（2）进一步优化货运节点布局，增强货运节点服务能力。城市副中心要在新规划框架范围内，合理优化布局货运节点，形成多层次的城市货运物流服务体系。可考虑在区域外部或者区域边缘（如通州马驹桥物流基地）布局货运一级节点，实现存储功能、配送功能和快速货物分拨功能；在区域内部重点布局二级节点（如运河商务区等区域），满足重点区域需要；在副中心局部需求点布置若干个微型化的“货运港湾”，满足碎片化需要。

（3）根据绿色货运的政策要求，加快配送车辆选型工程。城市副中心应该在北京市绿色货运发展的大政策背景下，综合考虑交通政策、交通环境和环保要求等因素，促进绿色货运健康发展。第一，调查城市副中心主要货运通道和货流方向，分析货车出行时间和出行特征，加强货运车辆交通管制；第二，按照上级统一部署，政府出台相关城市配送车辆选型配置的指导性建议，选择装载能力强、装卸作业便利并且符合环保要求的环境友好型车辆作为城市副中心内配送推荐车型，优化区内货车结构；第三，增强节能环保新技术的应用和示范，如推广使用新能源环保燃料等，提高能源使用效率，降低碳排放。

六、以通州物流基地作为重点完成物流产业集聚区转型升级

在《北京城市总体规划（2016—2035 年）》和《北京市通州区总体规划（2016—2035）》的框架指导下，充分把握京津冀协同发展的新契机，立足台马板块新定位、城市副中心建设以及北京智慧城市和首都宜居城市的打造等新要求，通州物流基地未来将打造成为北京市现代服务业转型升级先行区和创新发展示范区。其具体功能定位有：城市民生保障基地、现代城市口岸经济发展实验区、科技创新孵化及发展示范区和智慧供应链新兴产业集聚区。依托基地产业功能发展定位，通州物流基地将面临巨大转型升级的新挑战。具体来说，基地的转型升级发展可以从以下四方面进行。

（1）严把方向，梳理内部腾退转型。根据城市副中心定位及保障首都城市运行目标，通州物流基地应加强对基地物流企业情况的摸底调查，从土地资源供给侧入手，对于不符合基地定位的项目予以坚决清退，鼓励基地中有一定科技基础的企业不断加强软硬件技术的研究开发和改造升级，积极对接相关企业与高等院校、科研院校合作，帮助企业

积极获得中关村科技创新平台的资金和技术支持，并鼓励和协助企业积极申报成为国家高新技术企业，实现由传统企业向高新技术企业的升级和转变。

（2）搭好平台，促进对外融合对接。北京环球影城主题乐园位于北京城市副中心，项目建成后其餐饮、购物等方面将形成巨大的物流服务需求。通州物流基地作为城市副中心唯一的官方物流园区，有责任也有义务保障服务。基地需要与其进行有效对接，深入了解其需求，实现“文化＋物流”服务融合发展。通过与影城积极对接合作，打造统一的共同配送信息平台，通过共同配送信息平台的建立和配送服务资源的整合，对影城的配送需求提供统一的配送服务。同时由于地邻企业受到城市副中心物流产业运营政策的影响，对高端供应链管理的需求日益紧迫，迫切希望进行相关领域的转型升级。在此发展背景下，基地应充分利用其地邻及服务优势，与企业深度对接，完善和优化产业链，构建服务高新技术和高端制造的供应链服务企业，形成智慧供应链新型产业集聚区。

（3）强化能力，全面推进“两园”建设。随着全球物联网、移动互联网、云计算等新一轮信息技术的迅速发展和人们对城市绿色化、生态化、集约化要求的重视，在全面推进“智慧园区”建设、以科技创新促效率增长的同时推动“生态园区”建设，以绿色生态促进水平提升，实现园区内及时、互动、整合的信息感知、传递和处理，提高园区产业集聚能力、企业经济竞争力和园区影响力，在原有绿色车队的建设和绿色仓储的打造等“生态园区”建设基础上，构建一体化的生态服务体系，实现服务的绿色化、低碳化。

（4）聚焦特色，助力“一岸一港”大力发展。利用北京京津冀东桥头堡和天津京津、京津塘高速公路对接紧密的地缘优势，加强与天津自贸区的联系和合作，加快“通州口岸”建设，促进服务产业高端化、集聚化发展，形成以产业带人群、以人群促产业的高端化口岸经济区发展模式，成为区域发展的新引擎。加快推进“高速公路智慧物流港”建设，推动服务业态多元化发展，提升基地在产品可追溯、在线调度管理、全自动物流配送以及智能配货等领域的信息化与智能化水平。推进服务型物流业态的多元化发展，为城市副中心发展提供新的推动力量。